Ivana Chubbuck, *Die Chubbuck-Technik*

Ivana Chubbuck

DIE CHUBBUCK-TECHNIK

THE POWER OF THE ACTOR

Ein Schauspiel-Lehrbuch

Aus dem Amerikanischen von Sebastian Gerold
und C. Hermann Wolf I
unter Mitarbeit von Birte Hanusrichter

Herausgegeben von Sebastian Gerold

Alexander Verlag Berlin

Der Herausgeber dankt: Ivana Chubbuck für die Freundschaft und das Vertrauen, der Schauspielschule Zerboni in München und Hamburg und allen, die meine Arbeit unterstützt haben.
Allen voran: Lisa, Emma, Oskar, Elenie und Anni. Ihr seid das Beste, was mir im Leben passiert ist.

Editorischer Hinweis: Alle Zitate wurden übersetzt, wenn keine offizielle deutsche Übersetzung vorlag.

Deutsche Erstausgabe
Achte Auflage

Die Originalausgabe erschien unter dem Titel *The Power of the Actor. The Chubbuck-Technique.*

Alexander Wewerka, Fredericiastraße 8, D-14050 Berlin
info@alexander-verlag.com | www.alexander-verlag.com

Satz/Layout/Umschlaggestaltung: Antje Wewerka
(Foto: © Ivana Chubbuck Studio)
Lektorat/Redaktion: Christin Heinrichs-Lauer

ISBN 978-3-89581-442-6
Printed in the EU (February) 2024

INHALT

EINFÜHRUNG

Schauspielerei ist eine komplexe, schwer zu erklärende Kunst. Trotzdem kann fast jeder gutes Spiel von schlechtem unterscheiden – oder gutes Spiel von brillantem. Warum ist der eine Schauspieler[1] faszinierend und der andere trist und langweilig, in derselben Rolle, im selben Stück, mit demselben Text? Ginge es nur um den Text, die Schönheit der Sprache oder eine kunstvolle Ausdrucksweise, bräuchten wir nur Lesungen. Aber die Worte werden eben nicht nur mechanisch vom Blatt abgelesen. Sie werden von Schauspielern dargestellt und zum Leben erweckt.

Jeder Schauspieler seit Stanislawski weiß, dass Entdeckung und Verständnis des eigenen Schmerzes inhärente Bestandteile des Schauspielprozesses sind. Der Unterschied zwischen der Chubbuck-Technik und den in der Vergangenheit entwickelten ist, dass ich Schauspielern beibringe, wie sie ihre Emotionen nicht als Endergebnis nutzen, sondern als Möglichkeit, um auf ein Ziel hinzuarbeiten. Meine Technik bringt Schauspielern bei, wie man gewinnt.

In fast jedem Drama oder jeder Komödie – eigentlich in der ganzen Literatur – wirst du feststellen, dass der unbedingte Wille der Figuren zu gewinnen das eine bleibende Element ist. In jeder Geschichte will oder braucht eine Figur etwas (ihr Ziel) – Liebe, Macht, Bestätigung, Ehre – und die Geschichte beschreibt den Weg, wie sie dieses besondere Verlangen oder Bedürfnis zu stillen versucht. Während das, *was* und *wie* die Figur zu gewinnen versucht, auf viele Weisen beschrieben wird und eine Vielzahl von Formen annimmt, wirst du, wenn du diese Ziele herausarbeitest, entdecken, dass es bei jedem Konflikt und Kampf einer jeden Figur ums Gewinnen geht, unabhängig vom Ziel.

Ich zeige Schauspielern, wie man gewinnt, denn darum geht es Menschen auch im realen Leben. Sie streben nach dem, was sie haben wollen. Interessante und dynamische Menschen verfolgen ihre Ziele auf interessante und dynamische Weise und entwickeln größere Intensität und

---

1 Aus Gründen der Lesbarkeit wird im Folgenden meist die männliche Form verwendet, es ist jedoch immer die weibliche Form mitgemeint. (Anm. d. Red.)

Emotionen bei der Realisierung dieser Ziele. Dabei handeln sie unbewusst, während ein Schauspieler sich sehr genau kennen und das Werkzeug zur Textanalyse beherrschen muss, um dieses interessante und dynamische Verhalten wie einen unbewussten Prozess darstellen zu können. Die Chubbuck-Technik fördert diesen Prozess und erlaubt es, diesen natürlichen und starken menschlichen Impuls in die Tat umzusetzen.

Die Chubbuck-Technik entstand aus meinen Bemühungen, meine persönlichen Traumata zu ergründen und zu überwinden – insbesondere, wie sie sich auf mein Schauspiel und mein Leben auswirkten. Ich ahnte nicht, wie mächtig und tiefgreifend dieses Konzept werden würde.

Ich hatte einen distanzierten/gestörten/arbeitswütigen Vater und eine Mutter, die mich physisch und seelisch misshandelte. Ich entwickelte tiefsitzende Verlustängste und das Gefühl, ich hätte nicht verdient, geliebt zu werden. Im Wesentlichen haben mich die Erniedrigungen nicht kaputtmachen können. Als Erwachsene und Schauspielerin trug ich alle meine Schrecken aus Kindheit und Jugend zusammen und suhlte mich in ihnen. Ich suchte nach Mitleid und Verständnis und dachte, das würde die Leiden meiner Vergangenheit lindern. Wie jeder Schauspieler bemühte ich mich, meinen emotionalen Schmerz aufrichtig zu spüren.

Doch ich fing an, mir zu überlegen: »Wozu fühle ich das alles? Wie beeinflussen die Gefühle und Emotionen meiner Vergangenheit meine Arbeit als Schauspielerin? Inwiefern prägen sie mich als Person? Wie können diese bruchstückhaften, verstreuten und teilweise gegensätzlichen Emotionen gebündelt werden, um einer Figur aus einem Drehbuch zu dienen?«

Als aktive Schauspielerin habe ich viele Schauspieler gesehen, die tiefe, schmerzhafte Emotionen ans Licht holten, deren Arbeit aber selbstsüchtig erschien. Ich begriff, dass starke und tiefgründige Gefühle mich nicht unbedingt zu einer starken und tiefgründigen Person machten. Ich erkannte, dass es eher die entgegengesetzte Wirkung hervorruft, den eigenen Schmerz zu hätscheln – im Leben und auf der Bühne. Es erscheint egozentrisch, wehleidig und schwach, die typischen Merkmale eines Opfers. Nicht die überzeugendste Wahl für einen Schauspieler.

Ich begann zu untersuchen, wie ich das emotionale Erbe in meiner Arbeit wirksamer einsetzen konnte. Als ich mir das Leben erfolgreicher

Menschen genauer ansah, fiel mir auf, dass sie ihre körperlichen und seelischen Verletzungen als Stimulus benutzten, nicht um hemmungslos zu leiden, sondern um ihre großen Leistungen zu *inspirieren* und *anzutreiben*.

Ich vermutete, dass genau dieses Muster auf Schauspieler und ihre Herangehensweise an ihre Arbeit angewandt werden konnte. Ich beobachtete die großen Schauspieler unserer Zeit und fand in ihren Darbietungen denselben emotionalen Antrieb, Widrigkeiten zu überwinden und gerade diese Hindernisse für die Erreichung eines Ziels und eines Siegs zu nutzen. In ihren Darbietungen gaben großartige Schauspieler instinktiv das Verhalten und die Eigenschaften großartiger Menschen wieder.

Ich musste ein System schaffen, das diesen Prozess darstellen und steuern würde. Ein System, das echtes, dynamisches menschliches Verhalten nachbildet. Ein System, das den Schauspieler – sobald er sich darauf einlässt, mutige Entscheidungen zu treffen – anleiten und in die Lage versetzen würde, seinen eigenen Schmerz zu verwenden, um das Ziel seiner Figur zu erreichen. Ein System, das eine Möglichkeit bieten würde, riskante Entscheidungen zu treffen, und einem Schauspieler erlauben würde, *Regeln zu brechen* und *neue Regeln aufzustellen*, was außergewöhnliche Arbeit und Figuren inspiriert. Ein System, das eine emotional heroische Figur schafft und kein Opfer.

Ich begriff, dass ein Schauspieler das primäre Bedürfnis, das Anliegen oder ZIEL seiner Figur erkennen muss. Mit diesem ZIEL vor Augen muss der Schauspieler dann den passenden persönlichen Schmerz finden, der wirkungsvoll zu diesem ZIEL führt. Nachdem ich einige Zeit mit dieser Idee gearbeitet hatte, begriff ich, dass der Schmerz stark genug sein muss, um einen Schauspieler dafür zu motivieren, unerschrocken *alles zu tun*, um sein ZIEL zu ERREICHEN. Wenn die Emotionen nicht stark genug waren, hatte der Schauspieler nicht genügend Unterstützung bei seinem Kampf zu gewinnen. Sobald aber der entsprechende persönliche Schmerz mit dem ZIEL gekoppelt wird, wird er den Schauspieler mit der misslichen Lage seiner Figur in Verbindung bringen und deutlich machen, dass für ihn als Mensch die wirkliche Notwendigkeit besteht, das ZIEL zu erreichen, und nicht nur als Schauspieler, der eine Rolle spielt. Mit diesem neuen Ansatz entstand meine innovative Technik.

Ich machte mich daran, diese Idee der Bewältigung des persönlichen Schmerzes als Antrieb für eine schauspielerische Leistung zu einer Technik weiterzuentwickeln. Ich musste herausfinden, wie ich Schauspielern helfen konnte, den Siegeswillen ihrer Figur psychologisch zu personalisieren und als ihren eigenen zu empfinden.

Sobald ich anfing, diese Konzepte anzuwenden, fand ich den Prozess persönlich so bereichernd, dass er von meinem Leben buchstäblich Besitz ergriff. Ich unterrichtete sieben Tage die Woche, viele Stunden am Tag. Da ich hauptsächlich professionelle Schauspieler unterrichtete und trainierte, sprach es sich in etablierten Schauspielerkreisen schnell herum. Ich eröffnete ein Schauspielstudio. Kurz darauf gab es schon eine ziemlich lange Warteliste. Ich habe nie inseriert oder meine Schule in einer Fachzeitschrift für Schauspieler aufgeführt. Ich hatte nicht mal eine Website. Ein paar Jahre war sogar die Telefonnummer meines Studios nirgends verzeichnet. Ich war weder eitel noch arrogant, ich dachte mir nur, wenn ein Schauspieler mich wirklich finden wollte, würde er mich auch finden. Manche Leute haben sich sehr bemüht, um in meine Klasse zu kommen, und manchmal Monate gebraucht, um meine Nummer herauszubekommen. Das Ergebnis war, dass ich diejenigen anzog, die sich der Schauspielerei ernsthaft verschrieben hatten – ob Autor, Regisseur oder Schauspieler. Ich bin wirklich überzeugt, dass das Niveau meiner Studenten, von denen die Mehrheit engagierte, aktive Schauspieler sind, bei der Verfeinerung und Weiterentwicklung meiner Technik eine wichtige Rolle gespielt hat.

In den letzten zwanzig Jahren habe ich Tausende von Schauspielern für Tausende von Rollen in Tausenden von Filmen, Fernsehshows und Bühnenstücken trainiert. Diese Schauspieler sind ein lebendiges Versuchslabor für meine Schauspieltechnik. Oft habe ich mehrere Schauspieler auf das Vorsprechen für dieselbe Rolle im selben Film vorbereitet. Ich habe aus erster Hand beobachtet, was funktioniert und was nicht. Mit der Zeit habe ich den gemeinsamen Nenner für die maximale Wirkung herausgefunden. Wenn ich sah, dass bestimmte Methoden immer wieder erfolgreich waren, erforschte und verfeinerte ich sie, bis sie leicht abrufbar waren. Wenn meine Schauspieler Rollen bekamen und gute Kritiken oder Auszeichnungen, fand ich heraus, dass dies auf die

Verwendung ähnlicher entscheidender Techniken zurückging, die alle in der grundlegenden menschlichen Psychologie und Verhaltensforschung verwurzelt sind.

Ein anderes Muster, das ich über die Zeit beobachtet habe, ist, dass meine Technik dazu neigt, auf das Privatleben der Schauspieler abzufärben. Unglück zu *nutzen,* um es zu überwinden und zu gewinnen, ist so anregend und effektiv, dass viele meiner Schauspieler diese Möglichkeit unbewusst in ihr Leben aufnehmen und sich so besser selbst erkennen und stärker werden. Sie streichen die Opferrolle aus ihrem Leben, so wie sie es bei einer Drehbuchfigur tun.

Für Schauspieler, Regisseure, Autoren oder auch Nicht-Schauspieler, die lernen wollen, wie sie ihren Schmerz nutzen können, um ihre Ziele zu erreichen, ist wichtig, dass ich eine Technik anbiete, die ihre Leistungen außerordentlich vertieft und ihr Leben verändert.

Dieses Buch liefert dir die genaue Methodik der Chubbuck-Technik, die letztlich ein gründliches, praxisbezogenes System der schrittweisen Skriptanalyse ist. Ein System der Textanalyse, das dir hilft, auf deine Emotionen zuzugreifen, und dir einen Weg zeigt, sie nicht nur zu fühlen, sondern angemessen und kraftvoll zu *nutzen.* Meine Technik wird dir zeigen, wie du deine Konflikte, Herausforderungen und Schmerzen zum Positiven wendest, sowohl vom Standpunkt der Figur, die du darstellst, wie von dem des Menschen, der hinter der Figur steht.

Während meiner Karriere als Lehrerin habe ich von meinen Schülern viele persönliche Karten, Notizen und Briefe erhalten, mit denen sie ihre Dankbarkeit für die Technik zum Ausdruck brachten, die das Leben und die Karriere von Schauspielern, Autoren oder Regisseuren dauernd zu verändern scheint. So sei dieses Buch meine Art, »Danke schön« zu sagen. Ich habe ebenso viel, wenn nicht mehr, von meinen Schülern gelernt – durch sie als Menschen und ihre verschiedenen Lebenserfahrungen – wie sie von mir.

TEIL I

Die Chubbuck-Schauspieltechnik in 12 Schritten

Ein Schauspieler, der nur empfindet, wirkt beim Spielen in sich gekehrt und begeistert weder sich noch sein Publikum. Sobald er aber *alles in seiner Macht Stehende* unternimmt, um einen Schmerz zu überwinden, und trotz aller Hindernisse sein ZIEL verfolgt, hält es die Zuschauer vor Aufregung kaum in ihren Sitzen, weil das Ergebnis lebendig und unberechenbar wird. Aktives Handeln führt zu Risiken und somit auf eine Reise ins Unbekannte. Es genügt nicht, als Schauspieler wahrhaftig zu sein. Die Entscheidungen eines Schauspielers müssen zu aufregenden Ergebnissen führen. Du kannst eine Leinwand mit echter Ölfarbe bemalen, aber wenn das Gemälde am Ende kein überzeugendes Bild ist, wird niemand es ansehen wollen.

Diese Technik zeigt dir, wie du deine Traumata, seelischen Verletzungen, Manien, Zwänge, Bedürfnisse, Wünsche und Träume als Nahrung und inneren Antrieb deiner Figur auf ihrem Weg zum Erfolg verwendest. Du lernst außerdem, dass du die Hindernisse im Leben deiner Figur nicht akzeptieren, sondern heldenmutig bewältigen musst.

Mit anderen Worten lehrt meine Technik die Schauspieler, wie man *gewinnt.*

Vor mehr als zweitausend Jahren stellte Aristoteles die Theorie auf, dass das höchste Gut für den Menschen, das höchste Ziel allen menschlichen Denkens und Handelns, das Glück (griech. »eudaimonía«) ist. Die Menschen suchen Glück, deshalb ist es ein ZIEL. Ziele will man erreichen. Wenn man diesen Willen, das Ziel zu erreichen bzw. zu »gewinnen«, wirklich ernst nimmt, würde das den Wesenskern allen Dramas ausmachen. Drama ist die Extremversion des Lebens. Das Konzept des »Gewinnens« erlaubt es, ein Drama von einer gewöhnlichen Reise in eine außergewöhnliche zu verändern.

Die Überwindung von Hindernissen und Konflikten zeichnet eindrucksvolle Persönlichkeiten aus. Martin Luther King Jr., Stephen Hawking, Susan B. Anthony, Virginia Woolf, Albert Einstein, Beethoven, Mutter Teresa oder Nelson Mandela – sie alle bestritten in ihrem Leben beinahe aussichtslose Kämpfe, um ihre Ziele zu erreichen. Ihre Erfolge gewannen umso mehr an Bedeutung, je größer die Hindernisse waren und je leidenschaftlicher sie bewältigt wurden. Sie entwickelten sich nicht trotz der Herausforderungen zu außergewöhnlichen Menschen, sondern gerade wegen ihnen. Diese Eigenschaft wollen wir unseren Figuren mitgeben. Es ist faszinierender, jemandem zuzuschauen, der allen Widrigkeiten zum Trotz zu gewinnen versucht, als einem, der alle Mühen des Lebens duldet. Ein Gewinner muss nicht unbedingt gewinnen, um ein Gewinner zu sein – ein Gewinner versucht zu gewinnen, ein Verlierer akzeptiert die Niederlage.

Je besser du dich selbst kennst, desto besser wirst du als Schauspieler sein. Du musst sehr genau verstehen, was dich antreibt. Die folgenden zwölf Schritte werden dir helfen, in deine Psyche einzudringen, Entdeckungen zu machen, und dir Wege eröffnen, die wundervollen Dämonen, die wir alle haben, ans Tageslicht zu bringen und für dein Spiel zu kontrollieren. Deine dunkle Seite, deine Traumata, Überzeugungen, Prioritäten und Ängste; was dein Ego antreibt, was dich Scham empfinden lässt und was deinen Stolz hervorruft, sind deine Farben, mit denen du als Schauspieler malst.

Die zwölf Schritte:

Schritt 1: GESAMTZIEL *(Overall Objective)*: Was will deine Figur mehr als alles andere im Leben? Herausfinden, was deine Figur im Verlauf des Skriptes will.

Schritt 2: SZENENZIEL *(Scene Objective)*: Was deine Figur im Laufe einer ganzen Szene will, unterstützt das GESAMTZIEL.

Schritt 3: HINDERNISSE *(Obstacles)*: Festlegen, was die körperlichen, emotionalen und mentalen Hürden sind, die das Erreichen des GESAMT- und SZENENZIELS schwierig gestalten.

Schritt 4: SUBSTITUTION *(Substitution)*: Den Spielpartner in der Szene mit einer Person aus deinem eigenen Leben verknüpfen, die für das GESAMTZIEL und das SZENENZIEL sinnvoll ist. Wenn das SZENENZIEL deiner Figur zum Beispiel lautet, *»dich dazu bringen, mich zu lieben«*, dann finde jemanden aus deinem Leben, dessen Liebe du benötigst – und zwar dringend, händeringend und vollkommen. So bekommt dein Spiel all die verschiedenen Nuancen, weil ein echtes Bedürfnis mit einer echten Person verknüpft wird.

Schritt 5: INNERE BILDER *(Inner Objects)*: Die Bilder, die du vor deinem inneren Auge siehst, wenn du von einer Person, einem Ort, Ding oder Ereignis sprichst oder hörst.

Schritt 6: BEATS und AKTIONEN *(Beats and Actions)*: Jeder BEAT ist ein Gedanke. Immer, wenn der Gedanke sich ändert, ändert sich auch der BEAT. AKTIONEN sind Mini-ZIELE, die zum jeweiligen BEAT dazugehören. Sie unterstützen wiederum das SZENENZIEL und damit das GESAMTZIEL.

Schritt 7: Der MOMENT DAVOR *(Moment Before)*: Das Ereignis unmittelbar vor deiner Szene (oder bevor der Regisseur »Action!« ruft), das dir einen physischen und emotionalen Ausgangspunkt gibt.

Schritt 8: ORT und VIERTE WAND *(Place and Fourth Wall)*: ORT und VIERTE WAND zu benutzen heißt, die Eigenschaften eines ORTES aus deinem realen Leben in die physische Umgebung deiner Figur – meistens eine Bühne, Tonbühne, ein Filmset oder Originalschauplatz – mit einfließen zu lassen. ORT und VIERTE WAND ermöglichen Privatsphäre, Vertraulichkeit, Geschichte, Bedeutung,

Sicherheit und Realität. ORT und VIERTE WAND müssen die Entscheidungen, die du bei anderen Schritten getroffen hast, sinnvoll unterstützen.

Schritt 9: HANDLUNGEN *(Doings)*: Der Umgang mit Requisiten, der ein Verhalten erzeugt. Sich die Haare beim Sprechen kämmen, die Schnürsenkel binden, trinken, essen, ein Messer zum Schneiden benutzen etc. sind Beispiele von HANDLUNGEN.

Schritt 10: INNERER MONOLOG *(Inner Monologue)*: Der Text, der sich in deinem Kopf abspielt, den du aber nicht laut aussprichst.

Schritt 11: VORGESCHICHTE *(Previous Circumstances)*: Die Geschichte deiner Figur. Die gebündelten Lebenserfahrungen, die festlegen, *warum* und *wie* deine Figur in der Welt auftritt. Anschließend die VORGESCHICHTE deiner Figur verinnerlichen und zu deiner eigenen hinzufügen, sodass du ein echtes Gefühl für das Verhalten deiner Figur bekommst und die Rolle mit Leben füllen kannst.

Schritt 12: LOSLASSEN *(Let It Go)*: Obwohl die Chubbuck-Technik den Intellekt eines Schauspielers anspricht, handelt es sich nicht um eine Reihe intellektueller Übungen. Diese Technik ist der Weg, menschliches Verhalten so real zu gestalten, dass eine Rolle durch die Entschlossenheit und Rohheit mit *Leben* ausgefüllt wird. Wenn du den natürlichen Fluss des Lebens nachbilden und spontan sein willst, musst du »raus aus deinem Kopf«. Um das zu erreichen, musst du den Ergebnissen vertrauen, die du mit den vorherigen elf Schritten erarbeitet hast, und LOSLASSEN.

Diese zwölf Schritte schaffen eine solide Grundlage, die dich präsent bleiben lässt und für einen kompromisslosen, fundierten, dynamischen und kraftvollen Auftritt vorbereitet.

Meine Arbeit mit Halle Barry in *Monster's Ball* ist ein gutes Beispiel für die Funktionsweise der Technik. Anhand einer Schlüsselszene des Films werde ich dir einen Eindruck verschaffen, wie wir einige Elemente meiner Technik benutzt haben. In dieser Szene werde ich nur ein paar Schritte meines Systems zur Skriptanalyse vorstellen und wie man sie anwendet. Behalte im Hinterkopf, dass wir für die endgültige Darbietung alle zwölf Schritte angewandt haben, eine Analyse jeder einzelnen

Szene mithilfe aller zwölf Schritte aber ein eigenes Buch füllen würde. Hier also ein kleiner Vorgeschmack darauf, wie effektiv die Technik mit wenigen Schritten sein kann.

Monster's Ball ist eine herzzerreißende Geschichte und Halles Figur Leticia eine tragische Frau. Wir mussten Halle in ihrer Rolle als Leticia davor bewahren, ein Opfer ihrer Vorgeschichte zu sein, das an der Vielzahl schmerzhafter Tragödien in ihrem Leben scheitert. Im Film beginnt Leticias Leid, als sie ihren fettleibigen Sohn für einen letzten Besuch zu seinem Vater (ihrem Ehemann) bringt, der kurz vor der Hinrichtung im Todestrakt sitzt. Kurz nach dem Tod ihres Mannes kommt Leticias Sohn bei einem Autounfall ums Leben, dann verliert sie ihren Job und muss ihre Wohnung räumen. Im weiteren Verlauf der Geschichte findet sie heraus, dass ihr neuer Freund – ihre einzige Hoffnung – einen schrecklich rassistischen Vater hat. Als sei das alles nicht genug, erfährt sie am Ende des Films, dass ihr Freund in die Hinrichtung ihres Mannes verwickelt war und das nie erwähnt hat. Leticia ist aufgebracht und überwältigt.

Wie sollte Halle diese Ereignisse verarbeiten, ohne aufzugeben? Welche persönlichen Erfahrungen würde sie auf ihre Figur beziehen können? Wie sollten wir diese bedrückende Geschichte hoffnungsvoll machen, sodass ihre Figur am Ende gewinnt? Sobald jemand den Kampf aufgibt, ist die Geschichte beendet und lässt ein unzufriedenes Publikum zurück. Wir wandten also die zwölf Schritte an und erarbeiteten zunächst das GESAMTZIEL ihrer Figur. Dann haben wir Halles persönlichen Schmerz gefunden, der Leticias Schmerz vervielfachte, und begonnen, ihre Probleme während ihrer Darbietung zu überwinden.

Verrats-Szene

Die Anwendung von GESAMTZIEL (Schritt 1), SZENENZIEL (Schritt 2) und INNEREN MONOLOG (Schritt 10)

- Die Szene: Der Verrat kommt ans Licht, als Leticia entdeckt, dass Hank in die Hinrichtung ihres Ehemannes verwickelt war und ihr das nie erzählt hat.
- Leticias GESAMTZIEL: *»geliebt und umsorgt werden.«*

Was Leticia nach den Erfahrungen ihres früheren und jetzigen Lebens mehr als alles andere braucht, ist das Gefühl von Sicherheit und Unterstützung, das sich ergibt, wenn sie geliebt und umsorgt wird. Das SZENENZIEL muss das GESAMTZIEL unterstützen, um einen Bogen über den gesamten Text zu spannen und dem Schauspieler, der Figur und dem Publikum eine klare Ausrichtung zu geben. Es ist die letzte Szene des Films, also muss sie einen Weg einschlagen, auf dem sie ihre HINDERNISSE überwindet und ihr GESAMTZIEL *erreicht*. Wenn sie das schaffen will, darf sich ihr SZENENZIEL auf keinen Fall an dem Verrat orientieren. Sie muss stattdessen bestimmen, wie sie bekommen kann, was sie will – nämlich Liebe. Daraus ergibt sich:

- Leticias SZENENZIEL: *»dich dazu bringen, mich zu lieben.«*

Die letzte Szene in *Monster's Ball* beginnt damit, wie Leticia in den privaten Sachen ihres Partners Hank eine Zeichnung entdeckt, die ihr Ehemann vor seinem Tod von Hank gemacht hat. Die Zeichnung verrät ihr, dass Hank ihren Mann kennengelernt hat – vermutlich als er im Todestrakt saß – und es ihr nie erzählte. Dem Regisseur Marc Forster schwebte ein offenes, nicht zu oberflächliches Ende vor. Etwas, das beim Publikum die Frage auslöst, ob Leticia nun Hank, sich selbst oder beide töten würde. Obwohl Independent- und Kunstfilme häufig düster enden, bin ich davon überzeugt, dass jeder, sogar ein Mitglied der Arthouse-Szene, am Ende eines Films von Hoffnung *(auf einen Sieg)* erfüllt sein will. Mit anderen Worten: Ermögliche dem Kinobesucher ein Erlebnis, das ihn befähigt, für die Dramen seines eigenen Lebens eine glückliche Auflösung zu sehen, genauso wie Leticia schließlich eine für ihr Leben gefunden hat. Wir konnten das Drehbuch, das kein Happy End vorsah, nicht umschreiben, also lag es an Halles Darstellung, ein Gefühl von Hoffnung aufkommen zu lassen.

Hanks Vergehen ist ein enormer Vertrauensbruch und bedeutet noch mehr Kummer auf Leticias langer Liste. Für Leticia ist dieser Verrat der Tropfen, der das Fass zum Überlaufen bringt. Sie hat einen Wutanfall, schluchzt und schlägt verzweifelt um sich. Wir fragen uns, ob sie am Ende ihn, sich selbst oder beide umbringen wird (in Übereinstimmung mit den Vorstellungen des Regisseurs). Indem wir einen INNEREN MONOLOG verwendeten, der das SZENENZIEL *»dich dazu bringen, mich zu lieben«* unterstützt (nicht »ich muss wütend und verzweifelt sein« – welcher Mensch, der noch bei Verstand ist, würde das wollen?), konnten wir das Ende umwandeln, ohne die Vision des Regisseurs zu verändern.

Um den INNEREN MONOLOG zu finden, mussten wir Leticias schmerzliche Entdeckung personalisieren, sodass Halle ein Fundament für ihren heftigen Zorn hatte. Im Film sagt ihr erschüttertes Gesicht: »Wie kann er mir das antun?!« Um mit ihrem INNEREN MONOLOG einen Übergang von Zorn zu Hoffnung zu entwickeln, sprachen Halle und ich über Leticias Überlebensinstinkt. In dieser Szene muss sie um die Einsicht kämpfen, dass Hanks Liebe für sie real ist, oder sie wird sterben. Leticia könnte das, was sie entdeckt hat, als böswilligen Vertrauensbruch betrachten, was einen emotionalen, möglicherweise sogar physischen Tod zur Folge hätte. Ihr Bedürfnis, von Hank geliebt zu werden, zwingt sie dazu, seinen Betrug anders wahrzunehmen. Es ist möglich, dass Hanks Verrat kein Versuch der Täuschung war, sondern eher ein Ausdruck äußerster Aufopferung und der Beweis seiner Liebe. Leticia könnte Hanks Verhalten vernünftig begründen, indem sie denkt: »Vielleicht hat er mich so sehr geliebt, dass er davor zurückschrak, es mir zu sagen, aus Angst, mich zu verlieren, wenn ich es erfahren würde. Er wäre bereitwillig mit der Last seines Geheimnisses durchs Leben gegangen, weil er mich so sehr liebte. Er dachte, er könne nicht ohne mich leben, also handelte er nicht aus Verlogenheit, sondern aus Liebe zu mir …«

Somit konnte das Publikum allein durch ihren INNEREN MONOLOG genau erkennen, was sie dachte und fühlte, ohne ein Wort zu sagen. Der Spannungsbogen, der durch ihren INNEREN MONOLOG gebildet wurde, begann bei:

- dem Schock durch die Entdeckung …
- der in mörderische Wut umschlug …
- die in Schmerz und Verwirrung überging …
- die in einer für sie lebenswichtigen Suche nach einer Möglichkeit mündeten, sich von dem Entsetzen über ihre Entdeckung zu befreien …
- was schließlich zu der Lösung führte, den Vertrauensbruch als etwas Positives zu sehen … was ihr die Möglichkeit bot, sich bedingungslos geliebt zu fühlen (ein Gefühl, das sie noch nie zuvor erlebt hatte).

All das kam in Halles Mimik und Verhalten zum Ausdruck. Im Film verarbeitet sie das Ganze, bevor Hank zurückkehrt. Als Hank nach Hause kommt und ihr auf der Veranda einen Löffel Eiscreme zu essen gibt, kann sie ihn liebevoll ansehen und in ihrem INNEREN MONOLOG sagen: »Nach allem, was ich in meinem Leben durchgemacht habe, wird durch deine Liebe alles besser werden. Es wird mir gutgehen.«

Ich hoffe, dieser konkrete Bericht von meiner Arbeit mit Halle für *Monster's Ball* konnte dir ein klareres Verständnis für die Technik vermitteln. In meinen Jahren als Lehrer zeigte sich die Anführung konkreter Fallbeispiele immer als hilfreich, um einen bestimmten Schritt oder Abschnitt der Technik bildhaft zu erklären. Wenn ich im Folgenden die zwölf Schritte erläutere, werde ich genauso vorgehen und aus einer breiten Auswahl von Geschichten schöpfen – von solchen Schauspielern mit Oscar-Status über Fernsehdarsteller und Bühnenschauspieler bis hin zum vielversprechenden Schauspielernachwuchs aus meinem Studio.

KAPITEL 1

Schritt 1: GESAMTZIEL

***Was will deine Figur im Verlauf des gesamten Skripts?*[2]**

Das GESAMTZIEL ist der Schritt, der einem Text einen Anfang, Hauptteil und Schluss verleiht. Er bestimmt den Weg für den Schauspieler und das Publikum. Alle anderen Schritte müssen das GESAMTZIEL unterstützen und bedienen.

Wenn du ein ergreifender und beeindruckender Schauspieler sein willst, musst du das Verhalten dynamischer, erfolgreicher Menschen nachahmen. Und diese überzeugenden Menschen sind immer, auf die eine oder andere Weise, zielorientiert. Viele Schauspieler machen den Fehler zu glauben, Schauspielen bedeute nicht mehr, als wahrhaft zu sein oder echte, tiefe Gefühle zu haben – dem ist nicht so. Zu viele Schauspieler glauben, dass sie die Rolle erfolgreich umsetzen, wenn sie mit ihrer Arbeit echte Tränen produziert haben. Es kommt darauf an, wie du diese Gefühle nutzt, um dein Ziel zu erreichen. Erst dann wird es spannend, die Kunst des Schauspiels auszuüben und ihr zuzuschauen. Ohne die Absicht, ein Ziel zu erreichen, und ohne das Ringen um den Sieg wird der rein emotionale Schauspieler ein Opfer der Umstände aus dem Text, und niemand schaut einem Opfer gerne zu, wie es ein Opfer bleibt. Wir wollen einem Menschen zuschauen, der den Missstand nicht akzeptiert und sein Leben ändert.

Ein Schauspieler muss lernen, Gefühle nicht als Endergebnis zu sehen, sondern als Mittel, das die Leidenschaft erzeugt, um den Konflikt des Textes zu überwinden.

---

2 »Skript« bezieht sich sowohl auf einen Stücktext als auch auf ein Drehbuch.

Das GESAMTZIEL liefert Schauspielern und Publikum nicht nur etwas, wobei sie mitfiebern können, es erfüllt die Handlung zusätzlich mit einer gewissen Dringlichkeit. Die Zeit verfliegt bekanntlich, wenn du etwas erledigen willst. Wenn ein Schauspieler seinem Ziel mit großer Leidenschaft nachgeht und im Moment handelt, verkürzt sich sein eigenes Zeitempfinden und das der Zuschauer, was dazu führt, dass die Minuten schneller verstreichen und alles zu einer viel aufregenderen Erfahrung wird. Je besser der Schauspieler auf seine eigenen Lebenserfahrungen zugreifen kann, um Dringlichkeit und Leidenschaft für die Ziele seiner Figur zu entwickeln, desto höher die Kunst.

Frag dich: »Was will meine Figur vom Leben? Was ist ihr wichtigstes Ziel?« Das ist das GESAMTZIEL.

Das GESAMTZIEL ist das größte *Bedürfnis*, das die Figur antreibt, ganz gleich, ob die Geschichte in Echtzeit oder über einen Zeitraum von zwanzig Jahren erzählt wird. Dein GESAMTZIEL sollte immer ein fundamentales menschliches Bedürfnis sein, ein grundlegendes Ziel wie *»Ich will wahre Liebe finden«*, *»Ich will Macht«* oder *»Ich brauche Bestätigung«*.

Alle nachfolgenden Schritte sind dazu da, die Reise (dein GESAMTZIEL) zu begleiten und machen es wichtiger, detailreicher, tiefgründiger, bedeutsam und wahrhaftig. Der menschliche Überlebenstrieb macht uns zielorientiert. Unser Gefühlsleben ist *nur* ein Ergebnis, das durch das Erreichen oder Nichterreichen unserer Ziele entstehen. Sagen wir, das GESAMTZIEL ist *»geliebt werden«*. Wenn du dein Ziel (GESAMTZIEL) erreichst, bist du glücklich; wenn du es verfehlst, bist du traurig und wütend.

Emotionen sind eine Reaktion auf eine Aktion, nicht umgekehrt.

Wenn du zuerst dein GESAMTZIEL suchst, musst du keine Emotionen erzeugen, bevor du zu spielen beginnst, sondern erlaubst ihnen, sich auf eine natürliche und menschliche Weise zu entwickeln. Das ist bedeutend einfacher, als sich eine Stunde vor dem Auftritt an eine schreckliche

Erfahrung aus der Vergangenheit zu erinnern und zu versuchen, sie am Leben zu halten. Wenn du versuchst, Emotionen von irgendeinem anderen Ort hochzupumpen, dann ist das Ergebnis emotionales Erbrechen. Und so wie im echten Leben ist Erbrechen weder für den Beteiligten, noch für den Zuschauer ein Vergnügen. Es endet in einer emotionalen Explosion, die zu nichts führt.

Szene für Szene auf das Erreichen des GESAMTZIELS hinzuarbeiten, erzeugt zudem echtes Verhalten in jeder Szene. Indem du für die Überwindung der Hürden deiner Figur kämpfst, um das GESAMTZIEL zu erreichen, entsteht echtes und einzigartiges Verhalten instinktiv auf deinem Weg zum Ziel. Deine volle Konzentration auf das Erreichen eines Ziels lenkt dich davon ab, wie du aussiehst, und lässt deine unverkennbaren Angewohnheiten und Marotten zum Vorschein kommen. Es ist diese Art von echtem Verhalten, das die Spannung-im-Moment erzeugt, die ein Publikum deiner Figur atemlos zuschauen und zujubeln lässt. Die Zuschauer dürfen zusehen, wie das unerreichte emotionale und physische GESAMTZIEL vor ihren Augen verwirklicht wird und können sich damit identifizieren, als sei es ihre eigene Bestimmung. Menschen werden andere Personen eher unterstützen, wenn sie den Eindruck haben, deren Kampf sei der gleiche wie ihr eigener.

Vor ein paar Jahren hat Catherine Keener mit mir gearbeitet. Sie hat ein erstaunlich reiches emotionales Leben, aus dem sie schöpfen kann, aber damals verwendete sie es ohne Nutzen und den Anreiz eines GESAMTZIELS. Im Unterricht zeigte sie Woche für Woche, Szene für Szene emotional ausgearbeitete Darbietungen. Doch obwohl ihre Mitschüler und ich ihren Schmerz sahen, konnten wir ihn nicht nachvollziehen. Wir, ihre Zuschauer, sahen keine Möglichkeit, ihre Gefühle zu verstehen, weil diesen erstaunlich heftigen und zugänglichen Emotionen die Begründung fehlte – das Verlangen, ein Ziel zu erreichen. Catherine glaubte, ihre Figuren würden manipulativ und unsympathisch werden, wenn sie einem Ziel ohne Zurückhaltung nachgingen. Ich aber sehe Manipulation als starken und bewussten Versuch, das zu bekommen, was man will. Manipulation als einen Weg für das Erreichen eines GESAMTZIELS anzuwenden, macht die Figur wirklich kompetent, und kompetente Menschen sind immer sehr attraktiv. Denk nur mal an Elizabeth Taylor in *Who's Afraid of Virgina Woolf? (Wer hat Angst vor Virginia Woolf?)* oder Kevin Spacey in *The Usual Suspects (Die üblichen Verdächtigen).* Ich sagte ihr: »Sobald du einsiehst, dass es okay ist, bei deiner Arbeit zu manipulieren, ist *das* der Zeitpunkt, an dem du echte Anerkennung für deine Arbeit bekommst.« Zu dieser Zeit hatte Catherine eine gediegene Karriere als Schauspielerin, genoss aber keine öffentliche Anerkennung.

Wie sich herausstellte, war es die Rolle der enthusiastisch *manipulativen* Sexbombe Maxine in *Being John Malkovich,* mit der sie Zuschauern und Kritikern auffiel. Catherines Figur war erfüllt von einem derart berechnenden Gespür für Gewinnen und Verlangen, dass sie das GESAMTZIEL ihrer Figur und die Einstellung bereitwillig aufgreifen musste. Und Catherines Sorge, das Publikum würde sie hassen, wenn sie ein ZIEL ohne Rücksicht verfolgt, war völlig unbegründet. Eigentlich hatte es genau die gegenteilige Wirkung. Den Zuschauern war es egal, dass Maxine ein Miststück war, denn Maxine hatte einen gerechtfertigten Grund, rücksichtslos nach ihrem Ziel zu streben, womit sie sich verbunden fühlten: *die Macht in meinem Leben zurückgewinnen.* Das Publikum identifizierte sich mit ihrer Sehnsucht und bejubelte ihre Entschlossenheit, alles zu tun, um diese Macht wiederzugewinnen – offensichtlich war ihr Bedürfnis nach gegenwärtiger Macht eine Reaktion darauf, in der Vergangenheit machtlos gewesen zu sein. Da Catherine die Entscheidung traf, Maxines GESAMTZIEL zu erreichen, konnte sie die Figur der Maxine verkörpern und sich wie sie verhalten. Das Ergebnis war, dass Catherine zum ersten Mal in ihrer Karriere für einen Oscar und einen Golden Globe nominiert wurde, und den Independent Spirit Award in der Kategorie »Beste Schauspielerin« gewann. Doch über diese Auszeichnungen hinaus erkannte Catherine, wie entscheidend es war, ein GESAMTZIEL zu verfolgen, und das veränderte ihre Karriere.

Für Schauspieler ergänzt das GESAMTZIEL Aspekte der Handlung und eröffnet ihnen eine Möglichkeit, ihre Rollen zu personalisieren. Im Grunde stellt das GESAMTZIEL eine Reise für Schauspieler und Zuschauer dar. Zu Beginn eines Theaterstücks oder Films fangen Figuren (und Schauspieler) bei »A« an, bei null. Das ist der Punkt, an dem sie sich das Ziel setzen müssen, das sie als Figur erreichen wollen. Der Rest des Stücks oder Films dreht sich darum, wie sich diese bestimmte Figur anstellt, um das Ziel zu erreichen, damit sie am Ende zu Recht bei Z ankommt.

Der Text liefert das Rohmaterial, das analysiert werden muss, und hält die spezifischen Informationen zur Figur und zu dem, was sie tun muss, bereit. Das umfasst den sozioökonomischen Hintergrund der Figur, die Geschichte ihrer traumatischen Erlebnisse, den geographischen Ort, an dem sie zur Welt kam und aufwuchs, die Epoche, die Geschichte ihres persönlichen und beruflichen Erfolgs und Misserfolgs, ihre Träume, ihre Arbeitsweise, wie sich die Figur selbst sieht und wie die anderen Figuren sie sehen. Dann personalisiert der Schauspieler diese Elemente, indem er sie aus seinem eigenen Leben reproduziert. Das erzeugt auf natürliche Art unverwechselbare Sprechmuster und Verhaltensweisen.

Das GESAMTZIEL deiner Figur muss so formuliert sein, dass es einen Wandel in ihrem Leben begründet, der für ihr physisches und/oder emotionales Überleben notwendig ist.

Hier sind universale, grundlegende menschliche Themen, die die Reise einer Figur über den Verlauf der gesamten Handlung hinweg antreiben können, ob sie sich über einen Tag oder ein ganzes Leben erstreckt. Gute GESAMTZIELE, die grundlegende menschliche Bedürfnisse enthalten, sind:

- Liebe finden
- Macht erlangen
- bedingungslos geliebt werden
- Kinder haben
- heiraten
- von Mutter oder Vater geliebt werden
- meinen Expartner in mein Leben zurückholen
- eine großartige Karriere haben
- anerkannt werden
- am Leben bleiben (überleben)
- eine geliebte Person beschützen und am Leben erhalten

Beim GESAMTZIEL geht es nicht um Handlung. George Bernard Shaw hat gesagt, dass es keine neuen Handlungen gibt, sondern nur neue Möglichkeiten für Menschen, Beziehungen auszuhandeln und aufzubauen. Und weil jeder Mensch einzigartig ist, wird die Art, *wie* er Beziehungen aushandelt und aufbaut, jeweils speziell und einzigartig sein. *Wie* deine Figur versucht, ihr GESAMTZIEL zu erreichen, das auf einem essentiellen menschlichen Bedürfnis fußt, ist ihre Reise.

Wir brauchen die Interpretation eines Schauspielers nicht, um Handlung zu erzeugen. Die gibt uns der Text.

Du darfst nie vergessen, dass ein Publikum ins Theater oder ins Kino geht oder fernsieht, um zu beobachten, wie sich menschliche Beziehungen ereignen. Es ist unwichtig, ob uns die Handlung zum nicht existierenden Planeten Nebulosa führt oder zu einer Schlacht im Zweiten Weltkrieg oder ob sie die Geschichte von riesigen Kakerlaken erzählt, die Chaos und Verwüstung anrichten – ein Publikum kann immer das menschliche Element nachempfinden, wenn jemand versucht, eine Beziehung zu beginnen, aufzubauen oder über sie zu verhandeln. Das gilt immer, egal an welchem Schauplatz oder Spielort es gerade passiert.

In dem Film *Out of Time (Out of Time – Sein Gegner ist die Zeit)* spielte Eva Mendes eine Polizistin namens Alex Whitlock, die Seite an Seite mit ihrem Exmann und Kollegen Matt Whitlock, gespielt von Denzel Washington, in einem Mordfall ermittelt. Während sie daran arbeitet, den Mord aufzuklären, sieht es mehr und mehr danach aus, als hätte Denzels Figur die Straftat begangen. Die Geschichte endet mit der Enthüllung, dass man ihm der Mord anhängen wollte, und sie versöhnen sich.

Eva hätte mit dem GESAMTZIEL der Handlung, *»das Verbrechen aufklären«*, arbeiten können. Aber das wäre trocken, kalt und leidenschaftslos gewesen, und es hätte gefehlt, was ein Publikum wirklich interessiert – eine menschliche Beziehung. Die menschliche Gleichung hätte gefehlt. Stattdessen gingen Eva und ich ihre Figur mit dem GESAMTZIEL an: »*Matt* (Denzels Figur) *zurückerobern und ihn dazu bringen, mich wieder zu lieben.*« Das machte es für sie aus zwei Gründen unerlässlich, den Fall zu lösen. Erstens musste sie ihn mit ihrem Können als Polizistin beeindrucken. Und zweitens, ungeachtet ihres Gefühls, dass er schuldig sein könnte, musste sie ihm helfen, seine Unschuld zu beweisen. Dieses GESAMTZIEL macht Evas Figur für sein Leben unentbehrlich – sowohl in Sachen Karriere als auch in Sachen Liebe. Auf diese Weise *erarbeitet* sie sich einen Weg, ihn in ihr Leben zurückzuholen, ihn nicht nur zurückzu*wollen*, sondern durch realisierbare Maßnahmen zurückzu*bekommen*. Dies löste auch mehr emotionale Reaktionen bei ihr aus, weil jede kleine Wendung in der Handlung mehr Konflikte für sie bereithält, denen sie entgegentreten muss, wenn sie ihr GESAMTZIEL, ihn zurückzubekommen, durchsetzen will. Das ist die Methode, einer Darstellung Komplexität und Struktur zu verleihen. Eva muss beim Spielen allen Drehungen und Wendungen der Handlung trotzen und trotzdem dazu in der Lage sein, ihr GESAMTZIEL durchzusetzen. Solche Vielschichtigkeit kann nur entstehen, wenn das GESAMTZIEL von einem grundlegenden menschlichen Bedürfnis getrieben wird. Das schützt den Schauspieler vor einem geistigen, intellektuellen Spielerlebnis, und ein körperliches Erlebnis wird stattdessen möglich.

Das GESAMTZIEL sollte einfach, grundsätzlich und aktiv sein

Das GESAMTZIEL einfach und menschlich zu halten schafft auch einen Schauplatz, in dem der Schauspieler aufhören kann zu spielen, sodass er wirklich in der Szene ist. Der häufigste Fehler von Schauspielern ist, das GESAMTZIEL zu kompliziert zu gestalten. Dadurch wird es zu kompliziert zu spielen.

Als ich Jessica Biel für ihre Hauptrolle in der Neuverfilmung von *The Texas Chainsaw Massacre (Michael Bay's Texas Chainsaw Massacre)* trainierte, standen wir genau vor diesem Problem. Es wäre leicht gewesen, ihr GESAMTZIEL zu formulieren, um *»vor diesem irren Typen abzuhauen und mich und meine Freunde am Leben zu halten, weil der Mörder durchgedreht und blutrünstig ist und wir nur ein paar junge Leute sind, und außerdem bin ich schwanger, und mein Freund weiß es nicht…«* Es ist schwer, mit einem derart komplizierten, von der Handlung bestimmten Ziel zu spielen. Um es einfach zu halten, erfanden wir das GESAMTZIEL *»mein ungeborenes Kind beschützen«*. Das gab ihr einen Grund, unbedingt am Leben bleiben zu wollen, weil ihr Baby sterben würde, wenn sie stirbt. Außerdem konnte sie damit aus einer verzweifelten, sehr bewussten und ursprünglichen Haltung heraus spielen (es gibt wenig Ursprünglicheres, als sein ungeborenes Kind zu beschützen). Dieses GESAMTZIEL sorgte zudem für mehr Spannung und Wirklichkeit in ihren Beziehungen zu den anderen, besonders zu ihrem Freund, weil sie glaubte, ihre Schwangerschaft nicht offenbaren zu können, bis sie sicher war, dass ihr Baby in den Händen ihrer Freunde und des Kindsvaters emotional geborgen war. Ein einfaches GESAMTZIEL ermöglichte ihr mehr Dimensionen in einer andernfalls nur banalen Horrorstory.

Bei der abschließenden Montage der Neuverfilmung von *The Texas Chainsaw Massacre* schnitt man alle Hinweise auf eine Schwangerschaft von Jessicas Figur heraus. Doch obwohl sie in der Version, die das Publikum zu sehen bekam, nicht schwanger war, verlieh die Verwendung des GESAMTZIELS, ihr ungeborenes Kind zu schützen, ihrer Darstellung einen unbedingten Überlebenswillen. Es war nicht wichtig, dass wir, das Publikum, nicht in ihre Schwangerschaft eingeweiht waren, weil wir ihre Handlungen als überwältigendes Bedürfnis interpretierten, ihre Freunde zu beschützen und am Leben zu bleiben. Das Ergebnis war, dass ihre schauspielerische Leistung, die sonst als typische Horrorfilm-Performance betrachtet worden wäre, überall gelobt wurde, und Jessica Filmangebote (und Gagen) erhielt, die sie nie zuvor erhalten hatte.

Triff die Entscheidung für dein GESAMTZIEL nicht intellektuell.

Entscheide dich stattdessen für drei oder vier – bestimmt durch die Gegebenheiten im Text – und teste sie alle in den Proben. Am Ende der zweiten Seite Dialog wird die einfachste und effektivste Wahl deutlich werden.

Hedda Gabler ist eine der komplexesten Figuren des Theaters. Sie wird oft als böse, berechnende, unsympathische Frau gespielt. Judith

Light kam zu mir, weil sie diese gängige Interpretation vermeiden wollte. Sie war dabei, sich auf eine Inszenierung am Kennedy Center in Washington D.C. vorzubereiten. Judith und ich gingen einen Schritt zurück und schauten uns die Umstände von Heddas Leben an. Heddas Vater ist ein Generalmajor, der sich einen Sohn wünschte, um das militärische Vermächtnis der Familie fortzuführen. Es war zu jener Zeit natürlich für eine Frau unmöglich, irgendwie beim Militär eingesetzt zu werden. Seine Tochter Hedda zu haben bedeutete ihm weniger als nichts.

Es war also sinnvoll anzunehmen, dass Hedda während ihrer Kindheit ihren Vater belauscht hatte, wie er leidenschaftlich Kriegsstrategien und -taktiken diskutierte und Kriegsspiele spielte und die kleine Hedda die ganze Zeit ignorierte. Jedes Kind, das von einem Elternteil zurückgewiesen wird, ist später davon besessen, diese Beziehung in eine zu verwandeln, die von Stolz, Zustimmung und vor allem von Liebe geprägt ist. Ihr GESAMTZIEL hieß *»die Liebe meines Vaters bekommen«*. Dieses GESAMTZIEL liefert eine nachvollziehbare Begründung für Heddas schroffes und berechnendes Verhalten. Sie versucht sogar nach dem Tod ihres Vater, die Art von Person zu werden, die ihr Vater hätte lieben *können*: ein Generalmajor.

Um das zu erreichen, gab ich Judith die Anweisung, sich wie der Generalmajor des Hauses aufzuführen. Bei jeder Interaktion, jedem Gespräch und jeder Geste befand sie sich im Krieg, bewegte Truppen, wandte Listen an, spionierte, überzeugte Thea Elvsted, Beweise zu vernichten usw. Ihr Verhalten mochte übel gewesen sein, aber weil Judith mit einer gerechten ursprünglichen Begründung arbeitete – die Liebe eines Vaters zu bekommen –, sahen Zuschauer und Kritiker Hedda als eine echte und verletzliche Frau, die tat, was notwendig war, um zu gewinnen, anstatt als berechnende Frau, die zur Liebe unfähig ist. Wir fanden das GESAMTZIEL, das unter den gegebenen Umständen am meisten Sinn ergab; eines, das ihr einen fundamentalen Grund gab, sich so schlecht zu benehmen. Sogar die grausamsten Verbrecher haben einen nachvollziehbaren Grund für ihr Verhalten. Es liegt am Schauspieler, ihn zu finden.

Das GESAMTZIEL muss ein einfaches, pragmatisches, ursprüngliches Bedürfnis sein, das im gesamten Skript durchweg Sinn ergibt.

Ob das Skript zwei oder zweihundert Seiten lang ist oder ob es fünf Minuten oder eine ganze Lebensspanne umfasst, dein GESAMTZIEL muss für einen zusammenhängenden und konzentrierten roten Faden *(»throughline«)* sorgen. Wo deine Figur beginnt und wo sie schließlich ankommt, liefert Anhaltspunkte dafür, was dein GESAMTZIEL sein könnte. Vor einigen Jahren kam Rob Schneider mit dem Drehbuch für die Komödie *Deuce Bigalow – Male Gigolo (Rent a Man – ein Mann für gewisse Sekunden)* zu mir, das die Geschichte eines Gigolos erzählt. Nachdem ich über die Tücken beim Spielen dieser Rolle gesprochen hatte, sagte ich ihm, dass wir ein GESAMTZIEL finden müssten, das nicht nur für die ganze Story Sinn ergibt, sondern auch die Zuschauer dazu bringt, Deuce als Helden und nicht als einen schmierigen Typen zu sehen, der nach einer einfachen Möglichkeit sucht, Sex mit Frauen zu haben. Nachdem wir verschiedene Wünsche untersuchten, einigten wir uns als GESAMTZIEL auf den, *»geliebt zu werden«*. Und zwar so dringend, dass Deuce bereit sein muss, alles zu tun, um diese Liebe zu bekommen.

Wir sprachen auch darüber, was als Motiv für ein solches GESAMTZIEL dienen würde. Was könnte einen Mann in der Liebe so ausgehungert zurücklassen, dass er ein Gigolo werden würde? Die Antwort war: Seine Figur war ständig und ununterbrochen von Frauen zurückgewiesen worden, seit sie für den jungen Deuce interessant waren. Dieses Bedürfnis, von Frauen akzeptiert zu werden, war niemals erfüllt worden, nicht einmal in den gegenwärtigen Handlungen des Drehbuchs. Da Deuces soziale Qualitäten nie herangereift sind, tritt er mit einer kindlichen Haltung auf.

Sein GESAMTZIEL aus einer kindlichen Position heraus zu verfolgen, verlieh Rob die notwendige Unschuld, um aus Deuce eine sympathische Figur zu machen. Schließlich wird ein Kind alles tun, um zu gewinnen. Wenn ein Kind etwa unbedingt ein Frisbee will, wird dieses Kind verführen, einen Wutanfall bekommen, verhandeln, sich beschweren, andere beschuldigen, sich als das Opfer aufspielen und ungezogen benehmen, und wir vergeben ein solches Verhalten, weil es von Unschuld, einer Reinheit des Geistes stammt. Wenn ein Erwachsener ein kindliches Bedürfnis und Verhalten bewahrt, werden wir ihm ebenfalls vergeben. Sieh dir Jack Nicholson in *As Good As It Gets (Besser geht's nicht)* an. Auch er erschuf eine Figur mit einer kindlichen Haltung, eine Figur, die als gewalttätig und grausam angesehen worden wäre, wenn er sie als einen reifen Erwachsenen gespielt hätte.

Dieses GESAMTZIEL, angetrieben von den persönlichen Problemen aus Rob Schneiders Kindheit, tat zwei Dinge für den Film. Zunächst veränderte das GESAMTZIEL die Richtung des Films. Weil er sich aufführte wie ein Kind, ging es Deuce als Gigolo nicht darum, tatsächlich Sex zu haben. Obwohl Frauen mit ihrem ursprünglichen Anliegen – Sex – zu ihm kamen, überwand Deuce dieses Verlangen mit seiner Sehnsucht, von ihnen geliebt zu werden. Deuce verdiente sich die Liebe, indem er den Frauen suggerierte, sie seien durchaus in der Lage, einige ziemlich ernste Probleme zu lösen – Narkolepsie, Fettleibigkeit und Tourette-Syndrom. Zuschauer liebten ihn, weil er diese Frauen rettete. Rob machte einen Helden aus Deuce, was uns zur zweiten Sache bringt, die das GESAMTZIEL mit dem Film tat: Es verwandelte ein unter Umständen dürftiges Thema in eine große Komödie und machte es zu einem riesigen Hit.

Lies das gesamte Skript mehr als einmal

Um das GESAMTZIEL deiner Figur in einem Text zu bestimmen, ist es wichtig, das gesamte Drehbuch/Stück mehr als einmal zu lesen. Indem du das tust, kannst du mehr konkrete Aspekte über deine Figur ermitteln und anfangen darüber nachzudenken, in welcher Beziehung die anderen Figuren zu dir stehen und wie sie über dich reden, auch wenn du nicht dabei bist.

Ohne das Drehbuch von *The Silence of the Lambs (Das Schweigen der Lämmer)* zu lesen und wieder zu lesen, hätte Anthony Hopkins nie begriffen, dass sein GESAMTZIEL als Hannibal Lecter nicht darin bestand, ein noch gefährlicherer Serienmörder zu werden, sondern die Freundschaft der Agentin Clarice Starling (Jodie Foster) zu gewinnen. Das Drehbuch beginnt, wenn Lecter Clarice prüft, um festzustellen, ob sie seinen Rat und seine Kameradschaft verdient hat. Hopkins nutzte das bizarre und furchterregende Verhalten seiner Figur auf eine sehr wirkungsvolle Art, um sie zu testen – intellektuell, emotional und physisch. Hannibal Lecter ist ein schwer geschädigter Mann; Schaden, der fast immer von massivem Missbrauch in der Kindheit stammt. Die Prüfung von Clarice wird zur notwendigen Maßnahme, um sicherzustellen, dass sie nicht auch zur Täterin wird. Seine außergewöhnlichen Prüfungstaktiken sind wirklich die einzige Möglichkeit für ihn, sich emotional selbst zu schützen. Sie besteht seinen harten Test. Wie? Sie kann ihm nicht nur ihre geistige und emotionale Stärke beweisen, sondern darüber hinaus erkennen beide, dass sie ähnliche seelische Dämonen in ihrem Leben haben, die sie überwinden müssen. Beide haben sie dieselben »schreienden Lämmer« in ihren Köpfen, jedoch gegensätzliche Lösungen gefunden, um darüber hinwegzukommen – sie, indem sie andere rettet, er, indem er tötet. Die gemeinsame Schmerzerfahrung verbindet sie, und es entwickelte sich eine Freundschaft. Eine sehr stabile Freundschaft, durch die das Publikum Vertrauen gewann, dass Hannibal Lecter sie nie verletzen oder ihr Leid zufügen würde, ganz gleich, was passiert. Die Verbindung, die die beiden Schauspieler herstellten, war tatsächlich so wirkungsvoll, dass das Publikum lacht, anstatt abgestoßen zu sein, wenn Lecter am Ende des Films im Scherz zu Clarice sagt: »Ich habe noch ein Festessen mit einem alten Freund«, obwohl wir genau wissen, dass er seinen Gast tatsächlich essen wird. Wieso? Weil das GESAMTZIEL – *»einen Freund gewinnen, der mich wirklich versteht«* – diese letzte Bemerkung vertretbar und sogar amüsant macht, weil hier ein Freund zu einem Freund spricht, und nicht ein vollendeter und ausgehungerter Kannibale zu einer jungen FBI-Agentin. Das auf einer Beziehung aufgebaute GESAMTZIEL von Anthony Hopkins machte aus *Das Schweigen der Lämmer* einen Film über die Freundschaft zweier unähnlicher Menschen und nicht noch einen typischen Thriller. Sein GESAMTZIEL erhöhte wirkungsvoll den Marktwert, die Bedeutung und die Integrität des Films.

Es ist wichtig zu beachten, dass Anthony Hopkins seine Figur Hannibal Lecter auch nicht als einen schlechten Menschen verstand. Hopkins urteilte nicht über seine Figur. Er betrachtete sie als jemanden, den die Umstände seines früheren Lebens geschädigt hatten, und sein fortlaufendes Töten als eine Reaktion der Vergeltung auf eine entsetzliche und schmerzhafte Vergangenheit. Weil Hopkins nicht mit moralischen Urteilen belastet war, hatte er die Freiheit, alle Facetten eines sehr komplexen Mannes zu erkunden, um eine sehr komplexe Darstellung hervorzubringen.

Beurteile niemals deine Figur oder ihre ZIELE

Noël Coward sagte: »Kunst kann man nicht beurteilen.« Ebenso wenig darfst du deine Figur oder ihre ZIELE beurteilen. Ein dummer Mensch glaubt niemals, dass er dumm ist. Ein böser Mensch findet nicht, dass er böse ist – sie haben immer einen guten Grund für ihre Handlungen. Ein Zuhälter, eine Prostituierte, eine Stripperin hassen nicht zwangsläufig, wovon sie leben, oder finden es anrüchig und falsch. Du kannst deine Leinwand nicht mit moralischen Lehren und sozialen Normen verunreinigen. Indem du deine Werte nährst, ziehst du Energie und Konzentration von deiner Figur und ihren Zielen ab. Kunst braucht Raum zum Atmen und die Freiheit, ungehemmt zu erforschen. Die Farben, die du in deiner Arbeit verwendest, müssen eine Menge Eigenschaften enthalten. Dazu gehören die guten, liebenswerten Aspekte deiner Persönlichkeit, aber auch jene Anteile, die dich schlecht machen, die dunkleren Elemente, die in uns allen wohnen. Du könntest dich schmierig fühlen, aber offen gesagt, es sind die dunkleren Seiten des Menschseins, die uns für gewöhnlich dazu treiben, mit aller Macht nach einem Ziel zu streben – und die die Reise zum jeweiligen GESAMTZIEL aufregender machen.

Hab keine Angst, die hässlichen, dunkleren Seiten deines Wesens zu untersuchen und einzusetzen, wenn du dein GESAMTZIEL bestimmst. Du spielst vielleicht jemanden, der, nach den Maßstäben der Gesellschaft, als schlechter Mensch betrachtet wird, aber dieser Mensch wird das Gefühl haben, dass das, was er tut, richtig ist. Das muss sich in deinem

GESAMTZIEL spiegeln. Wenn die Figur ein Vergewaltiger ist, ist das GESAMTZIEL nicht *»Menschen vergewaltigen«*, sondern *»meine Macht zurückerlangen«* von der ersten Person, die sie mir durch Missbrauch genommen hat. Wie wir später in diesem Buch noch untersuchen werden, sehen Missbrauchstäter, Vergewaltiger und Mörder ihre Opfer meistens als Symbole oder Verkörperungen der Person an, die sie ursprünglich selbst vergewaltigt und missbraucht hat. Wenn sie also handeln – missbrauchen, vergewaltigen und töten –, glauben sie, sie bekommen ihre Rache und verletzen die Person, die ihnen ihre Macht auf grausame Art weggenommen hat. Gegen einen symbolischen Peiniger zurückzuschlagen, ist oftmals die einzige Möglichkeit für den Vergewaltiger/Missbrauchstäter/Mörder, den entsetzlichen Missbrauch in seiner Kindheit zu verkraften. Es ist ein Weg für den Vergewaltiger/Missbrauchstäter/Mörder, sich nicht mehr wie ein Opfer des Kindheitsmissbrauchs, sondern stark zu fühlen. Dadurch ist der Akt der Vergewaltigung/des Mordes in einer Performance gerechtfertigt.

Das gilt sogar beim Thema Selbstmord – du kannst ihn nicht verurteilen. Manchen Menschen erscheint er als eine realistische Lösung für überwältigenden und unerträglichen Schmerz. *Leaving Las Vegas (Leaving Las Vegas – Liebe bis in den Tod)* erzählt die Geschichte von Ben (gespielt von Nicolas Cage), einem Mann, der Selbstmord begehen will, indem er sich zu Tode säuft und der dann der Prostituierten Sera (gespielt von Elisabeth Shue) über den Weg läuft. Ich arbeitete mit Elisabeth sowohl an ihrem Vorsprechen als auch im eigentlichen Film.

Zuerst mussten wir durch das Vorsprechen kommen, was schwierig war, weil der Regisseur, Mike Figgis, nicht fand, dass Elisabeth die Richtige für die Rolle war. Seine Vermutung war nicht unbegründet. Vor diesem Film hatte Elisabeth immer brave Mädchen gespielt, Mädchen von nebenan. Aber Elisabeth wollte die Rolle unbedingt haben, und Figgis erklärte sich schließlich bereit, sie zu treffen. Wir wussten, dass der Termin bestenfalls eine Gefälligkeit war. Es lag an uns, dass er seine Meinung änderte und in Elisabeth die perfekte Sera sah.

Aufgrund des Drehbuchs schien es, als sei Seras GESAMTZIEL *»Ben vom Selbstmord abhalten und ihm seinen Lebenswillen wiedergeben.«* Dieses GESAMTZIEL verurteilte den Akt des Selbstmords jedoch als unmoralisch und falsch, was, wie du vielleicht schon erraten hast, meiner Überzeugung widersprach, dass man Figuren und ihre Handlungen nicht verurteilen soll. Wir spielten mit einigen anderen Ideen herum, bis ich Elisabeth fragte: »Was hältst du davon, wenn deine Sera Suizid auch als Lösung für sich selbst betrachten würde und anstatt zu versuchen, Ben am Leben zu erhalten, sich ihm anschließt, weil beide genau die gleiche Lösung für ihren Schmerz gefunden haben?« Ihr GESAMTZIEL wurde daraufhin *»Ben dazu bringen, mich zu lieben«*; eine von zwei Menschen ausgehende Liebe, die auf ihren unerträglichen seelischen Schmerz dieselbe Antwort haben. Das würde *Leaving Las Vegas* von einer deprimierenden, rührseligen Geschichte über Selbstmord in eine große Liebesgeschichte verwandeln. Es wäre eine Liebesgeschichte von zwei Menschen, die vorhaben, bald zu sterben, und die das, was sich normalerweise in fünfzig Jahre einer liebevollen Beziehung entfaltet, in ein paar Wochen unterbringen müssen. Das verlieh der Frage, die Sera im Drehbuch an Ben richtet – »Warum willst du Selbstmord begehen?« –, einen völlig anderen Sinn. Anstatt »Warum würdest du so etwas tun wollen?«, was eine Beurteilung enthält, bedeutet die Frage: »Hast du dieselben Gründe wie ich, Selbstmord zu begehen?«, was mehr dafür spricht, wie ähnlich sie sich sind, und ihre Bindung fester macht. Während wir diese unvoreingenommene Denkweise beibehielten, trafen wir auch die Entscheidung, dass es ihr wirklich gefiel, Prostituierte zu sein – dieser Beruf war schließlich die einzige Möglichkeit für Sera, Macht zu spüren, und das ist immer eine gute Sache.

Elisabeth ging zum Vorsprechen und präsentierte Mike Figgis unsere Vision des Drehbuchs. Diese Interpretation verblüffte und faszinierte ihn. Er hatte sich mehrere andere Schauspielerinnen angeschaut, und sie alle hatten Sera als jemanden präsentiert, der versucht, Ben zu retten – im Wesentlichen eine Hure mit goldenem Herz. Das Ergebnis eines solchen GESAMTZIELS ist Ben gegenüber herablassend und erniedrigend. Figgis ging diese neue Interpretation von Sera nicht mehr aus dem Kopf. Er hat Elisabeth nicht nur engagiert, um Sera gegen ihren Typ zu spielen, sondern schrieb auch das Drehbuch um, ihr GESAMTZIEL im Kopf – zwei Menschen, die die große Liebe finden und von dem gemeinsamen Bedürfnis angetrieben werden, Selbstmord zu begehen. Elisabeth gelang es auch, wahre Liebe und Hoffnung in eine potentiell erbarmungslose Geschichte über Sucht, Prostitution und Vergewaltigung zu bringen. Tatsächlich schrieb Peter Travers vom *Rolling Stone* in seiner Rezension: »Der Film, der unter der Regie von Mike Figgis auf der Grundlage eines autobiographischen Romans von John O'Brien entstand, ist eine Tragödie, die sich mit erstaunlicher Beschwingtheit und raffiniertem Witz abspult, als ob den Liebenden keiner gesagt hätte, dass ihre Geschichte deprimierend sein soll.« Die meisten Rezensenten wiederholten die Meinung eines Kritikers, der Film sei »eine seltsam erhebende Geschichte über Selbstmord«. Elisabeth Shue wurde für einen Oscar nominiert, Nicolas Cage gewann den Oscar, und Mike Figgis wurde in der Kategorie »Bester Regisseur« und »Bestes Drehbuch« nominiert.

Du musst die Psyche der Figur analysieren und einen Weg finden, wie sich deine Figur in ihrem Verhalten gerechtfertigt fühlt, indem du die mutmaßlichen ursprünglichen Probleme ermittelst, die zu ihrem gegenwärtigen Verhalten führen. Du betrachtest die Psyche deiner Figur und findest heraus, wie sie sich emotional mit deinem Leben deckt, womit du dem unmoralischen, empörenden Verhalten der Figur einen Sinn verleihst.

Die Figur der Blanche Dubois in *A Streetcar Named Desire (Endstation Sehnsucht)* gehört zu den berühmtesten Antihelden des amerikanischen Theaters. Ihr GESAMTZIEL ist es, »*Stella* (ihre Schwester) *von Stanley* (Stellas Ehemann) *abzubringen und für mich zu haben*«. Bei ihrem Versuch, ihre Schwester zurückzugewinnen, ist sie bereit, zu lügen und zu stehlen, aber das Schlimmste ist, dass sie Sex mit Stanley hat, ihrem Schwager, indem sie ihn auf verführerische Weise dazu bringt, sie zu vergewaltigen. Wozu den eigenen Schwager drängen, so weit zu gehen? Blanche tut *alles Mögliche*, um ihr GESAMTZIEL zu erreichen, weil sie sterben wird, wenn sie es nicht tut. Und das nicht nur im geistigen Sinne – wenn sie Stella nicht dazu bringen kann, Stanley zu verlassen, um bei ihr zu sein, wird sie mittellos, obdachlos und ganz und gar allein sein.

Personalisiere das GESAMTZIEL deiner Figur

Barry Pepper kam zu mir, um sich für seine Rolle als Daniel Jackson in Steven Spielbergs *Saving Private Ryan (Der Soldat James Ryan)* vorzubereiten. Es wäre anzunehmen, dass *»den Krieg gewinnen«* Daniels GESAMTZIEL war. Dieses GESAMTZIEL hatte einige zutreffende Elemente: Es war einfach und lebhaft, es war nicht überintellektualisiert; es erfüllte die allgemeinen Bedürfnisse des Drehbuchs; und es war seiner Figur gegenüber nicht voreingenommen. Allerdings fehlte das Element des wesentlichen menschlichen Bedürfnisses. Einen Krieg zu gewinnen bedeutete Barry nichts, und da alles Schauspielen Beziehung ist, die auf die eine oder andere Art angetrieben wird, mussten wir den Weg finden, auf dem das auch bei seiner Performance der Wahrheit entsprach.

Barry ist ein Kleinstadtkind aus Kanada, dessen Leben nichts hergab, was einer Kriegserfahrung auch nur annähernd entsprach. Wie verfolgt er ein GESAMTZIEL, über das er nichts weiß? Er hätte sich einbilden können, er wäre im Zweiten Weltkrieg und hätte geschichtliche Details in seine Performance einbringen können. Aber wie beim Erzählen einer komplexen Lüge ist es schwer, sich alle Gesichter der Lüge einzuprägen, und früher oder später verplappert der Lügner sich. Dasselbe passiert im Schauspiel. Wenn zu viele Informationen auf reine Einbildungskraft angewiesen sind, vergisst man sie.

Stattdessen wies ich darauf hin, dass Krieg viele Formen annehmen kann. Es gibt seelische Kämpfe in jedermanns Alltag, bei denen man sich vorkommt wie auf einem Schlachtfeld, und die einem Krieg ähneln. Und das galt auch für Barry, der zu dieser Zeit verlobt war und kurz vor der Hochzeit stand. Ein bevorstehender Hochzeitstag ist immer beängstigend, furchterregend und für viele von uns (mich eingeschlossen) grauenhaft. Tatsache ist, dass die meisten Paare, kurz bevor sie heiraten, die schlimmsten Auseinandersetzungen haben, die sie je erleben. Der Streit, den ich am Tag vor meiner Hochzeit mit meinem damaligen zukünftigen Ehemann hatte, war so übel, dass ich ihm drohte, aus einem fahrenden Wagen auf die Autobahn zu springen. Ich hatte sogar meine Tür geöffnet und ließ meinen Fuß gefährlich im Wind baumeln bei meinem neurotischen Versuch, den Streit über irgendeine unwichtige Sache zu gewinnen. Dem zukünftigen Partner in Krankheit und Gesundheit, bis dass der Tod uns scheidet, entgegenzutreten kann einschüchternd, unheimlich, furchteinflößend und in vielen Fällen (wie in meinem) sogar lebensgefährlich sein. Man kann das mit einer kriegsähnlichen Situation vergleichen, in der man dem Feind entgegentreten muss. Und wenn Heiraten als metaphorischer Krieg angesehen werden kann, wäre es denkbar, dass du in diesem Krieg siegreich sein willst. Du würdest bei jedem Problem, das du mit deinem künftigen Partner haben könntest, triumphieren wollen. Ich wusste, dass der Streit mit seiner Verlobten eine der natürlichen Reaktionen Barrys auf seinen bevorstehenden Hochzeitstag sein wird, also brachte ich ihn dazu, die Kämpfe, Ängste, Sorgen und gefühlsgesteuerten Lebensbedrohungen zu benutzen, die von seinem Krieg ausgehen würden. Barrys GESAMTZIEL für den Kriegsfilm *Der Soldat James Ryan* wurde deshalb: *»dafür sorgen, dass meine Ehe funktioniert.«*

Daraus ergab sich, dass Barry keine Figur in einem phantasierten Krieg spielte. Zwar verfolgte er sein persönliches GESAMTZIEL mit der Entschlossenheit eines Menschen, für den etwas sehr Persönliches auf dem Spiel stand: den Krieg gegen seine Ängste und die seiner Verlobten zu gewinnen, sodass er eine friedliche und gesunde Ehe führen konnte. Er hatte nur ein paar Sätze in dem Film, aber das Publikum sah in Barry niemals etwas anderes als einen der Hauptdarsteller an der Seite von Schwergewichten wie Tom Hanks und Matt Damon. Das lag daran, dass sein GESAMTZIEL so stark war, aufgebaut auf etwas, das für sein gegenwärtiges persönliches Leben so notwendig war, dass das Publikum, die Kritiker und zukünftigen Arbeitgeber (Regisseure und Produzenten) gar nicht anders konnten, als ihn wahrzunehmen, und das änderte seine Karriere.

Das GESAMTZIEL und das SZENENZIEL sind die treibenden Kräfte meiner Technik zur Skriptanalyse. Ohne GESAMT- und SZENENZIEL gibt es kein Bedürfnis, keinen Sinn, keine Auswirkung, keinen Weg und vor allem … keine Reise.

KAPITEL 2

Schritt 2: SZENENZIEL

Was will deine Figur im Verlauf der gesamten Szene?

Das SZENENZIEL muss immer das GESAMTZIEL unterstützen. Warum ist das so? Weil jede Szene ein Glied der Kette darstellt, die im Verbund mit den anderen Szenen den Spannungsbogen der ganzen Geschichte bildet. Wenn das GESAMTZIEL *»geliebt werden«* ist, wird also jede Szene eine Etappe auf dem Weg sein, dieser Liebe näherzukommen. Das gilt auch dann, wenn deine Figur in einer Szene eine andere Figur heiraten und in einer späteren Szene sich von derselben Figur scheiden lassen will. Ein Widerspruch? Eben nicht! Wieso? Indem du dir klarmachst, dass bei deinem GESAMTZIEL *(»geliebt werden«)* eine Scheidung (SZENENZIEL 2) genauso ein wichtiger Durchbruch sein kann wie eine Ehe (SZENENZIEL 1). Deine Figur bekommt in der Ehe überhaupt keine Liebe. Kein Wunder, dass sie aus dieser Ehe herauswill, um woanders nach Liebe zu suchen.

Das SZENENZIEL ist Motor und Antrieb, der all deine Handlungen innerhalb einer bestimmten Szene ausrichtet. Das GESAMTZIEL dagegen ist der grobe Umriss dessen, was deine Figur das ganze Stück hindurch anstrebt. Das SZENENZIEL ist ein bestimmtes taktisches Teilziel auf deinem Weg zum GESAMTZIEL. Man leitet es aus dem Dialog und der Aktion der jeweiligen Szene ab. In *Patton (Patton – Rebell in Uniform)* ist das GESAMTZIEL von George C. Scott *»Macht erlangen«*, und zwar über alle, den Feind genauso wie über die eigenen Soldaten. Scott spielt die Titelfigur General Patton, einen der Helden des Zweiten Weltkriegs. In dem Monolog, den er berühmt gemacht hat, steht Scott vor einer amerikanischen Flagge und verwendet als sein SZENENZIEL »*euch* (die Soldaten) *innerlich stärken und inspirieren*«.

Dadurch motiviert er seine Soldaten, zu tun, was immer er von ihnen verlangt – selbst für ihn zu sterben. Indem Patton seine Männer so entschlossen dazu motiviert, absolute Loyalität für ihn zu entwickeln, ist er jetzt natürlich noch viel mächtiger. Und es zahlt sich doppelt für ihn aus, dass er seine Männer innerlich stärkt. Durch die Verwendung eines SZENENZIELS wird hier eine Schicksalsgemeinschaft geschmiedet, von der alle etwas haben. Scotts Rede schweißt seine Truppe zusammen. Sie wird nun zusammenhalten wie Pech und Schwefel, fest an ihn gebunden. Deshalb ist diese Szene eine der denkwürdigsten, die es in einem Kriegsfilm gibt.

Dein SZENENZIEL muss auf eine Reaktion abzielen – formuliere es auch so

Zum Beispiel: *»Ich will dich dazu bringen, mein Freund zu sein.«* Hier geht es um etwas, was du von der anderen Person in der Szene *bekommen* willst. Während du dein SZENENZIEL verfolgst, solltest du die andere Person *einbeziehen,* solltest *zu* ihr sprechen, anstatt nur auf sie einzureden. Du suchst die Reaktion des anderen (und keinen Resonanzboden). Du musst dich immer fragen: »Habe ich mein SZENENZIEL so formuliert, dass ich eine Antwort bekomme?« Du musst deine grundlegenden Bedürfnisse herausfinden, fern vom Intellekt, und dein SZENENZIEL so formulieren, dass es auf einem solchen fundamentalen Bedürfnis beruht. So kannst du mit dem ganzen Körper spielen und nicht nur mit dem Kopf. Rationales Verhalten führt zu absoluter Kontrolle. Aber wenn extrem viel auf dem Spiel steht – egal, ob du zum Beispiel wahnsinnig wütend oder sexuell aufgeladen bist –, setzt dein rationaler Intellekt aus, dein Bauch und dein Gefühl übernehmen das Ruder, und am Ende kannst du es oft selbst nicht fassen: »Was hat mich denn da geritten? Das ist doch gar nicht meine Art.« Diese Gedanken sollten das Ergebnis eines fundamentalen, wesentlichen SZENENZIELS sein, bei dem alles auf dem Spiel stand.

Hier zwei Beispiele für übermäßig intellektuelle SZENENZIELE:

- »Ich möchte herausfinden, wie du tickst, damit ich sehen kann, ob wir genug gemeinsam haben, dass ich mich in dich verlieben kann.«

oder

- »Ich muss dich dazu bringen, dass du verstehst, warum ich die Dinge tue, die ich tue, weil ich als Kind missbraucht wurde und mich frage, ob du das nachempfinden kannst.«

Wie du siehst, wird so ein SZENENZIEL zu kopflastig und konfus und gibt dir keinen klaren Weg vor. Auch um esoterische und übermäßig intellektuelle Formulierungen solltest du einen Bogen machen. Egal, wie genial oder naiv deine Figur ist, die natürlichen Bedürfnisse sind immer gleich. Es ist völlig egal, ob du Albert Einstein oder den geistig zurückgebliebenen Lennie aus *Of Mice and Men (Von Mäusen und Menschen)* spielst, beide haben dieselben instinktiven urmenschlichen Triebe, wie zum Beispiel das Bedürfnis, geliebt zu werden. Sie drücken sie bloß unterschiedlich aus.

Um zu intellektuell angelegte SZENENZIELE zu vermeiden, probier einfach drei oder vier verschiedene Alternativen am Dialog durch. Das richtige ist dann das, das dich körperlich und emotional bewegt, wenn du die Wörter laut aussprichst. Das effektivste SZENENZIEL wird passen wie angegossen.

Das SZENENZIEL ändert sich innerhalb einer Szene nie.

Wenn sich das SZENENZIEL ändert oder wenn es sich so anfühlt, als ob es sich an irgendeinem Punkt in der Szene ändert, dann liegst du falsch. Das SZENENZIEL muss sowohl am Anfang, als auch in der Mitte und am Ende der Szene einen Sinn ergeben.

Das SZENENZIEL entspringt einem simplen Gedanken – einem, der sich nicht beim ersten Auftauchen von neuer Information ändert. Es braucht nicht mehr als einen Gedanken. Die Komplexität deines Spiels kommt daher, wie deine Figur ihre Bedürfnisse zum Ausdruck bringt.

Mit anderen Worten, abhängig von der Einzigartigkeit *sowohl* der jeweiligen Rolle *als auch* des jeweiligen Schauspielers wird sich die Art, *wie* der Part gespielt wird, unterscheiden, und zwar radikal: Ihr Hintergrund, ihre Erfahrungen, ihre Persönlichkeiten und ihre Prioritäten. Sowohl das »Wer-bin-ich« der Figur als auch deiner eigenen Person sorgen für die Nuancen im Spiel.

Das SZENENZIEL muss etwas sein, dass du in deinem Gemüt, deinem Herzen, deinem Bauch und deiner Sexualität wiederfinden kannst – einfache menschliche Bedürfnisse wie:

- *»dich dazu bringen, mich zu lieben«*
- *»dich dazu bringen, mir einen Job zu geben«*
- *»dich dazu bringen, mich anzuerkennen«*
- *»dich zu meinem Verbündeten machen«*
- *»dich dazu bringen, mir Macht zurückzugeben«*
- *»dich dazu bringen, Sex mit mir zu haben«*
- *»dich ins Unrecht setzen, damit ich im Recht sein kann«*
- *»dich dazu bringen, mir Hoffnung zu geben«*
- *»dich dazu bringen, mich zu verehren«*
- *»dich dazu bringen, mir zu helfen, mich besser zu fühlen«*

Falsche Formulierungen für SZENENZIELE sind:

- »Ich brauche Liebe.«
- »Ich brauche einen Job.«
- »Ich brauche Anerkennung.«
- »Ich brauche einen Verbündeten.«
- »Ich will Macht.«
- »Ich hätte gern Sex.«
- »Ich will im Recht sein.«
- »Ich will Hoffnung.«
- »Ich will mich besser fühlen.«
- »Ich möchte verehrt werden.«

Diese zweite Liste zeigt, wie man's nicht macht: Struktur und Konzept der Formulierung verlangen keine Reaktion. Du erreichst den anderen Schauspieler nicht emotional.

Schauspielen ist das Wechselspiel zwischen Menschen.

Es ist ein gewaltiger Unterschied, ob jemand sagt: »Ich will Liebe« oder ob er sagt: »Ich werde *dich* dazu bringen, *mich* zu lieben.« Beim ersten Satz kannst du mit den Schultern zucken und sagen: »Toll. Freut mich für dich und viel Glück. Wollen wir das nicht alle?« Während der zweite Satz deinen Partner *verändert*; er wird gezwungen, zu reagieren. Die Reaktion kann euphorisch, am Boden zerstört oder angstvoll sein, auf jeden Fall ist sie echt. Um zu verstehen, worum es beim SZENENZIEL geht, mach dir Folgendes klar: Es ist ein notwendiger Schritt, ohne den eine menschliche Beziehung gar nicht erst zustande kommt.

Du musst ins Leben der anderen Person eingreifen, sie verändern, um am Ende zu bekommen, was du willst.

Dein SZENENZIEL *muss* so formuliert sein, dass alles auf eine Reaktion hinausläuft. Es muss den Partner so packen, dass es ihn zu einer Reaktion drängt. Das Hin und Her zwischen zwei Schauspielern, die wirklich versuchen, das zu kriegen, was sie vom anderen brauchen, ist so spannend wie ein guter Boxkampf. Je stärker das SZENENZIEL, das du dir aussuchst, desto stärker die Reaktion – und desto eindrucksvoller dann auch die Szene. Wenn du dich hinter ein SZENENZIEL klemmst, das beim andern eine Reaktion herausfordert, wirst du immer im Moment sein, weil du keine Ahnung hast, wie dein Gegenüber reagieren wird. Darum kannst du auch nicht planen, wie du diese Reaktion dann beantworten wirst. So wird deine Arbeit als Schauspieler eine wahrhafte Augenblicks-Erfahrung sein.

Die Sache wird noch klarer, wenn man sich das Spiel auf der Bühne tatsächlich als Boxkampf vorstellt. Wenn du im Ring stehst, weißt du auch nicht, mit welcher Aktion der andere Boxer versucht, den Kampf zu gewinnen. Du weißt nur, was der andere Boxer tun wird, wenn er es tatsächlich tut. Du beginnst den Kampf mit deinem besten Schlag. Der andere Boxer wird, sagen wir, mit einem Aufwärtshaken antworten. Auf diesen Haken wirst du reagieren, indem du ihn zuerst annimmst und dann mit dem besten Gegenschlag konterst, den du hast, weil du gewinnen willst. Das wird dein Gegner nicht ignorieren können und nun seinerseits einen Gegenschlag anbringen, der ihm hoffentlich den Sieg beschert, und so weiter. Alles geschieht in der unmittelbaren Gegenwart.

Das ZIEL (egal, ob GESAMTZIEL oder SZENENZIEL) ist dein wichtigstes Hilfsmittel als Schauspieler

Ja, dein Gefühlsleben ist wichtig. Aber erst ein ZIEL, und wie du deine Gefühle dazu benutzt, ihm näher zu kommen, gibt deinem Spiel den Vorwärtsdrang, den du brauchst. Einfach nur Emotionen produzieren, ohne irgendein Ziel, führt zu einer Darstellung, in der alles stillsteht, denn Gefühle für sich genommen bewegen nichts und schon gar nichts vorwärts. Emotionen sind erst einmal eine Reaktion auf ein Ereignis oder sonst etwas, was einen Menschen bewegt. Es hängt davon ab, was du mit diesen Emotionen anfängst, um dein SZENENZIEL zu erreichen, ob du eine eindrucksvolle Darstellung hinlegst. Deine Emotionen sind dein Antrieb, deine Motivation, um dein SZENENZIEL zu erreichen, und kein Selbstzweck.

Als Eriq La Salle anfing mit mir zu arbeiten, war er bereits ein introspektiver Schauspieler – tiefsinnig und mit viel Substanz. Nur neigte er dazu, all diese Substanz für sich zu behalten. Aber schon nach kurzer Zeit lernte er, den Drang zu gewinnen in seine Rollen zu integrieren. Der Wille zu gewinnen ist ein derart elementarer Bestandteil unserer menschlichen Natur, dass es schwer ist, ihn aufzugeben, wenn wir ihn erst mal entdeckt haben. Statt in seiner Arbeit nur sein reichhaltiges Gefühlsleben zu zeigen, nutzte er es als Antrieb, etwas zu gewinnen und zu erreichen. Jetzt ging es ihm in jeder Szene um Leben und Tod. Kurz nachdem er diese Erleuchtung hatte, sprach er für die Rolle des Dr. Peter Benton in der Erfolgsserie *Emergency Room* vor.

Im Drehbuch war Dr. Benton ein in sich gekehrter, launischer Arzt. Eriqs Mitbewerber machten den Fehler, einen launischen, in sich gekehrten Typ zu verkörpern, weil die Rolle so geschrieben war. Die meisten Schauspieler versuchen, dem Text zu entsprechen, anstatt über die Bedürfnisse und Ziele der Figuren nachzudenken. Eriq machte diesen Fehler nicht. In der Vorsprechszene – eine typische Arztszene, in der es um Leben und Tod geht –, in der die anderen Schauspieler Dr. Benton als nachdenklichen Mann spielten, arbeitete Eriq mit dem SZENENZIEL *»dich dazu bringen, am Leben zu bleiben«*, was seinem eigenen menschlichen Bedürfnis entsprach. Er ersetzte (siehe Schritt 4) den Sterbenden in der Szene durch jemanden aus seinem eigenen Leben und machte den Überlebenskampf dadurch umso dringlicher. Deshalb ging er mit einem unbändigen, zielgerichtetem Siegeswillen in die Szene und trieb die Spannung für sich und für die Studiobosse, die sich das alles anschauten, zu immer neuen Höhepunkten, denn sie mussten annehmen, dass hier alles passieren konnte – und genauso war es auch. Die Arbeit mit einem SZENENZIEL sorgte für einen dramatischen Moment nach dem anderen. Einer der Studiomanager vertraute mir nach dem Vorsprechen an, dass Eriq seine Konkurrenz restlos aus dem Feld geschlagen hatte. NBC hatte sich für ihn entschieden, denn von allen Schauspielern hatte allein er den Eindruck erweckt, dass es seiner Figur wirklich um etwas ging.

Beim SZENENZIEL sollte es *immer* um eine Beziehung gehen – spiel nicht nur den Plot

Wenn das Publikum nur den Handlungsablauf sehen wollte, bräuchten wir keine Schauspieler. Wir könnten dann einfach das Skript auf die Leinwand projizieren und es die Leute lesen lassen. Es ist die Aufgabe von Schauspielern, durch ihre Interpretation dem Skript eine menschliche Dimension zu geben. Schauspieler haben die Aufgabe, durch ihre Interpretation echtes Leben zu erzeugen. Das bedeutet, dass sie dabei eine Beziehung zwischen den Figuren herstellen müssen. Selbst wenn dir jemand eine Pistole an den Kopf hält, solltest du an deiner Beziehung zu ihm arbeiten – sonst erschießt er dich beim ersten Versuch, wegzurennen.

Ein Beispiel dafür ist der Film *Misery*. Hier wird ein Schriftsteller, gespielt von James Caan, von einer irren, besessenen, mordlustigen Verehrerin (Kathy Bates) unter Drogen gesetzt und gefesselt. Wenn er versucht sie zu bekämpfen oder verbal anzugreifen, macht es sie nur noch wütender, und sie foltert ihn umso härter. Er erkennt, dass er nur überleben wird, wenn er seine Entführerin glauben macht, dass er sie mag, sie versteht und ihr vertraut. Indem er eine Beziehung mit ihr herstellt, rettet er sein Leben.

In der Fernsehserie *The West Wing (The West Wing – Im Zentrum der Macht)* sollte Janel Moloney eigentlich nur einen Gastauftritt als Donnatella Moss, Josh Lymans Assistentin, haben. Das Drehbuch sah für sie nur wenig Text und trockenen Alltagstalk am Arbeitsplatz vor. Jane wollte in ihrer Rolle nicht nur ihren Job an der Seite ihres »Bosses« im Weißen Haus möglichst gut erledigen (der Plot), sondern formulierte für sich das SZENENZIEL *»dich dazu bringen, dich in mich zu verlieben und mich sexuell attraktiv zu finden«*. Sie brachte Sexualität ins Spiel, weil diese unser am tiefsten verankerter Trieb ist, den *jeder* versteht. Das lernte Janel immer wieder bei der Arbeit an verschiedenen Szenen mit mir. Indem sie sich ein SZENENZIEL aus Sex und Liebe schuf, öffnete sie eine Pandora-Büchse mit den schönsten Komplikationen: Da ist die Beziehungsdynamik zwischen Chef und Angestellter, die, wenn es tatsächlich zu Sex kommt, schnell brenzlig wird, weil der Job auf dem Spiel steht. Außerdem besteht das Risiko, dass ihr Chef verheiratet ist und sie nicht, wodurch seine Frau ihre Todfeindin würde. Dann muss natürlich die Arbeit im Büro erledigt werden, was einem ganz schön schwerfallen kann, wenn die Fleischeslust sich einmischt. Mit diesem SZENENZIEL verwandelte Janel eine eher farblose, auf ihre Funktion reduzierte Figur in eine komplexe, vielschichtige und facettenreiche. So entsteht eine Figur, deren Antrieb und Motive jeder von uns nachvollziehen kann. Das Ergebnis: Aus einer Nebenrolle wurde eine der Hauptrollen – die ihr in Folge zwei Emmy-Nominierungen einbrachten.

Das SZENENZIEL gibt der Szene einen Anfang, eine Mitte und ein Ende.

Mit dem SZENENZIEL bekommt die Szene einen klaren Handlungsfaden. Es beantwortet auch die Frage: »Warum existiert diese Szene überhaupt?« Durch das SZENENZIEL gewinnt die Handlung an Sinn, man versteht durch den Antrieb, warum bestimmte Gefühle oder Handlungen der Figuren genau so passieren müssen. Gefühle an sich sind keine festen Bestandteile des menschlichen Wesens. Sie entstehen lediglich als Nebenprodukt, wenn wir ein Ziel verfolgen.

Djimon Hounsou *(Amistad, Gladiator, In America)* war gerade aus Afrika in die USA gekommen (er kommt ursprünglich aus Benin), um mit mir zu arbeiten. Er konnte zwar Englisch, aber es war nicht seine Muttersprache. Aufgrund seines starken afrikanischen Akzents konnte man ihm bei der Szenenarbeit in meinem Studio kaum folgen. Ich wusste, dass er Talent und sehr viel Gefühl besaß, aber wen sollte das weiter interessieren, wenn sein Publikum – die anderen Schauspieler und ich – ihn einfach nicht verstehen konnten.

Sein Durchbruch (in meiner Klasse) kam mit einer Szene aus dem Stück *Women of Manhattan*. Die Szene handelt von einem Blind Date, bei dem Djimons Figur Duke – ein Afroamerikaner – eine Weiße trifft, der niemand gesagt hatte, dass Duke ein Schwarzer ist. Der erste Durchlauf ergab wenig Sinn – man konnte Djimon nicht verstehen, sein Dialekt war einfach zu stark, er hätte genauso gut Chinesisch sprechen können. Alles, was er spielte, war das Gefühl großen Unbehagens angesichts der vermeintlich rassistischen Einstellung seiner Begleitung. Auf dieses Gefühl hatte er sich bei seiner Vorbereitung konzentriert. Allerdings ohne ein konkretes SZENENZIEL zu haben. Ich sagte ihm, dass er eines brauchte, damit die Geschichte irgendeinen nachvollziehbaren Sinn ergeben sollte.

Das passende SZENENZIEL war fundamental und simpel: *»dich dazu bringen, mich zu mögen«*. Das war der Hebel, mit dem sich die Engstirnigkeit seines Dates knacken ließ und der wirksam genug war, den Sex, den die beiden am selben Abend haben sollten, glaubwürdig zu machen. Er wiederholte die Szene, diesmal aber mit dem Biss, den jemand hat, der wirklich gemocht werden will. Er benutzte Charme,

Humor, Sexappeal, gab zu erkennen, dass er zu ihrer Verfügung stand, und provozierte sie. Irgendwie schien der Akzent nicht mehr störend zu sein. Die anderen und ich begriffen exakt, was da lief, und er heimste einen Lacher nach dem andern ein (das Stück ist eine Komödie), wo er vorher nur verdutzte Blicke geerntet hatte.

Der Punkt ist: Sogar, wenn du eine andere Sprache sprichst als das Publikum oder die anderen Schauspieler – mit einem starken SZENENZIEL wird sich übertragen, worum es in deiner Szene geht.

Finde heraus, wo die jeweilige Szene im Skript platziert ist und welche Funktion sie hat

Das SZENENZIEL muss immer das GESAMTZIEL unterstützen, damit deine Figur den Weg mit all den zugehörigen Etappen finden kann, der bei A beginnt und mit Z als logischem Ziel aufhört. Dieser Weg muss folgerichtig auf sein Ziel zusteuern und sowohl für den Schauspieler als auch das Publikum leicht nachvollziehbar sein. Dazu musst du aber klären, wo deine Szene im Skript platziert ist. Ist die Szene dem Anfang, der Mitte oder dem Ende entnommen?

Ein gutes Skript gewinnt mit jeder Seite an Dramatik. Wie sich die Szenen bei der Bauweise eines solchen Stückes zusammenfügen, verstehst du am besten, wenn du dir klarmachst, dass sich das Ganze wie eine Beziehung entwickelt. Nehmen wir eine erste Verabredung, die schließlich in eine Ehe mündet. Sagen wir: Die erste Szene ist das erste Date. So richtig heiß wird das Ganze an diesem Punkt noch nicht sein. Die beiden haben noch kaum gemeinsame Erfahrungen. Ihre Beziehung hat noch keine Geschichte. Allerdings steht auch beim ersten Rendezvous schon etwas auf dem Spiel. Das hat aber nichts mit dem Date und dessen Verlauf zu tun, sondern mit dem, was beide bereits mit anderen Partnern erlebt haben, schmerzliche Erfahrungen etwa. Bei der ersten Verabredung treffen sich zwei fragende Blicke: »Bist du wie mein Expartner, der mir wehgetan hat?«

Die nächste Szene spielt sechs Monate später. Die beiden ziehen zusammen. Jetzt haben sie eine gemeinsame Geschichte. Es gibt jetzt auch

Angst zwischen beiden, sich auf den anderen einzulassen, die Angst, verletzt zu werden, denn es gab schon Streit in diesen sechs Monaten. Überhaupt steht nun mehr auf dem Spiel, weil beide Seiten jetzt tiefere Einblicke haben und einander leichter verletzen können.

In der Szene darauf wohnen die beiden zusammen. Die Frau findet heraus, dass der Mann sie betrügt. Sie möchte trotzdem an der Beziehung festhalten. Jetzt steht sogar noch viel mehr auf dem Spiel, weil es nun eine Reihe von Hindernissen zu überwinden gilt, wenn die Beziehung aufrechterhalten werden soll. Irgendwie klappt das.

Die nächste Szene ist die Nacht vor der Hochzeit. Wieder einmal ist der Einsatz erhöht. Die Ehe ist eine große Verpflichtung. Sie ist für immer. Alle Möglichkeiten, wie sie schiefgehen kann, sind offensichtlich. Was ist, wenn er wieder fremdgeht? Was ist, wenn wir kein Geld haben? Was ist, wenn ich jemand Besseren finde? Was, wenn er sich verändert? Was, wenn sie wie ihre Mutter wird? Wie du sehen kannst, solltest du wirklich wissen, wo genau die Szene im Gesamtzusammenhang der Handlung steht, sonst entgeht dir bei deiner Szenenanalyse, an welchem Punkt ihrer Entwicklung die Figuren und ihre Beziehungen eigentlich sind.

Als meine Schülerin wusste auch Carrie-Anne Moss, dass eine Szene niemals nur für sich steht, sondern Teil eines Ganzen ist. Das hatte sie bei der Arbeit an ihren Übungsszenen in meinem Studio gelernt. Bei ihrem Vorsprechen für *The Matrix (Matrix)* nutzte sie diese Erkenntnis auf entscheidende Weise. Sie musste mit einer Szene antreten, die am Beginn der Handlung steht – die Szene, wo ihre Figur in einem Nachtclub den von Keanu Reeves verkörperten Neo anwirbt.

Carrie-Anne schaute sich zunächst das ganze Skript an und legte das GESAMTZIEL ihrer Figur fest: *»Lieben und geliebt werden«* (dazu gehörte auch, dass sie die Welt erst mal zu einem sicheren Ort machen musste, um das Umfeld zu schaffen, in dem für Liebe und Familie überhaupt Platz war). Dann schaute sie sich die Szene an. Eigentlich bestand der Dialog nur aus Rekrutierungsphrasen und aus Science-Fiction-Techno-Geplapper, aber sie fand etwas Grundmenschliches als SZENENZIEL, nämlich *»dich dazu bringen, mich zu mögen«*. Dieses SZENENZIEL gab Carrie-Anne den Anfang ihrer Reise, die sie schließlich dazu führen würde, ihr GESAMTZIEL zu erreichen. Weil die Szene zum Anfang des Drehbuchs gehört, wo die Figuren Trinity und Neo noch keine gemeinsame Geschichte haben, manifestierte sich ihr SZENENZIEL in einem Verhalten, das kokett, sexy, einnehmend und intelligent war (wie Beziehungen am Anfang immer sind). Aus ihrem SZENENZIEL sprach ein menschliches Bedürfnis, das auf eine Reaktion drängte, und so entstand eine menschliche Interaktion.

Sie war eine von nur einer Handvoll Schauspielerinnen, die nicht einfach nur den Science-Fiction-Plot spielten. Sie etablierte stattdessen den Beginn einer starken Beziehung. Hunderte von Schauspielerinnen sprachen vor. Sie bekam die Rolle.

Verdiene dir das Recht, an das Ende des Skripts zu gelangen

Ein Schauspieler muss sich immer darüber klar sein, wie das Skript endet, und Szene für Szene auf dieses Ende hinarbeiten. Wenn du am Ende des Skripts mit der anderen Figur zusammenkommst, muss sich jede Szene irgendwie darum drehen, wie man sich die Liebe verdient. Wenn ihr aber am Ende des Skripts auseinandergeht, dann müsst ihr euch das Recht zum Bruch miteinander verdienen. In dem Film *The Way We Were (Cherie Bitter)* zum Beispiel hat sich das Paar, gespielt von Barbra Streisand und Robert Redford, am Ende einander entfremdet. In so einem Fall müssen selbst in den frühesten Szenen mit den beiden unüberbrückbare Gegensätze offenbar werden.

In dem Film sehen wir, wie die beiden versuchen, sich diesen Gegensätzen zu stellen, die thematisiert und überwunden werden müssen, wenn sie eine gute Beziehung haben wollen. Er ist ein WASP, ein weißer angelsächsischer Protestant, gebildet, sieht gut aus, und alles scheint ihm zuzufliegen. Sie dagegen ist jüdisch, laut, rechthaberisch, ein bisschen derb, und sie muss sehr hart arbeiten, um irgendetwas zu erreichen. Bei ihren Versuchen, sich zusammenzuraufen, zeigt sich bald mehr und mehr, dass beide dabei zu viel aufgeben müssen – so viel, dass sie als Menschen nicht mehr richtig wachsen und sich weiterentwickeln können. Mit anderen Worten: Sie sind nicht gut füreinander. Krampfhaft versuchen sie, ihrem Dilemma entgegenzuwirken, mit Worten wie mit Taten. Sie versuchen das Unmögliche: Öl mit Wasser mischen.

In einer Szene sucht er sie in ihrem Haus auf, um die Beziehung zu beenden. Trotzdem versucht sie auf Biegen und Brechen, ihn in ihrem Leben festzuhalten. Und was sie ihm hierfür an Opfern anbietet, ist wahre Selbstkasteiung: Sie will ihr Aussehen verändern, nichtjüdisch kochen lernen, in Los Angeles leben, eine Stadt, die sie schmäht und verabscheut, und sie will ein Teil der Filmindustrie werden, die in ihren Augen eigentlich ihr Publikum verrät. Wenn man diese bestimmte Szene aus dem Zusammenhang reißt und losgelöst vom Ganzen des Skripts betrachtet, könnte man sehr leicht denken, dass Streisands Figur nur ein SZENENZIEL haben kann: *»dich dazu bringen, mich zu lieben«*. Aber weil beide am Ende eben nicht zusammenkommen und sich das aus der Handlung plausibel ergeben muss, muss es in Wahrheit anders lauten, und zwar so: *»dich um jeden Preis halten.«* In diesem SZENENZIEL steckt alles, was man zum Scheitern in einer Beziehung so braucht. Es ist nämlich ein Garant dafür, dass die Unzufriedenheit und Verbitterung bei beiden zunimmt. Beide müssen viel zu viel und damit am Ende sich selbst fast völlig aufgeben. Denn beim Zusatz »um jeden Preis« wird der Preis am Ende meist zu hoch. Und damit ist die Trennung vorprogrammiert. Das Überleben, hier das emotionale, geht schließlich vor.

Sogar den Tod musst du dir verdienen!

Bestimmt das Skript deiner Figur den Tod, dann musst du das bei der Wahl deiner SZENENZIELE berücksichtigen. Als ich mit Elisabeth Shue an ihrem Film *The Saint (The Saint – Der Mann ohne Namen)* arbeitete, hatten wir es mit einem Drehbuch zu tun, in dem ihre Figur gegen Ende des zweiten Handlungsdrittels an einer unheilbaren Herzerkrankung stirbt. Wir entschieden, dass ihre Figur in jeder Szene den Drang verspüren musste, ihr Leben voll auszukosten, damit es ihr abgeschlossen vorkam. SZENENZIELE wie *»dich dazu bringen, mich zu lieben, bevor ich sterbe«* sorgten in jeder Szene für zusätzliche Dringlichkeit.

Das Ergebnis war eine so starke Performance, dass jeder um ihr Überleben bangte.

Als man die erste Version von *The Saint* einem Testpublikum zeigte, ergaben die Befragungen, dass mit dem Tod von Elisabeths Figur irgendwie auch der Film zu Ende war. Das Studio gab daraufhin mehre zusätzliche Millionen aus, um den Film umschreiben zu lassen, man drehte das letzte Drittel neu und ließ ihre Figur am Leben. Der Filmkritiker Charles Taylor meldete auf Salon.com: »*The Saint* wurde neu geschrieben und neu gedreht, weil ein Testpublikum gegen den Tod der Figur von Elisabeth Shue protestierte.« Sosehr ich es missbillige, dass Filme im Vorfeld getestet werden, kann ich diesen Zuschauern keinen Vorwurf machen. Ohne Shues warme geschmeidige Präsenz gäbe es nichts, was einen in *The Saint* bei der Stange halten könnte. Janet Maslin von der *New York Times* fügte hinzu: »Ms. Shue schafft es, besser als der Film zu sein.« Hohes Lob, das aus SZENENZIELEN mit hohem Einsatz resultiert.

Du wirst jetzt vielleicht fragen: »Was ist, wenn meine Figur nicht unheilbar krank ist und der Tod unerwartet kommt? Wie soll meine Figur ihren bevorstehenden Tod dann vorher irgendwie ahnen?« Die Antwort ist, es gibt tatsächlich sowas wie den Sechsten Sinn, und von dem muss ein Schauspieler genauso Gebrauch machen wie von den anderen fünf, wenn er menschliches Verhalten nachempfinden will. Er ist ein zulässiges, effektives Werkzeug. Wittern wir es nicht fast immer irgendwie, wenn Gefahr in der Luft liegt oder sich irgendetwas Tragisches abzeichnet? Etwas wie ein sechster Sinn gehört zu einer ausgereiften Darstellung dazu, genau wie die anderen Sinne auch. Wenn irgendeine Tragödie größeren Ausmaßes über deine Figur hereinbrechen wird, lass ihn vorher ein Gespür dafür haben und richte dein SZENENZIEL darauf aus.

In *The Godfather Part II (Der Pate – Teil II)* wird Fredo Corleone auf Verlangen seines eigenen Bruders Michael ermordet. Während er noch am Leben ist, muss Fredo die ganze Zeit die Gewissheit im Nacken sitzen, dass Michael für seinen Machterhalt über Leichen geht, sogar über seine. Daran muss er immer besonders dann denken, wenn er wieder mal was verbockt hat, und einer wie Fredo verbockt immer irgendwas. Ein SZENENZIEL wie *»dich dazu bringen, mir zu vergeben«* könnte da genau richtig sein, um deinen Bruder davon abzuhalten, dir Zementschuhe anzuziehen. Ein Schauspieler, der Fredo spielt, muss in ständigem, bewusstem Kontakt zu der Vorstellung stehen, dass er jederzeit ermordet werden könnte. Dafür ist mit diesem SZENENZIEL gesorgt. Es wird die Angst und die Panik freisetzen, die diese Figur ausmachen, und deutlich mehr Dramatik.

Wenn du jemanden umbringst, musst du dir auch das verdienen.

Ein Stück, mit dem ich in meinem Studio gerne arbeite, ist *Edmond* von David Mamet, weil es eine gute Vorlage für einen Serienmörder bietet (eine Figur, die ja in Film und Fernsehen inzwischen sehr verbreitet ist). In einer Szene hat Edmond eine Frau aufgerissen und hat Sex mit ihr. Nach dem Sex versucht Edmond sie zu provozieren, sodass sie wütend wird, ihn anschreit, sich schrecklich benimmt und es deshalb verdient, umgebracht zu werden. Edmonds SZENENZIEL lautet: *»dich dazu bringen, dass du den Tod verdienst«*. Er versucht es mit Scheinheiligkeit, Gewalt, Sex, tut alles, damit sie sich dämlich vorkommt. Nichts funktioniert. Schließlich beleidigt er sie mit dem Vorwurf, noch nie als Schauspielerin gearbeitet zu haben, obwohl sie sich als solche bezeichnet. Er tut, als wolle er ihr helfen, der Wahrheit ins Auge zu blicken, und fordert: »Sag es mit mir, sag, was du bist: ›Ich bin eine Kellnerin, ich bin eine Kellnerin.‹ …« Edmond will natürlich in Wahrheit nur, dass sie vor Wut durchdreht. Und siehe: Es funktioniert – sie wird ein menschlicher Knallfrosch. Sie benimmt sich wie eine Furie (genau wie er es beabsichtigt hatte). Aus seiner Perspektive verdient sie es jetzt, getötet zu werden, und dafür ist er der Richtige.

Bewerte dein SZENENZIEL nicht

Politische Überzeugungen, moralische Auffassungen, persönliche Empfindlichkeiten – all das ist bei der Suche und Wahl des SZENENZIELS störend. Eine Bewertung ist eine Form der Zensur, und die Zensur verhindert die Kunst. Manchmal kann etwas, das wie eine schreckliche Situation aussieht, auch als etwas Gutes betrachtet werden. Wenn zum Beispiel deine Figur am Ende einer Szene verprügelt wird, dann kann es sehr gut sein, dass er oder sie es auch darauf angelegt hat.

In *Raging Bull (Wie ein wilder Stier)* gibt es eine Szene, in der Jake La-Motta von seiner Frau Vickie wissen will, wo sie den ganzen Nachmittag gesteckt hat. Die Sache ist verdächtig, und er stellt sie zur Rede. Sie lügt ihn an. Es sind aber so plumpe Lügen, die ihn in seinem Verdacht, dass sie ihn betrügt, nur bestätigen können. Nun ist es aber so, dass Vickie gar nicht schwindeln müsste. Weil nämlich gar nichts mit anderen Männern läuft. Sie hat ihn nicht betrogen, und dafür hat sie Zeugen. Und trotzdem tischt sie ihm diese durchsichtigen Lügen auf, von denen sie weiß, dass sie sein Blut zum Kochen bringen werden. Warum? Sie will ihn dazu bringen, dass er sie schlägt. Und die Schläge, die sie provoziert, werden der Auftakt für wilden Sex sein, der von beiden gewollt ist. Sie spielen miteinander, ihr spezielles Spiel, das ihre Beziehung aufblühen lässt. Und weil die Gewalt dazu führt, dass sie bekommt, was sie will, wird sie in einen positiven Akt verwandelt. Ihr SZENENZIEL lautet: *»dich dazu bringen, mich zu verprügeln, damit wir tollen Sex haben können.«*

Das SZENENZIEL unabhängig von moralischen Erwägungen zu bestimmen, reicht aber noch nicht. Du musst auch herausfinden, aus welchen menschlichen Motiven heraus deine Figur das jeweilige Ziel verfolgt, auch wenn deine Figur die abscheulichsten Taten zu begehen scheint. So habe ich auch mit James Marsden und Kate Hudson für den Film *Gossip (Tödliche Gerüchte)* mit dem Regisseur Davis Guggenheim gearbeitet. Derrick (Marsden) und Naomi (Hudson) sind Oberschüler an derselben High School und ein Pärchen. Bald ist der Abschlussball. Ein großer Abend steht bevor – vor allem weil beide eine stille Vereinbarung getroffen haben, dass es in derselben Nacht zum ersten Sex zwischen ihnen kommen wird. Beide wollen es. Doch dann kommt der Moment der Wahrheit, wo er tatsächlich in sie eindringen soll. Naomi kriegt plötzlich Angst und will nicht mehr. Sie sagt ihm, dass sie es sich anders überlegt hat. Derrick tut es trotzdem. Naomi erklärt Derrick öffentlich zum Vergewaltiger. Derrick kann sich nirgends mehr sehen lassen – die Stadt meidet ihn. Sogar seine Eltern wollen nichts mehr mit ihm zu tun haben. Er zieht nach New York, um sich dort an der New York University einzuschreiben und sein Leben wieder in den Griff zu bekommen. Doch Zufall oder nicht, nach seinem ersten Semester taucht Naomi auf und schreibt sich ebenfalls an dieser Universität ein. Derrick setzt das Gerücht in die Welt, ein anderer Student hätte sie vergewaltigt, nachdem sie auf einer Party betrunken bewusstlos geworden war. Im Drehbuch erscheint James' Figur als der Verbrecher, der Vergewaltiger, und Kates Figur scheint das unschuldige Opfer zu sein. Aber so einfach ist das Leben nicht. Ein Schurke in Schwarz, ein Held in Weiß – das ist eher die Ausnahme. Ich schlug vor, auch Grautöne zuzulassen, anstatt am Schwarz-Weiß-Szenario festzuhalten, in dem Kates Figur das Gute und James das Böse verkörperte.

Wenn wir die menschliche Dimension dieser Geschichte berücksichtigen, zu der gehört, dass hier zwei Menschen in eine unhaltbare Situation geraten sind, würde man die Rollen so spielen, dass sich das Publikum die Fragen stellt: »War es wirklich eine Vergewaltigung? Sie waren zusammen, ein Liebespaar, das Vorspiel war einvernehmlich. Warum ruiniert Naomi das Leben eines Menschen, den sie angeblich liebt, ohne vorher auch nur ein Wort mit ihm zu sprechen? Und dann sucht sie sich unter den Tausenden von Hochschulen im Lande genau die aus, an der Derrick gerade steckt – das soll Zufall sein? Wahrscheinlich hat sie sich an seine Fersen geheftet. Wenn man das alles bedenkt, was ist dann die Wahrheit?«

Es kommt dann auch die Szene, in der Derrick sie damit konfrontiert und sie fragt, warum sie sein Leben ruiniert hat und warum sie sich dieselbe Universität ausgesucht hat, wenn er sie tatsächlich vergewaltigt hat. Naomi geht an die Decke und sagt furchtbare Dinge, von denen sie weiß, dass sie ihn verletzen und wütend machen. Kate und ich diskutierten die Möglichkeit, dass ihre Figur im Unrecht war. Was wäre, wenn es keine Vergewaltigung war? Dann müsste Naomi mit Schuldgefühlen zu kämpfen haben, weil sie sein Leben ruiniert hat. Wenn es aber tatsächlich eine Vergewaltigung war, würde wahrscheinlich ein quälendes Verantwortungsgefühl an ihr nagen. Denn Vergewaltigungsopfer fühlen sich paradoxerweise oft schuldig. Bei der Konfrontation ist Naomis SZENENZIEL deshalb nicht: *»dich dazu bringen, mich in Ruhe zu lassen* *und mich nicht zu verletzen«*, sondern: *»dich ins Unrecht setzen* (als Vergewaltiger), *damit ich im Recht sein kann* (mich nicht dafür verantwortlich fühlen, dein Leben ruiniert zu haben)«. Je mehr sie seine Wut befeuert, damit er gewalttätig wird, desto besser kann sie beweisen, dass er brutal und zu einer Vergewaltigung fähig ist. Damit kann sie ihre Schuldgefühle betäuben. Und tatsächlich treibt sie ihn so weit, dass er am Ende der Szene über sie herfällt. Da hat es sich doch gelohnt, sich an seiner Uni einzuschreiben. Andererseits konfrontiert er sie mit Sätzen wie: »Ich habe dich geliebt, und ich dachte, du liebst mich!«, und versucht so dem Vergewaltigungsvorwurf den Wind aus den Segeln zu nehmen, zumindest in seiner Phantasie. Damit wird sein SZENENZIEL dasselbe wie ihres: *»dich ins Unrecht setzen, damit ich im Recht sein kann«.*

Ist es nicht sehr menschlich, wie die beiden versuchen, ihre Schuldgefühle auf Kosten des anderen loszuwerden? Der Böse sein, mit der ganzen Last der Verantwortung – wer will das schon? Dem andern die Schuld in die Schuhe zu schieben ist eine tolle Methode, sich Verantwortung vom Hals zu schaffen. Dabei beließen wir es, sorgten dafür, dass alle Facetten, alle Widersprüche Berücksichtigung fanden. Am Ende überlässt es der Film dem Publikum, wem es recht geben will. Der menschliche Faktor gehört in das SZENENZIEL mit hinein. Wo sonst ein plumper Schwarz-Weiß-Kontrast das Bild bestimmt, sorgt er für Grautöne. Dadurch wird das Bild kunstvoller, und der Zuschauer stellt sich Fragen, und was anscheinend selbstverständlich ist, ist es vielleicht doch nicht. Mach es wie Kate und James: Lies zwischen den Zeilen, und dir wird klar werden, mit welchen Entscheidungen du das Publikum packen kannst.

Bestimme auch dann ein SZENENZIEL, wenn du eine scheinbar schüchterne, bescheidene und passive Figur spielst.

Das lässt sich anhand der Figur der Laura Wingfield in Tennessee Williams' klassischem Drama *The Glass Menagerie (Die Glasmenagerie)* demonstrieren. Auf den ersten Blick scheint Laura eine schüchterne junge Frau zu sein, die ausgenutzt wird und keine Forderungen stellt. Aber wenn man genauer hinschaut, sieht man, dass Laura große Sehnsüchte hegt und ihre Schüchternheit dazu benutzt, das zu bekommen, was sie haben will. Und sie erreicht eine Menge damit, das ganze Stück hindurch: Sie drückt sich damit vor ihrem Sekretärinnenkurs, sie hält damit ihren Bruder in der Wohnung fest, sie sichert sich damit die finanzielle Unterstützung durch ihre Mutter, und sie bekommt so ein Rendezvous mit einem Mann, für den sie schon immer geschwärmt hat. Dass sie sich angeblich nicht selbst helfen kann, dass sie von Ängsten geplagt und durch ihre Gehbehinderung benachteiligt ist – all das spielt sie aus, damit sich alle um sie kümmern und sie mit ihrer Liebe verwöhnen. Als ihr Bruder einen Kollegen mit nach Hause bringt, kann sie mit ihrem SZENENZIEL *»dich dazu bringen, mich zu mögen«* einen Sieg erringen. Er unterhält sich mit ihr, er versorgt sie mit nützlichen Ratschlägen, er öffnet sich ihr, er tanzt mit ihr, er küsst sie. Kurz: Sie bekommt, was die meisten Frauen als gelungenes Date bezeichnen würden. Lauras Erfolg verdankt sich ihrer Fähigkeit, ihre vermeintlichen Schwächen so einzusetzen, dass man ihr gibt, was sie will.

Es gibt immer ein Ziel oder ein SZENENZIEL, wenn du mit jemandem kommunizierst und ins Gespräch kommst. Immer.

Dein SZENENZIEL wird nie etwa so lauten: *»dich dazu bringen, mich in Ruhe zu lassen«* oder *»die andere Person dazu veranlassen, zu gehen«*. Wenn ein Wortwechsel über zwei Sätze hinausgeht, dann must du einen Grund dafür haben, auf die jeweilige Person zuzugehen. Mach dir klar, wie du dich im richtigen Leben verhältst: Wenn du wirklich gehen willst, dann gehst du. Wenn du dich von jemandem trennen willst, und die Entscheidung ist gefallen, dann ist der einfachste Weg, einen Brief, eine E-Mail oder ein Fax zu schicken, etwas, dass es dir erspart, dich emotional zu engagieren oder körperlich anwesend zu sein. So habe ich mich von meinem ersten Ehemann befreit (ich war zwei Mal verheiratet, die Nummer zwei ist der, der bleibt): Ich legte ihm einen Brief auf den Schreibtisch, als er mal wieder bei einer seiner zahllosen Affären war.

Wenn du dich auf ein langes, eingehendes Gespräch einlässt, dann ist klar, dass da irgendwas geklärt, irgendwas erreicht werden soll. Das würde dann bedeuten, dass du dich vielleicht gar nicht trennen willst

(SZ: *»dich dazu bringen, mich zurückhaben zu wollen«*); vielleicht willst du mit der Sache abschließen, um deinen inneren Frieden zu finden (SZ: *»dich dazu bringen, die Schuld zu übernehmen«* oder *»dich dazu bringen, mir meine Macht zurückzugeben«*); oder vielleicht willst du diese Person leiden sehen – ihr etwas heimzahlen (SZ: *»dich den Schmerz fühlen lassen, den ich ertragen musste«*), damit sie sich genauso mies fühlen muss wie du. Was es auch ist, es gibt einen Grund, den Raum nicht zu verlassen oder den anderen nicht gehen zu lassen.

Triff immer egoistische Entscheidungen

Wir sind immer dann besonders engagiert, wenn wir selbst was davon haben. Wenn wirklich nur andere profitieren, verhalten wir uns deutlich zurückhaltender. Wenn wir uns selbstlos für andere einsetzen, kann uns das ein gutes Gefühl geben. Aber es fehlt doch ein gewisses Feuer, weil für uns nichts Persönliches auf dem Spiel steht. Natürlich kannst du zum Beispiel einem Freund ganz einfach helfen mit dem SZENENZIEL: *»dich dazu bringen, dich besser zu fühlen«*. Aber was hast du davon? Heißt es allerdings: *»dich dazu bringen, dich besser zu fühlen, damit du mich magst«*, dann bekommst du etwas für all deine Mühen. Und es steht dann auch etwas auf dem Spiel für dich, wenn es schiefgeht. Denn wenn du versagst und die andere Person fühlt sich so schlecht wie vorher, dann kann es gut sein, dass sie dich nicht mögen wird. Gibt es Befürchtungen, dass du mit deinem Versuch, dein SZENENZIEL zu erreichen, auch scheitern könntest, dann rechnest du auch mit dem Schlimmsten, und damit es nicht dazu kommt, investierst du immer mehr und mehr in dein Ziel. So machst du das Gewöhnliche zum Außergewöhnlichen.

Die Jungfrau von Orléans ist eine historische Figur, die in der Kunst, in Film und Theater immer wieder aufgegriffen wurde. Die Geschichte handelt im Wesentlichen davon, dass diese Frau Stimmen hört und glaubt, sie wäre auf die Erde geschickt worden, um die Massen zur Besinnung auf Gott zu führen. Jetzt stell dir vor, du müsstest dir zwei Stunden lang eine Inszenierung anschauen, in der die Jungfrau von Orléans ihren inneren Stimmen vertraut und unerschütterlich daran glaubt, dass sie den Menschen damit hilft, zum rechten Glauben zu finden. Eine solche Jungfrau von Orléans würde herablassend und überheblich wirken. In diesem Licht wäre die Figur ihrer Verletzlichkeit beraubt, und die Geschichte hätte keine menschliche Dimension.

Wenn wir uns dagegen eine Frau vorstellen, die durch schlimme Lebenserfahrungen von einem derart unstillbaren, quälenden Durst nach Bestätigung und Liebe geplagt ist, dass sie an diese Stimmen glauben *muss* und die Liebe und Verehrung der Massen so sehr *braucht,* dass sie sogar einen schrecklichen Tod auf dem Scheiterhaufen in Kauf nehmen würde, um ihr SZENENZIEL zu erreichen, das lautet: »*dich* (jeden, der ihren Weg kreuzt) *dazu zu bringen, mich zu lieben*«. Das könnte dann bedeuten, dass sie möglicherweise an die Stimmen, die sie hört, nicht glaubt, sich das aber nicht richtig eingestehen kann. Denn ohne ihre besondere Verbindung zu Gott hätten die Menschen ja gar keinen besonderen Grund mehr, sie zu lieben. Und das darf ganz einfach nicht sein. Das ist Dramatik!

SZENENZIELE funktionieren auch in der Werbung, in Sketchen und Zeichentrickfilmen.

Egal, um welches Format oder Genre es sich gerade handelt – das Drama, den Sketch, die Werbeproduktion oder auch einen Zeichentrickfilm – wenn du ein SZENENZIEL einsetzt, baust du eine Beziehung auf, und das ist immer von Vorteil. Ein SZENENZIEL wird den Sketch komischer, den Werbespot schlagkräftiger und die Stimme der Zeichentrickfigur überzeugender machen. Denn es bringt eine menschliche Dimension hinein, und mit der hat man überall Erfolg.

Als Rob Schneider einen Part in *Saturday Night Live* hatte, war das eine sehr beliebte Figur, die in der Serie zum Stammpersonal gehörte: Rich, der Mann am Kopierer. Rich saß im Grunde an einem Kopierer und wartete darauf, dass irgendein Mitarbeiter bei ihm auftauchte, woraufhin er anfing zu plappern. Wenn jemand kam, der Sandy hieß und Rich sie begrüßte, hörte sich das etwa so an: »Sandy! Die Sandfrau … macht

Kopien ... Sandarama ... Sandana ... braucht 'ne Kopie ...«, und so weiter und so fort, bis Sandy irgendwann genervt abrauschte. Als ich die Rolle mit Rob besprach, betrachteten wir sein Verhalten nicht als das einer übertrieben agierenden komischen Figur, sondern als das eines ängstlichen und sehr einsamen Mannes. Wir entschieden uns dafür, dass Rich ein Typ ist, der alleine nach Hause geht, alleine lebt und sich abends das Essen nach Hause bestellt – und zwar nicht wegen des Essens, sondern um Gesellschaft zu haben. Man kann sich leicht vorstellen, wie Rich dem Pizzaboten die Tür öffnet und ihn mit seinem Geplapper eindeckt, bis ihm die Ohren brennen: »Da kommt der Pizza-Mann und liefert 'ne Pizza an! Der Pizza-Manster mit der Monster-Pizza!« Hier war ein Mann wirklich einsam. Ich erklärte Rob, dass Rich aufgrund dieser schrecklichen Einsamkeit seinen Kollegen so auf den Wecker fiel. Was seine Kontakte zu seinen Mitmenschen betraf, war er derart bedürftig und hilflos, dass er außer den Leuten, die zu ihm und seinem Kopierer kamen, niemanden hatte. Deshalb musste er aus jeder dieser kurzen Begegnungen das meiste herausholen. Die Sketche mit Rich verdankten ihre Komik seiner Verzweiflung und der Tatsache, dass ihm deshalb jedes auch noch so alberne und sonderbare Mittel recht war, dieser Verzweiflung mithilfe seines SZENENZIELS zu entrinnen: *»dich dazu bringen, dich mit mir anzufreunden«*.

Es gibt immer irgendein SZENENZIEL –
KEINE AUSNAHMEN!

Du wirst manchmal erleben, dass dein Regisseur dir Hinweise gibt wie: »Deine Figur denkt nur laut, die will nichts von der anderen Figur« oder »Deine Figur ist unabhängig, sie ist auf niemanden angewiesen«. Es ist dann deine Aufgabe, dir diese Anweisung in ein SZENENZIEL zu übersetzen. Andernfalls wird deine Darstellung stagnieren, flach und ereignislos wirken und keine Reise sein, die den Zuschauer mitnimmt.

Auch wenn der Regisseur eine ganz große Nummer ist, lass dich nicht einschüchtern. Du brauchst dich nicht auf eine Auseinandersetzung einzulassen. Setz dir einfach ein SZENENZIEL und behalt es für dich – es wird deiner Darstellung zugutekommen. Und eine gute Darstellung kommt auch dem Regisseur zugute.

In dem Film *Space Cowboys* war der Regisseur zugleich auch der Star: Clint Eastwood. Ich arbeitete für das Projekt mit Loren Dean, der in dem Film den jungen Astronauten spielte. Sein GESAMTZIEL bestand darin, zu beweisen, dass er für die Weltraummission besser geeignet war als die älteren Astronauten. Einen dieser älteren Astronauten spielte Eastwood. In einer Szene sollte Dean an der Seite Eastwoods den Flugsimulator bedienen. Weil sich seine Figur in einer Konkurrenzsituation befand mit dem SZENENZIEL *»dich zum Verlierer und mich zum Gewinner machen«*, schärfte ich ihm ein, mit der Simulatorattrappe zu spielen, bis er sich wie ein Experte fühlte. Denn nur so hatte er eine Chance, beim Dreh wirklich besser zu sein als Eastwood. Als er sich mit der Bedienung des Simulators und seinen Knöpfen, Anzeigen und Schaltern vertraut machte, kam Eastwood zu ihm herüberspaziert und sagte ihm, er brauche sich nicht vorzubereiten. Er solle einfach loshantieren, wenn es so weit sei. »Du musst nicht jede Einzelheit über das Ding wissen, damit es echt aussieht.« Was er Loren nicht sagte: Eastwood hatte sich von einem technischen Berater genau über die Funktionsweise des Simulators instruieren lassen. Er konnte ihn professionell und exakt bedienen. Als die Kamera lief, sah Eastwood als Astronaut dann natürlich kompetenter aus, und er gewann die Szene, sowohl vor als auch hinter der Kamera – sein SZENENZIEL war dasselbe wie Lorens gewesen.

Kein Wunder, dass sich Clint Eastwood so lange gehalten hat, als Schauspieler und als Regisseur. Er versteht, wie sehr es in seinem Beruf aufs Gewinnen ankommt.

Das SZENENZIEL in Drei- und Mehr-Personen-Szenen

Wenn in einer Szene mehr als zwei Personen vorkommen, dann kannst du nicht von jedem etwas wollen – und schon gar nicht bei jedem hinter einer Reaktion her sein. Das würde beim Spielen zu viel Verwirrung stiften, und das Publikum würde nicht mehr richtig mitkommen. Normalerweise gibt es eine »heiße Figur« in einer Szene, das ist die Person, um die es dir bei allem, was du machst, eigentlich geht. Alle anderen

Figuren sind in Wahrheit nur dazu da, als freiwillige oder unfreiwillige Verbündete zu dienen, während du versuchst, dein SZENENZIEL zu erreichen. Es ist genau wie im richtigen Leben – in einer Gruppensituation ist da immer diese eine heiße Figur, von der du etwas willst (SZENENZIEL), und alle anderen in der Gruppe sind dazu da, dir dabei zu helfen, das zu erreichen.

Beispiele aus dem wahren Leben:

- **Unfreiwilliger Verbündeter:** Wenn du auf einer Party bist, dann ist da immer diese eine ganz besonders attraktive Person oder dieser eine wichtige Produzent oder Regisseur in der Menge. Es kommt durchaus vor, dass du die ganze Zeit kein einziges Mal mit dieser »heißen Figur« sprichst – dass du aber alles, was du tust, letztlich immer doch nur veranstaltest, damit diese Figur dich bemerkt und dich gut findet (SZENENZIEL).

  Der unfreiwillige Verbündete ist der Partygast, mit dem du dich extra angeregt unterhältst und dem du zeigst, wie ungemein sexy, geistreich, intelligent und umwerfend du sein kannst – und zwar nicht etwa, um eben diesen Partygast zu beeindrucken, sondern deine »heiße Figur« am anderen Ende des Raums.
- **Unfreiwilliger Verbündeter:** Hast du dich mal als Paar mit einem anderen Paar verabredet? Ein sogenanntes »Double Date« (eine Vier-Personen-Szene). Wer ist die »heiße Figur«? Die Begleitung deiner Freundin bzw. deines Freundes natürlich. Das SZENENZIEL ist *»dich dazu bringen, mich zu wollen«*. Deine eigene Begleitung als »heiße Figur« zu nehmen, würde nicht funktionieren, weil du schon bewiesen hast, dass du sie kriegen kannst. Also wäre sie nicht »heiß« genug. Die Begleitung deiner Freundin bzw. deines Freundes zu bekommen ist komplex. Zunächst kannst du dir selbst und deinem Freund/deiner Freundin beweisen, dass du nicht nur deine eigene Begleitung dazu bringen kannst, dich zu wollen, sondern dass du auch auf seine Freundin oder ihren Freund attraktiv wirkst. Und zweitens ist es nicht ungefährlich, wenn man mit der Begleitung einer Freundin oder eines Freundes flirtet. Du könntest bei dieser Aktion ziemlich hoch verlieren: nämlich deinen Partner (oder deine Partnerin) und deine Freundin bzw. deinen

Freund. Es besteht aber kein Grund, über das Flirten hinauszugehen. Du sorgst nur dafür, dass der Abend spannender wird (vor allem, wenn deine Begleitung langweilig ist), weil dann ein bisschen mehr auf dem Spiel steht und dein Ego Auftrieb bekommt. Deine unfreiwilligen Verbündeten sind dabei, deine Begleitung und dein Freund bzw. deine Freundin. Kannst du dich noch an einige vergangene Double Dates erinnern? Und kommt dir das dann nicht alles bekannt vor?

- **Eingeweihter Verbündeter:** Stellen wir uns mal vor, dass du in einer Szene einen Trickbetrüger spielst und gerade mitten in einem Spiel Kümmelblättchen bist. Die heiße Figur wäre der »Setzer«, die Person, die du abzocken willst. Dein SZENENZIEL wäre *»dich dazu bringen, mir zu vertrauen«*, damit dieses Opfer möglichst viel Geld bei dir setzt. Der eingeweihte Verbündete dabei ist der Lockvogel, der dir hilft, das Vertrauen deines Opfers zu gewinnen, indem er als scheinbar Fremder leicht Geld in deinem Spiel gewinnt.

Als ich mit Jake Gyllenhaal an dem Film *The Day After Tomorrow* arbeitete, bekamen wir es einmal mit einer Vier-Personen-Szene zu tun, die es wirklich in sich hatte. Der Schauplatz dieser Szene ist das Museum of Natural History in New York. Jakes Figur Sam unterhält sich in dieser Szene mit seinem Freund und Verbündeten vor einem Exponat, während Laura, die Frau, für die er sich interessiert, gegenüber auf der anderen Seite des Saals steht und gerade mit Sams Erzfeind und Rivalen flirtet, ein kluger, gutaussehender Typ. Sam findet es nicht gut, dass die Annäherungsversuche des anderen bei Laura Wirkung zeigen. Obwohl Sam in dieser Szene kein Wort mit Laura wechselt, dreht sich sein SZENENZIEL nur um sie: *»dich* (Laura) *dazu bringen, mich dem anderen Typ vorzuziehen«*. Das schafften wir, indem wir Sams Bemerkungen über den ausgestopften Bären in kaum verhüllte Scherze auf Kosten seines Rivalen umwandelten. Jake sorgte dafür, dass seine Figur laut genug sprach, um von der Frau gehört zu werden. Sams Freund war in diesem Fall der wissende Verbündete. Obwohl er nicht mitbekam, dass Sam die ganze Zeit seinen Rivalen veralberte, hatte er (nichtsahnend) doch die Funktion eines Komplizen. Er half, weil er einfach als Gesprächspartner zur Verfügung stand. Und Sams Rivale war ein unwissender Verbündeter, weil er sich erkennbar von Sams Sticheleien angesprochen fühlte – sie ließen Sam in Lauras Augen als stärkeren Typen erscheinen. Wenn er eingeweiht gewesen wäre, hätte er Sams Spiel sicher nicht mitgespielt. All diese Schachzüge funktionierten – am Ende des Films kriegt Sam das Mädchen und freundet sich mit seinem ehemaligen Konkurrenten an. So macht er aus einem unwissenden Verbündeten schließlich sogar einen wissenden.

Ich kann's nicht oft genug sagen: …

ZIELE finden ist der wichtigste Schritt!

All die anderen Schritte, von denen du in den folgenden Kapiteln erfahren und deren Anwendung du dort erlernen wirst, sind einzig und allein dazu da, um dir deine ZIELE realer und dringlicher erscheinen zu lassen. Du musst immer erst dein GESAMTZIEL bestimmen, danach dein SZENENZIEL, und erst dann darfst du andere Entscheidungen treffen. Nur so kannst du die Szene mit einem Ziel voranbringen und mit Leben füllen. Im Prinzip stellst du Kommunikation her.

***NICHT die ZIELE im Nachhinein obendrauf setzen –
du spannst sonst den Karren vor die Pferde, wie man sagt.
Wenn du das machst, wird das SZENENZIEL
die Szene nicht antreiben.***

Sobald du dich für das beste und wirksamste SZENENZIEL entschieden hast, werden dir die Entscheidungen, die du bei den anderen Schritten zu treffen hast, leichtfallen – sie werden sich aus dem SZENENZIEL ergeben, ganz logisch.

KAPITEL 3

Schritt 3: HINDERNISSE

HINDERNISSE sind körperliche, emotionale und mentale Hürden, die deiner Figur beim Erreichen ihrer ZIELE im Wege stehen.

HINDERNISSE verleihen deinen ZIELEN Macht und Eindringlichkeit, indem sie ihre Verwirklichung erschweren. Denn diese ZIELE fordern dann viel größere Anstrengungen von dir. Wenn dein Ziel auch Risiken birgt, dann bringt das Gefahren und Wagnisse ins Spiel. Besteigst du den Mount Everest, spielst du in einer weitaus spannenderen Geschichte, als wenn du über einen Maulwurfshügel steigst. Der Weg zum Mount Everest ist voller Gefahren: Lawinen, dünne Luft; nur ein einziger falscher Schritt kann deinen Tod bedeuten. Der Maulwurfshügel birgt praktisch kein Risiko. Beides sind Ziele, aber eins hat größere und spannendere HINDERNISSE.

Ein Sieg ist nur befriedigend, wenn das Risiko einer Niederlage besteht. Das Risiko einer Niederlage geht von HINDERNISSEN aus.

Der erste Schritt ist immer, herauszufinden, welche HINDERNISSE für deine Figur Sinn ergeben, was das GESAMTZIEL und das SZENENZIEL betrifft. Dann musst du jedes dieser HINDERNISSE personalisieren, das heißt, du musst nach ähnlichen Hindernissen suchen, die sich dir in *deinem* Leben entgegenstellen. Wenn du zum Beispiel an einer Verführungsszene arbeitest, könnten die HINDERNISSE sein: Zurückweisung, spezielle sexuelle Probleme, ein geringes Selbstwertgefühl, Unsicherheiten wegen des eigenen Körpers oder in Liebesbeziehungen oft verletzt worden sein. Sobald du die HINDERNISSE für deine Figur erkannt hast, musst du dich fragen, wo du selbst es in deinem Leben einmal mit HINDERNISSEN zu tun hattest (oder noch hast), die mit Zurückweisung, sexuellen Ängsten oder deiner Beziehung zu deinem Körper zu tun haben. (Das, was du an deinem Körper am heftigsten ablehnst: die Brüste, den Oberkörper, Beine, Arme, was auch immer. Such dir eins aus. Bist du schüchtern, überheblich oder unterwürfig? Inwiefern steht dir das im Weg? Hast du einen kleinen Penis, eine chronische Blasenentzündung oder Schweißfüße? HINDERNISSE sind sowohl äußerlich wie innerlich. HINDERNISSE sind *alles*, was dir beim Erreichen deiner Ziele irgendwie im Weg steht. Und die Versuche, HINDERNISSE zu überwinden, große wie kleine, um schließlich das SZENENZIEL und dann das GESAMTZIEL zu erreichen – die sind es, die dein Spiel so spannend machen, weil der Einsatz immer hoch ist.

Mit HINDERNISSEN arbeiten – das bringt die Herausforderungen

Je schwieriger und riskanter es ist, das SZENENZIEL und das GESAMTZIEL zu erreichen, desto größer ist das Erlebnis für den Schauspieler und auch für das Publikum. Je mehr HINDERNISSE du mit einer Szene verbindest, desto mehr wirst du dich für dein SZENENZIEL anstrengen. Eine Szene beginnt. Deine Figur beginnt sich den HINDERNISSEN auf ihrem Weg zu stellen und versucht sie zu überwinden. Die Szene schreitet fort. Deine Figur wird seine Versuche, die vielen aufkommenden HINDERNISSE zu überwinden, weiter vorantreiben. Und mit je mehr Nachdruck sie das im Laufe der Szene versucht und je weniger ihr das gelingt, desto größer werden ihre Anstrengungen werden. Diese Anstrengungen sind es, die den »Spannungsbogen« einer Szene schaffen. Mit HINDERNISSEN zu arbeiten sorgt dafür, dass die Intensität zunimmt, es macht die Szene noch bedeutsamer und tragender. Das bringt sie schließlich zu dem Crescendo, das jede Szene haben muss. Und es trifft zu, dass die Befriedigung am Ende immer umso größer ist, je schwieriger ein Ziel zu erreichen war.

HINDERNISSE sorgen für die Schwierigkeiten, die zu besonders intensiven und dramatischen Ergebnissen führen.

Ein ziemliches bekanntes Beispiel ist die Schlangenszene aus *Indiana Jones: Raiders of the Lost Ark (Jäger des verlorenen Schatzes).* Die Figur Indiana Jones hat eine tödliche Angst vor Schlangen und muss auf der Flucht nun ausgerechnet durch ein Nest großer, schuppiger, sich windender Schlangen. Wenn das Publikum nicht eingeweiht wäre, dass Jones an dieser schrecklichen Schlangenphobie leidet (ein körperliches und emotionales HINDERNIS), dann wäre eine solche Szene nicht sehr interessant. Durch das Einbringen der Angst vor diesen grauenhaften, oft missverstandenen Tieren wurde die Szene furchteinflößend und Indiana Jones zum Helden.

Das Arsenal von HINDERNISSEN, das die Skripts dieser Welt für ihre Figuren bereithalten, ist absolut endlos, das alles hier vorwegzunehmen, wäre völlig unmöglich. Alles – absolut alles – was irgendwie eine Hürde abgeben oder für einen Konflikt sorgen kann, ist ein HINDERNIS. Trotzdem gibt es drei Kategorien, in die sich fast jedes HINDERNIS, auf das man stoßen kann, einordnen lässt: körperlich, mental und emotional.

Körperliche (bzw. äußere) HINDERNISSE:

- **Körperliche Behinderungen:** dazu gehören gebrochene Glieder, Humpeln *(Midnight Cowboy [Asphalt-Cowboy]),* Querschnittslähmung *(Born on the Fourth of July [Geboren am 4. Juli]),* andere Lähmungen *(My Left Foot [Mein linker Fuß]),* Ticks *(The Tic Code),* Blindheit *(The Miracle Worker [The Miracle Worker – Wunder geschehen])* oder eingeschränktes Sehvermögen, Taubheit *(Children of a Lesser God [Gottes vergessene Kinder]),* Impotenz *(Sex, Lies, and Videotape [Sex, Lügen und Video]).*
- **Rasse und Religion:** Rassismus *(Amistad),* religiöse Konflikte *(Agnes of God [Agnes – Engel im Feuer]),* religiöse Rivalitäten *(Mary, Queen of Scots).*

- **Extreme Körpermaße:** klein (jeder Woody-Allen-Film), groß, dick *(Shallow Hal [Schwer verliebt])*, mager, Penis sehr groß *(Boogie Nights)* oder sehr klein, Brüste sehr groß (jeder Film mit Pamela Anderson) oder sehr klein, Nase sehr groß *(Cyrano de Bergerac [Cyrano von Bergerac])*.
- **Äußere Erscheinung:** Verbrennungsopfer *(The Phantom of the Opera [Das Phantom der Oper])*, Hässlichkeit *(Beauty and the Beast [Die Schöne und das Biest])* oder zu schön, sodass sich keiner rantraut, zu alt *(All About Eve [Alles über Eva])*, zu jung *(Paper Moon)*, du läufst als Transvestit rum, obwohl das nicht dein Ding ist *(Some like it hot [Manche mögen's heiß])*, Altersunterschiede (*The Graduate [Die Reifeprüfung]* und jeder Woody-Allen-Film).
- **Finanzen:** zu reich *(Ruthless People [Die unglaubliche Entführung der verrückten Mrs. Stone])*, zu arm *(Titanic)*.
- **Rauschzustände:** Bist du bekifft, betrunken oder drogenabhängig? Leidest du an einer Sucht, die du hinter dir lassen musst, nach Heroin *(Drugstore Cowboy)*, Kokain *(Hurlyburly)* oder Alkohol *(Days of Wine and Roses [Die Tage des Weines und der Rosen/Gegen alle Vernunft])*?
- **Körper und Psyche:** Du stirbst *(Terms of Endearment [Zeit der Zärtlichkeit])* oder jemand, den du liebst, stirbt *(Love Story)*. Erscheint dir der Suizid als letzter Ausweg *(Death of a Salesman [Tod eines Handlungsreisenden])*? Musst du über den Tod eines geliebten Menschen hinwegkommen *(Lethal Weapon [Lethal Weapon – Zwei stahlharte Profis])*? Abtreibung *(Loose Ends)*, Schwangerschaft *(The Turning Point [Am Wendepunkt])*?
- **Beruf:** gefährliche Berufe wie Polizist *(Die Hard [Stirb langsam])*, Prostituierte *(Klute)*, Geheimagent (James-Bond-Filme), Soldat *(Platoon)*, Drogenhändler *(Scarface)*, Gangster *(The Sopranos [Die Sopranos])*, Bankräuber *(Bonnie and Clyde [Bonnie und Clyde])*. Oder Berufe mit hohem Stressanteil wie Hochfinanz *(Wall Street)*, Politik *(Angels in America [Engel in Amerika])*, Versicherungsangestellter *(The Apartment [Das Appartement])*, Schauspieler *(Bullets Over Broadway)*, Rechtsanwalt *(To Kill a Mockingbird [Wer die Nachtigall stört])*, Profisportler *(Bull Durham [Annies Männer])*, Schüler *(Ferris Bueller's Day Off [Ferris macht blau])*, Vertreter *(Glengarry Glen Ross)*, Arzt *(The Doctor*

[Der Doktor – Ein gewöhnlicher Patient]), Lehrer *(Oleanna [Oleanna – der Lehrer und die Schülerin]),* Journalisten *(All the President's Men [Die Unbestechlichen]),* Psychologe *(Antwone Fisher).*

- **Sozialer Status:** Immigrant sein *(Enemies, A Love Story [Feinde – Die Geschichte einer Liebe]),* Klassenunterschiede *(Pygmalion/My Fair Lady),* Homosexualität *(Far from Heaven [Dem Himmel so fern]),* abweichende sexuelle Neigungen *(9 ½ Weeks [9 ½ Wochen]),* ein Opfer von Klatsch sein *(The Women [The Women – Von großen und kleinen Affären]).*
- **Orte:** ein Gebäude, auf dem ein Fluch lastet *(The Shining [Shining]),* eine furchteinflößende dunkle Gasse, ein Konzentrationslager *(Schindler's List [Schindlers Liste]),* eine Gegend, wo ein Mörder frei herumläuft *(Halloween-*Filmreihe*),* ein Ort voller handfester Hindernisse *(Home Alone [Kevin – Allein zu Haus]),* ein Ort, der ein traumatisches Erlebnis wachruft *(Sophie's Choice [Sophies Entscheidung]),* eine unvertrauter, entlegene Umgebung *(The African Queen [African Queen]).*
- **Ereignisse:** Krieg *(Apocalypse Now),* Geburt *(Same Time, Next Year [Nächstes Jahr, selbe Zeit]),* Examen *(Dead Poets Society [Der Club der toten Dichter]),* Klassentreffen *(Romy and Michele's High School Reunion [Romy und Michele]),* Rückzahlung an Kredithai oder Drogenhändler *(A Hatful of Rain [Giftiger Schnee]),* Bandenkrieg *(Romeo and Juliet [Romeo und Julia]),* Totenwache *(About Schmidt),* Entführung *(Ransom [Kopfgeld – Einer wird bezahlen]),* unbeabsichtigte Tötung *(Thelma & Louise),* Vergewaltigung *(The Accused [Angeklagt]),* Rache *(Cape Fear [Kap der Angst]),* Geburtstag *(Cat on a Hot Tin Roof [Die Katze auf dem heißen Blechdach]),* Wettkampf *(The Competition [Das große Finale]),* ungewollte Schwangerschaft *(The Pope of Greenwich Village [Der Pate von Greenwich Village]),* Heirat *(Honeymoon in Vegas [… aber nicht mit meiner Braut – Honeymoon in Vegas]),* Scheidung *(Kramer vs. Kramer [Kramer gegen Kramer]),* Affäre *(Unfaithful [Untreu]),* Wirtschaftskrise *(Waiting for Lefty),* zum Tode verurteilt *(Dead Man Walking [Dead Man Walking – Sein letzter Gang]),* als Krimineller gefasst werden *(Fargo).*

Mentale HINDERNISSE

- **Intelligenz:** Zu intelligent, zu analytisch *(Geniuses)*, zu dumm *(Dumb and Dumber [Dumm und Dümmer])*, geistig zurückgeblieben *(What's Eating Gilbert Grape [Gilbert Grape – Irgendwo in Iowa])*, über alles zu viel nachdenken *(The Real Thing)*, einfältig *(Forrest Gump)*.
- **Politische Ansichten und Prinzipien:** Kampf gegen das System *(Erin Brockovich [Erin Brockovich – Eine wahre Geschichte])*, seinen Idealen treu bleiben, bis an die Grenzen gehen *(Norma Rae [Norma Rae – Eine Frau steht ihren Mann])*, Job und finanzielle Sicherheit riskieren, um Prinzipien treu zu bleiben *(The Insider [Insider])*, für solche Prinzipien sein Leben riskieren *(Silkwood)*.
- **Psychische Krankheiten:** Phobien *(Arachnophobia)*, gespaltene Persönlichkeit *(Sybil)*, Schizophrenie *(A Beautiful Mind [A Beautiful Mind – Genie und Wahnsinn])*, Depression *(Girl, Interrupted [Durchgeknallt])*, geistig gesund in der Geschlossenen *(One Flew Over the Cuckoo's Nest [Einer flog über das Kuckucksnest])*.
- **Geheimnisse und Lügen:** ein Geheimnis haben *(No Way Out [No Way Out – Es gibt kein Zurück])*, ein Lügengebäude aufrechterhalten *(A Streetcar Named Desire [Endstation Sehnsucht])*.
- **Schulbildung:** Bildungsunterschiede – eine Figur ist gebildet, die andere nicht *(After the Fall)*.

Emotionale HINDERNISSE

- **Beziehungsprobleme:** Probleme mit Intimität *(About Last Night)*, enttäuschte Liebe *(The Age of Innocence [Zeit der Unschuld])*, Probleme in der Familie *(Hamlet)*, problematische Freundschaft *(Beaches [Freundinnen])*, Eheprobleme *(Who's Afraid of Virginia Woolf? [Wer hat Angst vor Virginia Woolf?])*, aufgestaute Wut *(The War of the Roses [Der Rosenkrieg])*, Rivalität zwischen Geschwistern *(True West)*, eine problematische Vorgeschichte mit dem Expartner *(Blithe Spirit [Geisterkomödie])*, Obsession *(Fatal Attraction [Eine verhängnisvolle Affäre])*, Rassenunterschiede in Liebesbeziehung *(A Patch of Blue [Träumende Lippen])*,

Eifersucht *(Der Menschenfeind)*, Probleme mit den Eltern *(Mourning Becomes Electra [Trauer muss Elektra tragen])*, ausgeprägte Charakterunterschiede *(The Odd Couple [Ein seltsames Paar])*, Betrug in der Liebe *(Shampoo)*, unerwiderte Liebe *(Summer and Smoke [Sommer und Rauch])*, skrupellose Rivalität mit Mitgliedern des eigenen Geschlechts *(Heathers)*.

- **Persönliche Probleme:** Gier und extremer Ehrgeiz *(Macbeth)*, Schüchternheit *(The Glass Menagerie [Die Glasmenagerie])*, Selbstverachtung *(Frankie and Johnny [Frankie & Johnny])*, Überheblichkeit und Kontrolle *(Ivan the Terrible [Iwan der Schreckliche])*, sich wie ein Verlierer fühlen *(The Hustler [Haie der Großstadt])*, Verlassensängste *(An Unmarried Woman [Eine entheiratete Frau])*, Promiskuität *(Carnal Knowledge [Die Kunst zu lieben])*, Schuld *(Othello)*, überwältigender Zorn *(Last Tango in Paris [Der letzte Tango in Paris])*, Jungfrau im fortgeschrittenen Alter *(Savage in Limbo)*, asoziales Verhalten *(Kalifornia)*, Einsamkeit *(Marty)*, Neigung zur Selbst-Sabotage *(American Pie)*, Paranoia *(The Collector)*, Angst, beurteilt zu werden.
- **Perversion:** Mordlust *(American Psycho)*, Inzest *(Fool for Love)*, Gewalttätigkeit *(Raging Bull [Wie ein wilder Stier])*, inzestuöse Obsession *(Edipo Re [Bett der Gewalt])*, Probleme, die von Missbrauch, Vergewaltigung und Belästigung in der Vergangenheit herrühren *(Danny and the Deep Blue Sea [Danny und die tiefblaue See])*, die Wahrnehmung sexuell abweichender Neigungen durch andere *(Secretary)*.

Alles, was sich dir in den Weg stellt, wenn du versuchst dein GESAMTZIEL und dein SZENENZIEL durchzusetzen, lässt sich für dich als HINDERNIS gebrauchen.

Die Reifeprüfung ist nur so gespickt mit HINDERNISSEN in allen Kategorien sowohl für Mrs. Robinson wie für Benjamin. Meine langjährige Schülerin Linda Gray spielte die Theaterversion von *Die Reifeprüfung* in Londons West End (Englands Broadway) und erhielt tolle Kritiken, die sie ihrer gründlichen Erforschung der HINDERNISSE verdankte, die ihre Figur Mrs. Robinson überwinden musste. Ihre Mrs. Robinson war lebendig, facettenreich, verletzlich, faszinierend menschlich.

Mrs. Robinsons HINDERNISSE

- Benjamin könnte sie zurückweisen. (Das Risiko, dass es nicht klappt, das Risiko, dass du vielleicht nicht bekommst, was du willst, wird grundsätzlich in jedem Skript ein HINDERNIS sein.)
- Sie ist viel älter als Benjamin, was bedeutet, dass sie sich in ihrem Körper unwohl fühlen wird. Sie wird sich mit einer jungen Frau seines Alters vergleichen, einer Frau mit einem faltenfreien, festen, schlanken Körper mit straffen Brüsten, und sie wird dagegen ihre Falten, ihre schlaffe Haut und ihre Cellulite vor sich sehen.
- Ihr Ehemann hat sie schon lange nicht mehr angefasst, so dass sie sich jetzt nach männlicher Aufmerksamkeit sehnt. Zusammen mit ihren körperlichen Altersproblemen führt das zu der sehr realen Angst, jenes geschlechtlose Alter zu erreichen, wenn eine Frau nicht mehr als schön, sondern nur noch als »gutaussehend« gilt.
- Benjamin ist der Sohn ihrer besten Freundin. Wenn er sich nicht auf ihr Angebot einlässt, könnte Benjamin alles erzählen. Die Folgen wären dann, dass sie ihren Mann und ihr soziales Ansehen verliert und sich lächerlich macht.
- Benjamin verliebt sich in ihre Tochter Elaine. Dadurch steigt das Risiko, dass Elaine was von der Affäre mitbekommt, gewaltig an. Das würde die Beziehung zu ihrer Tochter zerstören.
- Auch Freunde und Nachbarn oder ein neugieriger Angestellter im Hotel könnten hinter die Affäre kommen.
- Sie kommt ihm immer näher. Vielleicht verliebt sie sich sogar, was dafür sorgt, dass es ihr schwerfällt, ihn loszulassen oder seine Liebe zu ihrer Tochter zu ertragen.
- Ihre Liebe zu Benjamin macht sie auch eifersüchtig auf ihre Tochter. Es ist gar nicht so ungewöhnlich, dass in Mutter-Tochter-Beziehungen Eifersucht ins Spiel kommt, sogar ein fester Teil dieser Beziehung wird.

Mrs. Robinsons Versuche, all diese HINDERNISSE zu überwinden, machen ihr GESAMTZIEL und ihre SZENENZIELE organisch.

Benjamins HINDERNISSE (mit Blick auf Mrs. Robinson)

- Sie könnte ihn zurückweisen.
- Er ist viel jünger als Mrs. Robinson. Er ist eingeschüchtert von ihrem Erfahrungs- und Wissensschatz in Sachen Sexualität und seiner Unerfahrenheit. Wird er sie mit einem vorzeitigen Samenerguss enttäuschen? Oder nicht einmal eine Erektion bekommen? Wird er sie richtig anfassen, ohne dass es unreif und albern wirkt?
- Sein Mangel an Lebenserfahrung. Worüber soll er mit ihr reden? Wird er idiotisch und naiv wirken?
- Sie ist die beste Freundin seiner Mutter; sich sexuell mit Mrs. Robinson einzulassen, grenzt an Inzest.
- Sie hat ihn aufwachsen sehen. Sie weiß einfach viel zu viel über ihn. Jeden peinlichen Moment seines Heranwachsens hat sie mitbekommen: Falls er Bettnässer war, bei den Gleichaltrigen als Nerd gegolten oder in der Nase gebohrt hat, sie wüsste alles.
- Seine Angst, von Mrs. Robinsons Ehemann, seinen Eltern oder Mrs. Robinsons Tochter Elaine entdeckt zu werden.
- Als er sich in ihre Tochter verliebt, erklärt ihm Mrs. Robinson den totalen Krieg.

Wie du sehen kannst, fallen Benjamins HINDERNISSE in vielem mit Mrs. Robinsons HINDERNISSEN zusammen, aber es sind eben zwei ganz unterschiedliche Blickwinkel. Finde immer so viele HINDERNISSE, wie du kannst, wenn du ein Skript analysierst – körperliche, emotionale und mentale –, denn je mehr HINDERNISSE eine Figur überwinden muss, desto vielschichtiger ist das Spiel.

Die HINDERNISSE, mit denen du arbeitest, sollten immer die gewaltigsten, problematischsten, anspruchsvollsten und die größten Herausforderungen für dich sein.

Je schwerer es dir die HINDERNISSE machen, dein Ziel zu erreichen, desto befriedigender wird es sein, wenn du es am Ende erreichst. Die

HINDERNISSE sorgen für einen hinreichend hohen Schwierigkeitsgrad. Ein HINDERNIS, das eine echte Herausforderung darstellt, lässt dich leidenschaftlicher kämpfen. Wenn sich die HINDERNISSE wie ein Gebirge vor dir auftürmen, wirst du einfach sehr viel mehr tun, und das wird deinen Weg zu deinem GESAMTZIEL entsprechend bewegender machen.

***HINDERNISSE sorgen für Verzweiflung,
und Verzweiflung erzeugt Komik.***

HINDERNISSE sind dazu da, die Dramatik zu steigern und zu intensivieren. Und je mehr HINDERNISSE du auf dem Weg zu deinem SZENENZIEL zu überwinden hast, desto verzweifelter wirst du nach diesem SZENENZIEL streben. In einer Situation, in der wir etwas wirklich unbedingt wollen, verhalten wir uns plötzlich oft eigenartig, albern, verrückt. Denk mal daran, wie du bist, wenn du dich mit jemandem triffst, den du wirklich und wahrhaftig magst und beeindrucken willst. Je cooler und glatter du rüberkommen wolltest, desto tollpatschiger hast du dich natürlich angestellt und desto peinlicher wurde alles: stolpern, gegen Wände rennen, zur falschen Tür laufen, mit dämlichen Kommentaren herausplatzen, dich und/oder die andere Person mit irgendwas bekleckern, etwas zerbrechen und so weiter.

Sogar etwas scheinbar Gewöhnliches wie ein Furz kann unter ungünstigen Umständen unendliche Schwierigkeiten verursachen – sich zu einem enormen HINDERNIS auswachsen, wenn man will. Michael Richards Figur Kramer in der Sitcom *Seinfeld* machte alle möglichen komischen Sachen, obwohl es gar nicht ihre Absicht war, komisch zu sein. Ihr Verhalten kam immer nur daher, dass er ganz dringend und verzweifelt versuchte, ein immer wiederkehrendes SZENENZIEL zu erreichen: »*dich,* (Jerry), *dazu bringen, mich zu mögen*«.

Als Richard für eine der Episoden vor der Kamera stand, ließ er einen fahren – und weil die Kamera lief, passierte dieses Malheur zugleich auch seiner Figur Kramer. Jerry stand zu diesem Zeitpunkt am anderen Ende des Raumes, daher war Richard so frei. Aber dummerweise beschloss Jerry ausgerechnet in dem Moment, zu ihm herüberzukommen, als Richard seine Stinkbombe platzen ließ. Richard machte dieses Problem zum Problem seiner Figur Kramer. Und weil Kramer davon ausgehen musste, dass ihn sein Furz bei Jerry nicht populärer machen würde, fing er nun an, hektisch die Luft in seinem Rücken wegzufächeln. Jedes Mal, wenn Jerry versuchte, sich Kramer zu nähern, wich dieser ihm aus und fächelte erneut. Dass sich Kramer so komisch benahm, rührte von seiner Verzweiflung her – seinem verzweifelten Versuch, sein übelriechendes HINDERNIS beiseitezuschaffen, um sein SZENENZIEL zu erreichen.

Als ich mit dem Rapper und Schauspieler Redman an *How High (So High)* arbeitete, sollte der einen Harvard-Studenten spielen, der aus dem Ghetto kommt und dauernd bekifft ist. Aber das Drehbuch hatte für Redmans Rolle noch viel Wilderes im Sinn – er rauchte nicht nur Marihuana, sondern auch die Asche einer Leiche. Die Asche machte ihn intelligenter, und das war bei seiner Figur auch dringend nötig, wenn sie die Tests und Kurse bestehen sollte. Ohne das, was sie da rauchte, konnte Jamal das harte soziale und akademische Programm einer Institution wie Harvard nicht überstehen. Er kiffte nicht zum Spaß. Er verleibte sich den Stoff ein, weil er musste.

Ein Suchtverlangen entspricht einem Bedürfnis, und dieses Bedürfnis war ein brauchbares HINDERNIS. Als sich seine Figur der Anforderung gegenübersah, mit adretten weißen Jungs im Ruderteam mitzufahren – für ihn als Mann aus dem Ghetto ein höchst untypischer Zeitvertreib –, hatte er das Gefühl, Gras rauchen zu *müssen*. Aber wie kann man rudern und zugleich kiffen? Um dieses HINDERNIS zu bewältigen, kamen wir auf folgende Lösung: Er würde immer nach einem Ruderschlag an seinem Joint ziehen. Das wurde eine Art Mantra, das er laut aussprach (einmal »ziehen«, einmal ziehen), während er versuchte, genau dies auch zu tun. Unsere Bemühungen zur Überwindung des HINDERNISSES brachten einen komischen Aspekt hervor.

Oder nehmen wir Jim Carreys enorm komische Rolle als Lloyd in der Slapstick-Komödie *Dumb and Dumber (Dumm und Dümmer)*. Hier war einfach alles ein HINDERNIS, denn es gab nichts, was Lloyd leichtfiel. Schließlich war er ja nicht nur dumm, sondern dümmer.

HINDERNISSE helfen dir auch dabei, die Motive deiner Figur besser zu verstehen.

Als ich mit Joy Bryant an dem Film *Three Way (3-Way)* arbeitete, sollte sie die Figur Rita spielen, die einen Mann mit den folgenden unvorteilhaften Eigenschaften liebt: Er ist älter; er kriegt nichts auf die Reihe; er ist so verschlossen, dass er schon nicht mehr vertrauenswürdig ist, und er steckt wahrscheinlich hinter der Ermordung zweier Menschen; er hat kein Geld; er lebt in einem Loch; er liebt noch immer seine Exfrau, und er will sie in einen hochgradig illegalen Kidnapping-Plan reinziehen, bei dem man eine schöne kleine Ewigkeit einfährt, wenn man erwischt wird. Klingt das nicht wirklich nach einem Traummann? Joy und ich mussten nun nach dem Grund suchen, warum jemand ernsthaft auf so einen Typen abfahren sollte – insbesondere jemand, der so attraktiv war wie Joy. Das Drehbuch lieferte keine Erklärung. Daher mussten wir über die Textzeilen hinausgehen und tiefer graben.

Im Drehbuch gab es keinerlei Hinweise auf Freunde oder Verwandte. Das konnte im Grunde nur bedeuten, dass Ritas Familie nicht mehr am Leben war. Joys Figur war im wahrsten Sinne des Wortes allein auf der Welt. Einsamkeit ist ein HINDERNIS, durch das wir uns in Beziehungen manövrieren können, die eigentlich keinen Sinn ergeben. Daher zogen wir den Schluss, dass Rita tat, was die meisten Menschen tun: Sie zog ihre Partnerschaft so auf, dass sie sich an eine Art Abbild ihrer Eltern, in diesem Fall ihres Vaters, hängte. Sie hatte sich diesen Mann ausgesucht, weil er die Eigenschaften ihres Vaters besaß, ein Mann, der, wie wir annahmen, entweder tot oder nicht mehr aufzufinden war. Weil Rita an den eigentlichen Vater nicht herankommt und ihre Probleme nicht mit ihm lösen kann, sucht sie sich jemand, der so ist wie er. Rita würde in die Lage versetzt, die Traumata ihrer Kindheit mit einem Ersatz-Vater zu lösen.

Indem wir uns einige der HINDERNISSE, die wir in Ritas Leben vermuteten, genauer vornahmen, gelang es uns, für ihre von außen betrachtet eigentlich dumme Partnerwahl gute und greifbare Gründe abzuleiten. Auf diese Weise ergänzten wir das Wenige, was wir anfangs über diese Figur wussten, zu einem Gesamtbild. Indem sie sich auf diese Weise einem Verständnis der HINDERNISSE dieser Figur näherte, konnte Joy die Rolle nun glaubwürdig spielen. Dass ihre Figur von dem Bedürfnis getrieben war, mit ihrer problematischen Vater-Beziehung endlich abzuschließen, erklärte alles. Sie brauchte all diese HINDERNISSE, um eben diese schwierige Beziehung wiederaufleben lassen zu können. Ihr GESAMTZIEL *»dich dazu bringen, mich zu lieben und bei mir zu bleiben«* ergab für sie nur mit diesen HINDERNISSEN einen Sinn. Ohne diese Erklärung wäre da nur ein negatives Ziel gewesen, das Ziel, dem Falschen hinterherzurennen. So gab es für den Widerspruch, dass eine Frau den falschen Mann zum perfekten Partner machte, eine Erklärung.

Die HINDERNISSE deiner Figur stehen nicht unbedingt im Skript

Wenn du die HINDERNISSE für deine Figur festlegst, werden manche davon ziemlich offensichtlich sein – weil sie nämlich im Skript direkt beschrieben werden. Andere aber wirst du nur finden, wenn du sie über Vermutungen und begründete Spekulationen indirekt aus den Fakten im Skript ableitest. Aber du musst auch HINDERNISSE finden, wenn gar keine da zu sein scheinen. Ohne HINDERNISSE und Konflikte wird der Weg, den deine Figur geht, um ihr GESAMTZIEL und ihr SZENENZIEL zu erreichen, zu leicht zu gehen sein. Und das ist unbefriedigend. Es ist bewegend, Zeuge eines Sturms zu sein, aber langweilig, das Meer bei Windstille zu beobachten.

Als ich mit Peggy Lipton an ihrer Rolle für David Lynchs *Twin Peaks* arbeitete, war ihre Figur als der Fels in der Brandung beschrieben. Alle anderen Figuren waren ausgeflippt, ihr Hang zur Extravaganz ausgereizt, aber ihre Figur war normal. Ein Felsen kann ja hübsch sein, aber nach einer Weile – nach einer kurzen Weile – wird es ziemlich langweilig, diesen Felsen zu beobachten. Wir nahmen die Fakten aus dem Buch und über die Figur und fanden gut funktionierende HINDERNISSE, die Peggys Figur zu überwinden hatte und die für einen spannenden Verlauf ihrer Geschichte sorgten.

- **Fakt:** Ihre Figur Norma Jennings war Inhaberin eines Diners.
  Angenommenes HINDERNIS: finanzielle Probleme. Mit einem kleinen Diner verdient man nicht viel Geld. Für die meisten Menschen ist es nicht gerade ein Traumjob. Wir nahmen an, dass sie enttäuscht und mit ihrem Los im Leben unzufrieden war.
- **Fakt:** Norma Jennings war Single.
  Angenommenes HINDERNIS: Sie ist einsam.
- **Fakt:** Sie lebte in einer Kleinstadt.
  Angenommenes HINDERNIS: Ihre Aussichten, sich sozial, in ihrem Job oder in ihrem Liebesleben zu verbessern, waren schlecht.
- **Fakt:** Ein Mörder trieb sein Unwesen.
  Angenommenes HINDERNIS: Ihre Angst, das nächste Opfer zu sein.
- **Fakt:** In ihrer Heimatstadt Twin Peaks passieren merkwürdige Dinge und auch die Bewohner der Stadt sind merkwürdige Gestalten.
  Angenommenes HINDERNIS: Sie dagegen ist so normal, wie man nur sein kann – sie fühlt sich wie der Fisch auf dem Trockenen. Sie passte einfach nicht ins Bild.

Diese HINDERNISSE brachten Nuancen und Ebenen hervor, die sonst gefehlt hätten. Sie brachten ihre Figur dem Publikum auch deutlich näher und machten sie zu einer Identifikationsfigur für den Zuschauer.

Wenn du die größten HINDERNISSE gefunden hast, dann gib dein SZENENZIEL unter keinen Umständen auf, selbst wenn die HINDERNISSE unüberwindbar scheinen.

Gib dich niemals geschlagen. Es gibt immer eine Möglichkeit, ein HINDERNIS doch noch zu überwinden. Sogar wenn die Chance nur gering ist, gibt es immer Hoffnung. Die Person, die zu schnell aufgibt, wird vom Publikum oft als Loser gesehen. Du solltest immer aus der Perspektive des kommenden Siegers handeln, für den alles machbar ist. Die Szene ist zu Ende, wenn dein Kampf beendet ist, die HINDERNISSE zu überwinden, um dein SZENENZIEL zu erreichen. Das soll heißen, wenn du einfach aufgibst, obwohl die Szene noch weitergeht, dann ist sie für das Publikum trotzdem zu Ende. Es wird nicht mehr interessiert sein, weil es nicht mehr vorwärtsgeht. Also vergiss nie, *dass es nicht vorbei ist, bevor es vorbei ist.* Setz deinen Kampf auch dann noch einige Sekunden fort, wenn du von der Bühne abgegangen bist, der Regisseur »Schnitt« sagt oder der Vorhang fällt.

HINDERNISSE: Die praktische Anwendung

Es mag offensichtlich klingen, aber der erste Schritt beim Entdecken der HINDERNISSE besteht darin, die Szene mit einem Bleistift in der Hand durchzulesen und jedes HINDERNIS, auf das man stößt, zu notieren. Wenn du einmal durch bist, machst du das Ganze noch mal und dann noch mal, und so schichtest du Ebene für Ebene. HINDERNISSE solltest du mit einem Bleistift (dann kannst du radieren, falls du etwas ändern willst) direkt in das Skript notieren.

Es reicht nicht, nur die Szenen und den Text für die eigene Figur durchzugehen, denn viele deiner HINDERNISSE werden ein Ergebnis der Worte und Taten anderer Figuren sein.

In diesem Kapitel sind wir der Frage nachgegangen, wie man die HINDERNISSE deiner Figur bestimmt, die entweder im Skript genannt werden oder die man als begründete Vermutungen daraus ableiten kann. Der nächste Schritt ist, das Ganze für dich und dein Leben zu personalisieren. Wie du deine HINDERNISSE am besten personalisieren kannst, kannst du immer erst dann entscheiden, wenn du weißt, welche wichtige Person aus deinem eigenen Leben du als SUBSTITUTION in deiner Szene verwenden wirst (Schritt 4 im nächsten Kapitel). Und sobald du deine SUBSTITUTION veränderst, wirst du neu entscheiden müssen, wie du deine HINDERNISSE personalisierst.

Die Reihenfolge bei den ersten Schritten der Skriptanalyse sieht also folgendermaßen aus:

1. Finde dein GESAMTZIEL.
2. Finde dein SZENENZIEL.

3. Finde die HINDERNISSE, die für das Skript und die Figur einen Sinn ergeben.

Als Nächstes musst du herausfinden, ob und wie du es mit *deinem eigenen* Leben verknüpfen kannst. Das bringt uns zu Schritt 4: SUBSTITUTION.

KAPITEL 4

Schritt 4: SUBSTITUTION

Den Spielpartner in der Szene wahrnehmen, als wäre er eine Person aus deinem wirklichen Leben, von der du dasselbe willst, was deine Figur im SZENENZIEL von der Figur deines Spielpartners will.

Wir werden hier klären, wie man die richtige Person herausfindet und dann am besten mit ihr arbeitet. Wenn du die SUBSTITUTION gefunden hast, zeige ich dir, wie du im Bezug dazu auch deine HINDERNISSE personalisierst, indem du sie deinem Leben anpasst. Mit anderen Worten: Zuerst wird es darum gehen, die zwingend richtige SUBSTITUTION aus deinem wirklichen Leben herauszufinden. Dann wirst du lernen, wie du die HINDERNISSE personalisierst, die du im Skript schon gefunden hast, damit sie zu deiner SUBSTITUTION in einem sinnvollen Zusammenhang stehen.

Eine SUBSTITUTION finden und anwenden

Die SUBSTITUTION gibt dir sofort eine Geschichte mit der anderen Figur in der Szene oder deinem Hindernis und liefert dir mühelos alle emotionalen Reaktionen, die das Problem mit sich bringt. Die SUBSTITUTION macht es dir möglich, für deinen Spielpartner Gefühle zu empfinden, die so tief und komplex sind, wie sie sich normalerweise erst nach Jahren zwischen Menschen entwickeln.

Du kennst den anderen Schauspieler vielleicht erst ein paar Tage, doch laut Drehbuch hat deine Figur eine schwierige, lange andauernde Beziehung mit der anderen Figur. Indem du mit einer SUBSTITUTION aus deinem wirklichen Leben arbeitest, kannst du für eine Schauspielerin, die zum Beispiel die Mutter deiner Figur spielt, deine eigene Mutter substituieren, das heißt sie in deiner Vorstellung mit den Merkmalen deiner Mutter ausstatten. Dazu gehört auch eure gemeinsame Vorgeschichte mit ihrer Fülle von Aspekten – ihre Liebe; die Gewissheit oder Ungewissheit dieser Liebe und all die Erinnerungen, freudige wie schmerzliche. Auf diese Weise wird dein Zusammenspiel mit der anderen Darstellerin genauso nuanciert und komplex wie deine Beziehung zu deiner wirklichen Mutter, in jeder Zeile, jedem Blick und jeder Geste. Mit anderen Worten: Mithilfe einer SUBSTITUTION aus deinem wirklichen Leben baust du eine echte zwischenmenschliche Beziehung auf, anstatt deine Interpretation der Szene nur vom Kopf gesteuert zu spielen.

Wir haben alle die Erfahrung gemacht, dass wir uns anders verhalten, je nachdem, wen wir um uns haben. Genauso radikal ändert sich auch dein Spiel, je nachdem, wen du als SUBSTITUTION auswählst. Denk darüber nach. Du verhältst dich ganz unterschiedlich, je nachdem ob dein Kind, deine Mutter, dein/e Geliebte/r, dein Schwarm, dein/e Ehepartner/in, dein Gegenspieler, dein Freund oder dein Chef vor dir steht.

Wir haben viele verschiedene emotionale Reaktionen zu jeder Person, mit der wir in Kontakt treten. Viele Schauspieler, die nur auf ihre Vorstellungskraft vertrauen, nehmen zum Beispiel eine Liebesszene und versuchen einfach, Gefühle der Liebe zu produzieren. Das Ergebnis ist Eintönigkeit. Niemand liebt einen Menschen *einfach so*. Im richtigen Leben ist Liebe auch mit Momenten des Zorns, des Schmerzes, der Konkurrenz, der Eifersucht, des blanken Hasses und der Traurigkeit verbunden. Dieses komplexe Gebilde mit all seinen Einzelheiten, das eine echte Liebesbeziehung ausmacht, kann sich aber kaum entwickeln, wenn wir im Spiel nur mit unserer Phantasie arbeiten.

Mit einer SUBSTITUTION zu arbeiten ist dagegen effektiv, weil wir so einzigartige Reaktionen zeigen, je nachdem, mit wem wir in Kontakt kommen. Je nachdem, mit wem wir gerade umgehen, verhalten wir uns völlig unterschiedlich. Jede SUBSTITUTION aus unserem Leben wird uns jeweils ein ganz einzigartiges Verhalten liefern.

Für die Schauspielarbeit ist es wichtig, echte Menschen heranzuziehen, weil man nicht wissen kann, wie man sich **tatsächlich** *vor einer Person verhält, wenn viel auf dem Spiel steht. Man denkt zwar, man wüsste es, aber das stimmt nicht.*

Es ist typisch für Schauspieler, nach dem ersten Lesen des Drehbuchs ein festes Bild im Kopf zu haben, wie eine Szene genau aussehen und funktionieren soll. Und dann versucht der Schauspieler, diese Vorstellung ganz genau umzusetzen, genau so, wie er sie sich in der Phantasie geformt hat. Das Leben richtet sich allerdings selten nach unseren Vorstellungen. Denken wir mal an Ehepartner, die betrogen und belogen wurden und nun dafür sorgen wollen, dass der Partner sich ändert. Nun malen sie sich also aus, wie sie ihren unaufrichtigen Partner zur Rede stellen. Sie sagen sich: »Ich werde ihn mir richtig vorknöpfen diesmal, ich werde stark sein. Und ich werde sagen: ›Ich bin toll, ich bin etwas Besonderes, ohne mich in deinem Leben wärst du doch nichts. Also hör endlich auf, mich anzulügen oder du siehst mich nie wieder. Dieses Mal werde ich gehen!‹«

In solchen Phantasien des Grolls ist der Partner zutiefst eingeschüchtert von dieser harten Konfrontation, begreift endlich, was er angerichtet hat, sinkt auf die Knie und bettelt tränenreich um Verzeihung. So sieht ein Szenario mit dem Titel »Ich bin nicht mehr länger dein Opfer« oft aus. Mit diesem festen Plan zieht der Betrogene in die Schlacht. Aber wie wir wissen, gehen solche Pläne niemals auf. Nie. Der gekränkte Partner wird mit diesem Bild im Kopf in die reale Auseinandersetzung hineingehen – aber wenn er oder sie dann die andere Person vor sich sieht, die *reale Person*, die über das Wohl und Wehe der eigenen Zukunft entscheidet, die Person, die den Partner in ein Leben voller Einsamkeit stoßen könnte mit ihrer Macht, wird all diese Entschlossenheit schnell verfliegen. In seinem Verdruss wird der Partner diese Entschlossenheit nach Kräften genährt haben, aber am Ende wird die Angst die Oberhand gewinnen. Oft wird das verhasste Verhalten des Partners dann doch akzeptiert, weil es immer noch besser zu sein scheint, als allein zu sein. Und mit den Vorstellungen eines Schauspielers, wie seine Szene angeblich zu sein hat, ist es am Ende genauso. Im Gegensatz zu diesen Phantasievorstellungen, die nie akkurat und detailliert sind, macht die SUBSTITUTION deine

Arbeit persönlich. So kommen deine Aktionen und Reaktionen direkt aus deinem Herzen und deinem Körper. Mit anderen Worten: SUBSTITUTION lässt dein Verhalten echt erscheinen.

SUBSTITUTION erdet dein Spiel, indem sie dir echte Menschen zum Reagieren und Interagieren gibt. Das führt zu angemessenem, echtem und ursprünglichem Verhalten, mit dem du oft sogar dich selbst überraschen wirst. Warum? Wir glauben oft, dass wir schon voraussehen können, wie wir uns in Gegenwart bestimmter Leute verhalten werden, aber wie wir uns dann wirklich verhalten, das ist immer etwas ganz anderes. Wir sind schwach, wenn wir glauben stark zu sein, wir sind verführerisch, wenn wir uns für reserviert gehalten haben, und wir sind verspielt, wenn wir glauben, dass wir langweilig sein werden. Indem du eine SUBSTITUTION aus deinem richtigen Leben benutzt, schaffst du dir eine Arena, in der du sein kannst, was immer du bist, wenn du diese Person um dich hast – mit all den Facetten, die sich auf natürliche Weise einstellen.

Bevor wir uns der Frage zuwenden, wie man bei der SUBSTITUTION die richtige Wahl trifft, musst du verstehen, wie dieser Schritt praktisch und physisch funktioniert.

SUBSTITUTION: Die praktische Anwendung

Finde zuerst irgendetwas an dem Gesicht deines Spielpartners, das dich an eine Person aus deinem Leben erinnert. Das kann alles sein – die Augen, die Brauen, die Haut, die Nase, die Lippen, die Jochbeine, die Stirn etc. Dabei kommt es darauf an, sich für etwas ganz Konkretes zu entscheiden, weil unser Verstand sich auf vage Ideen nur schwer einlässt. Sobald du dich für einen Teil des Gesichts entschieden hast, konzentriere dich auf diesen Teil, bis deine SUBSTITUTION in deinem Bauch fühlbar wird. Du brauchst nicht angestrengt zu stieren, bis du deine Person endlich vor dir siehst. Damit das, was die Person ausmacht, für dich präsent wird, brauchst du einfach nur zu warten. Währenddessen rufe Erinnerungen an schmerzliche und freudige Schlüsselerlebnisse wach, die dich mit der Person, die du für deine SUBSTITUTION benutzt, verbinden. Diese Übung sollte nur fünf bis zehn Sekunden dauern.

So zu arbeiten wird dir anfangs vielleicht ungewohnt vorkommen, aber wenn du es ein paar Mal versucht hast, wirst du feststellen, dass dieser Prozess dir leichtfallen und dir so natürlich vorkommen wird wie das Atmen.

Die passende SUBSTITUTION finden

Du musst die Person (SUBSTITUTION) finden, die für die passenden emotionalen und körperlichen Reaktionen sorgt. Wie findest du diese Person? Dein SZENENZIEL beantwortet diese Frage. Wenn dein SZENENZIEL *»dich dazu bringen, mich zu lieben«* lautet, wer, musst du dich dann fragen, ist die Person, von der du Liebe am dringendsten brauchst. Ist es deine Mutter, dein Bruder, deine Exfrau, dein Exfreund oder ein Freund, mit dem du dich zerstritten hast? Mach dir bei der Wahl deiner SUBSTITUTION keine Gedanken, ob sie auch deiner Figur im Skript entspricht. Geh von deinem SZENENZIEL aus.

Weil unser Seelenleben sonderbar, kompliziert und oft mit dem Verstand gar nicht zu erfassen ist, sind wir uns nicht immer darüber im Klaren, was wir wirklich fühlen und von anderen Menschen brauchen. Deshalb kommt es darauf an, jede Person auszuprobieren, die auch nur im Entfernten so aussieht, als könnte sie zu denen gehören, auf die dein SZENENZIEL passt. Geh jede mögliche SUBSTITUTION in den Proben durch, probiere sie über eine halbe Seite Dialog aus. Du wirst dann schnell merken, welche SUBSTITUTION die stärksten und passendsten Gefühle für die Szene in dir erzeugt. Das wird dann die SUBSTITUTION sein, die du später wahrscheinlich benutzen willst.

Oder vielleicht ist dein SZENENZIEL: *»dich dazu bringen, mir meine Macht zurückzugeben«*. Hier könnte ein fordernder Chef die passende Person aus deinem richtigen Leben sein, oder auch ein Regisseur, der dir in deinem letzten Film Schwierigkeiten gemacht hat, deine unversöhnliche

Mutter, ein gemeiner angeheirateter Verwandter, jemand, der dich in irgendeiner Weise missbraucht hat, ein Expartner, eine bösartige Kommilitonin, dieser Typ, der dich bei einem Kampf besiegt hat, ein uneinsichtiger Lehrer oder ein Mannschaftsmitglied, das sich rücksichtslos mit dir misst. Das Thema Macht nimmt viele Formen an. Lass dich nicht von Äußerlichkeiten blenden – triff Entscheidungen, die mit Blick auf den emotionalen Aspekt einen Sinn ergeben. Die Ergebnisse sind dann viel effektiver.

Such nicht die Eins-zu-Eins-SUBSTITUTION – nimm den emotionalen Blickwinkel ein.

Dass dich dein Gegenüber in der Szene lieben soll, heißt nicht, dass deine SUBSTITUTION ein(e) Geliebte(r) aus deinem richtigen Leben sein muss. Du willst eine SUBSTITUTION finden, mit der du ähnliche emotionale Probleme hast. Sagen wir, du hast eine Szene, wo das SZENENZIEL deiner Figur lautet: *»dich dazu bringen, mich zu lieben«*, und dieses SZENENZIEL richtet sich an eine/n Geliebte/n. Dein erster Instinkt kann sein, eine/n Geliebte/n aus deinem aktuellen Leben oder deiner Vergangenheit als SUBSTITUTION zu benutzen. Aber was ist, wenn es in deiner Biographie einen Vater gibt, der dich und deine Mutter verließ, als du acht Jahre warst? Für die meisten Menschen ist ein Ereignis wie dieses emotional viel stärker aufgeladen als alles, was mit ihren Geliebten passiert ist. Indem du deinen Vater als SUBSTITUTION aus deinem richtigen Leben benutzt, kannst du hier für dein SZENENZIEL *(»dich dazu bringen, mich zu lieben«)* eine viel reichere, stärkere und tiefere emotionale Grundlage finden. Und es ist ja auch so, dass wir uns bei der Partnerwahl in den meisten Fällen von Leuten angezogen fühlen, die im psychologischen Sinn »Substitut einer Elternfigur« sind. Und es ist ein einfacher psychologischer Mechanismus, dass jemand, der ungelöste Konflikte mit unseren Eltern (Vater, Mutter oder beide) in uns wachruft, uns eher anziehen wird als jemand, der diese emotionale Wirkung nicht hat. Es ist genauso berechtigt, in einer Szene, die sich um Partnerschaft dreht, Vater oder Mutter als SUBSTITUTION zu benutzen, wie einen wirklichen Liebhaber.

Ich habe in meinem Studio mal eine Szene aus *The Hustler (Haie der Großstadt)* spielen lassen. Der Film erzählt die Geschichte von Eddie Felson, einem draufgängerischen Talent unter den Poolbillard-Profis. Er fordert den besten Spieler der Stadt heraus, verliert und verfällt seinem Selbstmitleid genauso wie einer Frau namens Sarah. In der Szene, die ich ausgewählt hatte, erklärt Eddie jener Sarah, dass er vorhat, die Stadt zu verlassen. Er wisse zwar noch nicht, wie lange er wegbleiben werde, er wolle aber auf jeden Fall zu ihr zurückkehren. Sarah wird wütend und glaubt ihm nicht, dass er wirklich zurückkommen will. Deshalb verfolgt sie das SZENENZIEL *»dich dazu bringen, mir deine Liebe zu beweisen, indem du bleibst«* und zieht alle Register, um es auch wirklich zu erreichen.

Die Rolle der Sarah hatte meine Schülerin Shawna übernommen, und sie leistete ganze Arbeit, um ihr SZENENZIEL zu erreichen. Aber es fehlte etwas in ihrem Spiel. Ich hatte nicht das Gefühl, dass sie sich wirklich in ihrem seelischen Gleichgewicht gefährdet fühlte, wenn Eddie wirklich ging. Shawna benutzte ihren Freund als SUBSTITUTION. Ich empfand die Fallhöhe für Shawna nicht hoch genug. Hätte sie ihren Freund verloren, hätte sie – wunderschön und intelligent wie sie war – leicht einen Nachfolger für ihn finden können. Allerdings wusste ich, dass Shawna ein Scheidungskind und von ihrem Vater früh verlassen worden war. Dies war ein Ereignis, das sie als dramatisch und traumatisierend in Erinnerung hatte, voller Schmerz und Brisanz. Man konnte sicher davon ausgehen, dass sie immer noch Angst hatte, verlassen zu werden. Deshalb sagte ich ihr, sie solle zur ursprünglichen Quelle ihrer Ängste zurückgehen und ihren Vater als SUBSTITUTION verwenden.

Sagen wir, genauso wie ihre Tränen daraufhin frei fließen konnten, wurde auch ihre Leidenschaft zu gewinnen freigesetzt. Beim zweiten Durchgang der Szene konnten wir *spüren*, wie sehr Sarah Eddie halten wollte. Sie versuchte nun wild entschlossen, verzweifelt und mit aller Gewalt, ihn *»dazu zu bringen, seine Liebe zu beweisen, indem er bleibt«*. Das brachte ihre Mitschüler und mich dazu, ihr den Erfolg zu wünschen. Wir feuerten sie innerlich an, weil wir wirklich das Gefühl hatten, ihr Überleben hinge davon ab, dass sie ihr Ziel erreichte.

Deine Familienmitglieder werden häufig die SUBSTITUTION deiner Wahl sein.

Als Jake Gyllenhaal den unsicheren, jungenhaften Warren in Kenneth Lonergans Stück *This is our Youth (Das ist unsere Jugend)* im Londoner Garrick Theatre spielen sollte, hatte er große Schwierigkeiten, die Umstände seiner Rolle zu personalisieren. Das Stück beschreibt die Ereignisse, nachdem Warren aus dem Haus geworfen worden ist, seinem Vater, einem Self-Made-Mann, 15 000 Dollar gestohlen hat und nun einige Tage damit verbringt, das Geld mit seinem Kumpel Dennis auf den Kopf zu hauen. Warren beneidet Dennis, schaut aber zu ihm auf. In seiner Rolle als Warren war Jakes GESAMTZIEL *»anerkannt werden«*, wobei viele SZENENZIELE konkreter lauteten: *»dich* (Dennis) *dazu bringen, mich anzuerkennen«*, denn im Vergleich zu Dennis fühlte sich Warren klein und unbedeutend. Dennis hat einen Vater, der ein berühmter Maler ist, er kann gut mit Frauen umgehen, und er ist gerissener als Warren. Der geschäftstüchtige Dennis entscheidet, die riesige Geldsumme in Kokain zu investieren – was Warren, der die ganze Zeit bekifft ist, wie eine geniale Idee vorkommt.

Im richtigen Leben ist Jakes Vater ein sehr erfolgreicher Filmregisseur, seine Mutter eine arrivierte Drehbuchautorin und seine Schwester ein Leinwand-Star. Er steht seiner Familie sehr nah. So wussten wir erst mal nicht, für wen wir uns als SUBSTITUTION für seine Figur entscheiden sollten. Ich schlug ihm vor, alle drei durchzuprobieren, Vater, Mutter *und* Schwester, weil es keine gute Idee ist, so eine Entscheidung mit dem Kopf zu treffen. Der einzige Weg zur Gewissheit ist in solchen Situationen, mit den verschiedenen SUBSTITUTIONEN in einer Probe zu experimentieren. Und das taten wir auch. Als wir den Dialog durchgingen, stellten wir fest, dass jede SUBSTITUTION – Vater, Mutter und Schwester – jeweils ein anderes Verhalten in ihm auslöste. Am Ende fiel die Wahl auf Jakes Vater. Für die Figur Dennis war es die stärkste SUBSTITUTION. Wir erkannten, wie sehr Jake zu seinem Vater aufsah, wie ungeheuer viel ihm daran lag, dass sein Vater stolz auf ihn war.

Es ist schwer, nicht in Selbstkritik zu verfallen, wenn du das Gefühl hast, dass du dein Vorbild so schwer erreichen kannst. Mit dieser

SUBSTITUTION konnte Jake nun die Bedürfnisse und Impulse seiner Figur Warren zu seinen eigenen machen. Weil er die Seite an sich gefunden hatte, in der er Warren so sehr ähnelte, lebte Warren in ihm. Jake gewann mehrere Auszeichnungen für diese Rolle – was auch deshalb erstaunlich ist, weil er zum ersten Mal auf der Bühne stand.

***Du weißt erst, ob es funktioniert, wenn du es* ausprobierst.**

Am besten funktionieren SUBSTITUTIONEN, die aktuell wichtig in deinem Leben sind und die für dich emotional aufgeladen sind. Das sorgt dafür, dass du in der Gegenwart bleibst, und bewahrt dich davor, irgendetwas hochzuwürgen, das du schon verarbeitet hast und womit du wenig Emotionen verbindest. Das heißt aber nicht, dass du dich auf SUBSTITUTIONEN aus deinem aktuellen Leben beschränken musst. Denn manchmal haben wir für Personen aus unserer Vergangenheit noch sehr starke Gefühle, sodass sie noch immer aktuell sind, weil wir noch nicht mit ihnen abschließen konnten. Das Gemeine ist: Wir wissen nicht immer genau, welche Beziehungen abgeschlossen sind und welche nicht. Oft glauben wir, dass wir mit einer Beziehung abgeschlossen haben, in Wahrheit bilden wir uns das aber nur ein, und da ist noch was. Die Gefühle verstecken sich in unserem Unbewussten. Und weil unser Unbewusstes sich nicht an Spielregeln hält, ist es selten ehrlich, wenn es sich mit unserem Bewusstsein verständigt. Und weil nur unser Unbewusstes in alles voll eingeweiht ist, müssen wir ausprobieren, welche SUBSTITUTION die richtige ist.

Vor vielen Jahren, als ich noch als Schauspielerin arbeitete, brauchte ich eine SUBSTITUTION für eine Figur, in die ich leidenschaftlich verliebt sein sollte. Ich hatte keinen Freund zu dieser Zeit, es war also eine beängstigende Aufgabe. Ich probierte verschiedene Typen aus, in die ich verknallt war. Keiner funktionierte. Als Nächstes testete ich meine Exfreunde. Meinen Vater. Auch nicht. Da war ich mit meinem Latein am Ende. Dass ich dann noch meinen Exmann ausprobierte, war eine reine Verzweiflungstat. Er war jemand, an den ich – ungelogen! – seit Jahren keinen Gedanken mehr verschwendet hatte, und wenn ich an ihn dachte, dann war alles, was mir ins Bewusstsein kam, wie gut er in kochendem Öl aussehen würde, während er sich zugleich für all die üblen, gemeinen Sachen entschuldigte, die dieser nutzlose Mistkerl mir angetan hatte (okay … erst mal Luft holen). Das war weit hergeholt. Ich brauchte eine SUBSTITUTION, die bei Liebe funktionieren musste, und ich probierte einen Typ aus, für den ich außer der Reue, überhaupt mit ihm zusammen gewesen zu sein, nichts mehr empfand … Doch zu meiner großen Überraschung funktionierte es. Was diesen Typen betraf, schlummerten eine Menge Gefühle in mir, mit denen ich noch nicht abgeschlossen hatte. Das wurde mir klar, nachdem er sich als die beste SUBSTITUTION für diese Sache herausgestellt hatte. Dabei hatte ich auch das Aha-Erlebnis, dass man jemand nur dann richtig hassen kann, wenn man ihn ebenso heftig liebt. Solche Weisheiten verrät einem eigentlich jeder Glückskeks. Es aber wirklich selbst zu entdecken hatte für mich als Schauspielerin eine ganz andere Dimension. Ich hatte nun eine SUBSTITUTION, die nicht nur für dieses Skript wunderbar funktionierte, sondern noch in vielen weiteren Projekten. Du kannst also nie wissen, mit welcher SUBSTITUTION es funktionieren wird, wenn du es nicht ausprobierst. Kunst ist selten rational. Es hat auch keinen Sinn, sich bei den künstlerischen Entscheidungen, um die es hier geht, auf den Verstand zu verlassen. Genau wie ich sind sich die meisten nicht darüber im Klaren, was abgeschlossen ist und was nicht. Sind die Probleme mit dieser SUBSTITUTION überwunden und deshalb nicht mehr brauchbar in deiner Arbeit? Ob es so ist, kannst du nur herausfinden, wenn du die SUBSTITUTION, um die es geht, ausprobierst. Falls du dich mit der Person verbunden fühlst, ist die Entscheidung richtig; falls du dich nicht mit ihr verbunden fühlst, ist die Entscheidung falsch. So einfach ist das.

Mir selbst wurde das klar, als ich mit Jayne Brooke arbeitete, die ein Star in Fernsehserien wie *The District (The District – Einsatz in Washington)* und *Chicago Hope (Chicago Hope – Endstation Hoffnung)* war. Hier offenbarte sich mir die Macht unseres Unbewussten auf besonders eindrucksvolle Weile. Danach gab es für mich keinen Zweifel mehr, dass wir unsere SUBSTITUTION immer wirklich ausprobieren müssen. Jayne spielte eine Figur, die ihre Partnerbeziehung von einer anderen Frau bedroht sieht, die auch schon eine Affäre mit ihrem Mann hat. Zu dieser

Zeit war Jayne glücklich verheiratet. Sie konnte mit der Idee, dass vielleicht irgendjemand ihre Beziehung gefährden könnte, überhaupt nichts anfangen. Sie vertraute ihrem Ehemann total, der offenbar nicht mal mit anderen Frauen flirtete. Es gab nicht mal eine Exfreundin in seinem Leben. Schließlich sagte ich: »Wenn ich dir einen Revolver an den Kopf halten würde und du *müsstest* jemanden nennen: Wer wäre die Frau, die du in einer Affäre mit deinem Mann sehen könntest?« Obwohl es keinerlei Anhaltspunkte für irgendwelche Techtelmechtel gab, nannte sie den Namen einer Nachbarin. Als SUBSTITUTION funktionierte sie prima. Aber das erstaunliche Ende dieser Geschichte kommt noch: Ein paar Monate später trennten sich Jayne und ihr Mann. Und die erste Frau, mit der er ernsthafte Verabredungen hatte, war…? Ganz genau: eben jene Nachbarin, die Jayne bei meiner Frage nach einer möglichen Affäre vor sich gesehen hatte. Aus dieser Geschichte kann man lernen, dass unser Unbewusstes immer Bescheid weiß.

Deine SUBSTITUTION wird nicht immer genau zu der Figur im Skript passen.

Wenn deine Figur zum Beispiel einen Streit mit ihrer Mutter hat, dann muss deine SUBSTITUTION nicht deine wirkliche Mutter sein. Es kommt darauf an, dass du dir erst das SZENENZIEL deiner Figur anschaust und dann erst den Streit in dieser Szene. Was, musst du dich fragen, will und braucht deine Figur von ihrer Mutter? Anerkennung und Bestätigung? Vielleicht willst du gerade das gar nicht so sehr von deiner eigenen Mutter, sondern viel mehr von einem Lehrer oder von einem besten Freund. Dann wählst du einen von ihnen aus.

Als ich für die Fortsetzung von *Babe: Pig in the City (Schweinchen Babe in der großen Stadt)* mit Mary Stein arbeitete, hatten wir es mit einer Figur zu tun, die mit einer bunten Auswahl von Tieren in ihrem Haus zusammenlebte wie mit einer Familie. Man hätte nun alle Haustiere durchgehen können, die Mary je gehabt hatte, und ihre SUBSTITUTION dann von der tollsten Haustier-Beziehung ihres Lebens ableiten können. Aber damit wären wir weit von einer wirklich durchschlagenden Lösung entfernt gewesen. Wir entschieden uns stattdessen für eine SUBSTITUTION, die sie veranlasste, sich den Tieren gegenüber so zu verhalten, als wären es richtige Menschen, und zwar Mitglieder ihrer Familie. Jedem Tier ordneten wir dabei eine nichttierische, sondern menschliche SUBSTITUTION zu, für die sie ähnliche Gefühle hegte wie für die jeweilige Tier-Figur im Skript.

Du brauchst nicht für jede Szene eine SUBSTITUTION.

Die SUBSTITUTION ist ein Werkzeug, und Werkzeuge benutzt man, wenn man sie braucht, sonst nicht. Und auch bei der SUBSTITUTION kann es vorkommen, dass man sie eben nicht braucht. Denn manchmal motiviert dich dein Spielpartner (einschließlich eines Besetzungschefs in einer Casting-Situation) schon durch das, was er selbst darstellt, dein SZENENZIEL bei ihm zu erreichen. Dann benutzt du einfach ihn, ohne in ihm irgendeine andere SUBSTITUTION zu sehen.

Als ich begann, mit Jessica Capshaw an ihrer Rolle für die TV-Serie *The Practice (Practice – Die Anwälte)* zu arbeiten, bemerkten wir, dass sie keine SUBSTITUTION für die Szenen mit ihrer Kollegin Camryn Manheim benötigte. Jessicas Figur ist eine junge Anwältin namens Jaime Stringer, die sich in Gegenwart von Camryns Figur, Ellenor Frutt, klein und unwissend fühlt. Frutt ist nach unzähligen Fällen ein alter Hase in ihrem Beruf. Jessica hielt sehr viel von Camryn Manheims schauspielerischem Talent und war ganz versessen darauf, ihr zu gefallen. Ihr Bedürfnis, Camry zu gefallen, war eine Parallele zu dem Wunsch ihrer Figur Jaime, Ellenor zu gefallen. Sie brauchte dafür keine SUBSTITUTION.

Die SUBSTITUTION ist ein Werkzeug, das du benutzt, wenn du eine emotionale Vorgeschichte brauchst.

Wenn du zum Beispiel eine sexuelle Beziehung aufbauen sollst, ist eine SUBSTITUTION aus deinem richtigen Leben keine Hilfe. Du benutzt dann den Schauspieler selbst. Weshalb? Der Grund ist, dass eine

SUBSTITUTION hier die Intimität wegnehmen würde. Eine SUBSTITUTION ist dazu da, eine starke emotionale Beziehung aufzubauen, keine körperliche. Sexuelle Beziehungen sind das, was dafür sorgt, dass es zwischen zwei Schauspielern knistert. Ohne dieses Knistern wird ein Film, eine Fernsehserie oder ein Theaterstück kein Hit. Es ist mir egal, wie gut ein Skript geschrieben ist, wenn dieses Knistern nicht da ist, dann ist das keine Beziehung, für die dein Publikum Feuer und Flamme sein wird. (Die Übung zur Erzeugung sexueller Spannung bzw. Chemie findest du im Kapitel 14.)

Eine emotionale Beziehung ist etwas anderes als eine sexuelle. Wenn die Figur neben dem sexuellen Interesse auch emotionale Bedürfnisse hat, benutze zusätzlich eine SUBSTITUTION.

Was ist, wenn die Figur, die du lieben sollst, mit einem Schauspieler besetzt ist, der dich emotional kaltlässt? Oder schlimmer, wenn es jemand ist, den du nicht magst, was ja allzu oft passiert? In so einem Fall hast du die Möglichkeit, eine SUBSTITUTION zu benutzen und in deinem Spielpartner eine Person zu sehen, in die du gerade fürchterlich verknallt bist oder die du sogar liebst. Aber nicht vergessen: Die Übung im Kapitel 14 »Sexuelle Chemie erzeugen« musst du trotzdem anwenden, die SUBSTITUTION ist in diesem Fall etwas Zusätzliches.

Als ich eine lesbische Schauspielerin gecoacht habe, die in ihrer Rolle in einer erfolgreichen TV-Sitcom verrückt nach Männern sein musste, gingen wir so ran, dass sie die Übung zunächst mit ihrem aktuellen Liebhaber praktizierte. Die Frau, mit der sie im richtigen Leben liiert war, benutzte sie dann zusätzlich als SUBSTITUTION, sodass zu der sexuellen Spannung, die sie mithilfe der Übung erzeugt hatte, noch die emotionale Dimension hinzukam. Das brachte ihr einen Emmy ein, und keiner hatte was gemerkt.

Du wirst feststellen, dass es nur eine Handvoll Menschen in deinem Leben gibt, die sich für eine wirkungsvolle SUBSTITUTION eignen.

Es sind nur wenige Menschen, die unsere Emotionen wirklich formen und bewegen. Für die meisten von uns gehören diese Menschen zur Familie – Mutter, Vater und Geschwister. Und wenn das Leben fortschreitet, dann kann sich dieser Kern noch um einen Partner, Kinder und einen Arbeitgeber erweitern. Weil in diesen sehr komplexen Beziehungen so vieles steckt, was geklärt und verstanden werden muss, können und sollten diese Menschen immer wieder als SUBSTITUTION benutzt werden. Jack Nicholson benutzt oft seine Mutter als SUBSTITUTION aus dem richtigen Leben. Warum? Weil Jacks Beziehung zu seiner Mutter so vielschichtig ist.

Als Jack aufwuchs, wurde er in dem Glauben gelassen, dass eine Frau namens June seine Schwester sei und eine Frau namens Ethel seine Mutter. Als seine »Schwester« June im Sterben lag, wurde Jack eine Rolle in Mike Nichols Film *The Fortune (Mitgiftjäger)* angeboten. Aber er erklärte June, dass er sie auf keinen Fall verlassen würde, weil es viel wichtiger wäre, jetzt bei ihr zu sein, als in irgendeinem Film mitzuspielen. June versicherte ihm, dass sie allein klarkommen würde. Sie versprach ihm, um ihr Leben zu kämpfen, bis er zurückkommen würde, und bat ihn, die Rolle anzunehmen. So ging er also. Ein paar Tage später starb June. Jack war am Boden zerstört, als er zurückkam. Ein weiterer Schock für ihn war dann später die Entdeckung, dass June gar nicht seine Schwester war. Sie war in Wahrheit seine Mutter gewesen. Und Ethel, die Frau, die er die ganze Zeit für seine Mutter gehalten hatte, war in Wahrheit seine Großmutter. Ethel war schon einige Jahre zuvor gestorben und nun war June auch tot. Nun war niemand mehr da, mit dem Jack darüber reden oder den er fragen konnte: »Warum?« Jack war mit all diesen Geheimnissen völlig allein, ganz allein würde er sich ihnen stellen müssen, in jeder Hinsicht, ob es nun darum ging, was er fühlte, oder darum, was er dachte. Er musste Nachforschungen darüber anstellen, was passiert war und warum. Und einer der Wege, dies zu tun, das ist für ihn, seine Mutter/Schwester in seiner Arbeit als SUBSTITUTION einzusetzen.

All die Gefühle, mit denen er nicht abschließen kann, seine Wut, seine Liebe, seine Macht, seine Sexualität machen diese SUBSTITUTION für ihn enorm wirksam und liefern ihm durchschlagende Ergebnisse. Anstatt sich selbst zu bemitleiden, was eine sehr häufige Reaktion auf so ein Trauma ist, benutzt Jack seinen Schmerz als Treibstoff für seine Arbeit. Das Ergebnis: runde und großartig schräge Figuren, die immer präsent sind. Jacks persönlicher Stempel macht seine Rollen so »Nicholson«, dass sie unnachahmlich sind.

Die SUBSTITUTION ist ein Weg zur Katharsis.

Schauspielen erlaubt uns, Dinge zu tun, die wir normalerweise nicht tun können, weil wir sonst reale Gegebenheiten oder Konventionen ignorieren müssten. So kann uns der Tod einen Menschen wegnehmen. Aber in unseren Vorstellungen, die wir für unser Schauspiel benutzen, können wir sie als SUBSTITUTION am Leben erhalten. Und das ist lange noch nicht alles, was wir als Schauspieler in unserer Phantasie zum Leben erwecken können. Wovon auch immer wir träumen oder was auch immer wir in Wahrheit am liebsten wären, auf der Bühne können wir es wahr machen. Weil alles nur vorgestellt ist, können wir in unserer Schauspielphantasie Menschen töten (von denen wir glauben, dass sie den Tod verdienen), heiraten (selbst wenn wir gerade keinen Partner haben), Kinder haben (selbst bei Unfruchtbarkeit), hassen (selbst Leute, bei denen das politisch nicht korrekt wäre), geschieden werden (von der Person, die du nicht verlassen kannst) homo- oder heterosexuell sein. Schauspielen erlaubt unseren Phantasien, Gestalt anzunehmen. Für Natasha Gregson Wagner, die Tochter der früh verstorbenen (und großartigen) Schauspielerin Natalie Wood, war es toll, in ihrer Phantasie eine Mutter zu haben, und dass sie sie in ihrer schauspielerischen Arbeit als SUBSTITUTION benutzte, wirkte sich auf ihr Leben positiv aus.

Natasha stand ihrer Mutter sehr nah. Als Natalie dann starb – Natasha war erst elf –, war sie komplett überwältigt und litt entsetzlich. In den Jahren, in denen ich mit ihr gearbeitet habe, stellte es sich heraus, dass ihre Mutter eine äußerst wirksame SUBSTITUTION für sie ist. Es ist offensichtlich, dass die Gedanken an ihre Mutter alles enthalten, was eine gut funktionierende SUBSTITUTION haben muss: Verlassenheit, Verlust und große Liebe. Weil Natasha Schauspielerin ist, verfügt sie über eine Freiheit, die viele andere nicht haben. In ihrer Arbeit kann sie die

Phantasie ausleben, wie ihr Leben aussähe, wenn ihre Mutter noch am Leben wäre. Wenn sie eine Rolle spielt, wo es um Liebe und Verlust geht, dann benutzt sie oft ihre Mutter als SUBSTITUTION. Und in gewisser Weise gibt ihr das auch die Gelegenheit, mit ihrer Mutter auf eine Art in Beziehung zu treten, die ihr sonst verwehrt wäre, weil ihre Mutter starb, als Natasha ein Kind war. Manche könnten das als krankhaft ansehen, aber wenn sie ihre Mutter in ihrer Arbeit am Leben erhält, erhält sie sie auch im Herzen am Leben – so kitschig das klingen mag.

Jedes Mal, wenn du eine SUBSTITUTION benutzt, die mit einem unaufgearbeiteten Konflikt verbunden ist, dann geht es mit der Aufarbeitung dieses Konflikts ein kleines bisschen voran, sowohl in deinem Bewusstsein als auch in deinem Unbewussten. Dort, wo die Realität es dir verwehrt, an eine Person, auf die es dir wirklich ankommt, mit Worten oder Taten heranzutreten – im Spiel hast du die Freiheit dazu.

Sei offen für Veränderungen

Wenn wir im Leben von einer neuen Krise heimgesucht werden, ist unsere Aufmerksamkeit von dem gefangen genommen, was uns gerade zu schaffen macht. Die Dramen von gestern müssen den Dramen von heute Platz machen. Wenn du gerade an einem Stück arbeitest oder in einem Film- oder Fernsehprojekt bist und mittendrin passiert etwas in deinem Leben, was quälend, wichtig oder so bedeutungsvoll für dich ist, dass die daran beteiligten Personen sich besser als SUBSTITUTION eignen, dann tu dir keinen Zwang an und ändere deine SUBSTITUTION.

So ein Fall trat ein, als ich mit Charlize Theron an dem Film *Mighty Joe Young (Mein großer Freund Joe)* arbeitete. Der Film erzählt die Geschichte von Jill Young (die Figur von Charlize), die sich um ein Gorillababy kümmern soll, als ihre Mutter, eine amerikanische Naturforscherin, von Wilderern ermordet worden ist. Charlize' Figur muss diesen Affen aufziehen und dafür sorgen, dass er sich gut entwickelt, obwohl er aus seinem natürlichen Habitat in Afrika herausgenommen und in ein Schutzgebiet in Kalifornien gebracht wird. Jill spürt die Verpflichtung in sich, Joe, einen Zwei-Tonnen-Koloss von einem Affen, vor den

Gefahren der modernen Zivilisation zu schützen. Wir bereiteten ihre Rolle intensiv vor und fanden auch eine passende SUBSTITUTION für Joe. Kurz nach Beginn der Dreharbeiten starb Charlize' Bruder bei einem Autounfall. Es war klar, dass dieses frische und traumatische Ereignis nun alles andere in ihrem Leben überschattete. Wenn Mitglieder der Familie sterben, vor allem Geschwister, dann fühlen sich viele Menschen einfach hilflos, und so ging es auch Charlize mit ihrem Bruder. Sie fragte sich, was sie hätte tun können, um ihn am Leben zu erhalten. Was hätte sie ihrem Bruder noch sagen können, bevor er starb, wenn sie die Chance gehabt hätte? Was war nie aufgearbeitet, nie zu einem Abschluss gebracht worden? Als sie wieder ans Set zurückkehrte, änderte sie ihre SUBSTITUTION für Joe und arbeitete nun mit ihrem Bruder. Indem Charlize ihren Bruder als SUBSTITUTION benutzte, wurde ihre Arbeit eine zweite Chance für sie, sich mit all den Gefühlen auseinanderzusetzen, die sie noch für ihren Bruder empfand. Es verlieh ihrem Spiel Präsenz und machte es ereignisreich. Aber es hatte für sie selbst auch kathartische Wirkung. In jeder Szene versuchte sie, ihren Bruder zurückzubringen und dafür zu kämpfen, dass er am Leben blieb, um gegen die Hilflosigkeit anzukämpfen, in die sie in ihrem richtigen Leben geraten war.

Es ist aber nicht nur der Tod, der dich dazu veranlassen sollte, deine SUBSTITUTION zu ändern. Es gibt auch andere Ereignisse im Leben, bei denen viel auf dem Spiel steht. Da wären etwa eine Scheidung, verklagt werden, bei irgendwas Illegalem oder Unmoralischem erwischt werden, ein großer Streit mit einem geliebten Menschen, sexuell belästigt werden, belogen werden oder eine Schwangerschaft – um nur einige zu nennen. Bei einem Einsatz für eine große TV-Serie, bei dem ich mit der Hauptdarstellerin arbeitete, bekam ich es mit dem Problem zu tun, dass der Regisseur die Schauspielerin respektlos behandelte. Er beleidigte sie am Set mit oberflächlich getarnten Anspielungen, sie sei doof und untalentiert, während alle zuhörten. Dieser Regisseur eignete sich ganz vorzüglich als SUBSTITUTION für den unangenehmen Typ, der in den ersten Episoden auftauchte. Wie das Leben so spielt, wurde sie schwanger. Der Vater jedoch, der ihr vor der gesegneten Empfängnis Liebe und Treue geschworen hatte, war plötzlich über alle Berge. Der Regisseur war nicht mehr der größte Schurke in ihrem Leben. An seine Stelle trat eine aktuelle und wirkungsvollere SUBSTITUTION.

Geh bei deiner Wahl Risiken ein

Wie du wahrscheinlich schon gemerkt hast, glaube ich wirklich daran, dass man Risiken eingehen muss. Wenn ich jedes Mal einen Nickel dafür bekommen würde, wenn ich zu einem Schauspieler sage: »Geh immer wieder Risiken ein!«, dann bräuchte ich ein riesiges Sparschwein. Für ein Risiko ist aber nur dann gesorgt, wenn gewaltige, risikoreiche HINDERNISSE überwunden werden müssen. Wenn du dir eine SUBSTITUTION aussuchst, die es dir leicht erscheinen lässt, dein SZENENZIEL zu erreichen, dann hast du keinen wirklichen Grund, irgendwas Aufregendes zu unternehmen, um zu bekommen, was du willst. Schauen wir uns an, wie wir uns in Gegenwart unserer Freunde verhalten. Oft haben wir zwei Arten von Freunden. Da gibt es einmal den, von dem du weißt, dass er alles für dich tun würde – sich sogar für dich erschießen ließe –, und dann ist da der Freund, um den du dich zu sehr bemühst – bei dem du versuchst, extra intelligent, hilfsbereit oder lustig zu sein, weil du immer noch versuchst, von ihm anerkannt und geliebt zu werden. Du wirst merken, dass der Freund, um den du dich zu sehr bemühst, in einer Szene, die sich um Freundschaft dreht, die überzeugendere Person für die SUBSTITUTION wäre. Wie bei allen anderen Schritten gilt auch hier:

Die SUBSTITUTION muss dir immer HINDERNISSE bieten.

Wenn du nach der richtigen SUBSTITUTION suchst, musst du dir immer folgende Fragen stellen:

- Wer ist der Mensch in meinem Leben, von dem ich das SZENENZIEL meiner Figur am meisten brauche?
- Wer wäre am wenigsten bereit, es mir zu geben?

Dadurch bringst du die Möglichkeit ins Spiel, dass du dein Ziel verfehlen könntest. Das verhindert, dass der Ausgang des Ganzen vorhersehbar wird. Für alle kann es spannend bleiben – für dich, den anderen Schauspieler und das Publikum. Dass du auch scheitern könntest, gibt dir auch die Freiheit, dich mit deinen persönlichen Fehlern zu zeigen. Das bringt Eigenheiten und Manierismen hervor, die dich unverwechselbar machen.

Deine SUBSTITUTIONEN finden

Gehe immer vom SZENENZIEL aus, um herauszufinden, wer die beste und wirksamste SUBSTITUTION ist, um deiner Darbietung Tiefe und Echtheit zu verleihen. Schauen wir uns dazu die Figur des Bonasera aus der Eröffnungsszene des Films *The Godfather (Der Pate)* an. Der Film beginnt mit der Hochzeit der Tochter von Don Corleone. Der Geschichte zufolge ist es Tradition, dass am Tage der Hochzeit seiner Tochter der Don der Familie Wünsche und Bittgesuche entgegennimmt. Bonasera, ein Bestatter, hat ein Anliegen an den Paten. Er sitzt vor dem Schreibtisch des Don.

DER PATE
von Mario Puzo und Francis Ford Coppola

BONASERA
Ich glaube an Amerika. Ich bin in Amerika reich geworden. Und ich habe meine Tochter wie eine Amerikanerin erzogen. Ich ließ ihr viel Freiheit. Aber ich lehrte sie, ihrer Familie niemals Schande zu machen. Sie fand einen Freund – aber keinen Italiener. Sie ging oft ins Kino mit ihm. Und sie kam spät nach Hause. Ich hab' es hingenommen. Zwei Monate ist es her, da nahm er sie mit auf eine Autotour, mit einem anderen Freund. Sie gaben ihr Whiskey zu trinken. Und dann – haben sie versucht, sie zu missbrauchen. Sie wehrte sich und hat ihre Ehre behalten. Da haben sie sie geschlagen. Wie ein Vieh. Ich habe sie im Krankenhaus besucht. Sie hatte

ein gebrochenes Nasenbein. Und ein zerschmettertes Kinn. Es wurde mit Draht wieder geflickt. Sie konnte nicht einmal weinen, so furchtbar waren die Schmerzen. Nur ich habe geweint. Warum habe ich geweint? Sie war das Licht meines Lebens. Sie war ein schönes Mädchen. Sie wird nie wieder schön sein, wie sie es war.
(Er bricht in Tränen aus.)

Entschuldigung.
I... ich ging zur Polizei, wie ein guter Amerikaner. Die beiden Burschen kamen vor Gericht. Der Richter verurteilte sie zu drei Jahren, aber er setzte die Strafe zur Bewährung aus. Er setzte sie zur Bewährung aus! Die beiden wurden freigelassen, noch am selben Tag. Ich stand dort im Gerichtssaal wie ein Idiot. Und diese beiden Schweine grinsten mich an, als sie an mir vorbeigingen. Da sagte ich zu meiner Frau: »Für Gerechtigkeit müssen wir zu Don Corleone.«[3]

Bonasera hofft hier, dass seiner Tochter Gerechtigkeit widerfährt. Für ihn ist sie gleich dreimal vergewaltigt worden. Zweimal von Männern und dann, ein drittes Mal, vom amerikanischen Rechtssystem, ein System, an das er zuvor geglaubt hatte. Weil er gegenüber den Männern, die das Leben seiner geliebten Tochter zerstört haben, Ohnmacht spürt, begibt er sich zum Paten, um Rache zu nehmen.

- Bonaseras SZENENZIEL lautet: *»dich* (Don Corleone) *dazu bringen, für mich zu töten«*.

Wenn du dir deine SUBSTITUTION aussuchst, berücksichtige immer die HINDERNISSE, die durch das Skript gegeben sind. Und die wären hier:

1. Mögliche Zurückweisung.
2. Angst vor dem Paten. Als Bestatter weiß Bonasera aus erster Hand, wozu Don Corleone fähig ist.

3 Die Übersetzung folgt der deutschen Synchronfassung. (Anm. d. Red.)

3. Angst davor, sich dem Paten zu verpflichten.
4. Wenn der Pate sein Gesuch zurückweist, wird sich Bonasera schrecklich schuldig und als Versager fühlen.
5. Bonasera hat bis zu diesem Zeitpunkt alles darangesetzt, Don Corleone aus dem Weg zu gehen. Damit hat er den Zorn des Paten auf sich gezogen. Don Corleone fühlt sich besonders deshalb respektlos behandelt, weil seine Ehefrau die Patin von Bonaseras Tochter ist. Aus diesem Grund ist Don Corleone weniger geneigt, sich auf Bonaseras Gesuch einzulassen.
6. Corleone wird am Ende machen, was immer er will. Bonasera muss sich unterwürfig zeigen. Er hat ein Gefühl totaler Machtlosigkeit.
7. Sein verzweifeltes Verlangen nach Gerechtigkeit durch Vergeltung.
8. Wenn Corleone sein Gesuch zurückweist, steht Bonasera ohne Alternativen da.

Wenn du dir dein SZENENZIEL vor Augen geführt hast *(»dich dazu bringen, für mich zu töten«)* und auch die HINDERNISSE, die seiner Durchsetzung im Weg stehen, musst du schauen, ob es in deinem Leben Ähnlichkeiten zu Bonaseras Situation gibt. Frag dich: »Gibt es momentan jemanden, der mir unbedingt einen riesigen Gefallen tun müsste, vor dem ich aber zugleich Angst habe, weil die Machtverhältnisse so ungleich sind?« Oder: »Bei wem wäre es besonders schmerzhaft, wenn ich ihn um einem Gefallen bitten müsste?«

Wenn du dann die Liste mit den Namen durchgehst, die dir zu diesen Fragen eingefallen sind, dann musst du entscheiden, wer von ihnen dich *am meisten* motiviert, wenn du ihn als SUBSTITUTION benutzen würdest. Oft werden dir drei oder mehr Namen einfallen, hinter denen sich unter Umständen die passende SUBSTITUTION für dein Gegenüber im Skript verbirgt. Weil Schauspielen eine physische Kunstform ist, solltest du dich bei der Wahl nie auf den Verstand verlassen. Ich wiederhole es noch mal: Du musst die verschiedenen Optionen, die für dich als SUBSTITUTION infrage kommen, wirklich *ausprobieren* – mit dem Text. Erst so findest du heraus, welche SUBSTITUTION dich am meisten bewegt.

Halte nach folgenden Reaktionen Ausschau:

- Du fühlst dich von der SUBSTITUTION emotional berührt.
- Sie weckt einen leidenschaftlichen Drang in dir, dich mit deinem SZENENZIEL bei ihr durchzusetzen.
- Im Zusammenhang mit dieser SUBSTITUTION gibt es HINDERNISSE.
- Es gibt einen sinnvollen Bezug zum Skript.

Manchmal wird dir sofort jemand in den Sinn kommen, und du hast vielleicht den Eindruck, dass er/sie die perfekte Wahl ist. Trotzdem musst du dir mindestens zwei Alternativen einfallen lassen, weil wir uns nicht immer darüber im Klaren sind, welcher Mensch uns am meisten bewegt. Das wissen wir oft erst, wenn wir es ausprobieren. Geh nicht davon aus, dass die SUBSTITUTION, die am nächstliegenden erscheint, funktionieren wird – manchmal ist es jemand, dem du's gar nicht zugetraut hättest, der die Leidenschaft für dein SZENENZIEL in dir entfacht.

Hier ein paar SUBSTITUTIONEN, die du für die Figur des Don Corleone benutzen könntest:

- **Dein Vater:** Die normale Dynamik in Vater-Sohn-Beziehungen sieht so aus, dass der Sohn sich vom Vater eingeschüchtert fühlt und Angst vor ihm hat. Söhne stellen Väter oft auf ein Podest und haben das Gefühl, dass sie ihren Vater enttäuschen, so viel sie auch erreichen. Der Sohn versucht ständig, den Vater endlich stolz zu machen, hat aber zugleich auch das Gefühl, dass das, was er zustande bringt, nie gut genug ist. Wenn der Vater zu gewalttätigem Verhalten neigt, wird das Bedürfnis des Sohns, die Liebe des Vaters zu erringen, grenzenlos sein. Wenn man eine ursprüngliche Bezugsperson als SUBSTITUTION wählt – das sind meist die Eltern –, ist man in einen ungleichen Machtkampf verwickelt, der zu einer Eltern-Kind-Beziehung dazugehört.
- **Deine Mutter:** Vielleicht hat ja deine Mutter in eurer Familie das Sagen. Dann verhält es sich wie bei der Vater-SUBSTITUTION: Der Sohn wird die Mutter auf ein Podest stellen und immer das Gefühl haben, dass er seine Mutter irgendwie enttäuscht hat, ganz egal, was er erreicht hat. Das wird dazu führen, dass der Sohn ständig versucht, seine Mutter stolz zu machen, und doch das Gefühl hat, dass es nie

genug ist. Und wenn die Mutter übermäßig anspruchsvoll ist oder den Sohn beschimpft oder physisch missbraucht, dann wird sein Bedürfnis, diesem Missbrauch ein Ende zu machen und die Liebe seine Mutter zu erobern, grenzenlos sein. Hier sieht man wieder, dass ursprüngliche Bezugspersonen wie die Eltern einen ungleichen Machtkampf implizieren, der zu einer Eltern-Kind-Beziehung dazugehört.

- **Stiefmutter oder Stiefvater:** Kinder haben oft Probleme mit dem Mann oder der Frau, die bzw. der eine Autoritätsperson wird, diese Autorität aber nicht durch Blutsverwandtschaft erworben hat. Oft geben die Kinder dieser Person auch die Schuld daran, dass ihre ursprüngliche Familie zerbrochen ist. Die Beziehung zu Stiefmutter oder Stiefvater ist immer problematisch, ob diese Probleme nun real oder eingebildet sind (für ein Kind ist da kein Unterschied). Ein häufiges Problem ist der Machtkampf um die Aufmerksamkeit des leiblichen Elternteils und darum, wer für ihn im Mittelpunkt steht. Diese Schlachten werden von den Kindern oft verloren, weil der leibliche Vater oder die leibliche Mutter sich oft auf die Seite desjenigen schlagen wird, mit dem er oder sie ihr Bett teilt. Darum ist es auch sehr schmerzhaft, diese Person um etwas bitten zu müssen.
- **Ein Lehrer:** Es ist normal, dass jemand, der die Position einer Autoritätsperson einnimmt, diese Macht missbraucht. Manche Lehrer blühen geradezu auf, wenn sie ihren Schülern das Gefühl geben können, dumm, untalentiert, unwillkommen, sexuelle Objekte und lächerlich zu sein. Wenn du so einen Lehrer hattest, kann er eine brauchbare SUBSTITUTION sein.
- **Dein Chef:** Es ist selten, dass wir eine gesunde, befriedigende Beziehung mit unserem Arbeitgeber haben. Dein Chef hält dein Leben von heute und morgen in der Hand und muss sich selten verantworten für das, was er tut. Ein Machtkampf gehört zu dieser Beziehung dazu.
- **Besetzungschef, Regisseur, Produzent, Agent und andere:** Diese Leute können Schauspielerträume wahr werden lassen. Wenn so viel von dir abhängt, was die Hoffnungen und Sehnsüchte anderer Menschen angeht, ist es schwer, den Versuchungen zum Missbrauch dieser Macht zu widerstehen. Diese Dynamik liefert eine optimale SUBSTITUTION. Was wirst du opfern müssen, um zu bekommen, was du dir

wünschst? Deine Würde, deine moralischen Überzeugungen, deine Prinzipien? Wird man unvertretbare Schmeicheleien oder sexuelle Gefälligkeiten von dir erwarten? Beachte, dass solche Leute nur dann als SUBSTITUTION funktionieren, wenn du eine *wirklich* problematische Vorgeschichte mit einer *bestimmten* Person hast, die im Bühnen-, Film- und Unterhaltungsgeschäft in einer Schlüsselposition sitzt.

- **Deine Exfrau oder deine Exfreundin**: Verflossene sind nicht ohne Grund verflossen: Wir haben große Probleme mit ihnen – vor allem Machtkämpfe. Wer verdiente mehr Geld? Wer war besser im Bett? Wer investierte mehr in die Beziehung? Bist du durch eine Affäre entmannt worden? War dein Expartner körperlich und/oder verbal übergriffig? Hat er dich von oben herab behandelt? Einen Ex um irgendwas bitten zu müssen ist entwürdigend.
- **Ein älterer Bruder:** Bei dieser Entscheidung geht es natürlich um Geschwister-Rivalitäten. Vielleicht war dein Bruder in deiner Familie der Auserwählte – bis du auf der Bildfläche erschienst. Der Horror, eine ganze Kindheit lang einen älteren Bruder zu haben, der dich vielleicht geschlagen, sich über dich lustig gemacht und dich bloßgestellt hat – das schüttelt man nicht so leicht ab, nur weil ihr beide erwachsen und derzeit dicke Freunde seid.
- **Ein Familienmitglied wie ein Onkel/eine Tante oder ein Großvater/eine Großmutter:** In manchen Familien übernehmen Onkel oder Großmutter vielleicht eine aktivere, engagiertere und komplexere Rolle. In solchen Fällen haben Familienmitglieder die Verantwortung und Autorität eines Elternteils. Das führt dazu, dass die Probleme, die du mit diesem Verwandten hast, denen gleichen, die andere mit ihren Eltern haben. Die Machtkämpfe sind dann die, die du sonst mit deinen Eltern ausgetragen hättest.
- **Dein aktueller Partner** eignet sich nur dann als SUBSTITUTION, wenn es größere Probleme in eurer Beziehung gibt. Wenn alles in Ordnung ist, mal abgesehen von den gelegentlichen Streitereien, die bei keinem Paar ausbleiben, dann gibt es keinen Konflikt und somit auch nichts, was man wirklich überwinden müsste, um irgendein ZIEL zu erreichen. Aber wenn du in deiner Beziehung gerade vor *größeren* Problemen stehst, wenn dein Partner gerade eine Affäre hat oder wenn

er dazu neigt, dich emotional zu kastrieren, dann hast du etwas, womit du arbeiten kannst. Anstatt Kreide zu fressen, um deinen widerwärtigen Partner um einen Gefallen zu bitten, würdest du vielleicht lieber eine Ratte verspeisen.

- **Ein falscher Freund:** Egal, für wie gepflegt wir unseren Freundeskreis halten (oft höre ich von meinen Schülern: »Oh, solche Freunde hab ich nicht, die hab ich längst aussortiert.«), die meisten von uns gewähren doch mindestens einem Menschen Zutritt, der sie verletzt. Dir fällt bestimmt jemand ein. Es ist der Freund, bei dem dich deine anderen Freunde fragen: »Warum bist du überhaupt mit dem befreundet?« Dass das Machtgerangel mit diesem Freund sich hinter einer freundlichen Maske abspielt, macht diese Freundschaft noch unangenehmer. Und dann ist da die Tatsache, dass der falsche Freund aus diesem Machtgerangel meist als Sieger hervorgeht, was dich wütend macht. Solche Freunde können als SUBSTITUTION von durchschlagender Wirkung sein, weil diese Beziehungen so komplex sind und oft Probleme wachrufen, die auch mit deinen Eltern zu tun haben.
- **Eine Person, die dich missbraucht hat (Babysitter, Onkel, Nachbar etc.):** Diese Person hat deine Ohnmacht in abscheulicher Weise ausgenutzt, besonders wenn es geschah, als du noch ein Kind warst und es nicht verstehen und dich wehren konntest. Eine solche Person um einen Gefallen bitten zu müssen, kann eine vernichtende Erfahrung sein. Und doch, wenn du deine Tochter (oder eine Person, die du liebst) beschützen müsstest, und dein Peiniger wäre der Einzige, der diesen Schutz gewähren könnte, wärst du gezwungen, es zu tun. Das brächte eine verblüffende Dramatik ins Spiel, und die Szene wäre ein emotionales Tauziehen.

Man kann sich natürlich noch eine Menge anderer SUBSTITUTIONEN vorstellen, aber diese Vorschläge geben dir einen Eindruck davon, wie groß der Personenkreis ist, aus dem du SUBSTITUTIONEN nehmen kannst, wenn du eine Figur wie Bonasera in dir *lebendig* machen willst, und in allen Fällen ist ein sinnvoller Bezug zum Skript gegeben.

Sobald du die passende SUBSTITUTION aus deinem Leben gefunden hast, kannst du die HINDERNISSE personalisieren, die das Skript deiner Figur in den Weg stellt. Sie hängen von der Person ab, die du gewählt hast. Mit jedem Menschen wirst du andere Konflikte und Probleme haben. Was an Bedürfnissen, Gedanken und Problemen da ist, wird in der Beziehung zu deiner Mutter etwas anderes sein als in der zu deinem Vater, und in der Beziehung zu deinen Freunden, deinen Lehrern, deinen Arbeitgebern und deinen Kindern wird es noch einmal etwas anderes sein. Deshalb ist es wichtig, dass du dir darüber im Klaren bist, wer deine SUBSTITUTION ist, bevor du dich anderen Personalisierungen zuwenden kannst, denn die werden sich radikal ändern, je nachdem, mit wem du redest. Sobald du deine SUBSTITUTION gefunden hast, ist es Zeit, die HINDERNISSE im Skript zu personalisieren.

HINDERNISSE personalisieren: Die praktische Anwendung

Wenn du die HINDERNISSE aus dem Skript personalisierst, dann gehst du zuerst noch mal die HINDERNISSE durch, die du dem Skript bereits entnommen und festgehalten hast. Dann stellst du fest, wo es in der Beziehung zu deiner SUBSTITUTION ähnliche HINDERNISSE gibt.

Um diesen Ablauf deutlicher zu machen, stellen wir uns vor, dass ich die Rolle des Bonasera in dem Film *Der Pate* spielen soll. Ich nehme mich selbst als Beispiel, weil es hier darum geht, die HINDERNISSE zu personalisieren, und ich meine Geschichte *kenne* und deine nicht. Außerdem habe ich festgestellt, dass es der Phantasie des Schauspielers (oder Autors/Regisseurs), mit dem ich arbeite, auf die Sprünge zu helfen scheint, wenn ich ihm sage, wie ich selbst entscheiden würde. Wenn du meine Spielentscheidungen liest, lass dich davon für deine HINDERNISSE aus *deinem* Leben inspirieren.

Laut Drehbuch sind Bonaseras wichtigste HINDERNISSE:

1. Die Gefahr, zurückgewiesen zu werden.
2. Das Machtgefälle.
3. Einschüchterung.

4. Die Angst vor seinem Gesprächspartner.
5. Frühere Probleme in der Beziehung.
6. Die enorme Wichtigkeit der Anfrage.
7. Es wird vielleicht ernste Rückwirkungen haben, wenn das Gesuch als ein Zeichen der Respektlosigkeit gewertet wird.

Wenn ich mir diese HINDERNISSE vor Augen führe, fallen mir drei SUBSTITUTIONEN ein: meine Mutter, ein bestimmter Studiomanager und der Lehrer meiner Tochter. Der nächste Schritt ist, sich klarzumachen, wie sich diese SUBSTITUTIONEN auf die HINDERNISSE auswirken.

- **Meine Mutter:** Sie hat mich misshandelt, als ich ein Kind war. Also gibt es in unserer Vorgeschichte einen Missbrauch. Und obwohl ich jetzt erwachsen bin, leben Spuren der *Angst* und *Einschüchterung* in mir. Solche Gefühle wird man schwer los.

  Hinzu kommt, dass meine Mutter psychisch nicht sehr stabil ist. Ich fürchte, dass sie ausflippt, wenn ich sie zu sehr unter Druck setze (etwa wenn ich sie um einen Gefallen bitte, der so groß ist wie der Bonaseras). Und da ich zu Schuldgefühlen neige, würde ich mit dem schlechten Gewissen leben müssen, sie um den Verstand gebracht zu haben. *Ernste Rückwirkungen.*

  Das *Machtgefälle* gehört von vornherein zu unserer Beziehung, denn sie ist die Mutter, und ich bin das Kind. Diese Dynamik wird sich nie ändern, egal, was ich erreicht haben mag oder wie abhängig sie im Alter von mir wird.

  Angesichts dieser SUBSTITUTION würde ich meine Mutter bitten, sich finanziell stärker für meinen behinderten Bruder zu engagieren. Sie ist Betreuerin meines Bruders. Mein Vater hat es nicht geschafft, ihn finanziell abzusichern, bevor er starb. Meine Mutter gibt gern Geld aus und kauft irgendwelchen Vertretern überflüssige Sachen an der Haustür ab. Aber wenn es um Ausgaben für die Versorgung meines geistig zurückgebliebenen Bruders geht, wirkt Scrooge neben ihr wie Imelda Marcos. Wenn sie meinen Bruder finanziell nicht unterstützt, wird er buchstäblich sein Dach über dem Kopf verlieren, er wird nichts mehr zu essen haben und auch die therapeutische und psychiatrische Betreuung, die er so dringend braucht, wird es nicht mehr geben. *Ein wichtiges Anliegen.*

- **Ein gewisser Studiomanager:** Ich bin lange im Unterhaltungsgeschäft und kenne die Macht, die Führungskräfte eines Studios ausüben können. Hollywood ist eine kleine Welt, und diese Leute können über Wohl und Wehe eines Projekts entscheiden, dich feuern oder mit den anderen Studios auf eine Schwarze Liste setzen und generell in deinem Leben Unheil anrichten, nur so aus Spaß. Mit diesem Manager habe ich einen Kombiteller von persönlichen HINDERNISSEN – *Machtgefälle, Einschüchterung, Angst vor dem Menschen* und *ernste Rückwirkungen.*

  Würde ich ihn als SUBSTITUTION benutzen, dann würde meine Bitte einen meiner Schüler betreffen, der die Hauptrolle in einer Fernsehserie spielt. Mein Anliegen wäre dann, die Qualität der sentimentalen, abgedroschenen, plumpen Dialoge zu verbessern, die mein Schüler Folge für Folge rezitieren muss. Natürlich glaubt dieser Manager, diese Dialoge seien Oscar-Material. Das Risiko einer solchen Bitte wäre, dass die Karriere meines Schülers beendet sein könnte, weil dieser Manager stocksauer würde. Ich müsste auch in Betracht ziehen, dass dieser Manager nicht nur meinen Schüler bezahlt, sondern auch mich, und zwar dafür, dass ich mit diesem Schüler an seiner Rolle für die Serie arbeite. Da ich auch Geld zum Leben brauche, wäre das auch für mich eine Gefahr. *Ein wichtiges Anliegen.*

- **Der Lehrer meiner Tochter:** Meine Tochter ist 15, dieses kritische Alter, wenn die Schulnoten über die gesamte Zukunft entscheiden: Zulassung zur Uni, wichtige Praktika, Jobs. Wenn sie an einer guten Universität studiert, verbessern sich ihre Chancen für eine großartige Zukunft. Reichen die Noten nur für eine nicht so renommierte Universität, könnte ihr Potenzial nicht ganz erschlossen werden und ihr Leben den Bach runtergehen. (Ja, das ist ein bisschen melodramatisch, aber ich bin ihre Mutter, und so sind Mütter nun mal.) *Das Machtgefälle.*

  Ein bestimmter Englischlehrer scheint es auf meine Tochter abgesehen zu haben, die wirklich besonders begabt ist. Und ich sage das nicht nur, weil ich ihre Mutter bin. Mein Kind steht auf der Bestenliste. Aber ich schweife ab. Jedenfalls nehme ich an, dieser Lehrer hat ein langes

Sündenregister, was das Mobben von Schülern betrifft (warum sollte er sonst auf meinem engelsgleichen und perfekten Kind rumhacken?!). Zuletzt gab er ihr grundlos eine schlechtere Note.

Meine Personalisierung, die Bonaseras Gesuch beim Paten entspricht, wäre ein Termin mit diesem Lehrer, bei dem ich ihn bitte, ihre Note zu ändern. Ich muss mir darüber im Klaren sein, dass er ihr aus Rachsucht in Zukunft noch schlechtere Noten geben könnte, wenn er mich als Feindin einstuft. Das würde den Gesamtdurchschnitt meiner Tochter senken und somit ihre Chancen, an einer guten Uni angenommen zu werden. Sosehr ich diesen Lehrer auch hassen mag für das, was ich für Willkür und Übelwollen halte, muss ich doch einen Weg finden, meine Bitte an diesen grausamen Mann so zu formulieren, dass er sich weiterhin toll vorkommt; denn nur dann wird er die Note der Leistung entsprechend korrigieren. *Einschüchterung. Angst vor dem Gesprächspartner. Das Anliegen ist wichtig. Mögliche ernste Rückwirkungen.*

Merkst du, wie jede SUBSTITUTION meine jeweiligen HINDERNISSE veränderte? Wichtiger ist aber zu beachten, dass die persönlichen HINDERNISSE trotzdem immer den HINDERNISSEN der Figur im Skript entsprechen. Bei jeder meiner drei SUBSTITUTIONEN, die ich als Beispiel vorgestellt habe, drehen sich die HINDERNISSE um Folgendes: ungleiche Machtverhältnisse, Angst vor einer Person, eine problembeladene Vorgeschichte und ein Anliegen, bei dem sehr viel auf dem Spiel steht. Indem du HINDERNISSE personalisierst, bringst du dich auf kraftvollere und intimere Weise in das Material ein und zeigst auf der Bühne mehr Bedürftigkeit, Wärme und Substanz.

Genau wie bei der SUBSTITUTION geht man bei der Personalisierung der HINDERNISSE nicht immer einen direkten Weg.

Ich half der Sängerin Macy Gray bei der Vorbereitung auf eine Gastrolle in der TV-Serie *MDs*. Sie sollte eine Sängerin spielen, die an einer lebensbedrohlichen Krebserkrankung leidet, die ihre Stimmbänder zerstört. Ihre Figur wurde in der Geschichte vor die Wahl gestellt: Wenn sie sich einer Operation unterzog, würde sie am Leben bleiben, aber wahrscheinlich ihre Stimme verlieren. Wenn sie sich gegen die Operation entschied, würde sie sterben. Die Episode, in der Macy auftreten sollte, handelte davon, wie ihre Figur mit dieser Entscheidung über Leben und Tod kämpfte. Am Ende kommt diese Figur zu dem Schluss, dass ihre Stimme ihr Leben sei und sie das Schicksal deswegen herausfordern und auf die Operation verzichten müsse. Sie begnügt sich mit der Hoffnung, dass irgendeine göttliche Fügung sie vielleicht doch noch retten werde. In der Geschichte ist Macys Figur ein kinderloser Single, der kurz vor dem Durchbruch steht. Macy dagegen ist eine äußerst erfolgreiche Sängerin und Mutter von drei Kindern. Wir mussten einen Weg finden, die zerstörte Welt ihrer Figur mit ihrer eigenen gleichzusetzen.

Als wir die Episode diskutierten, kamen wir darauf zu sprechen, wie wichtig ihre Kinder für sie waren. Ohne ihr Geld und ihren Schutz wären ihre Kinder auf sich allein gestellt. Ich fragte Macy, was sie selbst tun würde, wenn sie mit diesem HINDERNIS konfrontiert würde: ein Leben ohne Stimme oder, als Alternative, ein früher Tod. Macy erwiderte, dass sie sich für ein Leben ohne Stimme entscheiden würde. Obwohl ihre Karriere vorbei wäre, wäre sie wenigstens am Leben, um für ihre Kinder da zu sein. Als wir die HINDERNISSE für die Episode personalisierten, ergab sich als Macys persönliches HINDERNIS, dass ihre Kinder sie als Mutter verlieren würden, während das HINDERNIS ihrer Figur darin bestand, ihre Stimme zu verlieren. Für Macy kreiste der existentielle Konflikt um ihre mütterlichen Bedürfnisse und ihr Verlangen, für ihre Kinder da zu sein. Für ihre Figur dagegen kreiste er um ihr Bedürfnis und ihr Verlangen, ihren Traum zu verwirklichen, bevor sie starb. Das jedoch, was beide (Macy und ihre Figur) emotional für sich ersehnten, ähnelte einander und ließ sich aufeinander beziehen.

Auch HINDERNISSE, die nicht offensichtlich sind oder im Skript stehen, müssen personalisiert werden.

Viele Jahre arbeitete ich mit Adrian Paul an seiner Rolle als Duncan MacLeod in der Serie *Highlander*. Gerade weil er einen Superhelden spielte, kam es darauf an, sich auch für ihn HINDERNISSE einfallen zu lassen, damit sich die Zuschauer mit der Figur identifizieren konnten. In einer Episode sollte Duncan MacLeod versuchen, einem Freund zu helfen, der schwerer Alkoholiker war. Ich erklärte Adrian, dass Leute, die an einer Sucht leiden, selten auf jemanden hören können oder wollen, der ihr Problem nie gehabt hat. Wenn seine Figur nie irgendeine Art von Sucht erlebt hatte, dann würde sein alkoholkranker Freund Duncans Hilfsangebote nur wertend und herablassend finden. Und niemand wird gern herablassend behandelt. Obwohl im Skript keine Rede davon war, dass Duncan eine Sucht durchgemacht hatte, war es wichtig, seiner Figur dieses HINDERNIS zu geben und es Adrian dann personalisieren zu lassen. Nur so konnte Duncan wirklich mit seinem alkoholkranken Freund mitfühlen. Wir dachten uns eine Vorgeschichte für Duncan aus: Irgendwann in seinem 400-jährigen Dasein war er mal Alkoholiker gewesen. Aber als wir dann dazu übergingen, das HINDERNIS zu personalisieren, stießen wir auf eine weitere Schwierigkeit: Adrian Paul selbst hatte nie ein Problem mit Alkohol gehabt. Die Lösung: Wir mussten ein anderes Laster in seinem Leben finden. Du willst es vielleicht nicht wahrhaben, aber tatsächlich hat jeder mindestens ein Laster – Sex, Drogen, Schlafen, über die Maßen essen, am Computer hängen etc. Leute, die sich fürs Showbusiness entschieden haben, können da oft zwischen mehreren Lastern wählen. Das ist übrigens nichts, dessen man sich schämen müsste. Es ist das, was dich zu einem Künstler macht. Nachdem wir auch bei Adrian ein Laster gefunden hatten, das er mit Duncan MacLeod verknüpfen konnte, war es ihm möglich, einen echten Zugang zum Suchtverhalten des Freundes seiner Figur zu finden. Adrian, in seiner Rolle als Duncan, konnte seinen alkoholkranken Freund nun wahrhaft verstehen, was seine Darstellung besonders bewegend machte.

Grabe tief. Schau unter die Oberfläche und steige zu jenen dunklen, qualvollen und verborgenen Orten in dir hinab.

Wenn du die HINDERNISSE in einem Skript personalisierst, musst du deinen Dämonen ins Auge sehen – besonders denen, deren Existenz du oft nicht wahrhaben willst. Wenn du in der Lage sein willst, eine passende SUBSTITUTION zu finden und die HINDERNISSE eines Skripts zu personalisieren, musst du bereit sein, deine Seele bis in die tiefsten Tiefen zu erforschen und dir selbst völlig reinen Wein einzuschenken, wenn es darum geht, wer du bist und wer und was dich in Rage bringt. Das wird immer auch mit Selbsterkenntnis verbunden sein. Wenn du verschiedene Auswahlmöglichkeiten durchprobierst, ist es manchmal wirklich erstaunlich, was funktioniert und was nicht. Probleme, die du für gelöst gehalten hast, sind es gar nicht. Leute, von denen du dachtest, du hättest dich völlig von ihnen gelöst, haben in deinem Herzen immer noch die Oberhand. Immer nur das, was du *wirklich* fühlst – die *tatsächliche Wahrheit* –, wird bei deiner Arbeit Wirkung entfalten. Deshalb ist es so wichtig, viele Möglichkeiten durchzuprobieren, sogar die, die dir falsch vorkommen. Denn unter dieser Oberfläche, in deinem Herzen und in deinem Bauch, da können Gefühle übrig geblieben sein, Gefühle, die aus ungelösten Aspekten deiner Beziehungserfahrungen stammen – auch wenn dein Bewusstsein das leugnet. So zu arbeiten, wird nicht nur dein Spiel verbessern, sondern du wirst dich dadurch auch besser verstehen lernen.

Deine Wahl für die SUBSTITUTION wird sich auf alle anderen Entscheidungen, bei denen es um Personalisierung geht, auswirken. Auch das, woran du denkst und was du in deiner Vorstellung siehst, wenn du über etwas sprichst oder jemanden über etwas sprechen hörst, steht und fällt mit der SUBSTITUTION. Diese Gedanken und Vorstellungen sind deine INNEREN BILDER – der nächste Schritt.

KAPITEL 5

Schritt 5: INNERE BILDER

Die Bilder, die du vor deinem inneren Auge siehst, wenn du von einer Person, einem Ort, Ding oder Ereignis sprichst oder hörst.

Im richtigen Leben läuft etwas wie ein Film vor unserem inneren Auge ab, wenn wir sprechen und auch wenn wir zuhören. Diese fließende Abfolge von Vorstellungen sind Assoziationen, die auf unseren vergangenen und gegenwärtigen Erfahrungen beruhen. Und in derselben Weise muss auch die Figur, die du spielst, einen solchen Film vor ihrem inneren Auge sehen. Weil aber die Worte und das Leben deiner Figur nicht deine, sondern die des Autors sind, musst du deine persönlichen und angemessenen Assoziationen vornehmen, um die passenden Bilder zu finden. Wenn du also Text hörst oder sprichst, sollten sich die Bilder, die sich einstellen, anfühlen, als stammten sie aus deinem eigenen Leben. Wenn du keine klaren Assoziationen mit den Worten verbindest, werden sie bedeutungslos wirken und sich auch bedeutungslos anfühlen. Es ist deine Aufgabe als Schauspieler, sich die Worte, die dem Geist des Autors entsprungen sind, zu eigen zu machen und den Eindruck zu erwecken, als entstammten sie *deinem* Geist. Und das geschieht, indem du INNERE BILDER verwendest.

Die INNEREN BILDER sind nie zufällig. Denk daran, wie wir sprechen lernen. Ein Baby sieht zuerst ein Bild – dann bildet es die Wörter. Unsere ersten Worte sind oft »Ma Ma« und »Da Da«. Wörter wie diese lernen wir zuerst, weil die Bilder, für die sie stehen, für unser Überleben eine Schlüsselfunktion haben und die ersten Bilder sind, die ein Säugling wahrnimmt. Ähnlich ist es, wenn wir eine Fremdsprache lernen. Wir müssen das Wort mit einem Bild verbinden, um es erinnern zu können.

Das ist auch der Grund, warum wir die Wörter für Dinge wie »Klo«, »Bett« und verschiedene Nahrungsmittel oft zuerst lernen.

Unsere INNEREN BILDER sind ein Film, der pausenlos läuft. Dein Geist ist niemals leer. *Nie.* Alles, was ein anderer sagt, verbinden wir automatisch mit einem INNEREN BILD, egal, ob er über eine Person, einen Ort, ein Ding oder ein Ereignis spricht. Warum? Weil wir immer denken. Wenn das Publikum dein Spiel für realistisch halten soll, musst du deinen Geist ohne Pause Bilder erzeugen lassen, die die Wirklichkeit und die Gefühle deiner Figur lebendig halten. Das beste Beispiel für den nie abreißenden Strom an Ideen und Gedanken in unserer Vorstellung ist es, wenn jemand zu dir sagt: »Ich muss dir was sagen ...« Dass es bei dieser Einleitung um gute Neuigkeiten geht, ist selten. Wenn du gute Neuigkeiten hast, platzt du normalerweise damit heraus: »Hey! Ich hab im Lotto gewonnen!« Du sagst nicht: »Du, ich muss dir was sagen ... Ich hab im Lotto gewonnen!« Und doch warten viele Schauspieler mit ausdrucksloser Miene und leerem Kopf, wenn sie den Satz hören: »Du, ich muss dir was sagen ...« Im richtigen Leben hast du bei der Einleitung: »Du, ich muss dir was sagen ...« den Verdacht, dass es sich um schlechte Neuigkeiten handelt. Deine Gedanken fangen an, sich zu überschlagen, und du versuchst zu erraten, was die schlechten Neuigkeiten sein könnten. Wenn du diese Einleitung zum Beispiel von deinem Partner hörst, wirst du vielleicht denken: »Oh mein Gott, sie betrügt mich!« oder »Sie will Schluss machen!« oder »Er ist schwul!« bzw. »Er ist nicht schwul!« oder »Sie ist schwanger!« oder »Er stirbt!« usw. Was du dir an Bildern und Ideen über die vermuteten schlechten Neuigkeiten ausmalst, kann voll ins Schwarze treffen oder völlig abwegig sein, die Hauptsache ist, dass sie reichlich sprudeln. Deine Aufgabe als Schauspieler ist es, dass sich Bilder und Gedanken in dir regen, wenn du sprichst oder wenn dein Filmpartner dir erklärt, was für Neuigkeiten er für dich hat. Das bedeutet, dass du für alles INNERE BILDER finden solltest: für jede Person, jeden Ort, jedes Ding, jedes Ereignis im Skript.

Welche Entscheidungen du im Einzelnen bei den INNEREN BILDERN triffst, wird immer von der SUBSTITUTION abhängen, die du gewählt hast. Das heißt, wenn du deine Mutter als deine SUBSTITUTION wählst, sollten sich auch deine INNEREN BILDER auf sie beziehen; auf die Erfahrungen, die dich mit ihr verbinden. Auf diese Weise füllst du die persönliche Geschichte, die du in deiner Vorstellung hinter die Handlung setzt, mit Inhalt und machst dein Spiel nachvollziehbar. Wenn du dich für eine bestimmte SUBSTITUTION entschieden hast, dann arbeite nicht mit INNEREN BILDERN, die sich auf eine andere Person beziehen. Du verlierst den Überblick, und dein Spiel wird verschwommen und verliert seine klare Richtung. Wenn du dich dabei ertappst, wie du dich fragst: »Moment, woran denk ich eigentlich gerade?«, dann hast du dich für die falschen INNEREN BILDER entschieden. Deine INNEREN BILDER sollten strömen und sich mit deiner SUBSTITUTION, deinen HINDERNISSEN, deinem SZENENZIEL und deinem GESAMTZIEL zu einem passenden Ganzen zusammenfügen, wie bei einem Puzzle-Spiel.

In *Gone With the Wind (Vom Winde verweht)* hört man Scarlett O'Hara oft von ihrem Zuhause sprechen, von Tara. Schauspieler, die nicht mit INNEREN BILDERN arbeiten, würden sich einen typischen Herrensitz einer Plantage in den Südstaaten des 19. Jahrhunderts vorstellen, und kein Heim, das ihnen etwas bedeutet. Das Ergebnis solcher standardisierten Bilder wird allgemein, verschwommen und, na ja, standardisiert sein. Ein typischer Plantagensitz hat keine persönliche Dimension, keine Relevanz und keine emotionale Bedeutung. Selbst wenn du aus dem Süden bist und viele Plantagensitze gesehen hast, ist das Bild in deinem Kopf nicht mit all der Freude, dem Schmerz und den realen Erfahrungen erfüllt, die mit den Orten verknüpft sind, die eine echte emotionale Vorgeschichte für dich haben. Deshalb arbeite lieber mit INNEREN BILDERN, die eine emotionale Bedeutung für dich haben. Stell dir vor, du sollst Scarlett in einer Szene spielen, in der sie auf ihre Erzrivalin Melanie trifft, und deine SUBSTITUTION für Melanie ist deine Mutter. In diesem Fall wäre ein naheliegendes INNERES BILD für Tara das Heim, in dem du mit deiner Mutter aufgewachsen bist. Oder vielleicht ist es seine Szene, in der du Rhett Butler gegenübertrittst, und du hast dir als SUBSTITUTION für ihn deinen Exmann ausgesucht. Dein INNERES BILD für Tara muss sich dann ändern, weil das, was dich mit diesem Mann verbindet – die Gedanken, die Bedürfnisse, die Vorgeschichte – etwas ganz anderes ist als das, was dich mit deiner

Mutter verbindet. Wenn du in Rhett deinen Exmann siehst, ist Tara in deinem Kopf das Haus, in dem du mit deinem Ex gelebt hast.

Mach deine Entscheidungen für INNERE BILDER von ihrer emotionalen, nicht von ihrer realen Erscheinung abhängig

Die Figur Bubba in *Forrest Gump* kommt immer wieder auf einen Krabbenkutter zu sprechen. Wenn du Bubba spielen würdest und ein INNERES BILD für dieses Boot bräuchtest, dann wäre der Ansatz auf keinen Fall, sich an irgendwas zu erinnern, was einem Krabbenkutter möglichst nahekommt. Bubba sieht in diesem Kutter kein Boot, sondern das Symbol für seine Traumkarriere. Mit diesem Traum schafft er sich eine Motivation, die Hölle des Vietnamkriegs zu überleben, in der er gerade steckt, und seinen Einsatz dort durchzustehen. Wenn du also Bubba spielen würdest, dann würde es sich zum Beispiel eher anbieten, als INNERES BILD für das Boot ein Engagement für eine Hauptrolle zu wählen, an der Seite eines Schauspielers, der für dich das Nonplusultra ist. Oder der Krabbenkutter könnte das Traumhaus deiner Mutter sein, dass du ihr bauen willst, bevor sie stirbt. Es gibt keine richtigen oder falschen INNEREN BILDER, nur wirkungsvolle und weniger wirkungsvolle. Wenn du das Skript mit Blick auf INNERE BILDER durcharbeitest, sorg einfach immer dafür, dass das, was deine INNEREN BILDER an Vorstellungen enthalten, einen sinnvollen Bezug zu deiner SUBSTITUTION hat und dass du dich für die INNEREN BILDER entscheidest, die emotional die größte Bedeutung für dich haben.

INNERE BILDER sollten immer mit entsprechenden HINDERNISSEN verknüpft sein.

Je klarer ein INNERES BILD umschrieben ist und je mehr es mit Ängsten verknüpft ist, desto größer ist sein Potential, bei dir, dem anderen Schauspieler und dem Publikum eine emotionale Reaktion hervorzurufen. Wie viel auf dem Spiel steht, hängt immer davon ab, wie stark der Konflikt ist, um den es geht – wenn du etwas Unproblematisches für eine Personalisierung benutzt, dann wirst du zu leicht damit fertig, was nicht sehr interessant ist. Es geht also nicht nur darum, INNERE BILDER zu finden, die dein Spiel echt wirken lassen, sondern auch darum, sich für die Bilder zu entscheiden, die für gefährliche Risiken stehen. Wenn dein Text »Ich fühle mich krank« lautet, dann solltest du das mit deinen schlimmsten alptraumhaften Ängsten verbinden. Das Bild in deinem Kopf sollte dich nicht mit einer Grippe zeigen, sondern eher bettlägerig, mit Krebs im letzten Stadium; dem Krebs, an dem deine Großmutter gestorben ist, dem Krebs, der bei deiner Mutter diagnostiziert wurde, dem Krebs, den du bekommen könntest, weil Krebs erblich sein kann. Wenn man etwas wie Krebs als INNERES BILD benutzt, basiert das auf einer *realen* Angst. INNERE BILDER, mit denen du keine Vorgeschichte verbindest und die dir nicht das Gefühl geben, dass viel auf dem Spiel steht, sind mehr oder weniger unbrauchbar, weil sie in deiner Vorstellung überhaupt nicht aufgerufen werden, wenn du dann auf der Bühne oder vor der Kamera stehst. Je »heißer« dagegen das INNERE BILD, desto eher wird es dir, während du spielst, auf natürliche Weise ganz von selbst in den Sinn kommen, ohne dass du es bewusst aufrufen musst.

INNERE BILDER brauchst du nicht nur für deinen eigenen Text – auch die Worte des anderen Schauspielers musst du mit Bildern verknüpfen, die dir etwas bedeuten.

Menschen *hören* in Bildern. INNERE BILDER mitlaufen zu lassen, während dein Gegenüber spricht, macht es dir auch möglich, ehrlicher zu spielen. Regisseure und Besetzungschefs beklagen sich am meisten darüber, dass Schauspieler nicht zuhören. Stattdessen warten sie ab, bis sie im Dialog wieder dran sind. Das soll nicht heißen, dass du als Schauspieler die Worte des anderen akustisch nicht mitbekommst – wahrscheinlich hörst du sogar jedes Wort. Aber wenn die Worte dir nichts bedeuten und du sie mit nichts verbinden kannst, ist das kein Zuhören, das irgendwie weiterführen würde.

Wenn wir zuhören, versuchen wir nicht, uns das Leben des anderen vorzustellen. Alles, was wir hören, verknüpfen wir mit unserer eigenen Welt.

Wenn wir andere sprechen hören, versuchen wir uns nicht vorzustellen, wie ihre Bilder aussehen, sogar wenn wir die Person, den Ort, das Ding oder das Ereignis, von dem sie sprechen, zufällig kennen. Wir hören mit unseren eigenen persönlichen Bildern zu, weil sie uns etwas bedeuten. Angenommen, dein Freund spricht mit dir über den kürzlich erfolgten Tod seiner Mutter. Du stellst dir nicht das Sterben seiner Mutter vor. Stattdessen erinnerst du dich an den Tod einer für dich wichtigen Person aus deinem Leben oder stellst dir vor, wie es sich anfühlt, wenn deine Mutter sterben würde. Um wirklich auf die Weise zuzuhören, wie wir es im richtigen Leben tun, beziehen wir die Gedanken des anderen auf unsere eigenen, die seinen entsprechen. So versuchen wir, die emotionale Realität anderer Menschen zu verstehen und nachzuempfinden.

Die Funktion INNERER BILDER besteht darin, die im Dialog benutzten Vorstellungen nicht real, sondern *emotional* zu kopieren.

Meinem Schüler Michael Ralph, der in dem Film *Rules of Attraction (Die Regeln des Spiels)* und in der Erfolgsserie *The Bernie Mac Show* mitspielte, gab ich eine Szene aus dem LeRoi-Jones-Stück *Dutchman. Dutchman* handelt davon, wie eine rassistische Weiße und ein Afroamerikaner in derselben U-Bahn aufeinandertreffen. Am Anfang sieht es so aus, als ob die Frau den Mann verführen würde, aber ihre Leidenschaft entwickelt sich zum Wutanfall – zunächst mit heftigen rassistischen Attacken und schließlich in einer Raserei mündend, die sie dazu treibt, ihn zu töten. Michael ging das Skript durch, las die bigotten Äußerungen der Figur und beschloss, Rassismus als INNERES BILD zu verwenden. Jeder Schwarze in den Vereinigten Staaten hat Rassismus erfahren. Es ist ein brennendes Problem und als INNERES BILD wirkungsvoll. Ich wusste aber, dass Michael ein Problem hatte, das ihm noch näherging. Wegen komplizierter juristischer Probleme konnte er seinen Sohn nicht sehen, der mehr als 4000 Kilometer von ihm entfernt lebte. Michael agierte emotional viel intensiver, als wir den Kampf um seinen Sohn benutzten. Sein Wille, die Auseinandersetzung mit der unangenehmen Weißen zu gewinnen, war viel stärker, weil er sein Kind verteidigte. Was Michael mit seinem neuen INNEREN BILD auf der Bühne bieten konnte, war überschäumend und impulsiv, weil Eltern alles tun würden, um ihr Kind zu beschützen.

Mach deine INNEREN BILDER persönlich

Mein Schwager ist ein Strafverteidiger von internationalem Ruf und gewinnt fast jeden Fall, den er übernimmt. Seine Klienten sind normalerweise große Konzerne. Unternehmen dieser Größenordnung zu vertreten kann schwierig sein. Die Startbedingungen sind schlecht, weil die meisten Leute – besonders Geschworene – dazu neigen, sich mit der Privatperson zu identifizieren und nicht mit dem großen, bösen Konzern. Wie aber schafft er es trotzdem, zu gewinnen? Er schafft das, indem er jeden Fall so vertritt, als würde er sich selbst, seine Frau oder seine Kinder vertreten. Er findet einen Weg, den Fall zu personalisieren, indem er kämpft, als ginge es darum, seine eigene Familie und seine eigenen Werte zu verteidigen. Auf diese Weise verteidigt er keine seelenlose Organisation, sondern das, worauf es ihm im Leben wirklich am meisten ankommt. Er kämpft hart und arbeitet fanatisch. Er tut das, weil er weiß, dass selbst sehr altruistische Menschen sich stärker engagieren, wenn es um sie selbst geht und die Menschen, die sie lieben.

Ich arbeitete mit einer Schauspielerin für eine große Rolle in einer bekannten Anwaltsserie. (Nein, ich werde nicht sagen, wer sie ist, weil ich dann zu viel über ihre persönlichen Probleme preisgeben würde und das wäre ihr gegenüber nicht fair. Ich verweigere in diesem Fall die Aussage.) Ihre Figur hatte eine Klientin zu vertreten, die vergewaltigt worden war. Die Geschichte sah vor, dass auch ihre Figur einmal einer Vergewaltigung zum Opfer gefallen war, aber nie Anzeige erstattet hatte. Die Herausforderung für diese Schauspielerin bestand darin, für diese Vergewaltigung ein INNERES BILD zu finden. Gott sei Dank hatte sie selbst nie eine Vergewaltigung erlebt. Ich erklärte ihr, dass bei Vergewaltigungen nicht nur der Körper vergewaltigt wird – es ist immer auch eine emotionale Vergewaltigung. So fragte ich sie, ob sie je eine Erfahrung gemacht hatte, bei der sie sich emotional vergewaltigt vorkam. Da offenbarte sie mir, dass sie als Kind übergewichtig gewesen sei und ihr Vater deshalb ständig auf ihr rumgehackt und sie gedemütigt habe. Obwohl sie ziemlich schlank ist, und das nicht erst seit gestern, verfolgt sie der Spott ihres Vaters innerlich bis heute. Wenn sie in den Spiegel schaut, sieht sie immer noch eine dicke, unansehnliche Frau. Sie erkannte schließlich, dass sie sich in der Tat von den Worten und dem Verhalten ihres Vaters vergewaltigt fühlte und dadurch wie das Opfer einer sexuellen Vergewaltigung für immer verändert worden war. So beschloss sie, diese Erfahrung als INNERES BILD zu benutzen. Immer wenn sie vor der Kamera auf die Vergewaltigung zu sprechen kam, der ihre Klientin und sie selbst zum Opfer gefallen waren, verknüpfte sie das mit den schlimmsten Demütigungen, die sie durch ihren Vater erfahren hatte. Die Arbeit mit diesem INNEREN BILD hatte zur Folge, dass sich ihre Gefühle unkontrolliert Bahn brachen, wie es auch bei einer sexuellen Vergewaltigung der Fall gewesen wäre.

INNERE BILDER sind nicht immer linear.

Adam Baldwin, der in Filmen wie *Full Metal Jacket* und *My Bodyguard (Die Schulhofratten von Chicago)* mitgespielt hat, spielte in einem Stück einen gerade trocken gewordenen Alkoholiker. Seine Figur erzählt darin bei einem Meeting der Anonymen Alkoholiker seine Lebensgeschichte. Adams Figur muss davon reden, wie ungerecht das Leben zu ihm war, insbesondere darüber, dass seine liebevolle und geduldige Frau starb, als er endlich trocken geworden war, um sie nicht mehr mit Schmähungen zu überschütten. Adams Figur ist verwirrt und am Boden zerstört. Ich suchte mit ihm zusammen nach passenden INNEREN BILDERN für diese Inhalte, was schwierig war. Adam ist kein Alkoholiker und seine Frau ist putzmunter. Dennoch mussten wir etwas finden, das ihm so zusetzte wie der vorzeitige Tod eines geliebten Menschen.

Adam war für eine Serie namens *Firefly (Firefly – Der Aufbruch der Serenity)* gebucht, die vom Macher der Serie *Buffy the Vampire Slayer (Buffy – Im Bann der Dämonen)* stammte: Joss Whedon. Man setzte hohe Erwartungen in die Serie. Sie war unglaublich gut geschrieben, und Adam hatte seine Traumrolle bekommen. Die Tatsache, dass Whedon hinter der Sache stand, der diese Erfolgsserie auf seinem Konto hatte, gab Anlass zur Hoffnung, dass Adam für sich und seine Familie sehr lange Zeit ausgesorgt haben würde. Außerdem fühlte es sich für Adam so an, als hätte er eine Rolle gebucht, die ihm wirklich am Herzen lag – etwas Seltenes, wie jeder Schauspieler bezeugen wird. Und die Schauspieler, mit denen er in diesem Projekt spielte, liebte er wie seine Familie. Aber die Serie wurde nach nur einer Staffel abgesetzt. Adam war am Boden zerstört. Es war ein großer Verlust, so, als hätte er ein Familienmitglied verloren. Als ein INNERES BILD hatte ihm *Firefly* alles gegeben, was eine gute Ehefrau ausmacht: Sicherheit, Liebe, Inspiration, Fürsorge und Schutz. Dass die Serie nun gestorben war und die düstere Stimmung, in die Adam dadurch versetzt wurde, eignete sich perfekt als nichtlineares INNERES BILD. Es bewirkte, dass er im Hier und Jetzt spielte und Gefühle erlebte, die ihn ergriffen und durchdrangen.

INNERE BILDER können im Umgang mit negativen Erfahrungen in deinem Leben eine positive Wirkung haben.

Als ich einmal mit einer sehr namhaften Schauspielerin an einer Rolle für einen Thriller arbeitete (auch hier möchte ich ihren Namen nicht nennen), hatten wir es mit einer Figur zu tun, der in einem brutalen Akt das ungeborene Kind aus dem Leib geschnitten wird. Sie brauchte also ein INNERES BILD, das einem enormen Trauma entsprechen musste: Eine Schwangere verliert ihr Kind durch einen Akt der Gewalt. Wir arbeiteten schon seit vielen Jahren zusammen, und ich wusste, dass sie eine Abtreibung gehabt hatte. Diese Erfahrung hatte ihr solchen Kummer bereitet, dass sie in Schluchzen und Zittern ausbrach, wann immer sie darüber sprach.

Ich schlug ihr vor, als INNERES BILD diese Abtreibung zu benutzen. Als sie das tat, kamen die Wut, die Traurigkeit und all die schrecklichen

Schuldgefühle, die die meisten Frauen als Nachwirkungen einer Abtreibung erleben, zum Vorschein. Obwohl eine Abtreibung manchmal notwendig ist, kann sie eine Frau sehr aus dem Gleichgewicht bringen und ihr den Frieden rauben. Und ob du das nun politisch korrekt findest oder nicht, es kann bei den meisten Frauen und Männern dazu führen, dass sie sich wie die Mörder ihres Kindes vorkommen. Wenn du eine Abtreibung durchlitten hast oder wenn du als Mann daran beteiligt warst, dass es zu einer Abtreibung deines Kindes kam, dann solltest du einen Weg finden, sie als INNERES BILD zu nutzen. Das hat eine heilsame Wirkung, weil es dir dann leichter fällt, diese Erfahrung zu bewältigen.

INNERE BILDER sind enorm effektiv, wenn man mit Material arbeitet, in dem sich die Figuren im Fachjargon verständigen: Politiker-Slang, Finanz- und Wissenschaftssprache, Fachchinesisch oder Psycho-Blabla.

Als ich von den Produzenten von *Star Trek: Deep Space Nine* den Auftrag erhielt, Terry Farrells Figur Jadzia Dax aufzubauen und sie real erscheinen zu lassen, beschrieben mir meine Auftraggeber ihre Vorstellungen so: »Dax ist ein dreihundert Jahre alter Wurm, der früher ein Mann war, jetzt aber die Gestalt einer phantastisch aussehenden Frau angenommen hat. Sie ist weise (weil sie so alt ist) und für Sexualität nicht empfänglich (auch das, weil sie so alt ist) – zu weise im Grunde, um noch Humor zu haben.«

Ich sagte: »Okay, kein Problem… leuchtet mir ein…« Das Science-Fiction-Genre übt auf mich nicht dieselbe Faszination aus, wie auf viele von denen, die sich als »Trekkies« verstehen. Ich weiß allerdings, dass die Zuschauer eine Figur nur dann mögen, wenn sie irgendeinen Bezug zu ihr finden können. Was die Produzenten für Dax im Sinn hatten, war eine Figur, die das Publikum lieben würde, die aber zugleich ihrer kuriosen Identität als Science-Fiction-Rolle treu bleiben würde. Diese Kombination konnte nur funktionieren, wenn wir Dax menschliche Züge verliehen. Wir mussten für die bizarren Merkmale ihres außerirdischen Wesens irdische Entsprechungen finden, damit all die Erdlinge, die sich die neuen *Star Trek*-Episoden anschauen sollten, sie verstehen und eine

Verbindung zu ihr entwickeln konnten. Der Schlüssel zu diesem Ziel war die Arbeit mit INNEREN BILDERN. Sie ermöglichte es mir, Dax mit Sexualität (eine ursprüngliche Kraft, zu der jeder einen Bezug hat) und Humor (Humor kommt bei fast jedem an) auszustatten. Außerdem konnten wir mithilfe von INNEREN BILDERN all das raumfahrttechnische und quantentheoretische Fachchinesisch personalisieren (Vokabeln wie »Wurmlöcher« und »Quarks« bekamen dadurch einen alltäglichen Klang).

Als die Produzenten nach einigen Drehtagen die Zwischenergebnisse zu sehen bekamen, waren sie von Terrys Arbeit hellauf begeistert. Dadurch, dass wir der sperrigen Außerirdischen eine menschliche Dimension verpasst hatten, bekamen sie »genau das, was wir wollten«. Es war nicht so, als hätten wir uns über die Wünsche unserer Auftraggeber vorsätzlich hinweggesetzt. Alles, worauf es ihnen ankam, hatten wir ihnen gegeben: die bestmögliche Darbietung, eine exakte Umsetzung ihrer Vision und ein großes Publikum, das am Ball blieb. Weil Produzenten keine ausgebildeten Schauspieler sind, finden sie oft nicht die genauen Worte für das, was sie wollen. Als Schauspieler musst du ihre Sprache mit deinen Mitteln übersetzen: Bring den menschlichen Faktor hinein (dich selbst) und erschaffe eine aufregende Figur, mit der Produzenten, Regisseur und Publikum eine gemeinsame Wellenlänge finden können.

Entscheide dich für die INNEREN BILDER, die die größte Aktualität haben und bei denen am meisten auf dem Spiel steht

Wenn du kürzlich erlebte schmerzhafte Vorkommnisse benutzt, dann hält dich das im Hier und Jetzt, und du zeigst dich verwundbar, weil du noch nicht wissen kannst, wie sich das Ereignis auf dein Leben auswirken wird. Es geht nicht nur darum, INNERE BILDER zu finden, die dein Spiel echt wirken lassen, sondern auch darum, sich für die Bilder zu entscheiden, die für dich gerade die größte Brisanz haben und für aktuelle Risiken in deinem Leben stehen.

Probiere verschiedene INNERE BILDER aus.

Wie für die Arbeit mit allen anderen Schritten gilt auch bei den INNEREN BILDERN: Triff deine Entscheidungen nicht einfach mit dem Kopf. Indem du verschiedene INNERE BILDER ausprobierst, findest du die wirkungsvollsten heraus. Wie findest du danach heraus, welches von den infrage kommenden INNEREN BILDERN tatsächlich das beste ist? Wenn du probst und spielst, werden die weniger wirksamen INNEREN BILDER sich von selbst erledigen – das heißt, sie werden gar nicht in deinem Gedächtnis haften bleiben. Die passenden INNEREN BILDER dagegen werden sich dort festsetzen. Du wirst diese geeigneten INNEREN BILDER gar nicht aktiv hervorholen müssen – die Bilder werden sich natürlich von selbst einstellen. Du wirst auch merken, dass ein starkes INNERES BILD deine Gefühle verstärkt.

Jeder verfügt über einen ganzen Schatz bewegender Erfahrungen, die er aufrufen kann, und zu jeder dieser Erfahrungen gehört ein großer Fundus an Bildern. Die meisten von uns leben mit Ängsten, die ganze Bände füllen würden. Schau einfach in deine ganz persönliche Büchse der Pandora und du wirst dort gute, wirkungsvolle INNERE BILDER finden.

INNERE BILDER im Skript festhalten: Die praktische Anwendung

Schreib mit Bleistift, wenn du die INNEREN BILDER, für die du dich entschieden hast, im Skript festhältst. Schreib jedes INNERE BILD genau unter das Wort, für das es steht.

Damit du sehen kannst, wie man INNERE BILDER anwendet, schauen wir uns an, wie mein Schüler Michael sie benutzte, als er den Jack aus Oscar Wildes *The Importance of Being Earnest (Bunbury oder Das Vergnügen, Ernst zu sein)* spielte.

In diesem Stück werden uns zwei junge Männer vorgestellt, Jack (John) Worthing und Algernon Moncrieff. Jack und Algernon erleben ihr Dasein als öde. Deshalb erfinden sie einen kranken Freund (Bunbury) und einen Bruder, Ernst, damit sie einen Vorwand haben, sich ihrem Alltag zu entziehen, sodass sie Aufregungen und romantischen Abenteuern nachgehen können. Damit Jack sich in der Stadt vergnügen und seiner Geliebten Gwendolen den Hof machen kann, schiebt er den nichtexistierenden Ernst vor. Weil man sich in Lügen aber allzu leicht verheddert, kommen sich Jack und Algernon mit ihren konstruierten Geschichten irgendwann in die Quere, was sich für Jacks Beziehung zu Gwendolen zu einer Gefahr auswächst.

BUNBURY ODER DAS VERGNÜGEN, ERNST ZU SEIN

von Oscar Wilde
(Szene aus dem I. Akt)

Salon in Algernons Wohnung, Half Moon Street, zwischen Curzon Street und Piccadilly. Die Ausstattung ist kunstsinnig und luxuriös. Man hört Klavierspiel aus dem Nebenraum. [...] (JACK kommt herein.)

ALGERNON
Wie geht's denn, mein lieber Ernst? Was führt dich in die Stadt?

JACK
Das Vergnügen natürlich, das Vergnügen. Was sonst sollte einen wohin führen? Und du, wie üblich beim Essen, Algy!

ALGERNON
(förmlich) Es ist üblich in der besseren Gesellschaft, gegen fünf eine kleine Erfrischung zu sich zu nehmen. Wo warst du seit letztem Donnerstag?

JACK
Auf dem Land.

ALGERNON
Was in aller Welt machst du denn da?

JACK
In der Stadt amüsiert man sich selbst, auf dem Land amüsiert man die andern. Das ist maßlos langweilig.

ALGERNON
Und wer ist das, die anderen, die du amüsierst?

JACK
(leichthin) Gott, Nachbarn. Nachbarn.

ALGERNON
Nette Nachbarn da bei dir in Shropshire?

JACK
Ein Graus! Kein Wort rede ich mit denen.

ALGERNON
Wie außerordentlich die das amüsieren muss! *(Geht zum Tisch und nimmt sich ein Sandwich.)* Das ist doch Shropshire, wo du auf dem Land bist, nicht?

JACK
Hm? Shropshire? Natürlich, ja. Na so was! Wozu die vielen Tassen? Weshalb Gurkensandwich? Warum die extravagante Verschwendung bei einem so jungen Menschen? Wer kommt zum Tee?

ALGERNON
Ach, bloß Tante Augusta und Gwendolen.

JACK
Das ist ja hocherfreulich!

ALGERNON
Ja, das ist alles ganz wunderbar; nur wird Tante Augusta deine Anwesenheit wohl nicht zu schätzen wissen.

JACK
Darf ich fragen, warum?

ALGERNON
Lieber Freund, es ist wirklich eine Schande, wie du mit Gwendolen flirtest – fast so schlimm wie Gwendolens Flirten mit dir.

JACK
Ich liebe Gwendolen. Ich bin Hals über Kopf in die Stadt gekommen, um ihr einen Antrag zu machen.

ALGERNON
Ich dachte, des Vergnügens wegen – nicht, wie ich das nenne, wegen eines Geschäfts.

JACK
Wie entsetzlich unromantisch du bist![4]

Hier blenden wir die Szene aus.

In seiner Rolle als Jack war Michaels GESAMTZIEL »*dich* (Gwendolen) *dazu zu bringen, mich zu lieben*«. Sein SZENENZIEL lautete: »*dich* (Algernon) *dazu zu bringen, mir dabei zu helfen, Gwendolens Herz zu erobern*«. Als SUBSTITUTION für Algernon benutzte Michael seinen Freund Tom. Denn durch seinen Freund Tom hatte er sein INNERES BILD für Gwendolen kennengelernt (eine Frau namens Samantha, für die Michael eine unerwiderte Liebe hegt). Mit dieser Szene werden wir durchspielen, wie man INNERE BILDER im Skript festhält. Der erste Schritt ist, dass man alle Wörter oder Wortgruppen, für die man INNERE BILDER braucht, unterstreicht. Die INNEREN BILDER selbst schreibt man dann unter das jeweilige Wort oder die jeweilige Wortgruppe. Das macht man handschriftlich. In unserem Beispiel zeigen wir die INNEREN BILDER, die Michael sich ausgesucht hat. Würdest du den Part spielen, wären es die, für die du dich entschieden hättest.

---

4 Die deutsche Übersetzung von Helmar Harald Fischer ist im Verlag Jussenhoven & Fischer, Theater & Medien erschienen. (Anm. d. Red.)

Zur Erinnerung: Mit dem Begriff INNERES BILD meint man alle Vorstellungen der Personen, Orte, Dinge oder Ereignisse, von denen du sprichst oder den anderen sprechen hörst.

BUNBURY ODER
DAS VERGNÜGEN, ERNST ZU SEIN
von Oscar Wilde
(Szene aus dem I. Akt)

Salon in ALGERNONs Wohnung, Half Moon Street, zwischen Curzon Street und Piccadilly. Die Ausstattung ist kunstsinnig und luxuriös. Man hört Klavierspiel aus dem Nebenraum. […] (JACK kommt herein.)

ALGERNON
Wie geht's denn, mein lieber Ernst? Was führt dich in die Stadt?
Microstick (Michaels Spitzname, von dem er sich wünscht, dass er unter Freunden bleibt)
Hollywood

JACK
Das Vergnügen natürlich, das Vergnügen.
Sex, Drogen und Rock 'n' Roll
Was sonst sollte einen wohin führen? Und du, wie üblich beim Essen, Algy!
Whiskey trinken

ALGERNON
(förmlich) Es ist üblich in der besseren Gesellschaft,
Gute Freunde
gegen fünf eine kleine Erfrischung zu sich zu nehmen.
Alkohol trinken um fünf Uhr nachmittags
Wo warst du seit letztem Donnerstag?

JACK
Auf dem Land.
Van Nuys (Vorort von Los Angeles) im San Fernando Valley

ALGERNON
Was in aller Welt machst du denn da?

JACK
In der Stadt amüsiert man sich selbst,
Hollywood
auf dem Land amüsiert man die andern.
Vorortbewohner
Das ist maßlos langweilig.
Bowling spielen und im Kettenrestaurant essen

ALGERNON
Und wer ist das, die anderen, die du amüsierst?
Vorortbewohner

JACK
(leichthin) Gott, Nachbarn. Nachbarn.
langweilige Familien, keine Singles

ALGERNON
Nette Nachbarn da bei dir in Shropshire?
Familien *im San Fernando Valley*

JACK
Ein Graus! Kein Wort rede ich mit denen.

ALGERNON
Wie außerordentlich die das amüsieren muss! *(Geht zum Tisch und nimmt sich ein Sandwich.)*
Das ist doch Shropshire, wo du auf dem Land bist, nicht?
San Fernando Valley

JACK
Hm? Shropshire? Natürlich, ja. Na so was! Wozu die
San Fernando Valley
vielen Tassen? Weshalb Gurkensandwich?
Plastikbecher *Teurer Scotch*
Woher die extravagante Verschwendung bei einem so jungen Menschen? Wer kommt zum Tee?
auf einen Drink

Schritt 5: INNERE BILDER

ALGERNON
Ach, bloß Tante Augusta und Gwendolen.
Kim (Samanthas beste Freundin) Samantha

JACK
Das ist ja hocherfreulich!

ALGERNON
Ja, das ist alles ganz wunderbar; nur wird Tante Augusta
Kim (Sie hasst Michael.)
deine Anwesenheit wohl nicht zu schätzen wissen.

JACK
Darf ich fragen, warum?

ALGERNON
Lieber Freund, es ist wirklich eine Schande, wie du mit Gwendolen flirtest – fast so schlimm wie Gwendolens Flirten
Samantha
mit dir.

JACK
Ich liebe Gwendolen. Ich bin Hals über Kopf in die Stadt
Samantha *Hollywood (wo sie lebt)*
gekommen, um ihr einen Antrag zu machen.
Samantha bitten, seine feste Freundin zu werden

ALGERNON
Ich dachte, des Vergnügens wegen – nicht, wie ich das
zum Vögeln
nenne, wegen eines Geschäfts.
aus Dummheit

JACK
Wie entsetzlich unromantisch du bist!

Während Michael an seiner Szene arbeitete, erkannte er, dass einige INNERE BILDER funktionierten, andere aber weniger gut. Für die, die nicht so gut funktionierten, suchte er nach jeder Probe mit seinem Partner für die Szene nach wirkungsvolleren Alternativen. Deine Arbeit ist erst zu Ende, wenn die Szene entweder im Kasten ist oder du zum letzten Mal mit dem Stück auf der Bühne gestanden hast. Denn es gibt immer Alternativen, die noch effektiver sind und deine Arbeit verändern und verbessern können. Schauspielen ist eine unendliche Erfahrung, es gibt immer noch etwas Neues, das du lernen und womit du experimentieren kannst.

KAPITEL 6

Schritt 6: BEATS und AKTIONEN

Ein BEAT ist ein neuer Gedanke. AKTIONEN sind Mini-ZIELE, die zu jedem BEAT gehören. BEATS und AKTIONEN setzt man ein, um das SZENENZIEL zu erreichen.

Sobald sich Gedanken einer Figur im Skript verändern, verändert sich ein BEAT

Setz immer eine eckige Klammer um jeden [BEAT], wenn ein BEAT aufhört und der nächste BEAT beginnt. Wie viele BEATS enthält dieser Dialog?

> »Warum hast du mir so wehgetan? Nein, brauchst nicht zu antworten … ich weiß schon. Weil ich dir egal bin, und das war immer so. Und weißt du was? Du bist mir auch egal. Du bist mir doppelt so egal! Da, bitte schön!«

Es sind insgesamt drei BEATS:

> **[**»Warum hast du mir so wehgetan?**]** **[**Nein, brauchst nicht zu antworten … ich weiß schon. Weil ich dir egal bin, und das war immer so.**]** **[**Und weißt du was? Du bist mir auch egal. Du bist mir doppelt so egal! Da, bitte schön!«**]**

BEATS können aus einem Wort, einer oder mehreren Zeilen bestehen oder sogar eine ganze Textseite umfassen. Dass ein BEAT abgeschlossen ist und ein neuer beginnt, erkennt man immer daran, dass im Dialog ein neues Mini-ZIEL in den Mittelpunkt tritt und sich ein Gedanke ändert.

Wie bei allen anderen Schritten auch, gibt es auch hier keine absoluten Vorgaben. Was in deiner ersten Skriptanalyse wie ein neuer BEAT aussah, ordnest du später vielleicht doch noch dem vorherigen zu, wenn du den Text laut sprichst. Und ob wirklich ein BEAT-Wechsel vorliegt, kann auch von den Reaktionen der oder des Spielpartners abhängen. Sei immer offen für Änderungen, wenn es um Anfang und Ende von BEATS geht. Wenn du offen für andere Entscheidungen bleibst, bleibst du im Hier und Jetzt und agierst unverfälscht. Betrachte die BEAT-Analyse als vorläufiges Konzept, aus dem du schöpfen kannst. Sieh sie als eine vorläufige Grundlage, die dir erlaubt, die entsprechenden Anpassungen vorzunehmen, wenn die Situation im Moment das erfordert.

AKTIONEN sind Mini-ZIELE, verschiedene* Vorgehensweisen, *um möglichst effektiv dein SZENENZIEL zu erreichen. AKTIONEN werden mit Worten und Handlungen ausgeführt.

BEATS und AKTIONEN liefern ein differenziertes, detailliertes Bild über die vielen verschiedenen taktischen Manöver, die du unternimmst, um deinem SZENENZIEL näherzukommen. BEATS und AKTIONEN könnte man auch als Mini-ZIELE bezeichnen, die genauer und klarer formuliert werden als dein SZENENZIEL und die Vorwärtsbewegung unterstützen müssen, die notwendig ist, um dein SZENENZIEL zu erreichen.

Wenn mein SZENENZIEL lautet: *»dich dazu bringen, mir den Job zu geben«*, habe ich eine Menge Möglichkeiten, dich dazu zu bewegen. Die AKTION eines ersten BEATS (mit Worten und Handlungen) könnte sein: *»dich zum Lachen bringen«*. Die AKTION eines zweiten BEATS (mit Worten und Handlungen) könnte sein: *»dich mit meinem Lebenslauf beeindrucken«*. Die AKTION eines dritten BEATS (mit Worten und Handlungen) könnte sein: *»dich mit meiner Intelligenz in Staunen versetzen«*. Mit Worten und Handlungen könnte ich im vierten BEAT Folgendes versuchen: *»dich dazu bringen, mir zu vertrauen«*.

Die Arbeit mit BEATS und AKTIONEN erlaubt es uns, unsere SZENENZIELE präzise und mit einer Fülle von verschiedenen Vorgehensweisen zu verfolgen. BEATS und AKTIONEN machen die Szene abwechslungsreich und verleihen ihr einen großen Facettenreichtum. Wenn du deine AKTION mit deinem BEAT mit Worten verfolgst, wirst du merken, dass du dich auch körperlich im Sinne deines ZIELS engagierst. Die Worte bedingen das Verhalten.

Wie die SZENENZIELE müssen auch BEATS und AKTIONEN so formuliert sein, dass sie beim Spielpartner eine Reaktion hervorrufen, ihn emotional treffen.

Mit BEATS und AKTIONEN zu arbeiten und dabei auf den Spielpartner einzuwirken erlaubt es dir auch, im Moment zu agieren. Ohne das Ziel, im Mitspieler etwas zu bewegen oder zu ändern, macht man leicht den Fehler, etwas Eingeübtes abzuspulen. Das ist nicht besonders menschlich. Du möchtest den Teil deines Lebens darstellen, der unbewusst, unbeabsichtigt und ungeplant ist, weil du auf diese Weise unvorhersehbare, spontane Ergebnisse erzielst.

BEATS und AKTIONEN ermöglichen dir, authentisch und wirklich dabei zu sein.

Wenn du einem BEAT folgst, um mit deiner AKTION eine Reaktion auszulösen, kann nichts geplant werden. Erstens kannst du vorher nicht wissen, wie du deinen Text sagen wirst (weil du dich eher auf deinen Spielpartner konzentrierst als auf dich selbst), zweitens kannst du nicht voraussagen, wie dein Spielpartner reagiert und wie du wiederum darauf reagieren wirst und wie dein Spielpartner diese Reaktion wieder aufnehmen wird. Daher heißt es: Leben darf stattfinden – anstatt simuliert zu werden.

Dein **Bedürfnis**, *von dem anderen eine Reaktion zu bekommen (BEAT und AKTION), verleiht deinem Spielpartner das Gefühl, gebraucht zu werden und wichtig zu sein.*

Wenn du deinen Mitspielern keine Reaktionen abverlangst, dann setzt du sie herab und schadest deinen Aussichten, dein SZENENZIEL zu erreichen. Fast jeder kennt diese Situation, wo auf einer Party jemand auf dich zukommt und sagt: »Hey, Mensch, wie geht's denn so?«, aber dieser Jemand sieht dich nicht richtig an und wartet auch meist nicht auf eine Antwort. Stattdessen suchen seine Blicke den Raum nach anderen Partygästen ab, die er für wichtiger, attraktiver oder interessanter hält als dich. Wie fühlt man sich da? Schlecht, unbedeutend, eigentlich fast unsichtbar, stimmt's? Und genau dieses Gefühl gibst du auch deinem Spielpartner (oder einem Besetzungschef bei einem Vorsprechen), wenn du einfach deinen Text in seine Richtung leierst, ohne dich dafür zu interessieren, wie er darauf reagieren wird.

Kommen wir noch mal auf unseren Beispieltext zurück, den wir in BEATS unterteilt haben, und spielen mit ein paar Möglichkeiten, mit welchen AKTIONEN wir dabei arbeiten können.

> [»Warum hast du mir so wehgetan?]
>
> [Nein, brauchst nicht zu antworten ... ich weiß schon. Weil ich dir egal bin, und das war immer so.]
>
> [Und weißt du was? Du bist mir auch egal. Du bist mir doppelt so egal! Da, bitte schön!«]

Ausgehend vom SZENENZIEL: *»dich dazu bringen, bei mir zu bleiben«*, hier ein paar Vorschläge, was man bei diesem Text als BEATS und AKTIONEN festlegen könnte:

- ERSTER BEAT: »Warum hast du mir so wehgetan?«
  AKTION: *»dich dazu bringen, mir das zu erklären«*
  oder *»dich dazu bringen, mich zu trösten«*
  oder: *»Schuldgefühle bei dir auslösen«*
- ZWEITER BEAT: »Nein, brauchst nicht zu antworten ... ich weiß schon. Weil ich dir egal bin, und das war immer so.«
  AKTION: *»dich dazu bringen, mich zu beruhigen«*
  oder: *»dich dazu bringen zuzugeben, dass ich im Recht bin«*
  oder: *»dich dazu bringen, mir zu sagen, dass das nicht wahr ist«*

- DRITTER BEAT: »Und weißt du was? Du bist mir auch egal. Du bist mir doppelt so egal! Da, bitte schön!«
  AKTION: *»dich meinen Schmerz fühlen lassen«*
  oder: *»dich herausfordern, diese scharfen Worte noch zu toppen«*
  oder: *»dir Angst einjagen, dass es vorbei ist«*

All diese BEATS und AKTIONEN sind so formuliert, dass du eine Reaktion herausforderst und damit eine Beziehung. Es sind ausnahmslos Formulierungen, die dich den Blick auf deinen Spielpartner richten lassen. Das bewahrt dich davor, dich selbst zu beobachten und dich gehen zu lassen.

Lies den Text aus dem Dialog-Ausschnitt noch mal, sprich ihn aber diesmal laut und probiere jede Option aus, die ich für die BEATS und AKTIONEN vorgeschlagen habe.

Siehst du, wie sich die Art, wie du die Zeilen aussprichst und wie du dich dabei verhältst, bei jeder Option ändert? Und du hast noch viel mehr Optionen, meine Vorschläge sind nur einige wenige davon. Es gibt viele verschiedene Wege, wie sich das SZENENZIEL *»dich dazu bringen, bei mir zu bleiben«* erreichen lässt.

Die folgenden Beispiele drücken dieselben Gefühle aus, verzichten aber darauf, eine Reaktion herauszufordern. Sie sind deutlich weniger effektiv.

- ERSTER BEAT: »Warum hast du mir so wehgetan?«
  AKTION: *»Ich will verstehen.«*
  oder *»Ich bin traurig.«*
  oder *»Ich meine, du bist schuld.«*
- ZWEITER BEAT: »Nein, brauchst nicht zu antworten … ich weiß schon. Weil ich dir egal bin, und das war immer so.«
  AKTION: *»gelassen bleiben«*
  oder *»Ich glaube, dass ich im Recht bin.«*
  oder *»Ich will das nicht glauben.«*
- DRITTER BEAT: »Und weißt du was? Du bist mir auch egal. Du bist mir doppelt so egal! Da, bitte schön!«
  AKTION: *»Schmerz empfinden«*
  oder *»Ich fühle mich herausgefordert.«*
  oder *»Es ist vorbei!«*

Das sind einfach Gefühle, keine BEATS und AKTIONEN. Gefühle provozieren keine Reaktion. Aus diesen Formulierungen spricht kein Bedürfnis nach einer Interaktion. Solche Gefühle kannst du auch allein haben. Wenn du deine AKTIONEN als Gefühle formulierst, die auf niemanden bezogen sind, bekommst du Ergebnisse, die auf Selbstbetrachtung hinauslaufen und auf eine Realität, die kein Ziel hat und kein Bedürfnis und keine Sehnsucht nach einer menschlichen Interaktion enthält. Folglich entsteht dann auch keine Bewegung, und es werden keine Beziehungen aufgebaut.

AKTIONEN haben die Macht, Bedeutung und Absicht zu ändern

Das gibt dir die Freiheit, interessantere und einzigartige Wege zu entdecken, die Figur zu spielen und den Dialog zu sprechen. Ohne BEATS und AKTIONEN wirst du vermutlich zu einer offensichtlichen, buchstäblichen Lesart neigen. Nimm zum Beispiel den Satz: »Ich hasse dich«, und nimm ihn als Teil eines Dialogs. Für sich betrachtet, scheint die Absicht völlig klar zu sein. Aber schauen wir mal, was passiert, wenn wir den Satz mit einem BEAT und einer AKTION verbinden. Versuch, »Ich hasse dich« zu sagen,

»um dich zum Lachen zu bringen«.

Klingt das nicht schon ganz anders? Dann sag es jetzt,

»um dich dazu zu bringen, deine Schuld einzugestehen«.

So bekommt der Satz eine völlig andere Bedeutung. Gut, dann sag es jetzt,

»um dich dazu zu bringen, mich zu trösten«.

BEAT und AKTION entscheiden darüber, was du mit deinem Text auszudrücken und rüberzubringen versuchst, ganz unabhängig von der rein wörtlichen Bedeutung. Je nach BEAT und AKTION kann sich die Bedeutung deiner Worte drastisch verändern. Hast du jemals zu jemandem: »Ich liebe dich« gesagt, wenn das, was du wirklich von dieser Person wolltest (BEAT und AKTION), einfach Sex war? Vergleich das damit, wie dieselben Worte klangen, als du erreichen wolltest (BEAT und AKTION), dass die andere Person sagt: »Ich liebe dich auch.« Oder vergleich es damit, wie es klang, als du »Ich liebe dich« gesagt hast, »damit der andere darüber lacht, wie absurd die ganze Situation ist« (BEAT und AKTION). An diesen Beispielen kannst du sehen, wie viele Möglichkeiten einem Schauspieler entgehen, wenn er »Ich hasse dich« oder »Ich liebe dich« einfach nur schwarz-weiß spielt. Es gehen ihm all die Grautöne verloren, die auch möglich wären. Und diese Graustufen und Zwischentöne muss der Schauspieler interpretieren mit spezifischen Entscheidungen zu BEAT und AKTION.

Frag dich immer: »Was will ich erreichen (SZENENZIEL)? Und was ist der beste, wirksamste Weg (sowohl mit Worten als auch mit Handlungen), es zu erreichen (BEATS und AKTIONEN)?«

Die AKTIONEN müssen das SZENENZIEL unterstützen, nur so lässt sich ein Faden in die Szene weben, der sich geradlinig durch sie hindurchzieht. Je entschlossener du versuchst, dich mit deinem SZENENZIEL durchzusetzen, BEAT für BEAT, AKTION für AKTION (und dabei unterschiedliche Taktiken ausprobierst, in Wort und Tat), und je mehr du feststellen musst, dass du dabei schlecht vorankommst, desto größer werden deine Anstrengungen werden. Das hat eine Spannungssteigerung in der Szene zur Folge. Außerdem musst du die andere Figur dazu bringen, dir dein SZENENZIEL auch gewähren zu *wollen*, indem du dich für die wirksamsten BEATS und AKTIONEN entscheidest.

Das beherzigte auch Jennifer Beals, als ich mit ihr an einer bestimmten Szene einer Episode der Fernsehserie *The L Word (The L Word – Wenn Frauen Frauen lieben)* arbeitete. *The L Word* ist eine Serie, die von lesbischen Frauen und all den unvermeidlichen Prüfungen und Traumata handelt, die ihnen in unserer Welt voller Homophobie und Intoleranz so blühen.

In einer Szene ist Jennifers Figur Bette Gast in einer Talkshow, und sie befindet sich in einer hitzigen Debatte mit Faye Buckley (Helen Shaver), ihrer Widersacherin in dieser Episode. Faye wirft Bette vor, dass ihre Ausstellung pornographisch sei. Am Ende der Szene treibt es Faye zu weit und landet mit einem ihrer Ausrufe unter der Gürtellinie, indem sie Bette gegenüber auf private Informationen zurückgreift:

> »Die Bibel verdammt Homosexualität, Bette. Deshalb hat Gott deiner lesbischen Freundin auch ihr ungeborenes Kind genommen. Es wäre in eine abartige Welt hineingeboren worden, mit Anhängern einer abartigen Lebensweise. Welche Erniedrigungen hätte es da durchmachen müssen?! Das wollte Gott diesem Säugling ersparen. Dieses Baby kann froh sein, dass es nie geboren wurde.«

Bette schlägt zurück, indem sie Faye als »Monster« bezeichnet und ein Video öffentlich macht, in dem Fayes halbwüchsige Tochter in einem Porno agiert – ein Film, den Faye unbedingt totschweigen wollte. Wenn Bette Faye als Monster beschimpft und das Video bekanntmacht, könnte die AKTION ihres BEATS »Rache nehmen« sein. Aber Bettes SZENENZIEL lautet: *»euch* (das Talkshow-Publikum im Film) *dazu bringen, euch auf meine Seite zu schlagen.«* Wenn Bette böswillig und gehässig handeln würde, würde sie als grausam angesehen. Der beste Weg für sie, dieses SZENENZIEL zu erreichen, bestand darin, sich nicht auf Fayes ätzendes Niveau zu begeben. Als AKTION für diesen BEAT, *»dir* (Faye) *helfen zu verstehen, wie grausam du bist«*, ließen wir Bette stattdessen Faye sanft ein Monster nennen (anstatt vor Wut zu explodieren, eine plumpe Reaktion, die ihr nichts eingebracht hätte) und das Videoband voll Mitleid über den Tisch schieben. Wenn Bette rachsüchtig reagiert hätte, wäre sie dem Publikum nicht sympathisch gewesen. Indem sie diesen BEAT und diese AKTION benutzte, ließ Jennifer ihre Figur Bette als einfühlsam erscheinen, und die Partei solcher

Menschen ergreifen wir gern, genau wie die Zuschauer der Talkshow im Film.

Benutze BEATS und AKTIONEN auch in Momenten, in denen nicht gesprochen wird

Bei einem Streit zwischen Geliebten kann es passieren, dass einer wütend aus der Tür stampft und die Tür dabei laut hinter sich zuknallt. Obwohl dabei kein Wort gesprochen wird, ist hier die AKTION: *»dich dazu bringen, mich vom Gehen abzuhalten«*. In den meisten Fällen ist es so: Je größer die Wucht, mit der du die Tür zuschlägst, desto mehr willst du, dass die andere Person dir hinterherläuft, um dich aufzuhalten. Womit du dir dann den Beweis verschaffen würdest, dass diese Person dich liebt. Damit würde dieser BEAT und die AKTION *»dich dazu bringen, mich vom Gehen abzuhalten«* aufs Ganze gesehen das SZENENZIEL, *»von dir den Beweis erhalten, dass du mich liebst«*, unterstützen.

Oder laut Regieanweisung sollst du dich gereizt und verärgert fürs Bett fertigmachen ... im Rahmen des SZENENZIELS *»dich dazu bringen, die Schuld auf dich zu nehmen«* könnten BEAT und AKTION lauten: *»dir das Geständnis abringen, dass du dich schuldig fühlst«* oder *»dich meinen Schmerz fühlen lassen«* oder *»dich dazu bringen, mich zu beruhigen«*.

Es gibt eine Menge, was man mithilfe von BEATS und AKTIONEN zu erreichen versuchen kann.

Sogar wenn nur dein Spielpartner spricht, reißt die Kette deiner BEATS und AKTIONEN niemals ab.

Wenn du zuhörst, musst du dir darüber im Klaren sein, was du von der anderen Figur willst – *ob du nun Text hast oder nicht.* Wenn du aufhörst zu sprechen und die andere Person das Wort ergreift, musst du deine Versuche fortsetzen, die gewünschte Re-AKTION zu bekommen. Deine Bedürfnisse sind ja nicht weg, nur weil du nichts mehr sagst!

Es gibt keine richtigen oder falschen Entscheidungen, nur effektive und weniger effektive.

Du musst die Vorgehensweise deiner Figur in Betracht ziehen, ihr »Wer-bin-ich«

Bedenke immer das »Wer-bin-ich« deiner Figur, die besondere Vorgehensweise, mit der deine Figur ihr SZENENZIEL besonders wirkungsvoll erreicht. Eine Verführerin und ein Aufreißer erreichen ihre Ziele (SZENENZIELE) normalerweise, indem sie ihre Sexualität einsetzen. Intellektuelle erreichen ihr Ziel (SZENENZIELE) normalerweise, indem sie Psychospiele veranstalten oder ihre Intelligenz einsetzen. Der Typ Pausenclown greift in der Regel auf seinen Humor zurück, um sich durchzusetzen. Gangster, Kämpfer und Bandenmitglieder dürften Gewalt und Aggression einsetzen. Mit anderen Worten, behalte immer im Hinterkopf, *wer* deine Figur ist und *wie* sie im Allgemeinen vorgehen wird, wenn du dir überlegst, wie du den Text in BEATS und AKTIONEN zerlegst.

Für den Film *A Dog of Flanders* arbeitete ich mit Jon Voight an seiner Rolle als väterlicher Freund eines Jungen, der sich für ein Waisenkind hielt. Erst am Ende des Films erfährt Jons Figur, dass er der biologische Vater des Jungen ist. Die Mutter des Jungen war gestorben, bevor sie es ihm hätte sagen können. Um das Ende für die Zuschauer akzeptabel zu machen, nutzte Jon jede Gelegenheit, um ihnen zu vermitteln, dass er dem Jungen ein Vater sein konnte. In seinen Dialogen mit ihm verfolgte er BEATS und AKTIONEN wie: *»dafür sorgen, dass du dich sicher fühlst«*, *»dich dazu bringen, dass du an dich glaubst«*, *»dafür sorgen, dass du dich geborgen fühlst«*, *»dich mit meiner Loyalität beeindrucken«* und *»dafür sorgen, dass du dich geliebt fühlst«*. Diese BEATS und AKTIONEN dienten gewissermaßen als Buchstützen für den Film. Als ihm und dem Publikum schließlich klar wird, dass er der Vater des Jungen ist, können sie es akzeptieren. Seine BEATS und AKTIONEN sorgen dafür, dass seine Vaterschaft einen Sinn ergibt.

Du musst auch die Vorgehensweise der anderen Figuren berücksichtigen, das »Wer-sind-sie«

Du musst auch bedenken, welchem Typus die anderen Figuren angehören, weil dir das dabei helfen wird, dahinterzukommen, *wie* du bekommen kannst, was du willst. Die andere Figur könnte zum Beispiel jemand sein, der seinen Intellekt benutzt, um an sein Ziel zu kommen. Dann musst du versuchen, dieser Person genau auf diesem Feld zu begegnen. Wenn sie bekommt, was *sie* will, wirst du schneller an dein Ziel gelangen.

Wähle deine BEATS und AKTIONEN konzentriert und engagiert aus

Wähle deine AKTIONEN so, als würde dir jemand eine Pistole an den Kopf halten. Weil du mit deinem GESAMTZIEL, deinem SZENENZIEL, deinen HINDERNISSEN, deiner SUBSTITUTION und deinen INNEREN BILDERN Risiken eingehst, sollte für dich persönlich wirklich viel auf dem Spiel stehen. Und du weißt, wenn viel auf dem Spiel steht, ist alles, was du tust und sagst, wichtig. Nichts wird nur so dahingesagt oder mal so eben gemacht. Jedes *Wie*, *Warum* und *Was* zählt und bedeutet etwas. Kannst du dir vorstellen, etwas ins Blaue hinein zu sagen, wenn dir jemand eine Pistole an den Kopf hält? Das ginge nicht. Wenn du versuchst, dein Leben zu retten, dann zählt jede Bemerkung, jede Bewegung. Du solltest jede Szene so spielen, als ob es sich um etwas ungemein Wertvolles und Wichtiges für dich dreht. Deine BEATS und AKTIONEN müssen zur Verwirklichung eines außerordentlich wichtigen Ziels (SZENENZIEL) beitragen. Auf diese Weise erfüllst du deine Arbeit mit der Macht eines Kampfs auf Leben und Tod. Nichts am Text darfst du unterschätzen oder für unwichtig erklären. Jedes Wort und jede Handlung sollte der Durchsetzung deines Ziels dienen und mit BEATS und AKTIONEN verknüpft sein.

Verfolge deine BEATS und AKTIONEN nicht so, als ob du stur eine Liste abarbeitest – bleib flexibel!

Verfolge deine BEATS und AKTIONEN bewusst mit deinen Worten und deinen Handlungen. Versuch festzustellen, ob du die gewünschte Reaktion auslösen konntest oder nicht. Lass die Emotionen, die die jeweilige Reaktion verursacht, hochkommen, damit sie auf dich wirken können, und dann verfolge den nächsten BEAT und die nächste AKTION. Setz dieses Muster immer weiter fort: von einem BEAT und einer AKTION zum nächsten BEAT und zur nächsten AKTION, von Reaktion zu Reaktion. Immer weiter, bis du die Bühne verlässt oder der Regisseur »Schnitt« sagt.

Nehmen wir an, du erzählst einen Witz. Bei diesem BEAT ist deine AKTION offensichtlich *»dich zum Lachen bringen«*. Stell dir all die unterschiedlichen Reaktionen vor, die dieser BEAT hervorrufen kann – ein herablassendes Lachen, ein gezwungenes Lachen, ein Grinsen, ein sarkastisches »Haha, das ist so komisch, dass ich glatt vergessen hab, zu lachen« usw. Du wirst unterschiedliche emotionale Reaktionen an den Tag legen, je nachdem, *wie der andere* auf deinen BEAT und die entsprechende AKTION *reagiert*. Wenn die andere Person lacht, wirst du dich super fühlen, wenn sie es nicht tut, fühlst du dich vielleicht furchtbar. Es ist wichtig, dass du deinem BEAT und deiner AKTION nachgehst, um dann die Reaktion abzuwarten – sie zu spüren (das Gute und das Schlechte), um dann entsprechend zu reagieren.

Auf eine Re-AKTION hinzuarbeiten hält dich im Moment und hindert dich daran, den Kopf einzuschalten.

Wenn du darin vertieft bist, von der anderen Person diese Re-AKTION zu erhalten, dann dürfte es dir schwerfallen, dich selbst zu beobachten oder dir vorzunehmen, wie du irgendwas am besten sagst und spielst. Das erzeugt Spontaneität. Denk einfach mal an eine dieser Situationen in deinem Leben, wo viel auf dem Spiel stand, eine Situation, als du etwas so unbedingt wolltest, dass du es förmlich schmecken konntest. Erinnere dich daran, wie sehr du dich in diesem Augenblick auf dein Gegenüber (die Person, die dir geben konnte, was du brauchtest) konzentriert hast. Jedes Blinzeln, jeder Seitenblick und jede Nuance in der Satzmelodie, der Wortwahl und der Körpersprache wurde interpretiert, neu interpretiert und im Gespräch mit deinen Freunden erneut interpretiert. Du hast alles, was sie sagten und taten, überdeutlich wahrgenommen. Und in dieser Verfassung musst du sein, wenn du spielst.

Du kannst deine BEATS und AKTIONEN in einer Szene wiederholen.

Nehmen wir an, du versuchst jemanden zum Sex zu überreden. Dein SZENENZIEL wäre *»dich dazu bringen, mit mir Sex zu haben«*. Wenn du den Dialog einer solche Szene in BEATS und AKTIONEN einteilst, könntest du bei einer ersten Verabredung als klassische AKTION wählen: *»dich anmachen«*. AKTION für den zweiten BEAT könnte sein: *»dich mit meinen sexuellen Fähigkeiten beeindrucken«*. Die AKTION für den dritten BEAT könnte sein: *»dich dazu bringen, mir zu vertrauen«*. Die AKTION für den vierten könnte aber wieder *»dich anmachen«* lauten.

Teste mehrere BEATS und AKTIONEN in den Proben, um die besten herauszufiltern.

Auch für dieses Schritt gilt: Triff bei den BEATS und AKTIONEN deine Entscheidungen nicht rein intellektuell.

Noch mal zur Erinnerung: Schauspielen ist eine physische Kunstform, die verlangt, dass du mit deiner Stimme *und* deinem Körper experimentierst. Wenn du wissen willst, welche BEATS und AKTIONEN die wirksamsten sind, um deinem SZENENZIEL näherzukommen, kommst du um eine Testphase in der Probe nicht herum.

BEATS und AKTIONEN machen Worte sichtbar

Als ich mit Garry Shandling an der *Larry Sanders Show* zu arbeiten begann, war das Erste, worauf ich ihn aufmerksam machte, dass er seinen Körper mehr in seine Arbeit einbringen müsse. Garry machte gerade als Stand-up-Komiker in Hollywood Karriere. Das bedeutete, dass er sich als Künstler sehr auf Worte verließ, wenn es darum ging, komisch zu sein. Ich wies ihn wie alle meine Klienten darauf hin, dass das, was jemand *tut*, und nicht das, was jemand *sagt*, uns meistens zum Lachen bringt. BEATS und AKTIONEN dienen nicht nur dem Text, sondern regen auch zu einem bestimmten Verhalten an, das dem Text entspricht. Wenn wir aus dem Theater oder aus dem Kino kommen, sagen wir eher: »Das war einfach herrlich, als der und der das *gemacht* hat«, als: »Das war einfach herrlich, als der und der diesen Satz *gesagt* hat«.

In einer der ersten Übungen wollte ich Garry beibringen, wie man den Text im Skript allein mit dem Körper ausdrücken kann. Dafür benutzten wir BEATS und AKTIONEN. Wir nahmen uns immer eine Szene vor und dann überlegten wir uns für jeden BEAT eine passende AKTION. Als Nächstes nannte ich ihm dann das jeweilige Stichwort aus dem Text der anderen Figur, und er musste den jeweiligen BEAT und die AKTION körperlich darstellen, anstatt Worte zu benutzen. Schauen wir uns als konkretes Beispiel eine Szene aus der *Larry Sanders Show* an. In der Episode mit dem Titel »Adolf Hankler« redet Larry mit seinem Produzenten, Arthur (gespielt von Rip Torn), über seinen Bruder Stan, der Larry besuchen kommt. In dieser Folge kündigt Larry seinem Publikum an, dass Jon Stewart (der von dem Schauspieler Jon Stewart gespielt wird) die nächste Show moderieren wird, weil er im Urlaub ist. Die Show ist für Larry aber längst zu seiner einzigen großen Leidenschaft geworden – ein 16-Stunden-Tag inbegriffen, und auch seine gesellschaftlichen Kontakte sind in irgendeiner Weise auf die Show bezogen. Deshalb versetzt Larry dieser kurze Abschied bereits in Panik; er hat nicht die geringste Ahnung, was er mit seiner Zeit anfangen soll. Er tritt mit seiner Familie in Kontakt und wendet sich an seinen Bruder Stan, denn er hofft, dass der ihm die Liebe und Unterstützung geben könnte, die er so verzweifelt braucht. Stan hält sich für einen Unternehmer – ist aber eher einer dieser Typen, die immer irgendwelche Luftschlösser bauen, die dann in sich zusammenfallen. Arthur ist nicht nur Larrys Produzent, sondern auch sein bester Freund. Er kennt Stan und weiß, dass der nichts Gutes im Schilde führt, weil er nie was Gutes im Schilde führt. In der folgenden Szene versucht Arthur Larry vor Stan zu warnen, damit er sich von ihm fernhält, egal, wie sehr er Stan emotional auch brauchen mag.

Wir nehmen die Szene und zerlegen sie in BEATS, die jeweils durch eckige Klammern gekennzeichnet werden, mit den zugehörigen AKTIONEN, die immer rechts an die Seite geschrieben werden, von Hand (und mit Bleistift), damit sie nicht mit den vielen anderen Notizen durcheinandergebracht werden, die andere Schritte betreffen. In der folgenden Szene siehst du mögliche Gedanken für BEATS und AKTIONEN, die man aus Larry Sanders Sicht festlegen könnte. Sie sind nicht in Stein gemeißelt. Wie alle anderen Schritte können sie sich nach deiner persönlichen Interpretation des Texts im Skript ändern.

Die hier von mir gewählten BEATS und AKTIONEN sind darauf angelegt, das SZENENZIEL *»dich dazu bringen, mir zu helfen, dass ich mich besser fühle«* durchzusetzen.

Larry Sanders hat die Show gerade beendet und geht von der Bühne. Da stoppt ihn sein Produzent Arthur, um ihm ein Kompliment zu machen.

DIE LARRY-SANDERS-SHOW
Episode »Adolf Hankler«

ARTHUR
[Ahoy, Captain Sanders! Flugzeugträger USS Hillary liegt sicher am Ankerplatz!

dich zum Lachen bringen

LARRY
Hat dir schon mal jemand gesagt, dass dir eine Matrosenkappe stehen würde?

ARTHUR
Yeah, Rock Hudson, Gott hab' ihn selig.

LARRY
Das ist eine andere Baustelle.]

ARTHUR
[Dein Bruder kommt also in die Stadt?
dich merken lassen, wie verzweifelt ich bin

LARRY
Er wird bei mir wohnen.]

ARTHUR
[Ah …
dich davon abbringen, mich zu beurteilen

LARRY
Was soll denn das heißen?

ARTHUR
Ach, nichts, will nur mein Chinesisch trainieren.
(Pause)
Und wenn du ihm einfach einen Scheck schickst?]

LARRY
[Ich brauch ein bisschen Gesellschaft, darum geht's.
dich meinen Schmerz fühlen lassen

ARTHUR
Ich geb dir 'nen Tipp: Wenn du teure Gesellschaft willst, kauf dir einen Shar-Pei]

LARRY
[Dann trinken bei mir zu Hause aber gleich zwei aus der Toilette.]
dich zum Lachen bringen

Als Garry die Szene probte, gab ich ihm die Stichworte für Arthur; Garry musste seine BEATS und AKTIONEN immer ohne Worte rein körperlich zum Ausdruck bringen, wobei er die INNEREN BILDER benutzte, die wir zuvor festgelegt hatten. Dabei musst du beachten, dass Larry Sanders' Vorgehensweise die des Spaßvogels ist, sodass sich die AKTION: *»dich zum Lachen bringen«* wiederholt. Garrys körperliche Version der Darstellung brachte ein paar wirklich sehr komische Verhaltensweisen hervor. Als er seine BEATS und AKTIONEN mithilfe seines Körpers erfolgreich umgesetzt und ausgedrückt hatte, ging er die Szene noch mal durch, verfolgte seine BEATS und AKTIONEN diesmal aber wieder zusätzlich mit dem Text. Und diesmal unterstrich sein Verhalten seine Worte und machte sie auf diese Weise doppelt so wirkungsvoll. BEATS und AKTIONEN veranlassen den Schauspieler dazu, den Text auch körperlich zu spielen. Die Darstellung bekommt eine weitere Ebene und konzentriert sich auf die Beziehung der Figuren. Der beste Test für eine gute Darbietung ist es, den Ton abzuschalten und zu sehen, ob man dann immer noch lachen, weinen und etwas fühlen kann. Wird mit BEATS und AKTIONEN gespielt, ist das der Fall.

Verlass dich auf deine BEATS und AKTIONEN

Geh bei deinen AKTIONEN mutig und furchtlos vor. Geh bis an die Grenze. Und hab keine Angst davor, bei der Realisierung deiner BEATS und AKTIONEN entschlossen vorzugehen und etwas zu wagen. Je mehr Risiken du ein- und je furchtloser du vorgehst, desto aufregender wird das Endergebnis sein.

Ich arbeitete zum Beispiel mit Cristián de la Fuente an seinem Vorsprechen für seine Rolle als Memo Moreno in dem Film *Driven*. Cristián stammt aus Chile, und sein Englisch war seinerzeit immer noch ziemlich holprig. Aber als er sein Spiel nun auf seine BEATS und AKTIONEN ausrichtete, war es viel effektiver, und man konnte man ihn besser verstehen.

Als ich ihn für sein Vorsprechen mit Sylvester »Sly« Stallone (Joe) trainierte, ermutigte ich ihn, bei seinem Engagement für seine BEATS und AKTIONEN seinen ganzen Mut zusammenzunehmen, egal, wie blöd er sich dabei vorkam. Obwohl sich der Film die meiste Zeit auf eine Rennfahrerstory konzentriert, gibt es noch eine Nebenhandlung, in der es darum geht, dass Memo mit der Exfrau von Joe verheiratet ist. Und es gibt eine ganz bestimmte Szene, wo Memo auf Joe trifft, der ihm feindlich gesinnt ist. Seine Figur diese feindlichen Gefühle nun erwidern zu lassen, war Cristián nicht zu empfehlen, es wäre eine schwache

Entscheidung gewesen. Es gibt diesen Spruch: »Sei deinen Freunden nah, deinen Feinden näher.« Deshalb gab ich ihm lieber das SZENENZIEL, *»dich dazu zu bringen, mich zu mögen«*, denn wenn Joe Memo gut leiden kann, dann ist es weniger wahrscheinlich, dass er Memos Beziehung zu seiner Ehefrau sabotiert. Die Szene enthielt eine Menge verbales Hin und Her, und es gibt diesen Moment, als Memo sagt: »Ich will, dass du mich heiratest.« Diese Zeile machten wir zu einem BEAT mit der AKTION *»dich zum Lachen bringen«*.

Als Cristián Vorsprechen dann lief, ging er auf Stallone zu und fiel vor ihm auf die Knie, um »Ich will, dass du mich heiratest« zu sagen. Dann nahm er einen Ring von seinem Finger und versuchte, ihn auf Stallones Ringfinger zu zwängen, der dicker war als Cristiáns. Cristián fummelte und drückte nun eine ganze Weile an Slys Finger herum, bekam den Ring aber nicht über dessen Fingerknöchel. Stallone, der offenbar kaum glauben konnte, was er da erlebte, sah auf den glücklosen Cristián herunter, der sich die größten Sorgen machte, dass das, was er da tat, Stallone nervte oder, schlimmer noch, verärgerte. Er machte trotzdem weiter. Nach einer Weile, die sich für Cristián wie eine Million Jahre anfühlte, brach Stallone schließlich in Gelächter aus und rief: »Ich mag diesen Typen!« Cristián bekam die Rolle. Und als er dann auf dem Set war, blieb er bei der Strategie, die ich ihm empfohlen hatte: furchtlos sein, etwas wagen und dem Motto »Dann seh ich eben doof aus, na und?« treu bleiben. Als sich die Studioleute die Aufnahmen der ersten paar Tage anschauten, boten sie ihm einen Vertrag über zwei Spielfilme an.

Zensiere dich nicht selbst.

Probiere alles aus, was auch nur irgendwie passen könnte. Du wirst überrascht sein, welche Optionen sich als die besten herausstellen. Probiere die verschiedenen Möglichkeiten für deine BEATS und AKTIONEN alle in den Proben aus, nur so kannst du die beste finden. Wie ich schon oft betont habe – du kannst es nicht wissen, bevor du es nicht *ausprobiert* hast.

Achte auf das, was die Figur in* Wirklichkeit *beabsichtigt, um ihr SZENENZIEL zu erreichen. Lies zwischen den Zeilen.

Du spielst eine Szene, in der ein wütendes Ehepaar das Thema Scheidung erörtert. Nur weil dein Text jetzt lautet, dass du dich trennen willst, muss das noch lange nicht heißen, dass das deine Figur wirklich will. Wie ich das schon an anderer Stelle anhand der zugeschlagenen Tür erklärt habe, drohen wir oft jemandem damit, ihn zu verlassen, wenn wir wollen, dass er uns dazu bringt zu bleiben oder dass er uns beweist, wie sehr er uns liebt. Oder stellen wir uns vor, deine Figur erzählt in einer Szene, welche Hochachtung sie doch vor einem bestimmten Stück Literatur empfindet und wie sehr sie dieses Werk liebt. Die Wahrheit ist aber, dass deine Figur das Buch nie gelesen hat oder dass sie es vielleicht schon gelesen hat, aber langweilig fand. Sie sagt aber trotzdem, dass es ihr gefallen hat, weil sie ihr Gegenüber mit ihrem Kunstverständnis beeindrucken will oder damit ihr Gegenüber sie dann mag.

Wer beispielhaft vorgemacht hat, wie man zwischen den Zeilen liest, ist Elisabeth Shue, als sie für eine Off-Broadway-Produktion in dem Stück *Burn This* von Lanford Wilson spielte, die von der Kritik gefeiert wurde. Hier ein kleiner Auszug aus dem Skript mit den Notizen, an denen du sehen kannst, wie wir den Dialog in BEATS und AKTIONEN einteilten. Ausgangspunkt für diese Entscheidungen war das SZENENZIEL ihrer Figur Anna: *»dich beweisen lassen, dass du mich liebst (damit ich nicht verletzt werde)«.*

Noch einmal zur Erinnerung: Klammere deine BEATS ein und schreib deine AKTIONEN auf die rechte Seite neben den als BEAT eingeklammerten Bereich, zu dem sie jeweils gehören. Es gibt weit mehr als nur einen Weg für dich, dein SZENENZIEL zu verfolgen. Solange du deinem SZENENZIEL und dem »Wer-bin-ich« deiner eigenen und der anderen Figur (»Wer-ist-er/sie«) treu bleibst, kannst du aus Hunderten von infrage kommenden BEATS und AKTIONEN frei wählen. Die folgenden Entscheidungen sind die Ergebnisse meiner Arbeit mit Elisabeth. Je nachdem, wie ihr Partner Peter Sarsgaard auf ihre BEATS reagierte, nahm sie entsprechende Änderungen ihrer BEATS und AKTIONEN vor.

BURN THIS
von Lanford Wilson
(Auszug aus dem II. Akt)

Annas Wohnzimmer. Es ist spät in der Nacht.

ANNA
[Pale, ich hatte noch nie ein Privatleben. Es ist nicht so, dass ich Angst davor gehabt hätte. Ich hatte einfach keinen Platz dafür. Es war nicht wichtig. Aber das ist jetzt alles anders, und ich bin sehr verletzlich.

dich mit meiner Verwundbarkeit beeindrucken

Ich werde mich nicht von irgendetwas überwältigen lassen, was ich nicht will. Ich bin zu leicht zu haben. Geh woanders hin.]

PALE
[Ich komme zu dir.

dich dazu bringen, mich anzubetteln, doch da zu bleiben

ANNA
Nein, ich hab nein gesagt. Ich will das nicht. Ich bin nicht stark genug, dich eigenhändig rauszuschmeißen.]
[Warum bist du bloß so verdammt störrisch? Ich hab' gesagt, dass ich dich nicht mag. Und ich will dich auch nicht kennen. Ich will dich nicht

dich dazu bringen, mich sexuell zu begehren

wiedersehen. Du hast keinen Grund herzukommen. Es gibt hier nichts für dich. Ich mag dich nicht und ich habe Angst vor dir.]

Obwohl Anna *sagt*, dass Pale verschwinden soll, will sie in Wahrheit, dass er bleibt. Zu verwundbar und mitgenommen von einer Tragödie, die sich an einer früheren Stelle im Skript ereignet hat, kann Anna nicht anders, als Pale zu testen, indem sie ihn wegstößt. Wenn er bleibt, ganz egal, wie feindselig sie sich verhält, ist das der Beweis, dass er sie wirklich liebt. Hätte sich Elisabeth einfach auf den Wortlaut ihres Textes verlassen, wie er im Skript stand, dann hätte sie versucht, diesen Mann loszuwerden. Darauf wäre so eine Schwarz-Weiß-Interpretation hinausgelaufen. Aber Elisabeth wusste, dass ihre Figur Liebe braucht und dass auch eine Brücke, das heißt eine logische Verbindung da sein musste, die sie zum Ende des Skripts führte, wo Anna und Pale einander sagen, wie sehr sie sich lieben.

Deine BEATS und AKTIONEN müssen immer dein jeweiliges SZENENZIEL unterstützen, das wiederum dein GESAMTZIEL unterstützen muss. Bei Elisabeths Szene in *Burn This* zum Beispiel diente das SZENENZIEL, *»dich beweisen lassen, dass du mich liebst«*, dem GESAMTZIEL, *»die Leidenschaft in mein Leben zurückholen«*.

Betrachte die BEATS und AKTIONEN als eine Unterkategorie der SZENENZIELE und die SZENENZIELE als Unterkategorie deines GESAMTZIELS.

Indem du sie so siehst, erkennst du, wie sie zusammenhängen und zusammenpassen und ein sinnvolles Ganzes bilden. Es muss sich für die Story eine chronologische Reise aus ihnen ergeben.

Nun weißt du also, welches der beste Weg ist, die Geschichte voranzutreiben, wenn du in deiner Szene agierst. Du brauchst noch eine klare Vorstellung davon, *wie* und *warum* du da überhaupt reingeraten bist. Für diese Klarheit sorgt der nächste Schritt: Der MOMENT DAVOR.

KAPITEL 7

Schritt 7: Der MOMENT DAVOR

Ein Ereignis, das der Szene vorausgeht und das dir emotional und körperlich einen Ausgangspunkt für dein Spiel schafft.

Der richtige MOMENT DAVOR verleiht deinem SZENENZIEL Anziehungskraft und deinem Bedürfnis Dringlichkeit. Es gibt drei Fragen, die du dir stellen musst, wenn du den richtigen MOMENT DAVOR finden willst:

1. **Was will ich?** SZENENZIEL.
2. **Warum will ich es unbedingt erreichen?** HINDERNISSE, SUBSTITUTION, INNERE BILDER. Deine HINDERNISSE, deine SUBSTITUTION und deine INNEREN BILDER führen dich zu dem Bedürfnis, dein SZENENZIEL unbedingt erreichen zu wollen.
3. **Warum will ich dieses SZENENZIEL gerade jetzt unbedingt erreichen?** Der MOMENT DAVOR. Der MOMENT DAVOR verleiht deinem Bedürfnis, dein SZENENZIEL zu erreichen, die nötige *Dringlichkeit* und *Relevanz.* Mit anderen Worten, der MOMENT DAVOR bringt in der Szene den *Zeit*faktor und *Zeit*druck ins Spiel.

Der MOMENT DAVOR steigert dein Bedürfnis, das SZENENZIEL zu erreichen, unmittelbar. Egal, ob du eine heiße Sexszene spielst oder ob es ein verbaler oder körperlicher Schlagabtausch ist, der MOMENT DAVOR ist der Schritt, der dich in die passende geistige und körperliche Verfassung bringt. Außerdem hilft dir der MOMENT DAVOR, nicht bei null in die Szene zu starten, denn – wie im Leben – eine Szene fängt nie bei null an. Der MOMENT DAVOR gibt dir eine Vorstellung davon, *wo* du stehst und *warum* du auf etwas hinauswillst und *wie dringend* es für dich ist, dein SZENENZIEL gerade jetzt zu erreichen.

Es ist wichtig zu wissen, dass das Geschehen in einer Szene nicht da beginnt, wo es im Skript beginnt. Die Worte, die die Figuren sprechen, sind Reaktionen auf Ereignisse, die davor passiert sind. Die Szene auf dem Blatt ist ein Ausschnitt aus einem fortlaufenden Wechselspiel. Der MOMENT DAVOR erlaubt es dir, in jeder Szene so aufzutreten, als ob du schon mitten im Geschehen wärst.

Kurz bevor der Vorhang aufgeht, kurz bevor ein neuer Akt anfängt und zwischen zwei Auftritten in ein und derselben Szene – genau da wird der Schauspieler den MOMENT DAVOR auf der Theaterbühne einsetzen.

Und für die Arbeit in Filmen und fürs Fernsehen ist der MOMENT DAVOR sogar noch wichtiger. Denn in den meisten Fällen werden die Szenen nicht in chronologischer Reihenfolge aufgenommen. Wenn die Filmaufnahmen losgehen, wirst du zum Beispiel oft erleben, dass die erste Szene, für die du vor der Kamera stehst, im Skript die Schlussszene ist – vielleicht eine Szene, wo die Frau in den Armen ihres Ehemanns stirbt. Der MOMENT DAVOR wird dir die nötige emotionale Wucht und deinem Handeln die nötige Energie verleihen, gemeinsam mit der Arbeit, die du davor getan hast: GESAMTZIEL, SZENENZIEL, HINDERNISSE, SUBSTITUTION, INNERE BILDER sowie BEATS UND AKTIONEN.

Einen MOMENT DAVOR zu benutzen ist für Film- und Fernsehszenen auch deshalb von entscheidender Bedeutung, weil sie im Allgemeinen ziemlich kurz sind. Bei vielleicht drei Seiten Dialog hast du ganz einfach keine Zeit, emotional bei null anzufangen und die Emotionen dann im Zuge der Interaktion mit deinem Spielpartner langsam aufzubauen. Wenn es wirklich durchgehend auf hohem Niveau spannend bleiben soll, musst du emotional schon in dem Moment stark aufgeladen sein, wenn du in die Szene hineingehst.

Außerdem ist der Prozess, in dem ein Film entsteht, langwierig, und deshalb gibt es oft Verzögerungen und Unterbrechungen. Für die Arbeit in Filmen ist der MOMENT DAVOR auch darum ein entscheidender Schritt, weil du mit ihm deine Rolle jederzeit überzeugend aufnehmen kannst. Der MOMENT DAVOR ist der Schlüssel, die Bedürfnisse und den Konflikt deiner Figur wirksam, und ohne Zeit und Kraft zu verschwenden, wieder aufleben zu lassen, sobald weitergefilmt werden soll.

DEN MOMENT DAVOR ANWENDEN

1. Finde ein Ereignis aus deinem persönlichen Leben, das dir noch immer das Gefühl gibt, dass viel auf dem Spiel steht. (Wie man feststellt, welche Ereignisse das sind und wie man davon das passendste auswählt, werden wir noch besprechen.)
2. Durchlebe dieses Ereignis ungefähr eine Minute, kurz bevor der Regisseur die Szene anlaufen lässt (oder bevor du auf die Bühne gehst). Stell dir vor, das gewählte Ereignis wäre gerade erst passiert.
3. Durchlebe das Ereignis mit allen nur möglichen Details. Erinnere dich an den Raum – sieh, fühle, rieche, was du damals gesehen, gefühlt und gerochen hast, und lass auch die andere Person auf diese Weise wieder lebendig werden; erinnere dich genau an die Wörter, die du und sie/er seinerzeit gebraucht haben; durchlebe deine Aktionen und Reaktionen, spüre und empfinde sie noch einmal mit all deinen Sinnen. Versetze dich emotional und körperlich in einen höheren Erregungszustand und auf ein höheres Aktivitätsniveau.

Die Anwendung des MOMENTS DAVOR
sollte nie mehr als eine Minute erfordern.

Wenn es länger dauert, eignet sich das Ereignis, das du dir ausgesucht hast, nicht als MOMENT DAVOR. Das Ereignis deiner Wahl muss dich mit Leichtigkeit und sofort unter Strom setzen, wenn es als MOMENT DAVOR funktionieren soll. Manche Schauspieler verbringen Stunden damit, passende Gefühle hochzupumpen, um sich für die Szene in die richtige Stimmung zu bringen. Wenn es eine Szene ist, die emotional stark aufgeladen ist, kann es vorkommen, dass ein Schauspieler

Stunden damit zubringt, sich an den Tag zu erinnern, an dem sein Hund starb. Diese Art zu arbeiten ist nicht nur enorm anstrengend für den Schauspieler, sondern sie wird auch einen gewaltigen emotionalen Atompilz produzieren, wenn der Regisseur »Action« ruft oder der Vorhang aufgeht. Und wie das Explosionen so an sich haben, brechen sie eben so schnell über uns herein, wie sie dann wieder verschwinden. Die daraus resultierende Darbietung ist aus zwei Gründen unklar: Zunächst läuft eine Darbietung, die von beziehungslosen Emotionen angetrieben wird, am Skript vorbei. Das ist ein Problem, denn wenn die Gefühle keinen Bezug zur Story und zu den Bedürfnissen deiner Figur haben, dann stehen die Emotionen für sich, ohne Zusammenhang und klare Richtung. Zum anderen sind hochgepumpte Emotionen nur von kurzer Dauer – besonders, wenn sie mit dem Geschehen im Skript nichts zu tun haben. Es liegt in der menschlichen Natur, dass wir uns instinktiv von schmerzlichen Gefühlen abwenden, wenn wir nicht von einem unmittelbar ablaufenden Ereignis festgehalten werden, das uns einen drängenden Anlass für solche Emotionen gibt. Ein MOMENT DAVOR, der einen Bezug zur Story hat, bringt den nötigen Schub, adäquate Gefühle für die Dauer einer Szene zu entwickeln, weil er an das Material anknüpft und eine logische Verbindung zur erzählten Geschichte herstellt. Wenn du die ersten sechs Schritte anwendest und einen wirksamen MOMENT DAVOR auswählst, ist es möglich, Gefühle mit all ihren Details, ihren feinen Zwischentönen und in ihrer ganzen Vielschichtigkeit hervorzubringen, die wirkliche Menschen entwickeln.

Benutze für deinen MOMENT DAVOR immer persönliche Ereignisse, die erst kürzlich passiert sind oder sich auf noch ungelöste Konflikte in der Vergangenheit beziehen – nur dann werden Gefühle in deinem Herz und in deinem Kopf aufkeimen.

Benutze keine Ereignisse, mit denen du emotional schon abgeschlossen hast. Ereignisse, bei denen einfach alles gesagt ist und sich alles schon fest entschieden hat, Vorfälle und Erfahrungen also, die einfach gegessen sind, können in dir nichts mehr bewegen. Wenn du einen Vorfall als MOMENT DAVOR auswählst, dann ist es wichtig, dass du dir klarmachst, was dich dabei antreibt, um dein Ziel zu erreichen. Das Ereignis muss in dir den brennenden Drang auslösen, den Kampf endlich zu deinen Gunsten zu entscheiden. Alles darunter würde deinem Wunsch, dich mit deinem GESAMTZIEL und deinem SZENENZIEL durchzusetzen, den Wind aus den Segeln nehmen.

Wenn du Probleme benutzt, die für dich gerade aktuell sind, ersparst du es dir, endlos und angestrengt Emotionen hervorzurufen, weil du dann stattdessen mit einem Problem fertigzuwerden versuchst, mit dem du Tag für Tag lebst, sodass du auf die damit verbundenen Emotionen zurückgreifen kannst. Genauso kann es aber auch eine Erfahrung geben, die schon lang her ist, mit der du jedoch noch nicht abgeschlossen hast. Auch solche Erfahrungen können als aktuelle Ereignisse angesehen werden, weil sie bei dir in Herz und Kopf noch ungeklärt sind. Die Folgen dieser Erfahrungen und dein brennendes Bedürfnis, endlich mit ihnen abzuschließen, machen diese Ereignisse zu brauchbaren und starken MOMENTEN DAVOR. Etwas zu benutzen, das mit einem aktuellen Problem in deinem Leben zu tun hat, erspart es dir, mit dir selbst irgendwelche Psychospiele zu treiben oder willkürlich nach Erinnerungen zu graben, für die du dich schon seit Langem nicht mehr interessierst.

Ob du mit einem Ereignis emotional schon abgeschlossen hast, kannst du nur herausfinden, wenn du es als MOMENT DAVOR ausprobierst.

Manchmal sind wir uns sicher, dass wir mit einem Problem abgeschlossen und es hinter uns gelassen haben, obwohl es sich weiter in einem Gebiet aufhält, das ich *Verleugnung* nennen möchte. Das heißt im Wesentlichen, dass unser Unbewusstes Sonderschichten einlegt, damit wir uns mit etwas nicht auseinandersetzen müssen, weil wir es mit dem Kopf und mit dem Herzen als gar zu schmerzlich einstufen. Manchmal denken wir, wir sind über jemanden oder etwas hinweg, weil wir dazu neigen, einfach zu glauben, was wir glauben wollen, obwohl längst nicht alles verarbeitet ist. Nach meinen Erfahrungen halten die emotionalen Nachwirkungen schmerzlicher Ereignisse in den meisten Fällen über Jahrzehnte an. Ob Erfahrungen aus deiner Vergangenheit für dich noch ungelöst sind und sich als MOMENT DAVOR eignen, kannst du nur herausfinden, wenn du es ausprobierst.

Vor kurzem musste ich mit Beyoncé Knowles einen geeigneten MOMENT DAVOR bei einem Vorsprechen für einen Film finden. Es musste ein Vorfall sein, der in ihr die Emotionen wachrief, die eine Nachricht vom Selbstmord der eigenen Schwester auslöst. Dazu gehören Schuld, Hilflosigkeit, Wut, Traurigkeit und das Bedürfnis, mit etwas abzuschließen, mit dem man kaum abschließen kann.

Wenn ich meinen Schülern bei der Anwendung der einzelnen Schritte helfe, gehe ich oft so vor, dass ich mir die Frage stelle, was ich aus *meinem* Leben benutzen würde. Es hilft mir dabei, die Figur zu verstehen, und es hilft auch, das Gehirn des Schülers auf Trab zu bringen, sodass es ihm leichter fällt, in seiner Lebensgeschichte eine Parallele oder ein ähnliches Ereignis zu finden. Die Situation der Figur von Beyoncé ließ die Erinnerung an den Tod meines Vaters wachwerden. Er war vor mehr als zehn Jahren gestorben, und mithilfe einer Therapie und tiefer Gewissenserforschung war ich darüber hinweggekommen und hatte meinen Weg wieder aufgenommen ... dachte ich zumindest. Als ich Beyoncés Dialog durchging, stiegen Bilder von meinem Vater auf dem Sterbebett in mir auf. Ich sagte ihr, dass ich, wenn ich ihren Part hätte, versuchen würde, mit dem Tod meines Vaters zu arbeiten, aber dass es wahrscheinlich nicht klappen würde, weil ich mit dem Thema abgeschlossen hatte. Als ich erklärte, wie erfolgreich ich dabei gewesen war, über mein Trauma hinwegzukommen, liefen mir plötzlich Tränen über die Wangen. Ich hatte mich geirrt – ganz offensichtlich wurde meine solide seelische Stabilität von dem allgegenwärtigen und schmerzlichen Gedanken an die Tatsache überschattet, dass mein Vater mir nie gesagt hatte, dass er mich liebe. Was mich daran zweifeln ließ, dass er es je getan hatte. Und sein Tod machte es mir unmöglich, es jemals rauszufinden, weil der Tod – er ist nun mal, was er ist – den Menschen endgültig zum Schweigen bringt. Indem ich das als MOMENT DAVOR ausprobierte, wurde mir klar, dass ich in Wirklichkeit mit meinen Gefühlen um dieses Ereignis herum nicht im Reinen war – und dass mir das wahrscheinlich auch nie gelingen würde.

Genau wie bei den anderen Schritten solltest du auch beim MOMENT DAVOR keine Hemmungen haben, Änderungen vorzunehmen. Bei künstlerischen Prozessen liegt Veränderung in der Natur der Sache, weil es immer unzählige Interpretationen gibt.

Du wirst dir oft einen großartigen und starken MOMENT DAVOR ausgesucht haben, aber dann passiert irgendwas Gravierendes – jemand ist überraschend gestorben, du hast einen Autounfall, dein Partner macht nach zehn Jahren Schluss mit dir, du findest heraus, dass deine Freundin schwanger ist, du wirst gefeuert usw. Extreme Ereignisse in deinem Leben werden dich immer beschäftigen. Das bereits gewählte Ereignis für den MOMENT DAVOR verliert durch das aktuelle tiefgreifende Ereignis an Bedeutung. Wenn so etwas passiert, dann entscheide dich für den turbulenten Vorfall, der sich gerade ereignet hat.

Eine meiner Schülerinnen, Susan, spielte mal bei mir eine Szene aus Woody Allens *Hannah and her Sisters (Hannah und ihre Schwestern).* Der Auftakt der Szene ist eine zufällige Begegnung von Holly, Hannahs Schwester, und Mickey, Hannahs Exmann in einem Schallplattenladen. Holly, eine ehemalige Schauspielerin, die inzwischen Drehbücher schreibt, fragt Mickey, ebenfalls ein Drehbuchautor, ob er ihr nicht bei der Arbeit an ihrem aktuellen Drehbuch helfen könnte. Nach einigen Spötteleien auf ihre Kosten willigt er ein.

Susan spielte die Szene vor meiner Klasse. Ihr erster Versuch wirkte langweilig, ohne Leben – denn ihr MOMENT DAVOR hatte nicht die nötige Spannung, um ihren Gefühlen und Bedürfnissen für die Szene Ausdruck zu verleihen. Das zweite Problem war, dass ihre Version der Szene nicht lustig war, und das ist bei einer Woody-Allen-Szene nicht gut. Ich fragte Susan, was sie benutzte, und sie erzählte mir, dass es ein unbeschwertes Ereignis war, weil sie angenommen hatte, dass man bei Komödien auf Erfahrungen zurückgreifen solle, die leicht verdaulich waren. Da wusste ich, dass sie wirklich auf dem Holzweg war. Denn die Wahrheit ist, dass man bei Komödien Erfahrungen benutzen muss, die mit Verzweiflung, Schmerz und Wut verbunden sind. Wenn man in Komödien spielt, arbeitet man mit noch dunkleren Aspekten seines Lebens als bei dramatischen Stoffen. Deshalb fragte ich Susan, ob in ihrem Leben gerade etwas vor sich ging, was sie mit Verzweiflung und Wut erfüllte. Sie offenbarte unter Tränen, dass sie einige Nächte zuvor Opfer eines gewaltsamen Autoraubs geworden war, bei dem sie leicht, ihr Mann jedoch schwer verletzt worden war. Dieses Ereignis hatte sie derart traumatisiert, dass beide nun daran dachten, Los Angeles den Rücken zu kehren und sich einen Wohnort zu suchen, der sicherer war. Aber dieser Schritt würde bedeuten, dass sie ihren Traum, eine Karriere als Schauspielerin zu verfolgen, aufgeben musste. In Los Angeles bleiben, um ihren Traum zu leben – zugleich aber auch in ständiger Angst, oder Los Angeles verlassen, um in Sicherheit zu leben – ihren Traum dann aber aufgeben zu müssen –, das war hier die Frage. Es war ein quälendes Dilemma, und wenn sie damit fertigwerden sollte, würde sie Hilfe brauchen.

Der Autoraub eignete sich hervorragend als MOMENT DAVOR, weil er noch nicht verarbeitet war und weil seine Nachwirkungen so heftig waren, dass ihr Leben vielleicht nie mehr so sein würde wie zuvor. Über diesen MOMENT DAVOR ergab sich für Susan auch die Gelegenheit, ihren Wunsch, dass ihr jemand mit der Entscheidung über ihren Verbleib in Los Angeles helfen möge, als INNERES BILD für den Wunsch ihrer Figur Holly zu verwenden, dass ihr jemand bei der Arbeit an ihrem Drehbuch half. Auch bei ihrer SUBSTITUTION für die Figur des Mickey mussten wir eine Änderung vornehmen. Sie benutzte nun einen prominenten Freund aus dem Filmgeschäft. Die zusätzliche Arbeit an der Szene sorgte dafür, dass für Susan und ihre Figur jetzt deutlich mehr auf dem Spiel stand. Sie spielte die Szene erneut.

Als sie in ihrer Rolle als Holly Mickey diesmal um Hilfe bei ihrem Buch bat, fühlte sich Susan nun, als ob sie wegen ihres Zwiespalts hinsichtlich ihres zukünftigen Wohnorts um Rat fragte, und als ob sie diese Hilfe von jemandem erbat, dem sie in dieser Sache wirklich den richtigen Ratschlag zutraute. Dass sie ihren ersten MOMENT DAVOR ausmusterte und durch einen ersetzte, der eine viel größere Aktualität und Bedeutung für sie hatte – was auch ihre INNEREN BILDER und ihre SUBSTITUTION änderte –, erlaubte es Susan nun, innerlich und äußerlich eine geradlinige Geschichte zu erzählen. Der neue MOMENT DAVOR brachte außerdem Schärfe und Dringlichkeit in die Szene und trieb Susan bei der Jagd nach ihrem SZENENZIEL – *»dich dazu bringen, mich zu lieben und mir zu helfen«* – vorwärts, als ob ihr Leben davon abhinge – und das tat es ja auch. Und die Lacher, die beim ersten Durchgang so sehr gefehlt hatten, kamen beim zweiten nun reichlich.

WAS-WÄRE-WENN-Situationen benutzen

Wenn dein Leben gerade ziemlich gleichmäßig verläuft – das heißt, wenn nichts besonders Dringliches passiert – und dir fällt kein ungelöstes Problem aus deiner Vergangenheit ein, dann versuch nicht, aus einem vergangenen oder auch aktuellen Ereignis mehr zu machen, als es ist. Erlebnisse und Konflikte, die verarbeitet und gelöst sind und einen deshalb nicht mehr weiter interessieren, haben im Spiel wenig Nutzen. Stattdessen benutze ein »WAS WÄRE, WENN …«, und zwar bezogen auf eine Angst vor etwas, das tatsächlich in deinem Leben eintreten *könnte*, sodass echte Ängste und Befürchtungen damit verbunden sind. Es ist das, wonach es klingt: eine eingebildete Erfahrung, die sich aus einer tiefsitzenden, wohlbegründeten persönlichen Angst speist. Um ein WAS-WÄRE-WENN-Ereignis als deinen MOMENT DAVOR zu benutzen, stellst du dir all die Details eines Ereignisses, das eintreten *könnte*, so vor, als ob es wirklich eingetreten *ist*. Wenn zum Beispiel jemand, den du liebst, unheilbar krank ist, dann könntest du dir – von deinen Gefühlen wie Angst, Wut, Traurigkeit ausgehend – ausmalen, wie es sein wird, wenn diese Person tatsächlich stirbt. Oder wenn du das Gefühl hast, dein Job ist in Gefahr, aber noch nicht gefeuert worden bist, kannst du dir den Ernstfall trotzdem vorstellen – dein Chef ruft dich in sein Büro, weist dich auf einen Stuhl, der kalte Schweiß bricht dir aus, du weißt nicht mehr, wie du deine Rechnungen bezahlen sollst, du wirst obdachlos usw.

Wenn du eine WAS-WÄRE-WENN-Situation als MOMENT DAVOR benutzt, muss diese Situation auf einer echten, nachvollziehbaren Angst beruhen, die mit dir persönlich zu tun hat.

Wenn der Tod deiner Mutter für dich einfach kein Thema ist, weil sie sich bester Gesundheit erfreut, dann hat es keinen Sinn, dir ihren Tod auszumalen. Es wäre nicht naheliegend genug, dass sie jetzt stirbt, du würdest es dir selbst nicht abnehmen. Es wäre keine wirkungsvolle WAS-WÄRE-WENN-Angst. Sie ist zu weit hergeholt, als dass sich tiefe Gefühle oder große Vorstellungen daran festmachen ließen. Wenn auf der anderen Seite eine Angst wohlbegründet ist, dann ist die bloße Möglichkeit, dass sie sich bewahrheiten könnte, oft einschüchternder als der tatsächliche Ernstfall, weil bei der bloßen Möglichkeit die Ungewissheit so groß ist. Und du weißt ja, wir rechnen immer mit dem Schlimmsten. Das ist Teil der menschlichen Natur. Menschen sind paranoide Geschöpfe, und wir tendieren zum Negativen. Ironischerweise lassen sich diese negativen Tendenzen und Ängste im Schauspiel in positive Resultate ummünzen, weil sie uns bessere Alternativen für einen triftigeren und eindrucksvolleren MOMENT DAVOR liefern. Im WAS-WÄRE-WENN-Ereignis muss ein Keim von Möglichkeit stecken und, noch besser, die Chance der Wahrscheinlichkeit.

Amy Smart hatte eine schwierige Rolle in dem Film *The Butterfly Effect (Butterfly Effect)*. Der Film erzählt die Geschichte von Evan Treborn (gespielt von Ashton Kutcher), der versucht, sein verlorenes Gedächtnis wiederzuerlangen, indem er in die Vergangenheit reist. Aber immer wenn er irgendwas an der Vergangenheit ändert, ändert das auch seine aktuelle Gegenwart. Amy spielt hier die Figur Kayleigh Miller, Evans Kindheitsfreundin und die Liebe seines Lebens. Und immer wenn Evan irgendwie in der Vergangenheit herumpfuscht, wirkt sich das auch auf Kayleighs Leben und ihre Person aus – auf ihre Lebensgeschichte, ihre Erinnerungen. Als Ergebnis einer seiner Zeitreisen – Evan verlässt die junge Kayleigh, nachdem er mitbekommt, dass sie von ihrem Vater sexuell belästigt wurde – wird sie zu einer Prostituierten und Heroinsüchtigen. In einer bestimmten Szene, die dieses Prostituierte-Junkie-Problem aufgreift, begegnet der ältere Evan zufällig der älteren Kayleigh und erkennt, dass ihr Leben zerstört ist. Evan weiß, dass es seine Schuld ist, und versucht, es in Ordnung zu bringen. Amy und ich entschieden uns für das SZENENZIEL: *»dich dazu bringen, die Schuld auf dich zu nehmen«*. Das taten wir nicht nur, damit ihre Figur keine Verantwortung für ihre üble Lage übernehmen musste, sondern weil es ja schließlich seine Schuld ist.

Wir brauchten einen guten MOMENT DAVOR für die Szene. Etwas, mit dem sich nicht nur das Lebensgefühl eines menschlichen Wracks nachempfinden ließ, sondern auch der Schmerz und das Gefühl der Verlassenheit, das jemand bewirken kann, den man einmal sehr geliebt hat. Wir mussten etwas in Amys Leben finden, dass einem solchen Schmerz gleichkam, sodass sie Kayleigh werden konnte.

Ich brauche nicht zu betonen, dass Amy weder Prostituierte noch drogensüchtig ist. Probleme, die ihren Ursprung in der Kindheit haben, waren nicht vorhanden; Amy hat eine tolle Beziehung zu ihren Eltern, die glücklich verheiratet sind. Das Einzige, was wir in ihrem Leben an schmerzlichen Umständen finden konnten, war eine Trennung: Kurz vor Drehbeginn war ihre langjährige Beziehung zu ihrem Freund auseinandergegangen. Aber das Ganze entpuppte sich bald als weit weniger dramatisch, als es aussah; bald, nachdem der Film abgedreht war, waren sie schon wieder zusammen. Also musste der MOMENT DAVOR hier von einem WAS WÄRE WENN bedient werden.

Bei Trennungen ist es normal, dass man fürchtet, man könne entbehrlich und leicht zu ersetzen sein. Die meisten Leute fürchten, dass der Partner, dem sie sich entfremdet haben, ganz bestimmt jemand anderen finden wird und zwanglos wieder in eine neue sexuelle Beziehung hineinfindet. Obwohl nicht wirklich zu befürchten war, dass Amys Freund sich auf sexuelle Tête-à-Têtes mit anderen Frauen einließ, war Amys Angst davor durchaus real. Es *könnte* passieren. Diese echte Angst, von der sie da befallen war, führte uns zu ihrem MOMENT DAVOR: WAS WÄRE, WENN sie herausfinden würde, dass ihr Freund Sex mit einer anderen Frau hat. Amy malte sich alles genau aus – sie stellte sich den Sex in allen Einzelheiten vor. Sie war aufgebracht, wütend und fühlte sich betrogen und verstoßen. Ihr MOMENT DAVOR sorgte dafür, dass sie glaubte, übertrieben hässlich, ersetzbar, tief gekränkt und von großem Schmerz erfüllt zu sein, der sofortiger Linderung bedurfte (was der Realität einer Heroin-Süchtigen entsprach). Mit diesem WAS WÄRE WENN-MOMENT DAVOR wurde die süße, ausgeglichene Amy zu einer vulgären, aggressiven, drogenabhängigen Hure.

Oder du suchst dir ein einschneidendes Erlebnis aus deiner Vergangenheit aus – eine Vergewaltigung, einen Missbrauch, eine Gewalttat oder eine Situation, in der du verlassen wurdest – und anstatt es noch einmal zu durchleben, stellst du dir vor, dass dasselbe noch einmal passiert, ein zweites Mal, in diesem Moment.

Mit anderen Worten: WAS WÄRE, WENN es noch einmal passierte? Sich vorzustellen, dass sich ein traumatisches Ereignis ganz einfach wiederholen könnte, richtet als MOMENT DAVOR eine Menge aus. Die Wirkung zeigt sich auf zwei Ebenen. Zunächst – und so reagierte ja auch meine Schülerin Susan auf den Raub ihres Autos – hinterlassen traumatische Ereignisse eine tiefsitzende Angst, dass sie sich wiederholen könnten. Traumatische Ereignisse sind zugleich starke Erinnerungen und bis ins Detail abrufbar, und sie gehen einher mit der Befürchtung, es könne noch einmal passieren. Mit dieser nie ganz versiegenden Angst zu arbeiten macht dieses WAS-WÄRE-WENN/MOMENT-DAVOR-Ereignis lebendig. Und zweitens: Die Vorstellung, WAS WÄRE, WENN es wieder passiert, *in diesem Moment,* macht dir den MOMENT DAVOR zur Gegenwart. Du weißt, wie es beim letzten Mal ausgegangen ist – und doch lässt das zweite Mal andere Nachwirkungen erwarten. Warum? Im Grunde wäre das zweite Mal ein völlig neues, eigenständiges Ereignis, weil du jetzt ein anderer Mensch bist, und die Unterschiede zum ersten Mal sind sogar auf das ursprüngliche Trauma zurückzuführen – denn durch dieses Trauma bist du jetzt misstrauischer und weniger naiv. Das gibt dir große HINDERNISSE, die es zu überwinden gilt, denn weil es schon wieder passiert, wird dich die Frage beschäftigen, ob es nicht vielleicht doch dein Fehler ist, ob du dich nicht selbst zum Magneten für solche Vorfälle machst, also Selbst-Sabotage betreibst. Ein solcher

MOMENT DAVOR treibt dich dazu an, hinter deinem SZENENZIEL ganz besonders her zu sein, weil so viel auf dem Spiel steht.

Einer meiner bekannteren Schüler wurde, als er dreizehn war, wiederholt von seinem Babysitter sexuell belästigt. Im Laufe seiner Karriere kam er einmal zu mir, um sich auf die Rolle eines gewissenlosen Serienvergewaltigers vorzubereiten. Er brauchte einen MOMENT DAVOR, der ihm für seine Figur das Gefühl gab, dass er eigentlich nichts falsch machte; dass jede Frau, die er vergewaltigte, das auch verdiente, sodass es kein Verbrechen war, sondern ein gerechtfertigter Akt. Ich ließ ihn für alle seine Opfer diesen Babysitter als SUBSTITUTION benutzen. Und für jede Szene, in der er jemanden vergewaltigen sollte, sollte er als MOMENT DAVOR die schlimmsten Erinnerungen an den Babysitter wachrufen; er sollte sich ausmalen, wie es wäre, wenn er ihm *heute noch einmal* all die ekelhaften Dinge antun würde, die er ihm damals angetan hatte. Und dieser MOMENT DAVOR gab dem Schauspieler in jeder dieser Szenen die Gefühle, die er brauchte, um jede einzelne seiner Vergewaltigungstaten als rechtschaffenen Akt zu erleben und nicht als willkürliche Gewalt. Wie ich bereits sagte, ist es unerlässlich, deine Figur nie zu verurteilen, egal, wie verabscheuungswürdig sie auch handelt. Leute, die Böses tun, sehen ihre Taten gar nicht als böse an – sie haben immer Gründe, die ihr Verhalten rechtfertigen.

Triff die Entscheidung für deinen MOMENT DAVOR immer von einem emotionalen Standpunkt aus, der zwischenmenschliche Beziehungen berücksichtigt

Anstatt nur vom Skript beeinflusst zu sein, sollte dein MOMENT DAVOR aus dem Blickwinkel einer emotionalen Beziehung hervorgehen. Deine Auslegung schließt immer deine persönliche, einmalige Lebensgeschichte mit ein. Das macht dein Spiel fesselnder und einmalig, weil es dich nur einmal gibt. In einer Episode der von der Kritik gefeierten Serie *Once and Again (Noch mal mit Gefühl)* hat die Figur der Karen Sammler, gespielt von Susanna Thompson, einen Nervenzusammenbruch. Kurz darauf hat sie einen schweren Unfall – sie wird von einem Auto angefahren –, der sie zwingt, ihr Leben neu zu überdenken. In dieser Zeit machte Susanna auch in ihrem persönlichen Leben eine Zeit durch, die sie vor harte Prüfungen stellte. Nachdem sie acht Jahre im selben Haus gewohnt hatte, wurde ihr gesagt, sie müsse innerhalb eines Monats ausziehen. Das war um die Weihnachtszeit, und alle, die an der Serie mitarbeiteten, hatten einen vollgepackten Dreh- bzw. Terminplan. Susannas Haus war für sie ein Ort der Ruhe und Geborgenheit. Wir sprachen darüber, wie sehr sie sich vertrieben fühlte. Darüber, dass sie ihre grundlegende Orientierung verlor – wo sie einkaufte, essen ging, ihre Wäsche zur Reinigung brachte, von ihrer vertrauten Umgebung ganz zu schweigen. In dieser Situation fühlte sie sich emotional außer Kontrolle und allein und erlebte, was ihre Zukunft betraf, eine schreckliche Ungewissheit. Therapeuten und psychologische Studien weisen darauf hin, dass Umzüge zu den Erfahrungen gehören, die die größte Stressbelastung für uns bedeuten. Solltest du auch zu denen gehören, die einmal aus einem Zuhause, das zum sicheren Hafen geworden war, ausziehen mussten, dann wirst du wissen, was einem an Unbehaglichkeit und an Ängsten im Nacken sitzt. Hinzu kam, dass es im Dezember, in der Weihnachtszeit, besonders schwer war, in Los Angeles eine neue Bleibe zu finden – was ihr Anlass zu der nicht ganz unberechtigten Sorge gab, am Ende ohne Obdach dazustehen. Sich in einen Nervenzusammenbruch zu versetzen, indem man an einen erzwungenen Umzug denkt, ist deshalb nicht so weit hergeholt. Ich sagte Susanna, sie solle sich vorstellen, mitten im Winter obdachlos und völlig entwurzelt zu sein, und dies als MOMENT DAVOR benutzen für ihre Szene mit dem Autounfall. Ein Unfall, von dem das Publikum annehmen muss, dass es vielleicht gar kein Unfall, sondern ein Selbstmordversuch war. Indem sie sich den Horror ausmalte, den es für sie bedeuten würde, obdachlos zu sein, wurde es ihr möglich, sich ebenso unter Schock und ebenso aufgebracht und orientierungslos zu fühlen wie bei einem Nervenzusammenbruch. Als sie diesen Nervenzusammenbruch dann spielte, wirkte der so echt, dass es schon unheimlich war. Warum? Weil sie es wirklich nachempfinden konnte.

Manchmal bekommt man eine starke Wirkung, wenn man ein Ereignis als MOMENT DAVOR benutzt, das man beschreiben könnte als den »Tropfen, der das Fass zum Überlaufen bringt«.

Ein bestimmtes Ereignis, das für sich betrachtet eigentlich nicht mehr als ein Ärgernis wäre, kann einen rasend machen, wenn ihm viele andere belastende Vorfälle vorausgegangen sind. Was wäre zum Beispiel, wenn du gerade deinen Job verloren hättest und kurz danach eröffnet dir dein Partner, dass er dich verlässt. Das erste Ereignis macht das zweite gleich viel katastrophaler.

Als David Spade bei mir studierte (vor *Saturday Night Live* und bevor er berühmt wurde), benutzte er eine »Tropfen, der das Fass zum Überlaufen bringt«-Erfahrung für eine Szene aus dem Film *Broadcast News (Nachrichtenfieber – Broadcast News).* In der Szene ist seine Figur Aaron Altman allein zu Haus und jammert und klagt, wie übel er seine erste Chance vermasselt hat, Nachrichtensprecher zu werden. Aaron war bei seiner Bewährungsprobe so nervös und schwitzte so sehr, dass einige Zuschauer beim Sender anriefen, weil sie fürchteten, der Nachrichtensprecher habe einen Herzinfarkt. Es war klar, dass es für Aaron keine zweite Chance geben würde, seinen Traum in Erfüllung gehen zu sehen. Aber da platzt unerwartet Jane herein, die Frau, die er liebt. Einen Moment lang sieht es so aus, als gäbe es einen Lichtblick. Aber leider hat Jane vorbeigeschaut, um ihm mitzuteilen, dass sie sich in seinen Erzrivalen Tom verliebt hat. Es ist nicht Aarons Tag. In dieser Szene brauchte David für seine Figur Aaron einen starken MOMENT DAVOR, damit ihm Janes Neuigkeit wie ein vernichtender Schlag vorkam. David entschied sich für ein persönliches »Tropfen, der das Fass zum Überlaufen bringt«-Ereignis, das ihm vor kurzem passiert war. Er hatte bei einem Auftritt in der *Tonight Show* mit Jay Leno versagt, die als Sprungbrett für Stand-up-Komiker gilt. Als das passierte, war David mit seinem Latein am Ende und sah seine Karriere den Bach runtergehen, was sich als wirkungsvoller MOMENT DAVOR erwies.

Einige typische MOMENT-DAVOR-Beispiele

Zur Erinnerung: Der MOMENT DAVOR ist ein Ereignis, das der Szene vorausgeht und dafür sorgt, dass du dein SZENENZIEL nicht nur erreichen willst, sondern dass du es sofort und unter allen Umständen brauchst. Dein MOMENT DAVOR muss auf dein SZENENZIEL und deine SUBSTITUTION abgestimmt sein. Wenn du das tust, verlierst du dein GESAMTZIEL und dein SZENENZIEL nicht aus den Augen, und der Spannungsbogen deiner Figur verläuft logisch und geradlinig.

Es folgen nun einige Vorschläge, die sich gut für MOMENTE DAVOR eignen. Sie sollen dir Anhaltspunkte für deine Überlegungen geben, wie man einen passenden MOMENT DAVOR mit überzeugender Wirkung finden kann. Es sind Umstände und Ereignisse, die als MOMENT DAVOR infrage kommen. Einige Beispiele können reale Ereignisse sein oder als WAS WÄRE WENN nur deiner Vorstellung entstammen. Wenn du sie dir allerdings als ein WAS-WÄRE-WENN-Ereignis ausmalst, musst du eine echte plausible Angst davor haben.

Falls das SZENENZIEL lautet, ***»dich dazu bringen, mich zu lieben«***, ist ein angemessener MOMENT DAVOR etwas, das dir kürzlich zugestoßen ist, oder ein WAS-WÄRE-WENN-Ereignis, das dich schamlos und verzweifelt danach streben lässt, *sofort* geliebt zu werden. Folgende Ereignisse kommen infrage:

- Dein Partner hat Schluss mit dir gemacht. Dass du diese Liebe nun verloren hast, sorgt dafür, dass du die Liebe einer neuen Person mit einer gewissen Besorgnis und Dringlichkeit zu erringen suchst. Kurz bevor du in die Szene hineingehst, stellst du dir vor, dass der Bruch gerade erfolgt ist (oder WAS WÄRE, WENN ein bevorstehender Bruch erfolgte). Stell dir den Ort vor, wo es passiert ist, die Gerüche, was er oder sie anhatte, was gesagt wurde und welche seelischen Schmerzen dir die Zurückweisung bereitete.
- Deine Angst, dass dein Partner es mit anderen treibt (WAS WÄRE, WENN). Auch wenn es dafür überhaupt keine Beweise gibt und es nur eine Angst ist, stell dir vor, du würdest es herausfinden. Mal es dir aus – *mit wem* treibt es dein Partner, *wo* würde er es tun, *was* würdest du dann tun, *wie* würde dein Partner es dir mitteilen, *wie* du ihn auf frischer Tat ertappst. Lass dir die Vorstellung, dass dein Partner sich dem anderen sexuell auf dieselbe Art und Weise wie dir hingibt, durch und durch gehen und empfinde deine verletzten Gefühle. Dann beginn mit der Szene.

- Wenn du im Moment keinen Partner hast, dann benutze wirkliche oder befürchtete WAS-WÄRE-WENN-Trennungen von einem Freund, einem Agenten, einem Chef, einem Geschäftspartner, einem Familienmitglied. Wer immer wichtig genug für dich ist, dass eine Trennung von ihm dein Leben verändern würde, kommt infrage. Es sollte jemand sein, bei dem du großen Aufwand betreiben würdest, um seine Zuneigung zurückzugewinnen. Stell dir den Bruch vor, erschaffe ihn oder erschaffe ihn neu in deinem Kopf – so detailliert du kannst, und beginne dann mit der Szene.

Wenn dein SZENENZIEL lautet: ***»dich dazu bringen, mir meine Macht zurückzugeben«***, dann eignet sich als MOMENT DAVOR ein noch frisches Erlebnis, dass sofort den heftigen Drang in dir freisetzt, dich wieder mächtig zu fühlen. Es kann auch ein WAS-WÄRE-WENN-Erlebnis sein, das deine schlimmsten Ängste und Befürchtungen heraufbeschwört. Hier ein paar Beispiele:

- Ein Chef, dein Liebhaber, ein Familienmitglied oder ein Freund hat gerade dafür gesorgt, dass du dir sehr dumm vorkommst. Ruf die jeweilige Erinnerung mit allen Einzelheiten auf. Durchlebe den Vorfall in deiner Vorstellung noch einmal und empfinde ihn tief.
- Du bist gerade Opfer eines ungerechtfertigten Rausschmisses geworden und verspürst den unwiderstehlichen Drang, dafür Rache zu nehmen. Ruf die jeweilige Erinnerung mit allen Einzelheiten auf. Durchlebe den Vorfall in deiner Vorstellung noch einmal und empfinde ihn tief.
- Du wurdest in eine gewalttätige Auseinandersetzung verwickelt und hast eine Niederlage erlitten. Durchlebe den Vorfall in deiner Vorstellung noch einmal.
- Du wurdest vergewaltigt, belästigt, auf der Straße oder im Haus überfallen, dein Auto wurde geklaut oder irgendeine andere körperliche Attacke hat dazu geführt, dass du qualvollen Gefühlen der Ohnmacht ausgesetzt warst. Ruf die jeweilige Erinnerung mit allen Einzelheiten auf. Durchlebe den Vorfall in deiner Vorstellung noch einmal.
- Jemand hat dich so furchtbar bloßgestellt oder erniedrigt, dass nichts mehr so ist wie vorher. Ruf die jeweilige Erinnerung mit allen

Einzelheiten auf. Durchlebe den Vorfall in deiner Vorstellung noch einmal.

- Man hat dich angelogen oder Lügen über dich verbreitet, und das hat einen Schaden verursacht, der nicht wiedergutzumachen ist. Ruf die jeweilige Erinnerung mit allen Einzelheiten auf. Durchlebe den Vorfall in deiner Vorstellung noch einmal.

Als die Rapperin MC Lyte eine Gastrolle in der TV-Serie *Platinum* erhielt, eine Show über die afroamerikanische Musikindustrie, kam sie zu mir. Die Episode, in der sie auftreten sollte, handelte vom Fall der Camille FaReal, einer Rap-Diva, deren Stern gerade im Sinken begriffen ist und die fürchten muss, durch den Aufstieg einer neuen Pop-Göttin zum alten Eisen geworfen zu werden. In der Geschichte ignoriert der zuständige Produzent ihrer Plattenfirma FaReal, egal, wie verbissen sie seine Beachtung zu erzwingen versucht – mit divenhaften Wutausbrüchen, tränenreichen Schimpfkanonaden und Kämpfen, die einer Wrestling Show alle Ehre machen würden. In einer Szene will FaReal nicht aus ihrem Wohnwagen rauskommen, um in ihrem Musikvideo aufzutreten, weil die neue Rapperin, die auch in dem Video auftritt, weit mehr Aufmerksamkeit bekommt, als FaReal ertragen kann. Da tritt der Produzent auf den Plan, um sie herauszuholen, und der Machtkampf ist eröffnet. Getrieben von ihrem Gefühl, betrogen und im Stich gelassen zu werden, beginnt FaReal zu schreien und zu schluchzen.

Ihr SZENENZIEL ist: *»dich dazu bringen, mir meine Macht zurückzugeben«*. MC Lytes große Herausforderung war, einen MOMENT DAVOR für ihre Figur zu finden. Sie hatte kürzlich ihr eigenes Plattenlabel gestartet – SGI/CMM –, um sich Probleme, wie sie ihre Figur gerade hatte, ein für alle Mal vom Hals zu schaffen. Wir sprachen darüber und waren uns über Folgendes einig: Natürlich konnte sie dadurch, dass sie sich nun selbst vermarktete, für den Moment einigen der Fallen ausweichen, in die man auf dem Musikmarkt so tappen kann. Aber das änderte nichts daran, dass sie immer noch mit der Tatsache zu kämpfen hatte, dass die meisten Künstler in der Musikindustrie eine extrem kurze Halbwertzeit haben. MC und ich beschlossen daraufhin, ihren MOMENT DAVOR bei den Erfahrungen zu suchen, die mit dieser Unsicherheit, in der sie als Künstlerin lebte, in unmittelbarem Zusammenhang standen. Dabei fiel ihr der Moment ein, als sie herausfinden musste, dass eine ihrer Erzrivalinnen auf dem Musikmarkt (und jemand, der viel untalentierter war) gerade viel mehr Erfolg hatte und Platin-CDs und Filmverträge abräumte. Und das machte MC unglaublich wütend. Und als der Regisseur »Action« rief und sie ihrer SUBSTITUTION gegenübertrat – ein mit ihr befreundeter wichtiger Mann in der Musikwelt, der sich auf die Seite der Konkurrentin zu schlagen schien – war es dieser MOMENT DAVOR, der sie dazu antrieb, sich mit echtem Kampfgeist für ihr SZENENZIEL in die Schlacht zu werfen: *»dich dazu bringen, mir meine Macht zurückzugeben«*.

Wenn dein SZENENZIEL lautet: ***»dich dazu bringen, mich zu verehren« oder »dich dazu bringen, zu mir aufzusehen«***, dann brauchst du einen MOMENT DAVOR, der dafür sorgt, dass du dir klein, erniedrigt und degradiert vorkommst, und bei dem es für dich nichts Wichtigeres gibt, als dein SZENENZIEL so schnell wie möglich zu erreichen, weil das der einzige Weg ist, deine Selbstsicherheit wiederzugewinnen. Mögliche Vorfälle wären folgende:

- Man hat dich gerade gefeuert.
- Du leidest gerade an einer sexuellen Fehlfunktion.
- Dein Partner hat gerade mit dir Schluss gemacht.
- Du hast erneut bei einem Vorsprechen versagt.
- Deine Mutter oder dein Vater tadelt dich für etwas, wofür du gar nichts kannst.
- Du hast jemanden um ein Rendezvous gebeten, und diese Person lässt dich abblitzen und behandelt dich wie einen üblen Geruch, der sich nicht verzieht.
- Du bist gemein einer Sache beschuldigt worden, die du nicht getan hast.

Als ich einem meiner Schüler – Matt – eine Szene aus dem Stück *Pvt. Wars* von James McLure zuwies, war es für ihn nicht einfach, etwas zu finden, was sich gut als MOMENT DAVOR eignete. Er sollte eine Figur namens Silvio spielen, einen Mann, dem man im Krieg sein Gehänge weggeschossen hatte und der nun in einer psychiatrischen Anstalt lebte. Natürlich ist ein Mann am Boden zerstört, wenn man ihm nimmt, was ihn als Mann definiert. In der Szene, um die es ging, versuchte Silvio seinem Kumpel Woodruff zu erklären, wie man eine Frau aufreißt. Silvio empfahl ihm folgenden Trick: »Erzähl ihnen, dass du Geistlicher bist und der geilste, einsamste Mann, der auf Erden wandelt.« Sein SZENENZIEL war: *»dir meine Männlichkeit beweisen«*, aber beim ersten Durchgang der Szene waren Matts Bemühungen, es zu erreichen, wenig leidenschaftlich. Obwohl Silvio nicht viel mehr Erfahrung hat als Woodruff, ist er unbedingt darauf aus, dass Woodruff zu ihm aufblickt und ihn als Frauentyp bewundert.

Um etwas zu finden, mit dem er die Emotion freisetzen konnte, die der seelischen und geistigen Verfassung seiner Figur in dieser Szene entsprach, würde Matt auf eine Erfahrung zurückgreifen müssen, bei der er sich in ähnlicher Weise entmannt gefühlt hatte wie seine Figur. Eine solche Erfahrung konnte einen MOMENT DAVOR für diese Szene abgeben. Daher fragte ich Matt, ob er jemals an einer sexuellen Fehlfunktion gelitten oder mit der Größe seiner Genitalien Probleme gehabt hätte oder jemals von einer Frau wegen seiner Leistung im Bett verspottet worden sei. Ich sagte ihm, dass er mir und der Klasse das nicht sagen müsse (das wäre erniedrigend gewesen), sondern dass er an seine Unsicherheit denken solle. Die meisten Männer – eigentlich so gut wie *jeder Mann* – tragen in Sachen Sexualität irgendwelche unbegründeten Ängste mit sich herum.

Ich sagte ihm, er solle einfach mit irgendeinem dieser Vorfälle, in denen er sich in seiner Männlichkeit infrage gestellt gefühlt hatte, arbeiten und ihn für den nächsten Durchgang der Szene als MOMENT DAVOR ausprobieren. Beim zweiten Durchgang hatte seine Figur eine arrogante Gangart, einen besonderen Hüftschwung, und er sprach mit der übertriebenen Stimme eines Mannes, der zum Ausdruck bringt, dass er jede haben und man eine Menge von ihm lernen könne. Das war die Körpersprache eines Mannes, der sich dazu getrieben fühlt, das bohrende Gefühl, körperlich und geistig impotent zu sein, mit Prahlereien zu übertönen und zu kompensieren.

Apropos Sex, im Theater, Film und Fernsehen gibt es oft die Szene vor dem Sex und/oder die Szene nach dem Sex. Im Folgenden zähle ich einige Möglichkeiten auf, wie man den MOMENT DAVOR für diese Situationen finden kann.

Der MOMENT DAVOR für Szenen, in denen du zum ersten Mal mit jemandem Sex hast

Das erste Mal ist immer eine schwierige Situation, besonders, wenn du die betreffende Person wirklich magst. Bevor es passiert (und du *weißt*, wann es so weit ist...), gibt es gewisse Momente, in denen unsere tiefsten Unsicherheiten und Sehnsüchte berührt werden. Für solche Szenen musst du deine tatsächlichen sexuellen Neurosen und Phantasien nutzen, um deinen MOMENT DAVOR aufzuladen. Zum Beispiel:

- ***Vor* dem ersten Sex (für Männer und Frauen):**
  Der MOMENT DAVOR: Denk zunächst an deine tiefsten Unsicherheiten in diesem Bereich, an deine Befürchtungen, was passieren *könnte*, oder an sexuelle Probleme, die auftreten *könnten*, wenn der Sex im Gang ist. Erinnere dich an Momente, in denen deine schlimmsten sexuellen Befürchtungen wahr wurden. Oder arbeite mit dem WAS WÄRE, WENN es wieder passiert. Stürz dich dann in lebhafte Phantasien über den Menschen vor dir und hoffe (und bete), dass du von deinen sexuellen Problemen verschont bleiben wirst.

  Wenn du ein Mann bist, denk an Probleme mit der Größe deines Glieds, an sexuelle Fehlfunktionen, an Lampenfieber und Leistungsdruck, an sexuelle Vorlieben, die deine Partnerin missverstehen oder ablehnen könnte, an übermäßiges Gerede beim Sex usw.

  Wenn du eine Frau bist, denk an Minderwertigkeitsgefühle wegen der Größe deiner Brüste oder wegen deines Gewichts. Oder an Cellulitis, die nur bei sexuellen Aktivitäten zu sehen ist. Denk an die Neigung, beim Sex zu laut oder zu leise zu sein, an ausgefallene sexuelle Vorlieben, die dich vielleicht zur Schlampe oder zu einer prüden Zicke abstempeln könnten usw.

- *Nach* **dem ersten Sex (für Männer und Frauen):**
  Der MOMENT DAVOR: Denk an deine tiefsten Unsicherheiten in diesem Bereich und setz dich mit deinen schlimmsten sexuellen Ängsten oder mit sexuellen Problemen auseinander, die gerade vor kurzem zum Super-Gau beim Geschlechtsakt geführt haben, unter dessen schlimmen Folgen du nun zu leiden hast. Setz den MOMENT DAVOR so ein, dass du einen Vorfall durchlebst, wo du mit deinen übelsten sexuellen Problemen bloßgestellt wurdest. Stell dir vor, du hast mit deinem Problem bei deinem Sexualpartner den schlechtmöglichsten Eindruck hinterlassen.

  Wenn du ein Mann bist, denk an die Probleme mit der Größe deines Glieds, an die sexuellen Fehlfunktionen, an das Lampenfieber und den Leistungsdruck, an die sexuellen Vorlieben, die deine Partnerin missverstanden oder abgelehnt hat, an das übermäßige Gerede beim Sex usw.

  Wenn du eine Frau bist, denk an die Minderwertigkeitsgefühle wegen der Größe deiner Brüste oder wegen deines Gewichts. Oder an die Cellulitis, die nur bei sexuellen Aktivitäten zu sehen ist, an deine Neigung, beim Sex zu laut oder zu leise zu sein, an ausgefallene sexuelle Vorlieben, die dich vielleicht zur Schlampe oder zu einer prüden Zicke abgestempelt haben könnten usw.

Der MOMENT DAVOR für Streitszenen

Es gibt immer einen Grund für einen Streit, ob er nun verbal oder körperlich ausgetragen wird. Gehe immer von deinem SZENENZIEL aus. Bei Streitszenen ist das normalerweise *»dich ins Unrecht setzen, damit ich recht haben kann«* oder *»dir die Macht, die du mir entrissen hast, wieder abnehmen.«*

- Der MOMENT DAVOR: Gehe immer von deiner SUBSTITUTION und dem Teil deiner Lebensgeschichte aus, den diese SUBSTITUTION reflektiert. Denn was der Gegenstand des Streits ist und welchen Vorfall du als MOMENT DAVOR benutzt, wird immer davon abhängen, wen du dir als SUBSTITUTION vorstellst. Als MOMENT DAVOR solltest du dir einen Vorfall aussuchen, der den Streit auslösen wird. Wenn die Szene mit einem verbalen und/oder körperlichen fulminanten Schlagabtausch beginnt, gehst du mit einer klaren Vorstellung von den Ursachen und den Absichten auf die Bühne, die diesen Streit bestimmen.

In dem Film *In the Bedroom* gibt es ein Wortgefecht zwischen einem Ehepaar (gespielt von Tom Wilkinson und Sissy Spacek). In diesem Streit geht es darum, wer von den beiden am Tod des gemeinsamen Sohns schuld ist. Für beide lautet das SZENENZIEL: *»dich dazu bringen, die Schuld auf dich zu nehmen, damit ich mich nicht mehr schuldig fühlen muss«*. Beide Figuren nahmen die Verantwortung auf sich, wiesen sich aber zugleich gegenseitig die Schuld an seinem Tod zu. Das spiegelt realistisch wieder, wie sich Auseinandersetzungen bei dieser Art von Trauma entwickeln. Für beide Figuren in dieser Szene könnte der MOMENT DAVOR die Erinnerung an einen tragischen Vorfall sein, den beide erlebt haben (oder WAS WÄRE, WENN so ein tragisches Ereignis stattfinden würde – welche Ängste löst diese Vorstellung aus). Deine SUBSTITUTION wäre in so einem Fall die Person, von der du glauben willst, dass sie schuld an der Tragödie ist. Der MOMENT DAVOR eines tragischen Vorfalls, für den du dich schuldig fühlst, wird dich dazu beflügeln, deine Schuldgefühle zu lindern, indem du das entsprechende SZENENZIEL erreichst, *»dich dazu bringen, die Schuld auf dich zu nehmen«*.

In Noël Cowards Theaterstück *Private Lives* gibt es eine andere klassische Streitszene. Im zweiten Akt haben sich die ehemaligen Eheleute Amanda und Elyot in Amandas Appartement verkrochen und versuchen dort ihre Beziehung wieder zu kitten. Beide Figuren haben das SZENENZIEL *»dich dazu bringen, zuzugeben, dass du mich schlecht behandelt hast (damit ich als die verletzte Partei auftreten kann)«*. Es ist spät in der Nacht, sie trinken, und natürlich kommt der Anlass für ihren Bruch zur Sprache. Sie haben allerdings jeweils einen unterschiedlichen Blickwinkel auf das, was passiert ist und wer die Verantwortung dafür trägt. Beide schieben sich gegenseitig die Schuld zu und sehen sich als Opfer. Es entspinnt sich ein Wortgefecht, das in einer körperlichen Auseinandersetzung endet.

Für diese Szene wäre dein MOMENT DAVOR die Erinnerung an den übelsten Vorfall, für den deine SUBSTITUTION verantwortlich war.

Der MOMENT DAVOR für Versöhnungsszenen

Das SZENENZIEL für eine Versöhnungsszene ist normalerweise *»dich dazu bringen, mir zu verzeihen«* oder *»dich dazu bringen, mir Absolution zu erteilen«*.

Der MOMENT DAVOR: Denk an ein Ereignis, das dir das Gefühl gibt, dass du etwas falsch gemacht hast, etwas, das dir große Schuldgefühle einflößt. Damit lässt du das Gefühl in dir aufkommen, dass du die Sache in Ordnung bringen musst, weil es ja deine Schuld ist. Nimm dafür Vorfälle, die etwas mit deiner SUBSTITUTION zu tun haben und dem Teil deiner Lebensgeschichte, die du für deine SUBSTITUTION verwendest. Einige mögliche MOMENT-DAVOR-Ereignisse sind:

- Wie du einmal deinen Partner betrogen hast
- Wie du einmal bei einer illegalen Aktion erwischt wurdest
- Wie du einmal gelogen und dein Drogenproblem verschwiegen hast
- Wie deine Lügen und Verleumdungen hinsichtlich deiner SUBSTITUTION einmal aufgeflogen sind
- Wie du einmal deiner SUBSTITUTION verbal und körperlich Gewalt angetan hast
- Wie du mal dabei erwischt wurdest, als du deiner SUBSTITUTION etwas gestohlen hast

Zur Erinnerung: Den MOMENT DAVOR – ob es ein realer Vorfall oder ein WAS-WÄRE-WENN-Ereignis ist – setzt du ein, bevor die Szene beginnt. Er sorgt dafür, dass du dein SZENENZIEL sofort und unbedingt erreichen willst. Du rufst die Erinnerung in deiner Vorstellung auf, konzentrierst dich darauf und malst es dir so aus, als ob es gerade passiert. Du erinnerst oder stellst dir den Raum vor, die Gerüche, die Worte, die gesagt wurden oder würden, und die drängenden Emotionen, die aufkamen oder aufkommen würden, Emotionen, die sich einstellen, wenn viel auf dem Spiel steht. Dann fühlst du es so, als ob es im Hier und Jetzt passiert.

Du musst deine Wahl für deinen MOMENT DAVOR in den Proben testen, um herauszufinden, ob der Vorfall oder die Vorstellung, die du dir ausgesucht hast, dich emotional auch tatsächlich so aufwühlen, dass sie dich optimal auf dein SZENENZIEL einstellen, sodass du es unbedingt erreichen willst. Ein starker MOMENT DAVOR mit massiver Durchschlagskraft wird deine emotional empfindlichen Punkte sofort treffen. Wenn er nicht innerhalb einer Minute eine heftige emotionale Reaktion in dir hervorruft, dann probier einen anderen Vorfall aus, der als MOMENT DAVOR infrage kommt, so lange, bis du den richtigen findest.

KAPITEL 8

Schritt 8: ORT und VIERTE WAND

Die Umgebung deiner Figur mit Eigenschaften eines ORTS und einer VIERTEN WAND aus deinem wirklichen Leben ausstatten.

Die Verwendung von ORT und VIERTER WAND erzeugt Privatsphäre, Intimität, Entwicklung, Verständnis, Sicherheit und Realität. ORT und VIERTE WAND müssen mit allen Entscheidungen, die du im Zusammenhang mit den anderen Schritten getroffen hast, im Einklang stehen und ihnen zugutekommen. Schau dir die persönliche Geschichte an, die du mithilfe der anderen Schritte gefunden hast, und stell dir die Frage: »Welcher ORT aus meinem Leben wird bewirken, dass die bereits von mir getroffenen Entscheidungen ein größeres Risiko bedeuten?«

Angenommen, dein SZENENZIEL lautet: *»dich dazu bringen, dass du zugibst, unrecht zu haben, und dich entschuldigst«*, und als SUBSTITUTION benutzt du deine Mutter. Jetzt brauchst du einen ORT, der deine Realität verstärkt – das heißt, etwas, was deinem Gefühl, dass man dir Schaden zugefügt hat, zusätzliche Nahrung gibt und dein Bedürfnis, dein Ziel (SZENENZIEL) zu erreichen. Um einen passenden ORT zu finden, musst du dir erst mal klar darüber sein, wo sich die Szene im Skript eigentlich abspielt. Drinnen oder draußen? Ist der Raum privat oder öffentlich?

Sobald du alle Informationen zum Raum hast, stellst du die Beziehung zwischen ihm und einem ORT aus deinem Leben her. In diesem Fall – du willst jemanden dazu bringen, zuzugeben, dass der Fehler bei ihm liegt, und sich zu entschuldigen, mit deiner Mutter als SUBSTITUTION – müsstest du an einen ORT denken, wo deine Mutter dich einmal getäuscht oder im Stich gelassen hat. Dieser ORT aus deinem Leben sollte entweder der ORT sein, den du für deinen MOMENT

DAVOR benutzt, oder ein ORT, in dem du mit deiner SUBSTITUTION eine ähnliche Erfahrung gemacht hast (in diesem Beispiel also mit deiner Mutter), die sich zu der Szene im Skript in eine sinnvolle Beziehung setzen lässt. Wenn die Szene in einem öffentlichen Raum spielt, zum Beispiel in einem Restaurant, denk an einen ORT, an dem deine Familie häufig Mahlzeiten einnahm und deine Mutter dich immer herabgesetzt hat – vielleicht der Ort, wo sie dich verspottete, zu fett zu sein. Wenn die Szene an einem privaten ORT (innen) spielt, dann wäre z. B. dein Kinderzimmer ein ORT mit einer starken Wirkung, das Zimmer, wo deine Mutter dich oft körperlich oder mit Worten misshandelte. Spielt die Szene in einem öffentlichen ORT (außen), könntest du die Stufen benutzen, die zum Eingang deiner Grundschule hinaufführen, die Stufen, auf denen du mit acht Jahren gesessen hast, als du drei Stunden auf deine Mutter warten musstest, weil sie vergessen hatte, dich abzuholen.

Egal, in welcher Art von Raum die Szene spielt – innen und öffentlich, innen und privat, außen und öffentlich oder außen und privat – die Bestimmung des jeweiligen Raumtyps und die darauf aufbauende Bestimmung deines individuellen ORTS wird dir dabei helfen, deine persönliche Geschichte, die du mit den anderen sieben Schritten bereits aufgebaut hast und in der sich die Gefühle und Ziele deiner Figur spiegeln, zu vervollständigen.

Wie man den ORT benutzt, um das Spiel zu verbessern, versteht man am besten, wenn man sich eine bestimmte Szene anschaut und sie analysiert. Nehmen wir die Szene aus *Titanic*, wo die Figur Jack Dawson eine Zeichnung von Rose DeWitt in deren Schiffskabine anfertigt. Rose ist bis auf ein sündhaft teures Collier völlig nackt. Sie gehört zur feinen Gesellschaft und ist mit Cal verlobt, einem skrupellosen, reichen jungen Mann. Jack ist jung und mittelos und hat keine Familie mehr. Seine Schiffsfahrkarte hat er beim Pokerspiel gewonnen. Rose hat als SZENENZIEL: »*dich* (Jack) *dazu bringen, dich in mich zu verlieben*«. Es ist offensichtlich ein privater ORT (innen), in dem die Szene spielt, obwohl die Gefahr besteht, dass ihre Mutter oder ihr Verlobter jeden Moment hereinplatzen und die beiden überraschen könnte. Und das ist nur eines der vielen HINDERNISSE, die du bei dieser Szene im

Hinterkopf haben musst. Die HINDERNISSE, die in einer Szene eine Rolle spielen, musst du immer berücksichtigen, wenn du deine Wahl für den ORT triffst.

Roses HINDERNISSE sind:

1. Mögliche Zurückweisung.
2. Ich bin nackt und habe gar kein gutes Verhältnis zu meinem Körper (sei konkret – Hüften, Bauch, Brüste, Cellulitis etc.)
3. WAS WÄRE, WENN er denkt, ich wäre leicht zu haben?
4. Mein Verlobter könnte jederzeit reinplatzen und Jack oder mich töten, oder uns beide.
5. Meine Mutter könnte jederzeit reinplatzen und einen Anfall bekommen.
6. Die riesige soziale Kluft zwischen uns.

Wenn du die Figur der Rose spielen würdest, dann würdest du dich nicht auf die Suche nach einem ORT machen, der einer luxuriös ausgestatteten Schiffskabine mit Nussbaum-Vertäfelung ähnelt. Stattdessen müsstest du den ORT aus deiner Lebensgeschichte finden, den du mit diesen sechs HINDERNISSEN in Verbindung bringen kannst und der gut mit deiner Wahl für die SUBSTITUTION für Jack harmoniert.

Wie für alle Schritte gilt:
Nimm immer den emotionalen Standpunkt ein.

ORTE, die für die Kabinenszene in der Titanic funktionieren könnten, wären zum Beispiel:

- Wenn du deinen Exfreund als SUBSTITUTION für Jack verwendest, weil du immer noch Gefühle für ihn hast, dann:

  ORT: **Das Wohnzimmer deines Exfreunds.**

  Diese Entscheidung macht die Sache nicht nur dadurch interessanter, dass du die Geschichte mit deinem Exfreund einbringst. Sie erfüllt dich auch mit der Angst, erneut verletzt zu werden. Als die Person, bei der die Gefahr besteht, dass sie reinplatzen könnte, kommt dein aktueller Partner infrage, oder eine Freundin und/oder eine Familienangehörige, die deinen Exfreund noch nie leiden konnte.

- Wenn du als SUBSTITUTION für Jack jemanden benutzt, in den du verknallt bist, oder einen Schwarm, der mit deinem gegenwärtigen Partner durch Freundschaft, Blutsbande oder seine Arbeit verbunden ist, dann:

  ORT: **Dein derzeitiges Schlafzimmer, wo du mit deinem Partner wohnst.**

  Das ist nämlich ein ORT, der dich ständig daran erinnert, dass du untreu bist, was ihn noch gefährlicher macht. Außerdem könnte dein Partner jederzeit auftauchen.

- Wenn du als SUBSTITUTION für Jack einen Freund nimmst, dem du auf einer geistigen Ebene verbunden bist (eine Verbundenheit, die über Freundschaft hinausgeht), dann

  ORT: **Die Wohnung dieses Freundes.**

  Diese Wahl umfasst das Risiko, eine Freundschaft zu verlieren. Denn wenn die Affäre sich schlecht entwickelt, ist es unwahrscheinlich, dass es je wieder so wird wie vorher.

  Derjenige, der hereinplatzen könnte, könnte jemand aus eurem Freundeskreis sein. Wenn er dich nackt daliegen sähe, könnte er es überall herumerzählen.

- Wenn du als SUBSTITUTION für Jack deinen Chef benutzt, dann:

  ORT: **Das Büro deines Chefs.**

  Das ist ein Ort, der dich an die Ungehörigkeit der Situation erinnern würde. Dort bestünde auch das Risiko, dass ein Mitarbeiter, eine Sekretärin, die Gattin des Chefs usw. plötzlich und ungeladen auf der Bildfläche erscheint. Außerdem bedeutet das Ende einer solchen Affäre oft auch das Ende des Arbeitsverhältnisses, wenn die Affäre schiefläuft.

Es gibt natürlich unendlich viele andere Möglichkeiten. Das sind nur einige Vorschläge. Wenn du die Figur der Rose wirklich spielen würdest, würdest du möglichst viele mit deiner SUBSTITUTION in Beziehung stehende ORTE ausprobieren, um festzustellen, welcher der wirkungsvollste ist, auch was seine Funktion betrifft, das SZENENZIEL zu erreichen.

Wenn du einige Schauplätze gefunden hast, die du als ORT benutzen könntest, musst du ihn erschaffen. Das bedeutet, dass du Merkmale des ORTS aus deinem richtigen Leben auf deinen Spielort – ein Set, eine Bühne, eine Probebühne – überträgst.

Schauen wir mal, wie du bei der *Titanic*-Szene beim ersten unserer vier Beispiele deinen ORT aufbauen würdest, dem Wohnzimmer deines Expartners.

DEN ORT ANWENDEN

Erinnere dich an auffallende Details im Wohnzimmers deines Expartners. Dazu gehören die Möbel, der Fußboden, die Farben der Wände, die Plakate oder Kunst an der Wand, die Fenster und Türen, die Gerüche, die Geräusche, die Temperatur. Nachdem du den Raum in deiner Erinnerung so genau wie möglich wachgerufen hast, passe mithilfe deiner Vorstellungskraft Strukturen und Merkmale des Wohnzimmers deines Expartners an die räumlichen Strukturen des Drehorts oder der Bühne an. Statte z. B. vor deinem inneren Auge das Sofa auf dem Set oder auf der Bühne mit den Merkmalen des Sofas aus dem Wohnzimmer deines Ex aus, zum Beispiel, indem du die Farbe und den Stoff anpasst. Setze in deiner Vorstellung die Stereoanlage aus dem Wohnzimmer deines Ex auf den Beistelltisch der Bühne oder des Drehorts. Die Bilder an der Wand sind nun Fenster. Den Holzfußboden stellst du dir als blauen Teppich vor. Die Gerüche dort als sein Parfum. Die Geräuschkulisse am Set als den Verkehr, den man im Wohnzimmer deines Ex immer vorbeirauschen hörte. Stell dir vor, dass es im Raum kühl ist, weil dein Ex die Temperatur immer herunterregelte, weil er es hasste zu schwitzen.

Während du auf diese Weise jeden wesentlichen Aspekt der Bühne oder des Sets mit deinem persönlichen ORT verknüpfst und an ihn anpasst, erinnere dich an Ereignisse – sowohl schmerzvolle als auch wunderbare –, die an diesem ORT stattgefunden haben. Erinnere dich an das erste Mal, als ihr Sex auf dem Sofa hattet. Und dann erinnere dich daran, dass es dasselbe Sofa war, in dessen Polstern du plötzlich auf das geblümte Höschen gestoßen bist, das nicht deins war. Nimm das Poster wahr, das du ihm mal gekauft hast. Hör die Klänge der CD, die er bis zum Abwinken laufen ließ. Stell dir die Tür vor, die du hinter dir zuschlugst, als du das letzte Mal bei ihm warst. Mach so weiter, bis du dich deiner Vorstellung und deinem Empfinden nach komplett vom Set oder der Theater- bzw. Probebühne in den ORT deiner Wahl versetzt hast.

Sobald du den am besten geeigneten persönlichen ORT gefunden hast, musst du das Set oder die Bühne in deiner Vorstellung in diesen ORT umwandeln.

Wenn du in einem Theaterstück mitwirkst, erschaffe deinen ORT vor jeder Probe. Wenn du in einem Film oder einer TV-Produktion mitspielst, verbringe mindestens zehn oder fünfzehn Minuten am Set der jeweiligen Szene, bevor die Aufnahmen anfangen. Lass deinen ORT Form annehmen, lebe dich in deinem ORT ein und lass ihn dir zusätzlich dadurch real erscheinen, dass du dir emotional passende Ereignisse und Erfahrungen in Erinnerung rufst, die du an diesem ORT erlebt hast.

Ich habe einen Film mit Christopher Walken in der Hauptrolle produziert, *Kiss Toledo Goodbye*. Walken pflegte auf jedem neuen Set und an jedem neuen Drehort in der Dunkelheit (bevor das Set beleuchtet wurde) herumzulaufen, um Mobiliar und Requisiten zu betasten und zu benutzen – er setzte sich auf einen Stuhl, berührte die Gegenstände auf dem Beistelltisch, sah die Bücher im Regal durch –, bis der Raum für ihn real war und die für ihn passende Vergangenheit enthielt. Er beschwor den ORT seiner Wahl für sich herauf. Bei Drehbeginn waren seine Welt und das Set eins.

Der ORT der Wahl sollte *ihm eigene* HINDERNISSE haben.

Wenn sich der ORT, den du dir aussuchst, zu behaglich für dich anfühlt, wirst du nicht den Drang verspüren, dein SZENENZIEL erreichen zu wollen. Sagen wir, du hast eine Szene, in der deine Figur bei einem Vorstellungsgespräch ist und das SZENENZIEL *»dich dazu bringen, mir den Job zu geben«* lautet. Wenn du einen ORT benutzt, wo du mal problemlos einen Job bekommen hast, dann steht nicht genug auf dem Spiel. Das liegt daran, dass der Gedanke an diesen ORT keine Nervosität in dir auslöst, die bei einem Vorstellungsgespräch, und wenn man den Job wirklich haben will, normal ist. Viel besser würde da ein ORT funktionieren, wo du ein unheimlich wichtiges Vorstellungsgespräch verpatzt hast. Mit so einem ORT würde sich die Anziehungskraft deines SZENENZIELS für dich vervielfachen. Diese Umgebung würde den verzweifelten und sehnlichen Drang in dir entfachen, das Gespräch zum Erfolg zu führen, denn du würdest auf keinen Fall wollen, dass die Sache genauso in die Hose geht wie beim letzten Mal.

Es ist verblüffend, wie stark uns ORTE prägen. Denk mal an ein Restaurant, in dem du mit einem früheren Partner oft gewesen bist. Und jetzt überleg dir, wie es wäre, in genau diesem Restaurant nur ein paar Wochen nach dem Bruch mit diesem Partner mit jemandem zu sitzen, den du neu kennengelernt hast. Das fühlt sich anders an, oder? Das einst so gemütliche zweite Wohnzimmer wird jetzt zu einem ORT, der Angst und Unbehagen auslöst. Du fürchtest, dass dein Ex auftauchen könnte (es war ja schließlich euer Restaurant); du erinnerst dich an die schrecklichen Streitereien, zu denen es dort gekommen ist und zu denen es dort wieder kommen könnte, wenn aus deiner Verabredung eine längere Beziehung werden sollte; und du denkst, dass du vielleicht nie wieder einen Partner haben wirst, weil dich dieser ORT ständig daran erinnert, wie erbärmlich du in deiner Beziehung mit deinem Expartner versagt hast. Wo wir uns befinden, hat Einfluss auf unsere Gefühle und Bedürfnisse.

Wie wichtig der ORT ist, zeigt David Hare mit seinem Theaterstück *The Blue Room*, das in einer freien Adaption auf Arthur Schnitzlers *Reigen* basiert. Das Stück umfasst zehn sexuelle Begegnungen. Schon indem er sein Stück *The Blue Room* nennt, lenkt Hare die Aufmerksamkeit auf den elementaren Stellenwert, den der ORT grundsätzlich in jeder Geschichte hat. In einer Szene hat ein Politiker eine Affäre mit einem jungen Model. Ich bat William R. (Bill) Moses, bekannt aus *Melrose Place, Falcon Crest* und vielen anderen Serien, diese Szene für mich in meiner Klasse zu spielen. Bill war sich klar darüber, dass die zentralen HINDERNISSE seiner Figur darin bestanden, dass sie verheiratet und ein Politiker war. Der Politiker würde alle Gründe haben, sich Sorgen zu machen, dass seine Frau, die Presse und seine Wähler von diesem Fehltritt Wind bekommen konnten. Schaut man sich die bewegte politische Vergangenheit der Vereinigten Staaten an, können Enthüllungen dieser Art die Amtszeit eines Politikers eindrucksvoll verkürzen. Hinzu kam dann noch das HINDERNIS des Altersunterschieds – das Lolita-Alter des Models würde im Falle von Enthüllungen in seinem Lebenslauf einen schwarzen Fleck hinterlassen. Bill und ich sprachen darüber, welcher ORT, der in seinem Leben eine Rolle gespielt hatte, ihn in eine solche sexuelle Erregung und eine solche Angst vor Entdeckung versetzen konnte. Bill hatte schon eine Scheidung hinter sich, auch ein Kind war Teil dieser Erfahrung. Würde er als verheirateter Mann jemals wieder eine Affäre haben, würde er den ganzen hässlichen Schlamassel noch einmal durchleiden müssen – etwas, das er sich herzlich gern ersparen wollte. So entschloss sich Bill dazu, sein Schlafzimmer zu benutzen, und zwar in Verbindung mit dem WAS WÄRE, WENN er sich auf eine Affäre einlässt, während seine Frau und seine Kinder gerade nicht zu Hause sind. Er sah sich bei sexuellen Aktivitäten in jenem Bett, dass er eigentlich mit seiner Frau teilte, dem Bett, in dem er mit ihr ein Kind gezeugt hatte. Und mithilfe der SUBSTITUTION, die er sich für diese Vision ausgesucht hatte, nahm seine sexuelle Erregung gefährliche Formen an. Bill projizierte alle möglichen Formen und Erinnerungen in seine Spiel-Umgebung hinein: Er sah in seinem ORT Mobiliar, das er zusammen mit seiner Frau gekauft hatte, nahm den Geruch ihrer Kleider und ihres Parfums wahr und rief sich die Besonderheiten seines Betts ins Bewusstsein. Das vervielfachte seine Schuldgefühle (seine Frau konnte jederzeit hereinplatzen) und seine Angst, entdeckt zu werden, aber auch seine sexuelle Erregung (es ist immer spannender, wenn Gefahr mit im Spiel ist). Das Ergebnis war eine starke Darbietung, die von der Wirkung eines überzeugenden, effektiven ORTS profitierte.

Der ORT ist ein grundlegender Schritt, sogar, wenn es ein ORT ist, an dem deine Figur noch nie gewesen ist.

Wenn ihre Figur irgendwo hinkommen soll, wo sie noch nie gewesen ist, versuchen viele Schauspieler sich selbst zu überlisten, indem sie das Set nicht betreten, bevor gefilmt wird. Das klappt – aber nur für die erste Aufnahme. Bei der zweiten oder der vierzehnten kann der Trick eigentlich nicht mehr funktionieren. Und was ist mit all den Einstellungen für die Szene? Du wirst das Set immer und immer wieder benutzen für Master Shots, »Zweier«-Einstellungen, Close-Ups usw. Was macht man dann? Es ist immer wichtig, mit einem ORT aus dem eigenen Leben zu arbeiten und eine bewusste Entscheidung zu treffen. Du brauchst einen ORT, auf dessen Wirkung du dich verlassen kannst und der dir immer wieder das Gefühl gibt, was du für die Szene brauchst. Und ob du's glaubst oder nicht, es gibt viele ORTE in deinem Leben, mit denen die Aufregung verbunden ist, die man hat, wenn man irgendwo zum ersten Mal ist.

Wenn du zum Beispiel in einem Horrorfilm spielst und die Regieanweisung für deine Figur lautet, zum ersten Mal ein Spukhaus zu betreten, gibt es da eine sehr elegante Lösung: das Haus, in dem du aufgewachsen bist, das du aber seit Jahren nicht mehr betreten hast. Es ist dann zwar kein »erstes Mal« im strengen Sinn, aber immerhin ein »erstes Mal seit langer Zeit«. Und damit sich das auch unheimlich anfühlt – wir befinden uns schließlich in einem Spukhaus –, ruf ein paar unangenehme Erinnerungen (INNERE BILDER) aus deiner Kindheit wach, während du dich in diesem ORT umschaust. Das wird dir dasselbe unheimliche Gefühl geben, das man beim Betreten eines Spukhauses verspürt. Beachte, dass sich der ORT bei dieser Arbeitsweise auch spannungssteigernd auf das SZENENZIEL auswirkt, indem es dir noch mehr HINDERNISSE gibt (die bösen Erinnerungen), die du überwinden musst.

Man kann aber auch Wirkungen erzielen, indem man einen ORT benutzt, der sich besonders sicher anfühlt. So ging ich zum Beispiel mit Natasha Gregson Wagner vor, als wir bei der mörderischen Attacke auf ihre Figur in *Urban Legends (Düstere Legenden)* den Überraschungseffekt verstärken wollten. In einer Szene am Anfang dieses Horrorfilms sitzt Natashas Figur in ihrem Auto und singt in aller Unschuld ein Lied im Radio mit, als sie plötzlich vom Rücksitz aus von einem Psychopathen überfallen wird. Er tötet sie und richtet ein Blutbad an. Obwohl nur

Glas uns von der Außenwelt trennt, empfinden wir unser Auto nicht als einen öffentlichen ORT, sondern als einen privaten. Wir alle benehmen uns in unseren Autos auf eine Weise, die wir uns in der Öffentlichkeit verbieten würden – in der Nase bohren, weinen und zu unseren Lieblingssongs abrocken. Ich sagte Natasha, sie solle als ORT ihren eigenen Wagen benutzen und sich vorstellen, die Straßen zu sehen, die zu ihrem Elternhaus führten, dem Ort, wo sie ihre Kindheit verbracht hatte, wenn sie durch Frontscheibe und Seitenfenster ihres Autos schaut.

Zu personalisieren, was du durch die Fenster siehst, ist bei Autoszenen ein wichtiger Schritt bei der Bestimmung des ORTS.

Sie fühlte sich nicht nur sicher, weil sie sich vorstellte, in ihrem eigenen Wagen zu sein, sondern auch, weil sie die heimatliche Geborgenheit ihrer Kindheit spüren konnte. Dieses Gefühl der Sicherheit erlaubte es Natasha, in ihrem Auto ausgelassen zu singen – und Natashas Sangeskunst gleicht weniger der Melissa Etheridges, sondern der einer Katze, der man auf den Schwanz getreten hat, was beim Publikum für Entspannung und Erheiterung sorgte. An diesem ORT fühlten sich Natasha und das Publikum so geborgen und sicher, dass sie, als der mordlustige Irre hinter dem Sitz hervorschoss, geschockt und wirklich entsetzt waren, weil sie überhaupt nicht damit rechneten. Diesen ORT zu benutzen, erwies sich als derart effektiv, dass das Testpublikum Natasha zu ihrer Lieblingsfigur erklärte und die Szene zu ihrer Lieblingsszene. Da sie gleich am Anfang des Films getötet wurde, ließen die Produzenten den Film so umschneiden, dass ihre Szene als Rückblende immer wieder im Film zu sehen ist.

Benutze den ORT, um ein Gefühl von Privatsphäre zu erzeugen

Mit dem ORT zu arbeiten kann dir helfen, dich unbeobachtet und allein zu fühlen. Wir, die Zuschauer, sollten uns so fühlen, als ob wir bei fremden Leuten Mäuschen spielen, die private und intime Dinge mitbekommen. Wir müssen das Gefühl haben, dass wir Ereignisse beobachten, die uns eigentlich nichts angehen.

ORTE aus der Kindheit eignen sich besonders gut, weil sie so ursprünglich sind.

Die Erinnerungen, die aus unserer Kindheit stammen, bewirken viel, weil wir in vielerlei Hinsicht von diesen Erfahrungen geprägt sind. Egal, wie alt wir werden, wichtige Kindheitserinnerungen scheinen uns immer lebhaft im Gedächtnis zu bleiben. Und dazu gehört dann nicht nur, *was,* sondern auch, *wo* es passiert ist. Das *Wo* lässt überaus starke Bilder und Gefühle in uns hochkommen. Wenn du jemals deine alte Grundschule wieder aufgesucht hast oder mal durch die damalige Nachbarschaftsgegend gefahren bist, oder wenn du nur mal wieder in diese Burger-King-Filiale gegangen bist, wo du dich früher mit deinen Kumpels getroffen hast – immer wirst du von Erinnerungen an gute und bittere Erlebnisse eingeholt.

Ich arbeitete mit Tatyana Ali (bekannt aus *The Fresh Prince of Bel Air [Der Prinz von Bel Air])* an ihrer Rolle Alicia Packer in dem Spielfilm *Back in the Day,* in dem sie neben Ja Rule und Ving Rhames eine der drei Hauptrollen hat. Tatyana spielte eine junge Frau, die ihren Vater, einen Pastor, bei einer unsinnigen Schießerei verliert. In einer der Szenen ist Alicia Packer allein im Arbeitszimmer ihres verstorbenen Vaters und blättert dort seine Bibel, ein altes Fotoalbum und sein Tagebuch durch. Sie hält nostalgisch Rückschau und versucht so, ihren Vater für sich am Leben zu erhalten. Wir benutzten Tatyanas altes Kinderzimmer als ORT, weil es Ereignisse und eine Zeit in ihre Erinnerung zurückrief, die niemals wiederkommen konnten. Und obwohl Tatyanas Vater noch am Leben war, gab ihr die Erinnerung an ihr Zimmer, an den Geruch und all die Dinge, die dort waren, ein Gefühl von Trauer und Verlust. Denn wenn die Kindheit vorbei ist, gibt es kein Zurück. Das bedeutet, dass sie nie wieder das Gefühl von Schutz und Geborgenheit in der besonderen Weise erfahren wird, wie ein Vater eine kleine Tochter liebt und beschützt. Wir nahmen die Fotos vom Set und statteten sie (INNERE

BILDER) mit wichtigen Vater/Tochter-Ereignissen aus. Die Tagebucheinträge des Vaters würde Tatyana nun zum Beispiel als die ermutigenden Worte lesen, die ihr eigener Vater in ihrer Kindheit an sie zu richten pflegte, um ihre damaligen emotionalen Wunden (INNERE BILDER) zu schließen. Das Gefühl, dass der Tod ihr etwas entrissen hatte, konnte Tatyana mit der Erinnerung an ihr Kinderzimmer schließlich nachempfinden. Denn ihre Verlustgefühle, die der ORT in ihr hervorrief, waren echt. Sie nahm Abschied von ihrer Kindheit und von ihrer Rolle als Daddys kleines Mädchen.

Benutze den ORT, um deine Gefühle intensiver zu machen.

Jeder ORT aus deinem Leben ist mit bestimmten Gefühlen verbunden. Es spielt dabei keine Rolle, wie unscheinbar mancher ORT war. In jedem dieser ORTE ist irgendwas Bestimmtes passiert, was mit irgendwelchen bestimmten Emotionen verbunden ist. Du musst immer den ORT wählen, mit dem sich die stärksten Gefühle für dich verbinden.

Viele Jahre habe ich mit der Emmy-Gewinnerin Michelle Stafford an ihrer Figur Phyllis – eine der Hauptrollen in der täglichen Fernsehsoap *The Young and the Restless (Schatten der Leidenschaft)* – gearbeitet. In einer der Geschichten, die die Serie erzählt, wird Phyllis ein Verbrechen untergeschoben. Sie soll das Gästehaus ihres Mannes Jack in Brand gesetzt haben, während er dort seine Exverlobte Diane und ihr gemeinsames Kind untergebracht hat. Phyllis wird ins Gefängnis geworfen. Diane nutzt diese Situation aus, um Jack zu verführen, der der Versuchung erliegt, dann aber erwartet, dass Phyllis ihm seine Untreue vergibt, weil er sich auf den Sex mit Diane (mehr als einmal, wie ich hinzufügen möchte) nur eingelassen habe, um aus ihr herauszukriegen, dass die Brandstiftung auf ihr eigenes Konto geht. Phyllis glaubt ihm kein Wort (wer sollte sowas auch glauben?), kann aber nichts unternehmen, weil sie hinter Gittern sitzt. Oh, und da ist noch etwas (es ist ja schließlich eine Soap im Nachmittagsprogramm). Phyllis, einsam und betrogen, wird verrückt. Sie hört Stimmen, spricht mit sich selbst (sie spielt tatsächlich zwei Personen in manchen Szenen) und versucht sich körperlich zu verletzen.

Wir berieten uns darüber, welcher ORT für sie intensiv mit dem Gefühl verbunden war, eine Gefangene zu sein. Ich sagte ihr, ein Gefängnis könne jeder ORT sein, in dem das Gefühl aufkommt, körperlich oder seelisch eingeengt zu sein. Daraufhin entschied sich Michelle für einen ORT, in dem sie ein Kindheitstrauma erlitten hatte. Wie alle Kindheitstraumata warf auch dieses einen Schatten auf das weitere Leben. Und auch dieses hinterließ ein »gebranntes Kind«, das ängstlich darauf bedacht war, sich vor ähnlichen emotionalen Verletzungen zu schützen. Michelles ORT gab ihr das allgemeine Gefühl, dass es für sie keinen Ausweg gab und auch niemanden gab, an den sie sich wenden konnte – dasselbe Gefühl, das sie als Kind zum ersten Mal durchmachte. Mit anderen Worten: das Gefühl, eingesperrt zu sein. Dieser besondere ORT erinnerte sie dazu auch an Vorfälle, in denen sie sich machtlos, ohnmächtig und ausgeliefert gefühlt hatte. Und wenn man das alles zusammennimmt: Angstgefühle, Machtlosigkeit, Kontrollverlust, Ausweglosigkeit und niemanden, an den man sich wenden kann, sind das die besten Voraussetzungen, um den Verstand zu verlieren. So verlieh der von Michelle gewählte ORT ihrer Darstellung Wahrhaftigkeit, Präzision und mehr emotionale Intensität.

VIERTE WAND

Die VIERTE WAND ist der Bereich deines ORTES, der den Raum, in dem du arbeitest (Bühne, Set, Probebühne etc.), zu einer privaten Umgebung für dich macht und der die Schauspieler und die Bühne bzw. das Set vom Publikum oder von der Filmcrew abgrenzt.

Die VIERTE WAND ist der Rand der Bühne bzw. des Sets. Sie schließt deinen ORT ab und sorgt so für ein Gefühl von Intimität und Privatsphäre. Wenn du die Fußböden, die Wände und die Möbel auf der Bühne oder am Set dem von dir gewählten ORT aus deinem Leben entsprechend personalisierst, musst du auch die VIERTE WAND mit einbeziehen. In deinem persönlichen ORT der Wahl könnte die reale VIERTE WAND beispielsweise aus einer Kommode, einem Kunstobjekt und einem Fenster bestehen und so an einem Set Kamera und Scheinwerfer an dieser Stelle »ersetzen«.

DIE VIERTE WAND ANWENDEN

Wenn du deine Blicke nun auf den VIERTE-WAND-Bereich des Sets richtest, sieh diese Kommode in der Kamera oder dieses Kunstobjekt in einem Führungslicht und dieses Fenster in einem großflächigen Scheinwerfer. Mit anderen Worten, weil es keine reale vierte Wand gibt, musst du den ORT deiner Wahl nach dorthin, wo er offen ist, in deiner Vorstellung vervollständigen. Das heißt, du überlegst dir, was dort wäre, wenn sich dort eine weitere Begrenzung deines ORTES befände. Konzentrier dich dabei auf große Objekte aus dem ORT deiner Wahl – ein Fenster, ein Fernseher, ein Gemälde, ein Kunstobjekt, eine Kommode, ein Sessel etc. – Dinge, die den Formen der tatsächlichen Gegenstände ähnlich sind. So kannst du deine persönliche VIERTE WAND räumlich besser ausstatten.

Ein ORT, der durch eine VIERTE WAND vervollständigt wird, nimmt der Kamera oder dem Publikum auch das Einschüchternde, das beide immer für den Schauspieler haben. Durch den ORT und die VIERTE WAND entsteht der Eindruck einer Intimsphäre, die uns das Gefühl nimmt, dass wir einfach nur Schauspielern zusehen. Wir haben den Eindruck, echten Menschen zuzusehen, die real agieren. Die beste Art zu spielen ist die, bei der Zuschauer sich wie Voyeure vorkommen, die echte Menschen in wirklich intimen Momenten erwischen. Es ist immer wichtig, Intimität in der Arbeit zu erschaffen, aber ganz besonders entscheidend ist es dann, wenn du eine Szene spielst, die emotional oder sexuell stark aufgeladen ist.

Integriere die VIERTE WAND sorgfältig in den ORT deiner Wahl und statte sie entsprechend aus.

Nimm das, was sich an deiner persönlichen VIERTEN WAND befindet, und passe es an die Dinge an, die sich in Wirklichkeit dort befinden – die tatsächlichen Wanddekorationen, Möbel, Kameras oder was auch immer. Such dir dafür Sachen aus, die es deiner Phantasie leicht machen, sonst wird alles kompliziert und verwirrend. Wenn es ein freier Raum ist mit Publikum, so wie es im Theater der Fall ist, dann such dir von den Dingen, die an deine VIERTE WAND gehören, einige wenige aus, die besonders ins Auge fallen. Wenn es ein kleinerer Bühnenraum ist, richte deinen Blick auf die Wand hinter dem Publikum und schau dir die Formen an, die dort zu sehen sind. Statte die Wand mit Dingen aus, die sich normalerweise dort befinden.

Wenn du ORT und VIERTE WAND in deiner Vorstellung ausstattest, musst du nicht jeden Gegenstand einbauen.

Belasse es bei einer Auswahl an Dingen, die den persönlichen ORT bzw. die VIERTE WAND für dich ausmachen, die also so etwas wie das Herzstück oder die Seele dieses ORTS bilden – Gegenstände, die eine besondere Geschichte und eine besondere Bedeutung für dich haben. Indem du dir diese wichtigen Objekte vorstellst, transportierst du dich zuverlässig an den ORT deiner Wahl. Sie sind bedeutend genug, um alles drum herum mit zu verändern. Und wenn du die Objekte aus deinem ORT richtig auswählst, dann werden dadurch emotional weniger stark aufgeladene Details automatisch oft gleich mit aufgerufen.

EINE VIERTE WAND FÜR ORTE IM FREIEN SCHAFFEN UND ANWENDEN

Bei einem ORT im Freien entspricht die VIERTE WAND dem Horizont. Wenn dieser ORT ein Strand sein soll, dann siehst du diesen ganz bestimmten Strand und seine Umgebung vor dir, die du dir als deinen ORT ausgesucht hast. Die VIERTE WAND wäre dann der Blick auf die Wellen, die sich von diesem Strand aus zum Horizont erstrecken – mit ihren Farben, ihren Geräuschen und den Bewegungen der Wellen. Wenn du in einem städtischen ORT im Freien wärst, würde die VIERTE WAND aus bestimmten markanten Gebäuden bestehen, die dir gegenüberliegen und in dieser vertrauten Straße aus deinem Leben wieder begegnen.

Wenn du einen ORT und eine VIERTE WAND auswählst, dann musst du darauf achten, ob es ein PRIVATER ORT oder ein ÖFFENTLICHER ORT ist. Bei ORTEN im Freien gilt dasselbe: Ist es ein PRIVATER oder ein ÖFFENTLICHER ORT?

Jeder ORT bzw. jede VIERTE WAND löst natürlich andere Gefühle aus. Wenn du dich ganz allein in einem Raum befindest, wirst du nicht das Gefühl haben, geheimnisvoll vorgehen zu müssen, weil du keinen Grund hast, dich beobachtet zu fühlen. Wenn du dagegen draußen bist, besteht immer die Möglichkeit, dass jemand mithört oder dich sieht.

ORT und VIERTE WAND innen und privat

- Bei dir zu Hause (einschließlich Schlafzimmer, Wohnzimmer, Arbeitszimmer, Küche usw.)
- Dein Büro
- Krankenhauszimmer
- Hotelzimmer

An einem ORT, der innen und privat ist, bist du entweder allein oder mit nur einer oder zwei weiteren Personen. An einem solchen ORT kann man alles machen oder offen sagen, weil keiner da ist, der einen ausspionieren, bloßstellen, verurteilen oder auf den Ton Einfluss nehmen kann. Natürlich kann dich beschäftigen, dass du vielleicht gestört oder ertappt werden könntest. Aber solange die Person(en), die als Eindringlinge infrage kommen, nicht wirklich im Raum sind, kannst du dich in deiner Privatsphäre unangetastet fühlen, und alles Intime kann sich dort frei entfalten. Dazu gehören Sex, erzählte oder erlebte Geheimnisse und Gewalt oder Tod.

ORT und VIERTE WAND innen und öffentlich (und belebt)

- Ein Restaurant
- Ein Wartezimmer im Krankenhaus

- Ein Wartezimmer beim Arzt
- Ein Gerichtssaal
- Dein Zuhause, in dem eine Party stattfindet
- Ein Kino- oder Theatersaal
- Eine Kneipe
- Ein Verhörraum im Polizeipräsidium (wo sich hinter einem Einwegspiegel Beobachter befinden könnten)
- Ein Flugzeug
- Ein Zug
- Ein Geschäft
- Eine Einkaufspassage

ORTE, die Innenräume sind, zugleich aber öffentlich, ändern den Ton der Szene, weil andere dort leicht alles hören und/oder sehen können. Ist der ORT öffentlich und ein Innenraum, ergibt sich immer ein HINDERNIS, schon aus der Tatsache, dass die anderen Figuren in der Szene irgendwas mitkriegen könnten, was sie nicht mitkriegen sollen, und dann das, was sie gesehen oder gehört haben, anderen verraten, die es eigentlich nicht wissen sollen: ihrem Partner, der Polizei, ihrem Chef, ihren Freunden, ihren Eltern, ihrem Kind.

Personalisiere stumme Personen in einer Szene, die in einem ÖFFENTLICHEN ORT INNEN stattfindet, denn dann kannst du viel lebendiger agieren – besonders, wenn du dich von dieser Person emotional und/oder körperlich bedroht fühlst –, weil ein weiteres HINDERNIS ins Spiel kommt.

Wenn du dir einen öffentlichen ORT bzw. eine VIERTE WAND innen vorstellst, ist es wichtig, dass du dir genau darüber im Klaren bist, welche Person anwesend sein müsste, damit für dich noch mehr auf dem Spiel steht. Wer genau müsste an diesem ORT herumschleichen? Stell dir eine Szene vor, die ein erstes Date zeigt, das in einem Restaurant stattfindet. Such dir einen der Schauspieler/Statisten an einem der anderen Tische in diesem Restaurant aus und benutze als SUBSTITUTION für diesen Schauspieler/Statisten deinen Expartner (der die Person, mit der du dich verabredet hast, schlechtmachen würde, weil sie weniger gut aussieht, blöd oder pervers ist oder jemand, vor dem man sogar Angst haben muss; alles nur, um dir das Gefühl zu geben, dass du deine Ansprüche erheblich heruntergeschraubt hast); oder nimm einen Elternteil, der wie besessen davon ist, dass du dein Singledasein endlich hinter dir lässt, heiratest und Kinder bekommst (mit dieser Wahl setzt du dich unter den Druck, dass diese Verabredung wirklich zu etwas führt, egal, ob die betreffende Person zu dir passt); oder benutz einen Freund, der immer einen Weg findet, dich lächerlich zu machen (was dich deiner Verabredung gegenüber viel zu kritisch macht, was dein Verhalten negativ beeinflusst); oder benutz einen Freund deines Expartners, der sich schon darauf freut, mit deinem Ex darüber zu lästern, wie du deine Ansprüche heruntergeschraubt hast. Je nachdem, wen du als SUBSTITUTION wählst, wird dein Verhalten durch die Verknüpfung mit einer Person, die dir etwas bedeutet, absolut effektiv bereichert werden.

Ein anderer Fall, wo es sich lohnt, einem Schauspieler/Statisten in einem öffentlichen ORT innen Züge von jemandem aus dem eigenen Leben zu verleihen, ist eine Kneipenszene, wo deine Figur einem Fremden ihre Lebensgeschichte erzählt. Indem man eine SUBSTITUTION – jemand, an dem dir wirklich etwas liegt – für den stummen Barkeeper benutzt, bekommt der Konflikt mehr Gewicht, und die Szene gewinnt an Dramatik. Der belanglose Zuhörer wird so zu deiner Mutter, die ein Problem mit deinem Alkoholkonsum hat, oder zu einem Feind (oder Freund deines Gegenspielers), dem es Freude bereiten würde, deine Geheimnisse zu erfahren und anderen von deinen Fehlern und Misserfolgen zu erzählen.

Oder vielleicht ist deine Figur angeklagt in einem Gerichtsverfahren. Hier kannst du dein Verlangen, dein SZENENZIEL *(»dafür sorgen, dass du an meine Unschuld glaubst«)* zu erreichen, dadurch steigern, dass du dir ein Mitglied der Jury aussuchst und als SUBSTITUTION jemanden nimmst, der es liebend gerne sähe, dass die Sache übel für dich ausgeht (ein Exfreund, ein langjähriger Feind, jemand, den *du* irgendwann einmal verletzt hast). So wirst du viel härter daran arbeiten, deine Unschuld zu beweisen. Noch einmal: All das hat die Funktion, mehr Dramatik in die Szene und dein Spiel zu bringen.

ORT und VIERTE WAND im Freien und privat

- Ein geschützter Strandabschnitt oder ein Strand in der Nacht
- Ein Park in der Nacht
- Ein abgeschiedener Parkplatz
- Eine dunkle Gasse
- Ein Swimmingpool
- Ein Hinterhof
- Straßen und Wege mitten in der Nacht
- Ein Auto
- Im Wald

Der Unterschied zwischen einem ORT, der im Freien und privat ist, und einem ORT, der innen und privat ist, besteht darin, dass du draußen noch viel eher entdeckt oder erwischt werden kannst. Es gibt keine Wände. Bei einem privaten ORT im Freien ist die VIERTE WAND der Horizont. Benutz immer etwas, was dort, wo sich deine VIERTE WAND befindet, wirklich existiert.

Vorschläge für ORT und VIERTE WAND im Freien und privat:

- Ein Strand: Die VIERTE WAND wäre das Ufer und die Wellen, die an Land schlagen.
- Ein Park: Die VIERTE WAND wären bestimmte Bäume, Parkbänke und Schilder, die man in dem ORT sieht, den du gewählt hast.
- Ein abgeschiedener Parkplatz: Die VIERTE WAND wären bestimmte Gebäude, die den Parkplatz umgeben. Oder, wenn es eine Tiefgarage ist, die Wände und Mauern der Tiefgarage.
- Eine dunkle Gasse: Die VIERTE WAND wären die Gebäude, die man am Ende der Gasse sieht.
- Auf einem Hinterhof: Die VIERTE WAND wäre das Haus, zu dem der Hinterhof gehört.
- Auf einer nächtlichen Straße oder einem Weg: Die VIERTE WAND wären die Gebäude und die Bäume, Büsche, Hecken etc., die die Straße/den Weg säumen.

- In einem Auto: Autos müssen wir gesondert betrachten, weil sie nicht an einen Ort gebunden sind – Autos sind in Bewegung und die Folge ist, dass die VIERTE WAND sich ständig verändert. Außerdem befindest du dich in einem *Innenraum,* bist aber draußen. Es gibt fast keinen Film ohne Autoszene, weder bei Kino- noch bei TV-Produktionen – also aufgepasst.

ORT UND VIERTE WAND BEI AUTOSZENEN ANWENDEN

Als Erstes statte das Innere des Autos mit dem eines Autos aus, das dir vertraut ist, eines, mit dem du dem Skript eine passende Vorgeschichte hinzufügen kannst. Wenn in der Szene zum Beispiel eine fröhliche Spritztour stattfindet, dann benutz das Auto, mit dem eure Familie unterwegs war, als du fünf warst, und mit dem ihr Fahrten über Land und in die schöne Natur unternommen habt; wenn es eine Sexszene ist, benutz den Wagen, in dem du zum ersten Mal ungezügelten, ungehemmten Sex hattest; wenn die Szene von Freiheit und einer aufregenden Zeit handelt, dann benutz den ersten Neuwagen, den du je hattest, frisch aus der Fabrik und ohne Mief vom Vorbesitzer; und wenn die Szene eine traumatische Erfahrung enthält, stell dir das Auto vor, in dem du mit deinem Kind herumfuhrst, bevor es starb oder bevor du es in einem Scheidungskrieg verloren hast – du verstehst, worauf ich hinauswill.

Wenn du das Auto personalisiert hast, dann musst du als Nächstes die Umgebung personalisieren, durch die du fährst. Achte darauf, dass dabei ein logischer Zusammenhang zum Skript gewahrt bleibt. Nehmen wir zum Beispiel an, deine Figur fährt durch eine dunkle, unheimliche Waldlandschaft. Du kannst dir eine Gegend vorstellen, wo dir mal irgendwas Schreckliches passiert ist, oder eine, in der es von irgendwas wimmelt, das dich so anwidert, dass du dich vor Ekel und Entsetzen nur so schüttelst – Spinnen, Ratten, Schlangen, Kakerlaken. So kannst du dich zusätzlich mit den schönsten Horrorvorstellungen stimulieren, hervorgerufen durch Fragen wie: »Was, wenn mein Auto eine Panne hat, und ich muss mich mit diesen Spinnen, Ratten,

Schlangen und Kakerlaken wirklich auseinandersetzen?« Vielleicht fährt deine Figur auch gerade nach Hause. Dann würdest du die Gegend, durch die sie fährt, als deinen realen Weg nach Hause wahrnehmen oder als eine Gegend aus deiner Kindheit, wenn durch sie die passenden Gefühle in dir aufsteigen. Oder vielleicht fährt deine Figur durch eine Stadt, in der sie noch nie gewesen ist. In diesem Fall würdest du diese Stadt als einem bestimmten realen Ort wahrnehmen, wo du schreckliche Dinge durchgemacht hast. Dann würdest du dich unbehaglich fühlen und den Drang verspüren, dich anzupassen.

Such dir auf jeden Fall irgendein passendes Auto aus deinem Leben aus, und auch eine passende Gegend für das, was du durch die Fenster des Wagens siehst. Vergewissere dich, ob diese Entscheidungen mit den anderen Entscheidungen, die du schon getroffen hast, harmonieren.

ORT UND VIERTE WAND im Freien und öffentlich

- Ein überfüllter Strand
- Ein belebter Park tagsüber
- Ein Parkplatz tagsüber mit vielen Autos und vielen Leuten
- Eine Gasse in der Nähe einer vielbefahrenen Straße am helllichten Tag
- Ein Swimmingpool mit vielen Gästen, die schwimmen oder herumhängen
- Ein Garten, wo jederzeit Leute aus dem Haus kommen können oder wo bereits Leute sind
- Eine Straße mit viel Gedränge
- Ein Bürgersteig an einer Straße, auf der viele Autos vorbeifahren

Es ist offensichtlich, dass in einem öffentlichen ORT im Freien das Risiko, bloßgestellt zu werden, am größten ist. Es reicht auch hier nicht, in dem Ort, wo du spielst, einen emotional passenden ORT aus deinem richtigen Leben zu sehen. Wie auch bei öffentlichen Innenräumen musst du dazu auch für einen der Mitspieler, der keinen Text hat, eine SUBSTITUTION finden, deren Anwesenheit emotional viel für dich bedeuten würde. Nehmen wir an, du sollst eine Szene spielen, wo deine Figur in einem Park bei einem zwielichtigen Drogendealer Heroin kauft. Nimm einen ORT und eine VIERTE WAND, wo du mal etwas Ungesetzliches oder Unmoralisches getan hast. Wähle dann eine unauffällige Figur aus – zum Beispiel die Frau, die mit ihrem Pudel vorbeikommt – und ersetze sie durch deine Mutter, einen kritischen Freund, einen Lehrer, einen Polizisten, dein Kind, irgendjemanden, in dessen Nähe »Drogen-Shopping« eine höchst nervenaufreibende Angelegenheit wäre.

Mit ORT und VIERTER WAND bringst du eine Geschichte ins Spiel. Nicht nur die Ereignisse im Skript wirken realer, sondern auch die Orte, an denen sie stattfinden. Es hilft dir, dich anzupassen.

Die Arbeit mit ORT und VIERTER WAND hat sich für meine Schüler immer wieder gelohnt. Hier ein paar Beispiele, wie diese beiden Werkzeuge in Fernseh- und Kinofilmen angewendet wurden.

ORT/VIERTE WAND – Beispiele meiner Schüler

- Als ORT und VIERTE WAND (öffentlich und im Freien) für das Ghetto in Richmond (in Kalifornien) benutzte Rick Gonzalez eine Straße in Brooklyn, in der er aufgewachsen ist. Er spielte an der Seite von Samuel L. Jackson die Figur Timo Cruz in dem Film *Coach Carter*.
- Travis Fimmel benutzte die Farm seiner Familie in Australien als ORT/VIERTE WAND (öffentlich und im Freien) für den Central Park in New York City, als er Tarzan in der TV-Serie *Tarzan* spielte.
- In der Fernsehserie *The Dead Zone (Dead Zone)* spielt John L. Adams die Figur Bruce. Bruce muss sich in einer Begräbnisszene ein letztes Mal von seinem toten Vater verabschieden. John benutzte für diese Szene die Kirche als ORT/VIERTE WAND (innen/öffentlich), in der sein Vater predigte, als John ein Teenager war. (Johns echter Vater

ist allerdings quicklebendig. Seine Kirche als ORT und seinen Vater als SUBSTITUTION für den toten Vater zu benutzen, machte diese Episode zu einer äußerst tiefen Erfahrung für ihn.)

- Rene Russo wird in dem Film *Get Shorty (Schnappt Shorty)* mit Gewalt in ein Badezimmer gestoßen. Für die betreffende Szene benutzte sie ein Badezimmer aus ihrer Kindheit als ORT (innen/privat).
- Melissa Joan Hart benutzte den Steg, an dem ihr Vater immer angelte, als sie noch ein Kind war, als ORT, um das Feld, auf dem ihre Figur und ihr Film-Vater in *Drive me Crazy* immer allein waren, real werden zu lassen.
- Für den HBO-Mehrteiler *The Corner* sollte Tasha Smith eine Heroinsüchtige spielen. Als es darum ging, für den Ort, wo sie sich laut Skript das Heroin spritzt, einen passenden persönlichen ORT zu finden, benutzte Tasha den Schauplatz eines Traumas aus ihrer Kindheit. *The Corner* wurde 2000 mit drei Emmys ausgezeichnet.
- Als Hoyt Richards für die Cinemax-Serie *Black Tie Nights* in einer Sexszene spielen sollte, in der er mit nacktem Hinterteil zu sehen wäre, musste er sich eine private und intime Atmosphäre schaffen. Er benutzte sein Schlafzimmer als ORT (innen, privat).

Die Bestimmung von ORT und VIERTER WAND ist ein wichtiger Schritt – ignoriere oder vergiss ihn nicht!

Aus meiner langjährigen Erfahrung als Lehrerin weiß ich: Schauspieler dazu zu bekommen, ORT und VIERTE WAND zu verwenden, ist so schwer wie Zähne ziehen. Die Gründe und Vorteile für die Anwendung der anderen Schritte sind schneller einzusehen, weil ihre Schlüsselfunktion für das Freisetzen von Emotionen gleich so offensichtlich ist, und Schauspieler lieben Emotionen – und zwar sehr. Obwohl es stimmt, dass die Wirksamkeit von ORT und VIERTER WAND weniger offensichtlich ist, können die Emotionen erst durch die Verwendung von ORT und VIERTER WAND wirklich ihre volle Intensität entfalten und aufrechterhalten werden. Was aber noch wichtiger ist: ORT und VIERTE WAND vermindern das Gefühl, beobachtet und bewertet zu werden, und dieses Gefühl ist oft das, was Schauspieler daran hindert, in die

Gegenwart des Geschehens hineinzufinden. In vielen Fällen lässt die Befangenheit, die die Gegenwart eines Publikums oder eine laufende Kamera mit sich bringen, von den Emotionen nichts übrig. ORT und VIERTE WAND sind dazu da, deine Gefühle stärker und die Bühne zu einem privaten Raum zu machen, wodurch wiederum sogar noch mehr Emotion freigesetzt wird.

KAPITEL 9

Schritt 9: HANDLUNGEN

Der Umgang mit Requisiten oder bestimmte Tätigkeiten, die Verhalten hervorbringen.

HANDLUNGEN sind der körperliche Ausdruck unserer Wünsche und Ziele durch die Ausführung bestimmter Tätigkeiten und/oder den Umgang mit Requisiten. All die Dinge, die Menschen im Leben machen, sind HANDLUNGEN – sich die Haare kämmen, während man spricht, das Geschirr spülen, sich bettfertig machen, für Besuch den Tisch decken, kochen, sich zurechtmachen, saubermachen.

HANDLUNGEN geben auch wichtige Antworten auf die Frage, wer unsere Figur ist. Stell dir zum Beispiel eine Streitszene in einer Küche vor, in der deine Figur Lebensmittel benutzt, um die innere Anspannung auszudrücken. Ganz einfache Tätigkeiten können sehr vielsagend sein, sowohl für den/die Mitspieler als auch für das Publikum. Einen Behälter mit Speiseeis aus dem Kühlschrank nehmen, dir einen Löffel greifen, die Besteckschublade wieder zuknallen, auf eine Schüssel verzichten und das Eis stattdessen direkt aus dem Behälter in dich reinschaufeln – das spricht Bände. Oder mal dir eine Therapieszene aus, in der du in der Rolle des Patienten mit ausgeklügelter Technik aus Papiertaschentüchern komplizierte Origami-Skulpturen faltest. Ohne auch nur eine Zeile aus dem Text gehört zu haben, würde das Publikum erfassen, dass die Figur an einer zwanghaften Persönlichkeitsstörung leidet und unfähig ist, ihre Gefühle zu offenbaren – einfach durch das Verhalten, Origami-Skulpturen aus Taschentüchern zu falten (denn die Arbeit mit diesem Material erfordert extreme Geschicklichkeit und Konzentration).

Worte können lügen. Mit unserem Verhalten aber sagen wir immer die Wahrheit.

In einem Gespräch sagen wir oft, was der andere unserer Ansicht nach hören will. Wir benutzen Worte, um unsere wahren Gefühle zu verheimlichen. Sie geben uns die Möglichkeit zu lügen, zu täuschen und manchmal andere vor der Wahrheit zu beschützen. Das heißt, du sagst irgendwas, aber erst dein Verhalten bringt deine wahren Gefühle ans Licht. Das liegt daran, dass dein Verhalten meist von deinem Unbewussten gesteuert wird und somit der Kontrolle des Bewusstseins entzogen ist. Egal, wie gründlich du dich innerlich auf die Figur eingestellt und die eigene Person eingebracht hast, deine Gefühle, nur mit Worten ausgedrückt, werden wenig Verhalten hervorbringen. Der Umgang mit Requisiten erlaubt es dir dagegen, natürliches Verhalten in dein Spiel einfließen zu lassen, und deine Gefühlswelt wird dir Impulse liefern, *wie* du sie einsetzen kannst.

Nur Schauspieler denken, herumzustehen, eine andere Person intensiv anzustarren und Emotionen erkennen zu lassen, wäre eine eindrucksvolle und wahrhaftige Abbildung des Lebens. Fakt ist aber, dass der Mensch Dinge tut, wenn sich Situationen dramatisch zuspitzen. Und in den meisten Fällen tun wir das mit Hingabe und Leidenschaft.

Wenn viel auf dem Spiel steht, *tun* wir eine Menge

Denk mal daran, wie du zum ersten Mal allein bei jemandem in der Wohnung warst, den du wirklich gemocht hast. Die sexuelle Spannung war hoch. Was hast du getan, um deine Nerven zu beruhigen? Du wirst vielleicht zum Bücherregal hinübergeschlendert sein und versucht haben, wie nebenbei zu überfliegen, was sich da so Lesenswertes angesammelt hat. Oder du hast vielleicht hektisch ein paar Süßigkeiten aus einer Schüssel gefischt, die auf dem Couchtisch stand, um mit der Anspannung fertigzuwerden. Weil du so von der Rolle warst, hast du vielleicht sogar irgendwas Zerbrechliches in die Hand genommen, während du dich durch den Raum bewegt hast. Hast du etwas kaputtgemacht oder etwas gesehen, was du nicht sehen solltest? Vermutlich. Deine Auseinandersetzung mit deiner Nervosität brachte spontanes Verhalten hervor. Damit es solche Momente ungeplanten, spontanen Handelns geben kann, brauchst du HANDLUNGEN.

Oder stell dir eine Szene vor, wo deine Figur mitten in einem Streit mit einer geliebten Person steckt, während sie einen Salat fürs Abendessen vorbereiten. Du könntest mit dem Kochen aufhören und dich vor dem anderen aufbauen und ihn anschreien. Aber wirkungsvollerer ist es, mit der Zubereitung des Salats weiterzumachen. Das erlaubt der anderen Figur und dem Publikum zu verstehen, was du wirklich empfindest, wenn du dich über diese Gurke auf dem Schneidebrett hermachst, als ob sie organisch an dem befestigt wäre, auf den du so sauer bist. Du könntest brutal an einem Salatkopf herumzerren, als würdest du deinem Gegenüber damit demonstrieren wollen, was mit ihm geschehen könnte, wenn er so verdammt kritisch und abfällig bleibt. So wird aus einer normalerweise ziemlich harmlosen Art der Zubereitung eines Salats eine bedrohliche Handlung. Bei diesen HANDLUNGEN wäre es nicht nötig zu schreien. Die Kraft von HANDLUNGEN ist so stark, dass sie deine Wut deutlich zum Ausdruck bringen, sogar wenn du ganz leise sprichst.

HANDLUNGEN geben dem Schauspieler außerdem die Möglichkeit, die Position im Raum zu wechseln. Wenn viel auf dem Spiel steht, ist es einfach nicht auszuhalten, der jeweiligen Person *die ganze Zeit* direkt in die Augen zu schauen. Aus HANDLUNGEN ergeben sich akzeptable Gründe, den Blick auch mal von ihr abzuwenden. Außerdem ist es so viel leichter, zu »lügen«, wenn du gerade damit beschäftigt bist, einen Topf umzurühren, eine Zigarette zu drehen, einen Drink zu machen, dir irgendwas an- oder auszuziehen oder ein Rohr unter der Spüle zu reparieren. Praktisch, denn sonst würde man dir deine momentane Unaufrichtigkeit und dein Unbehagen sofort ansehen.

Beim nächsten Mal, wenn du in eine emotional stark aufgeladene Situation gerätst, achte darauf, wie lebhaft deine Körpersprache wird. Es ist erstaunlich, wie aktiv man wird, wenn man sich über etwas aufregt. Jim, einer meiner Studenten, bezweifelte das. Er beharrte darauf, dass er sich in hitzigen Auseinandersetzungen vor seinen Kontrahenten aufbaute und sie anschrie. Nichts weiter. Bei dieser Meinung blieb er, bis er in einen Streit mit seinem Vater geriet, den er seit Jahren nicht gesehen hatte. Sie standen beide auf dem Rasen vor Jimmys Haus und das alte Sieh-nur-was-*du-mir*-angetan-hast-Spiel war in vollem Gange. Als sich die Sache zuspitzte, fing Jims Vater an, Löwenzahn aus dem Rasen zu reißen und ihn wild zu zerpflücken. Jim sah diese HANDLUNG und lächelte, weil er begriff, dass ich recht hatte. Leider dachte Jims Vater, das Lächeln gälte ihm und sein Sohn machte sich über ihn lustig, was ihn natürlich noch mehr in Rage brachte. Der Rasen litt darunter, aber Jim begriff jetzt, worauf ich hinauswollte: Wenn wir Angst bekommen, aufgebracht sind, uns ärgern oder aufgeregt sind, dann HANDELN wir.

Mit den Entscheidungen für deine jeweiligen HANDLUNGEN konkretisierst du die Neurosen deiner Figur, ihre soziale Herkunft, ihren Bildungshintergrund, ihren finanziellen Status – und wie sie *wirklich* zu ihrem Gegenüber steht. Was du dir für deine Figur an Requisiten und Tätigkeiten zusammenstellst, soll auf die Figur und ihr Leben abgestimmt sein (Gemüt, materielle Situation, aktueller Berufsstatus, Geschichte, sexuelle Vorlieben, Wohnort, Epoche usw.)

HANDLUNGEN für eine Figur aus ärmlichen Verhältnissen, die ein Rendezvous in einem schicken Restaurant mit jemandem hat, der feindliche Gefühle in ihr auslöst, könnten sein:

- Du könntest dich dabei ertappen, wie du auf aggressive Weise mit deinem Essen herumspielst – mit der Gabel im Salat rumstocherst, auf dem Fleisch rumhackst, dir Essen in den Mund stopfst, um nicht damit herauszuplatzen: »Du bist so ein langweiliger Vollidiot«, was du tatsächlich sagen willst.
- Du könntest dein Besteck mit deiner Stoffserviette abwischen, indem du draufspuckst und es dann wie wild polierst.
- Du könntest mit deinem Essen spielen, zum Beispiel die Füllung aus den Oliven saugen und dann Handpuppen draus machen, indem du dir die leeren Oliven auf die Finger steckst.
- Du könntest, während dir die ganze Situation zunehmend unangenehmer und unerträglicher wird, zu viel Wein trinken, ihn schnell runterkippen und das Glas immer wieder auffüllen.

Für welche HANDLUNGEN du dich auch immer entscheidest, wenn du deine Ablehnung mit solchen HANDLUNGEN aus dem verbalen Austausch heraushältst, gibt uns das mehr Informationen darüber, *was* du wirklich fühlst und *wie* du damit umgehst.

HANDLUNGEN können ein Gefühl von Unvorhersehbarkeit erzeugen.

Sehen wir uns eine Figur an, die man als Bösewicht einstufen würde, jemand, der seinem Opfer in einer Gangsterszene Angst einjagen möchte. Ein gewöhnlicher Ansatz könnte sein, einfach dazustehen und den anderen Schauspieler anzubrüllen, ihn zu packen oder festzuhalten. Ein Ansatz jedoch, bei dem man das Spiel durch HANDLUNGEN vorantreibt, könnte sein, Kekse zu essen (ein scheinbar unschuldiger Akt), während du die andere Figur mit abscheulichen, unsäglichen Foltern bedrohst. Das Knabbern an Keksen macht den Schrecken, der von dem Bösewicht ausgeht, spürbarer, denn es sieht so aus, als ob es für ihn etwas Alltägliches sei, anderen wehzutun, sie zu verstümmeln und zu töten. Dich zu töten ist für ihn ebenso mühelos wie der Verzehr von Teegebäck. Wenn jemand furchterregend herumbrüllt und dich gegen die Wand drückt, ist ziemlich klar, dass Schmerz und Tod folgen werden. HANDLUNGEN lassen andere Möglichkeiten zu, Varianten, die für das Opfer entwaffnend und verwirrend sind. Nicht zu wissen, was der Typ, der dich in seiner Gewalt hat, mit dir tun wird, ist noch viel beängstigender.

HANDLUNGEN sind unverzichtbar, denn bevor wir hören, sehen wir.

Ein Bild sagt mehr als tausend Worte. Ein Klischee? Ja. Aber das kommt nicht von ungefähr. Durch das Verhalten sollte die Szene so eindeutig sein, dass wir sie selbst dann verstehen, wenn wir den Ton abschalten.

HANDLUNGEN müssen deinem SZENENZIEL zugutekommen

HANDLUNGEN sind nicht das willkürliche Hantieren mit Requisiten. Du musst bei der Wahl deiner HANDLUNGEN immer dein SZENENZIEL berücksichtigen. Wenn dein SZENENZIEL *»dich dazu bringen, mich zu lieben«* lautet, dann wird es dich kaum weiterbringen, wenn du das Objekt deiner Zuneigung mit spitzen Gegenständen bewirfst.

Als Brad Pitt bei mir im Studio seine erste Übungsszene auf die Bühne brachte, lieferte er gleich ein hervorragendes Beispiel dafür, wie man bei der Wahl seiner HANDLUNGEN alles Wesentliche miteinbezieht: Das »Wer-bin-ich« der Figur und ihr SZENENZIEL. Brad war gerade in Hollywood angekommen und hatte noch nie professionellen Schauspielunterricht genommen. (Ja, es gab tatsächlich eine Zeit, als Brad Pitt einfach ein junger Mann mit Träumen und leeren Taschen war. Er fing an, wie jeder andere auch, und um sich irgendwie über Wasser zu halten und seinen Unterricht zu bezahlen, rackerte er sich in drei Aushilfsjobs ab.) Ich hatte ihm eine Szene aus dem Theaterstück *Tribute* gegeben. In der Szene läuft eine Art Picknick in der Wohnung ab. Die Teilnehmer sind Brads Figur Jud und eine junge Frau, die sein charismatischer Vater angeheuert hat, um dem Sohn ein »Erlebnis« zu verschaffen. Sie soll ihn verführen. Jud weiß nicht, dass sein Vater das alles arrangiert hat. Sein Vater fühlt sich im Recht – Jud ist unerträglich schüchtern, allem Anschein nach noch Jungfrau, und er hat seine Kindheit im Schatten seines Vaters verbringen müssen. Brads SZENENZIEL war: *»dich dazu bringen, mich zu mögen«*. Seine HINDERNISSE waren seine Anspannung in Sachen Sexualität, und dass er einfach nicht richtig wusste, wie das mit den Frauen so lief. Obwohl nicht im Skript steht, dass Jud dem Mädchen Wein serviert, brachte Brad zwei langstielige Weingläser und eine Flasche Wein ins Studio, als er mit der Szene an der Reihe war (es war allerdings kein echter Alkohol – nimm nie richtigen Alkohol, wenn du spielen musst). Brad startete in die Szene, indem er mit den Gläsern und der Flasche aus der Küche erschien. Obwohl der ganze Dialog aus Kennenlern-Floskeln besteht, läuft die Szene letztlich auf Sex und

Verführung hinaus. Die Kombination der HANDLUNGEN aus dem Skript und denen, die sich Brad ausgedacht hatte, war auf diese unausgesprochene sexuelle Spannung, die es zwischen ihm und seiner Spielpartnerin gab, ideal abgestimmt und machte sie greifbar: Zunächst gab es das Essen (wie man mit Essen umgeht und es verspeist, kann sehr sexy sein). Hinzu kamen nun der Wein und die Gläser. Brads offensichtlich lüsterne Gedanken ließen ihn die Gläser unwillkürlich auf seinen Brustwarzen platzieren und die Stiele verführerisch drehen. Obwohl der Dialog irgendwie um die Highschool-Zeit des Mädchens kreiste, wurde durch Brads HANDLUNGEN und das Verhalten, das sich daraus ergab, sehr deutlich, dass er nicht an die Schule dachte. Was er *wirklich* dachte (als Jud), drückte sich in seinem Verhalten aus. Dass es in der Szene um das sexuelle »erste Mal« einer Figur ging, kam so sehr realistisch und vielschichtig zum Ausdruck. Denn ein Frauenheld hätte viel glatter und selbstsicherer agiert.

Wenn du dein SZENENZIEL verfolgst und wirklich bestimmte Reaktionen von dem anderen brauchst, ruft das unbewusstes Verhalten hervor. Während Brad inständig sein SZENENZIEL verfolgte, war er als Schauspieler weder unsicher noch stand er neben sich – er nahm und lebte sein Verhalten, wie es kam, wie im richtigen Leben, ohne Vorbedacht. Es erlaubte Brad *als Figur*, unsicher zu werden, weil es sich so echt anfühlte. Als ich Brad später fragte: »War das Absicht, dass du dir die Weingläser auf die Brust gestellt und den Stiel so gedreht hast, als würdest du Brustwarzen massieren?«, da fiel er aus allen Wolken und wurde knallrot im Gesicht. Anscheinend nicht.

In derselben Szene aus *Tribute* gibt es auch eine Regieanweisung (eine HANDLUNG) für Brads Figur Jud. Er soll ein Glas Gurken aufmachen und eine Gurke essen. Und das Mädchen fragt ihn dann, ob sie mal abbeißen kann. Er muss deshalb das Glas auf jeden Fall aufmachen und sich eine Gurke angeln, sonst kann die Spielpartnerin ihre nächste Zeile nicht sagen: »Kann ich mal von deiner Gurke abbeißen?« Als die Szene aber an diesem Punkt angekommen war, bekam Brad den Deckel des Gurkenglases nicht ab. Sosehr er sich auch abmühte, es rührte sich einfach nicht. Die meisten Schauspieler hätten die Szene angehalten, wären nervös geworden und aus der Figur herausgetreten oder hätten den Text geändert, um das Missgeschick mit einzubauen; Brad stellte seine Bemühungen einfach schweigend ein und reichte das Glas dem Mädchen. Sollte sie es mal versuchen. Natürlich konnte sie den Deckel mühelos lösen. Und das Publikum lachte über Juds offensichtliche Schlappheit. Er ging das Risiko ein, sich Spontaneität zu leisten und doof auszusehen – und indem er das tat, sorgte er für einen realen Moment und schuf eine reale Verbindung zu seiner Mitspielerin.

Brad kennt die Vorzüge von HANDLUNGEN, und er hat nie aufgehört, sie während seiner Karriere zu erkunden. In *Ocean's Eleven* spielt er den Gauner Rusty Ryan, der an einem Raubüberfall in einem Las-Vegas-Casino beteiligt ist. Las Vegas ist berüchtigt für das billige Essen, das in den Casinos angeboten wird. Es soll arglose Schnäppchenjäger anlocken – damit sie dort vor allem beim Glücksspiel auf den Geschmack kommen. Brads Figur Rusty ist ein Betrüger und bei allen Betrugsmaschen geht es dem Betrüger auch darum, ein Machtgefühl zu erleben. Brad machte sich klar, worin Rustys GESAMTZIEL bestand: *»mich in meinen Leben mächtig fühlen«*. Daraus ergab sich für Brad, dass ein Typ wie Rusty dem System ein Schnippchen schlagen und das Essen bekommen würde, ohne dem Casino auf den Leim zu gehen. Er sagte seinem Regisseur Steven Soderbergh, er habe das Gefühl, dass sich seine Figur das Essen in Las Vegas immer reinpfeifen würde, z. B. den Krabbencocktail für 99 Cent. Soderbergh war ganz dafür. Mithilfe solcher HANDLUNGEN machte Brad aus einer Figur, die sonst ein typisches raffiniertes Schlitzohr gewesen wäre, einen einmaligen Charakter mit skurrilen Spleens und kuriosen Macken.

HANDLUNGEN wecken Eigenheiten, bizarre Marotten und sonderbares Verhalten.

Regisseure testen Dreh- und Rollenbücher oft auf der Bühne einer Schauspielschule, bevor sie ihre Produktionen realisieren. Als David Marconi mit dem Buch für den Film *The Informer* zu mir kam, sollte er in dem Projekt als Regisseur fungieren. Als Autor hatte er bereits Drehbücher für Kassenerfolge wie *Enemy of the State (Der Staatsfeind Nr. 1)* geschrieben. Die Szene, die er auf meine Studiobühne bringen wollte, war aus dem Einleitungsteil und diente dazu, den Hintergrund der Geschichte zu erklären. Ein attraktiver FBI-Agent namens Iverson versucht Tulsa, ein junges, bildhübsches Model, das Drogen konsumiert, dazu zu überreden, ihm als verdeckte Ermittlerin zu helfen, den Mörder seines besten Freundes zu finden. Um das zu tun, muss Iverson ihr den Hintergrund zu diesem Fall erklären und ihr sagen, wer er ist und warum sie für den Job die Richtige wäre. Die Szene ereignet sich, nachdem Iverson in Tulsas Wohnung übernachtet hat – sie war am Abend zuvor so betrunken und bekifft und hatte Ärger mit der Polizei, dass er sie galant nach Hause und ins Bett gebracht hat (*da* war er noch nicht – er begnügt sich mit der Couch).

Als die Szene zum ersten Mal auf die Bühne kam, wirkte sie statisch. Alles, was wir im Grunde sahen, waren zwei Leute, die auf der Couch saßen und sich unterhielten. Ich sagte dem Schauspieler Rod Rowland, der Iverson spielte, er solle sich die Socken ausziehen (seine Figur hatte sie seit 24 Stunden nicht gewechselt), um es sich bequemer zu machen. Rod tat das auch, und zwar während er vor Tulsa die Details seiner Geschichte ausbreitete. Doch nachdem er die Socken ausgezogen hatte, stieg ihm und der Schauspielerin Sarah Brown, die die Rolle der Tulsa spielte, sofort ein gewisser Geruch in die Nase. Rods Socken stanken. In seiner Verlegenheit trat er die Flucht nach vorn an und hielt ihr die Socken vors Gesicht, um sie zu necken. Sarah rümpfte sofort die Nase – und brach dann in Kichern aus. Während er weiter zu ihr über seinen Fall sprach, hob Rod einen Fuß zur Nase und stellte fest, dass seine Socken nicht das Einzige waren, was streng roch. Sarah lachte. Durch diese einfachen HANDLUNGEN kamen sich Rod und Sarah näher, und damit auch ihre Figuren. Sie teilten jetzt, wie man neudeutsch sagt, einen »Insider-Witz« und das Menschliche und Authentische, was nun herausgekommen war, machte aus einer trockenen Einführungsszene einen Hingucker.

Die Figuren Tulsa und Iverson kriegen sich am Ende, und diese einfachen HANDLUNGEN trugen dazu bei, ihre intime Beziehung auf originelle Weise anzubahnen. Und die HANDLUNGEN waren so wirkungsvoll, dass David Marconi sie nicht nur seinem Drehbuch hinzufügte, sondern darüber hinaus noch einige andere einfügte. Er ließ Iverson zum Beispiel ein Stück vergammelten Käse unter der Couch finden, das ebenfalls die Bude verpestet und das er dann entsorgen muss. David ließ Tulsa auch die ganze Szene hindurch einen Joint rauchen. Indem er diese HANDLUNGEN noch einbrachte, konnte er dem Publikum seine Figuren nun über ihr Verhalten vorstellen.

Durch HANDLUNGEN erfährt das Publikum, dass Tulsa:

- schlampig ist
- Drogen wichtiger findet als Reinlichkeit
- furchtlos bis dreist ist, weil sie keine Angst hat, vor der Nase eines Gesetzeshüters etwas Illegales zu tun.

Durch HANDLUNGEN erfährt das Publikum, dass Iverson:

- seinen Job schon lange macht (er ist ziemlich ungezwungen)
- Tulsa sehr mögen muss, weil er sich in ihrer Gegenwart wohl genug fühlt, herumzualbern und über ihren Drogenkonsum hinwegsieht
- dringend eine schweißabsorbierende Einlegesohle benötigt.

HANDLUNGEN geben deiner Figur einen sicheren Anhaltspunkt.

Ob wir lügen oder uns sexuell von jemandem angezogen fühlen oder ob wir einfach in Gefahr sind – wir suchen Halt im Vertrauten. HANDLUNGEN helfen dabei, einen solchen Halt zu finden. Erinnerst du dich noch an den Vater meines Schülers Jim und wie er den Rasen traktierte? Den Löwenzahn aus dem Rasen zu rupfen war eine HANDLUNG, in der er emotionalen Halt suchte, als sein Sohn ihm vorwarf, ein schlechter Vater zu sein. Und das war nicht gespielt – es war eine Szene aus dem richtigen Leben.

Wenn HANDLUNGEN dazu beitragen, uns im richtigen Leben ein Gefühl der Sicherheit zu verleihen, liegt der Schluss nahe, dass sie diesen Zweck auch in der Welt erfüllen, die wir als Schauspieler erschaffen – wenn nicht sogar noch mehr. Als Barry Pepper den Scharfschützen

Daniel Jackson in *Der Soldat James Ryan* spielte, brauchte seine Figur, mitten im Krieg (selbst für den hartgesottensten Veteranen etwas Fürchterliches), etwas, das ihm ein gutes Gefühl geben konnte. Weil Barry ein religiöser Mensch ist, kam uns die Idee, dass seine Figur doch ein Kreuz an einer Halskette tragen könnte, die er immer umhatte. Wenn der Krieg zu schrecklich wurde, würde er das Kreuz berühren und anschauen, um Kraft und Frieden zu schöpfen. Diese HANDLUNG stand nicht im Drehbuch. Aber sie gab dem Publikum am Ende einen tiefen Einblick in diese Figur – dass nämlich Gott und seine Religion ihn hielten, wenn ihn die Angst zu übermannen drohte.

HANDLUNGEN bringen den Humor eines Textes ans Licht.

Ich nehme oft dieselbe Szene immer wieder, damit meine Studenten sehen können, dass meine Technik sie jedes Mal zu einem einmaligen Erlebnis macht. Die Anwendung der Schritte, die einen Bezug zum einmaligen Leben und zur einmaligen Gefühlswelt der jeweiligen Schauspieler herstellen, führt auf diese Weise zu jeweils individuellen Resultaten. Zum Beispiel bat ich Matthew Perry dieselbe Szene aus *Broadcast News* spielen, die ich zuvor auch David Spade gegeben hatte. Wir waren schon in Kapitel 7 im Zusammenhang mit dem MOMENT DAVOR auf *Broadcast News* zu sprechen gekommen. Zur Erinnerung, es ist die Szene, wo sich die Figur Aaron Altman (im Film gespielt von Albert Brooks) Vorwürfe wegen seines missglückten Auftritts als Nachrichtenmoderator macht. Aaron ist allein zu Hause. Er weiß, dass er eine Chance verpatzt hat, die zu den größten seines Lebens gehörte, die Chance, seinen Traum zu verwirklichen. Das wird gerade von einer gewissen Ausgelassenheit überlagert, weil die Figur Jane Craig (gespielt von Holly Hunter) sich angekündigt hat – sie ist die Liebe seines Lebens. Er geht wie selbstverständlich davon aus, dass sie kommen will, um ihm an diesem katastrophalen Tag beizustehen und ihn zu trösten. Aber wie sich herausstellt, will sie ihm eröffnen, dass sie sich in seinen Rivalen Tom verliebt hat, einen erfolgreichen Nachrichtensprecher.

Als Matthew Perry die Szene zum ersten Mal spielte, benutzte er keine

Requisiten. Matthew, von Haus aus eher ein lustiger Typ, brachte Komik in die Szene. Ich sagte ihm, diese Szene könne noch viel komischer sein. Wir gingen der Frage nach, wer diese Figur eigentlich war, eine grundlegende Frage, wenn man bei den HANDLUNGEN die richtige Wahl treffen will. Aaron ist ein Typ, der sich im Leben mithilfe von Humor behauptet. Nach all den Jahren, die ich jetzt schon mit Leuten wie Garry Shandling, Rob Schneider und Jim Carrey zusammenarbeite, habe ich festgestellt, dass lustige Typen einen Haufen Spielzeug zu besitzen scheinen. Deshalb fragte ich Matthew, ob sein Zuhause auch einem Spielzeugladen glich. »Ja«, gab er verblüfft zurück. Dann bat ich ihn, das nächste Mal eine große Auswahl seiner Spielzeugsammlung mit ins Studio zu bringen, als Requisiten für HANDLUNGEN. Er fand, das sei keine so tolle Idee. »Welcher Möchtegern-Nachrichtensprecher hat denn Spielsachen?«, fragte er. »Ich werde so viel mitbringen und so viel damit herumspielen, dass du es hassen wirst.« Eine Woche später kam Matthew mit einem riesigen Koffer voll Spielzeug bei mir an. Und er war wirklich die ganze Szene über ständig mit seinem Spielzeug zugange. Durch die Art, wie er damit hantierte und was er dabei verwendete, konnten wir Aaron viel besser verstehen, seine Ängste, seine Liebe zu Jane und wer und was er eigentlich war. Ja, wir sahen Aaron, den Menschen – seine Frustrationen, seine Unsicherheiten, die vielen Enttäuschungen mit Frauen, auf die er zurückblickte. Diese HANDLUNGEN gaben Aaron eine Dreidimensionalität, die ihn als Person zugänglich machte, sodass sein Publikum sich auf ihn einlassen konnte.

Das Publikum wird viel mehr zu lachen haben, wenn es zu der Art, wie die Figur mit einer extrem unangenehmen Situation umgeht, eine Beziehung herstellen kann. Matthew benutzte seine Requisiten exzessiv, weil er mich damit widerlegen wollte. Je mehr HANDLUNGEN er aber vorführte, umso mehr Gelächter erntete er. Es ging so weit, dass er mehrfach aufhören musste zu sprechen, weil seine Stimme im Gelächter unterging. Matthew lernte hier eine wertvolle Lektion, und diese Szene bedeutete den Durchbruch für ihn. Von da ab buchte er so ungefähr alles, was ihm angeboten wurde, einschließlich seiner viel gelobten und Emmy-prämierten Rolle in der erfolgreichen langjährigen TV-Serie *Friends*.

Du kannst HANDLUNGEN ändern.

Der Autor mag HANDLUNGEN in das Skript eingebaut haben, aber das sind oft nur Vorschläge. Wenn eine HANDLUNG keinen richtigen Bezug zum geschriebenen Text hat, musst du, der Schauspieler, deine Phantasie benutzen – berücksichtige immer das »Wer-bin-ich« der Figur, die Zeit, in der sie agiert, und ihr SZENENZIEL. Arbeite nicht nur mit HANDLUNGEN, die im Skript beschrieben sind. Je mehr HANDLUNGEN du hast, umso mehr Verhalten kann sichtbar werden.

Personalisiere deine HANDLUNGEN, indem du Informationen über deine SUBSTITUTION und deine INNEREN BILDER einfließen lässt

Du musst deine HANDLUNGEN personalisieren, damit sie etwas Besonderes für dich bedeuten. Wenn du zu Hause bei einem zukünftigen Liebhaber bist und zufällig ein gerahmtes Portrait in die Hand nimmst, das dort irgendwo steht, musst du eine SUBSTITUTION verwenden. Bring dich dazu, in dem Portrait eine Person zu sehen, zu der du und die Szene einen Bezug haben. Sehen wir uns dazu die erste Rendezvous-Szene in Neil Simons Stück *Chapter Two* an, in der die Figur George ein Foto von Jennies Exmann entdeckt. Georges Frau ist nach zehn Jahren Ehe vor kurzem gestorben, und nun hat er zum erstem Mal wieder eine Verabredung mit einer Frau. Weil sein letztes Date sehr lange zurückliegt und er noch um einen geliebten Menschen trauert, stellt er sich ausgesprochen ungeschickt an. In dem Dialog fragt er Jennie, wer der Mann auf dem Foto ist. Jennie antwortet, es sei ihr Exmann. Wenn du die Figur George spielen würdest, könntest du in dem Bild jemanden aus deinem persönlichen Leben sehen, der ein Rivale oder vielleicht sogar dein Erzfeind ist. Du kannst aber auch jemanden nehmen, der dir mit Blick auf deine SUBSTITUTION für Jennie Schwierigkeiten machen könnte. Jemand, der deinen Zukunftsplänen mit dieser Frau einen Dämpfer verpassen könnte.

Stell dir vor, du spielst einen Alkoholiker und seine HANDLUNG ist

– Überraschung! – Alkohol trinken. Falls du tatsächlich ein starkes Verlangen nach Alkohol verspürst, würdest du in der Flüssigkeit vor dir den Sprit deiner Wahl sehen. Falls nicht, würdest du in dem Getränk den Gegenstand eines Lasters sehen (die meisten Menschen haben mindestens eins): Drogen, Sex, Schlaf, Essen, Einkaufen oder eine Computer-Obsession. Ein Laster ist eine Gewohnheit, die exzessive Formen annimmt.

Eine Szene könnte so aussehen, dass deine Figur eine CD einlegt, um Musik zu hören. Du würdest die Musik, die da erklingt, als ein Lied hören, das dich mit der SUBSTITUTION verbindet, die du dir für die Szene ausgesucht hast. Oder du würdest dir in dem, was auf der CD drauf ist, eine Musik vorstellen, die in dir emotional stark aufgeladene Ereignisse aus deinem Leben wachruft. Die Gefühle, die dabei hochkommen, müssen den Gefühlen, die deine Figur in der Szene haben soll, entsprechen.

Charmed (Charmed – Zauberhafte Hexen) ist eine TV-Serie, in der das Übersinnliche in das Leben dreier Frauen einbricht, was bedeutet, dass die HANDLUNGEN oft für diejenigen von uns, die weder Hexen noch Hexenmeister sind, keinen Sinn ergeben. In einer Episode gibt es gleich mehrere Szenen, in denen eine Figur namens Chris, die von Drew Fuller gespielt wird, einen Ring besitzt, den er berührt, über den er nachgrübelt und den er seiner wahren Liebe übergibt, die ihn dann zurückgibt. Der Ring ist nicht nur ein Symbol für die Liebe – er ist mit Magie verbunden. Der Ring kommt ursprünglich aus der Zukunft, befindet sich aber gegenwärtig in der Vergangenheit, bei der es sich übrigens um das Hier und Jetzt handelt. Verwirrend, ja, das muss es aber gar nicht sein. Indem er in dem magischen Ring etwas sah, was mit seinem tatsächlichen Liebesleben zu tun hatte, konnte er den Ring als etwas ungemein Wichtiges und Bedeutungsvolles erleben. Als wir noch versuchten herauszufinden, was er für diesen Ring benutzen könnte, fiel mir ein Lederband an seinem Handgelenk auf. Ich sprach ihn darauf an, und er sagte mir, dass seine Freundin und er identische Lederbänder trugen, um damit ihre Liebe und Verbundenheit zueinander auszudrücken. Sie nahmen die Armbänder niemals ab. Mehr noch, sie hatten vereinbart, dass die Abnahme eines der Bänder einer Beendigung der Beziehung gleichkam. Da war sie – die perfekte Lösung! Ich sagte Drew, dass er in dem Ring sein Lederband sehen sollte (seine HANDLUNG während eines großen Teils dieser Episode). Er sollte ihm all das zuschreiben, was ihm dieses Band persönlich bedeutete. Den Ring mit den Eigenschaften des Armbands aufzuladen, machte es Drew nun leicht, ihn emotional so wichtig zu nehmen, wie es das Drehbuch von ihm forderte. Immerhin stand der Ring nun für etwas, mit dem wahre Liebe stand und fiel.

Wenn du dir passende HANDLUNGEN für deine Figur überlegst, wähl sie so, dass sie zu den Neurosen, dem Beruf und der Vorgehensweise dieser Figur passen

HANDLUNGEN zeigen die Neurosen einer Figur.

Die meisten Figuren haben auffällige Neurosen oder Phobien. Wenn keine vorhanden sind, muss sich der Schauspieler irgendeine Auffälligkeit für seine Figur einfallen lassen. Eine Figur wie Tony Montana aus dem Film *Scarface* wäre ohne seine extreme Paranoia nicht so ausdrucksstark gewesen. Othello wäre nicht Othello ohne seine Eifersucht. Lady Macbeth wäre ohne ihren fanatischen Ehrgeiz einfach nur eine nörgelnde Ehefrau. Die Figur Nicky Santoro aus *Casino* (gespielt von Joe Pesci) hätte ohne ihren Napoleon-Komplex nicht funktioniert. Und ohne ihre Neigung zum Selbstmord wäre die Figur der Virginia Woolf einfach nur eine mürrische Schriftstellerin in *The Hours (The Hours – Von Ewigkeit zu Ewigkeit)*. Brick aus *Cat on a Hot Tin Roof (Die Katze auf dem heißen Blechdach)* wäre einfach nur ein Langweiler, wenn er nicht unter seinem Alkoholismus und seinen ungelösten Vaterkonflikten leiden würde. Und Ödipus wäre nur ein Muttersöhnchen, hätte er nicht seine Mutter-Obsession. HANDLUNGEN helfen dabei, ein tiefes, visuelles Verständnis dafür zu entwickeln, wie sich eine Neurose oder Psychose auf eine Figur auswirkt und warum sie auftreten.

In dem Film *Uptown Girls (Uptown Girls – Eine Zicke kommt selten allein)* spielte Marley Shelton Ingrid, eine Figur mit einer starken

Analfixierung[5]. Als ich Mary dabei half, sich auf ihre Rolle vorzubereiten, waren wir der Meinung, dass es nicht reichte, dieses Verhalten über Text und Kostüm auszudrücken. Wir kamen zu dem Schluss, dass Ingrid für alle Tätigkeiten ein System hatte. Ihren Lippenpflegestift würde sie von rechts nach links auftragen, sich jedes Mal zur selben Sitzposition zwingen, und ihre kleine Handtasche würde mit Utensilien gefüllt sein, die sie vor der Welt beschützen sollten und mit denen sie hoffte, auf jede Situation vorbereitet zu sein. Das waren Sachen wie kleine Handtücher mit Lavendelduft, eine Nagelschere, Handschuhe (als Schutz vor der Druckerschwärze, wenn sie die Zeitung las), ein Händedesinfektionsmittel, Pastillen für frischen Atem, Kosmetiktücher, einen Miniventilator (um in den Szenen, die im Nachtclub spielten, den Zigarettenrauch wegzublasen) und Lufterfrischer. Wir waren uns auch einig, dass Ingrid mit ihren Hand- und Zellstofftüchern ständig irgendwelche Oberflächen säubern würde: Sitzflächen, Tische und Gläser. Um dem Etikett »analfixiert« Genüge zu tun, riet ich ihr, jede Gelegenheit zu ergreifen, irgendetwas zu organisieren, zu perfektionieren und irgendeinem Muster entsprechend zuzuordnen.

Eine dieser Gelegenheiten war zum Beispiel der Garagenverkauf ihrer besten Freundin Molly Gunn. Molly ist total pleite und versucht durch den Verkauf einiger Habseligkeiten Geld einzunehmen. Ingrid stellte sicher, dass Mollys Flohmarktware in der Szene akkurat gestapelt und ausgezeichnet war. Sie rannte sogar mit einem Staubwedel durch die Gegend. Jede Szene wurde in einem solchen Ausmaß zur Spielwiese für ihre HANDLUNGEN, dass Marley anfing, auch im richtigen Leben zu ihrer Figur Ingrid zu werden. Ingrids analfixierter Handlungsstil schliff sich derart in Marleys Verhalten ein, dass sie sich schließlich auch zu Hause so verhielt, sehr zum Leidwesen ihres Mannes.

5 Ein Begriff aus der psychoanalytischen Neurosenlehre Sigmund Freuds. Der »anale Charakter« bezeichnet eine Persönlichkeitsstruktur, die als Folge von rigider Sauberkeitserziehung bzw. Reinlichkeitserziehung mit den Eigenschaften übertriebene Pünktlichkeit, Ordnung, Sparsamkeit (Geiz), Genauigkeit und Eigensinn und anderen zwangsartigen Verhaltenseigenschaften in Verbindung gebracht wird. (Anm. d. Red.)

Zu dem, was wir hier die Neurosen einer Figur nennen, gehören auch Suchtkrankheiten und psychische Störungen. So folgen jetzt einige Beispiele, wie ich mit einigen meiner Studenten und Klienten mithilfe von HANDLUNGEN bestimmte Formen der Sucht realisierte.

Esssucht

Als ich Robin McDonald eine Szene aus dem Stück *Pizza Man* zuteilte, sollte sie die Figur der Alice spielen, die an einer Essstörung leidet und für ihren verheirateten Liebhaber gerade auf Diät ist. In der Szene kommt Alice nach Hause, nachdem sie herausgefunden hat, dass ihr Freund wieder zu seiner Frau zurückgegangen ist. Diese Situation ist für sie eine wunderbare Entschuldigung, sich einer Fressattacke hinzugeben. Sie muss feststellen, dass ihre trunksüchtige Freundin und Mitbewohnerin das ganze gemeinsam verwaltete Geld für irgendwelchen Schnaps auf den Kopf gehauen hat. Die meisten suchtkranken Menschen verstecken Vorräte als Krisenvorsorge an geheimen Orten. Robin versteckte für diese Szene einen Kit-Kat-Riegel in einem Blumentopf, Kekse hinter den Vorhängen, Kartoffelchips unter der Couch und Fleischsnacks unter den Sofakissen. Dieses Arrangement gab Robin einen Anlass, sich durch den Raum zu bewegen, jede einzelne Sache verstohlen zu bergen und einen Weg zu finden, ihn aufzuessen, ohne dass ihre Mitbewohnerin etwas davon mitbekam. Die meisten Suchtkranken tragen ihre Sucht nicht zur Schau; sie konsumieren heimlich. Das Verhalten, das ihr verstohlenes und heimliches Verspeisen hervorbrachte, ergänzte die Worte, die sie zu sprechen hatte, auf vielsagende Weise.

Alkoholismus

Leticia aus *Monster's Ball* will die Realität nicht akzeptieren. Könntest du das, wenn dein Mann hingerichtet, dein Kind totgefahren und dir dein Job weggenommen worden wäre? Halle und ich entschieden, dass Leticia ihr Alkoholproblem vor sich selbst herunterspielen würde, indem sie aus kleinen Flaschen trinkt, wie man sie im Flugzeug bekommt. Auf diese Weise konnte Leticia auf einmal zehn Flaschen trinken und sich einreden, sie hätte kein Alkoholproblem. Die kleinen Flaschen gaben ihr das Gefühl, dass sie viel weniger trank, als sie es wirklich tat. Als Leticia Hank anmutig einen Drink anbot, konnte sie sich fühlen, als ob sie ihn mit Stil bewirtete – sie drehte mit geschicktem Griff die kleine Metallkappe ab und reichte ihm die Miniflasche –, ohne den Verdacht aufkommen zu lassen, sie hätte ein Alkoholproblem. Man sieht die beiden Figuren zusammensitzen, ein Gespräch über Leticias verstorbenen Sohn führen und aus diesen kleinen Fläschchen trinken. Das bringt dem Film einen großen visuellen Moment, der auch etwas über Leticias sozialen, finanziellen und emotionalen Zustand aussagt.

Drogenmissbrauch

Ein Kernelement beim Konsum und Missbrauch von Drogen ist das Ritual, das dem Rauschzustand vorausgeht. Kiffer zum Beispiel nehmen bei ihren Ritualen ihr Marihuana aus dem Plastikbeutel, riechen daran, lecken die Papierchen zusammen, verteilen das Gras darauf, rollen das Ganze zusammen und lecken dann an dem Joint, um ihn stabil und kompakt zu machen. Koksnasen werden ihr Kokain mit ihren bevorzugten Hilfsmitteln auf einer bevorzugten Oberfläche wiegen, klein hacken und hochziehen. Diese HANDLUNGEN steigern ihre Vorfreude. Sie sind ein fester Bestandteil des Drogenerlebnisses.

Von solchen eingefleischten Junkies handelt die HBO-Miniserie *Rebound – The Legend of Earl ›The Goat‹ Manigault*, die Geschichte eines heroinsüchtigen Basketballspielers, gespielt und inszeniert von Eriq La Salle. Der Basketballspieler beschließt, sich zusammenzureißen, um jungen Menschen auf die Beine zu helfen, die der so magnetischen wie destruktiven Anziehungskraft des Heroins verfallen sind. Eriq spielte Diego, einen eingefleischten Junkie, hatte aber selbst noch nie irgendeine Droge konsumiert. Wie sich das anfühlt, wenn man sich Heroin spritzt, davon hatte er keine Ahnung, und von den Ritualen des Konsums erst recht nicht. Wir sprachen über die sexuelle Qualität des Gefühls, wenn die Nadel in eine Vene »eindringt« und eine »Wohlfühl«-Substanz freisetzt. Und dass das Aufkochen der Flüssigkeit im Löffel und das Aufsaugen der erhitzten Flüssigkeit durch die Nadel in den Kolben der Spritze eine

Art Vorspiel ist. Und dass Sex, wenn es bis zu einem bestimmten Punkt gekommen ist, ein Muss wird, etwas Unverzichtbares, eine zwingende Notwendigkeit, ebenso wie das Heroin vom Abhängigen als eine zwingende Notwendigkeit erlebt wird. Eriq konnte die raue Realität seiner Figur durch das Verständnis und Begreifen dieser HANDLUNG jetzt erkennen: das Warum und das Wie der Sucht und auch die Verzweiflung seiner heroinabhängigen Figur.

Sexsucht

Sexsüchtige benutzen Sexualität, um sich mächtig zu fühlen. Auch Sexualität ist eine derart starke, von Ur-Instinkten gespeiste Kraft, dass sie Menschen dazu treibt, Dinge zu tun, die sie normalerweise nicht tun würden. Der Einsatz von Sexualität ist ein äußerst wirksamer Weg, um das zu bekommen, was man will. Ein Sexsüchtiger ist sich über die Macht, mit der der Sex die Menschen im Griff hat, voll im Klaren. Deborah Kara Unger verstand das Ausmaß dieser Macht, als sie in meiner Klasse eine Szene aus Shakespeares *The Taming of the Shrew (Der Widerspenstigen Zähmung)* spielte. Als Katharina musste Deborah einen Weg finden, ihren zukünftigen Gemahl Petruchio, einen achtbaren Gegner, in den Griff zu bekommen. Debbie führte sich vor Augen, zu welcher Zeit das Stück spielte, und sie erkannte, dass für ihre Figur Sexualität ihr wertvollster Trumpf war. Ihre HANDLUNGEN wählte sie entsprechend: Sie schnitt eine Orange, drückte sie kräftig zusammen, sodass der fleischige Saft in ihren Mund floss und sinnlich auf ihre Lippen, ihr Kinn, ihren Hals, ihre Brust tropfte (sie trug ein Top mit tief ausgeschnittenem Dekolleté). Dann wischte sie sich die Lippen mit dem Handrücken ab und verrieb den Saft und das Fruchtfleisch auf ihrer Brust. Der Schauspieler (ich kann mich an seinen Namen nicht mehr erinnern – ehrlich gesagt war ich von Debbies HANDLUNGEN so fasziniert, dass ich mich an andere Details kaum erinnern kann) war wie Wachs in ihren Händen, und Deborah gewann die Szene.

Egal, wonach deine Figur süchtig ist, Abhängige gehen enorme Risiken ein, um an ihren Rausch zu kommen – Banken überfallen, Morde verüben, sich in viele Affären gleichzeitig verstricken, die Freunde, den

Job, die Familie aufs Spiel setzen. Wenn du einen Süchtigen spielst, dann sollten deine HANDLUNGEN diese extremen Einstellungen und Verhaltensweisen zum Ausdruck bringen.

HANDLUNGEN offenbaren die Vorgehensweise deiner Figur.

Neurosen und Psychosen unterscheiden sich von der Vorgehensweise einer Figur. Ist der Geist oder die Chemie des Stoffwechsels aus dem Gleichgewicht geraten, dann haben wir darüber keine Kontrolle. Normalerweise ist das ein HINDERNIS, eine zusätzliche Hürde, die du überwinden musst, wenn du dein SZENENZIEL gewinnen willst. Die Vorgehensweise ist eine Art des Verhaltens, mit der wir unsere Ziele erreichen.

Wir alle haben eine Vorgehensweise, die wir benutzen, um unseren Willen zu bekommen und zu gewinnen. Im Zweifelsfall benutzen wir, was uns in der Vergangenheit Erfolg beschert hat. Manche von uns benutzen Sexualität, manche Gewalt, manche Humor, manche ihren Intellekt, manche benutzen ihre körperliche Tüchtigkeit, und wieder andere setzen auf ihre Autorität oder Machtposition, die sie im Leben bekleiden. In den folgenden Abschnitten liefere ich dir Beispiele dafür, welche HANDLUNGEN zu welcher Vorgehensweise passen. Lass dich nicht von diesen Vorschlägen einschränken. Sei kreativ!

Vorgehensweise bei Leuten, die auf Gewalt setzen

Filme und Stücke mit solchen Figuren: *In the Boom Boom Room, Goodfellas (Goodfellas – Drei Jahrzehnte in der Mafia), American Psycho, Streamers, Reservoir Dogs (Reservoir Dogs – Wilde Hunde), A Clockwork Orange (Uhrwerk Orange), Danny and the Deep Blue Sea (Danny und die tiefblaue See), Edmond, Secretary, Cape Fear (Kap der Angst)*

- Mit einer Pistole oder einem Messer herumspielen oder ihre geschickte Handhabung üben; die Waffe oder das Messer reinigen; mit einem Klappmesser etwas schnitzen; auf einen Sandsack oder etwas Ähnliches einschlagen; Zubehör für Handübungen benutzen; etwas schmeißen oder zerbrechen; Ton gewaltsam kneten, um einen Gegenstand zu formen; etwas essen, das harte Laute verursacht; bei der Zubereitung eines Salats ein großes Messer schwingen und Karotten, Gurken, Salat etc. brutal zerschneiden; etwas bauen, wozu man einen Hammer oder eine Säge braucht; Drogen konsumieren, z. B. Marihuana rauchen oder Kokain ziehen; mit einer scharfen Schere Nagelpflege betreiben usw.

Vorgehensweise bei Leuten, die auf Humor setzen

Filme und Stücke mit solchen Figuren: *Annie Hall (Der Stadtneurotiker), The Gingerbread Lady, Lost in Translation, Animal House (Ich glaub', mich tritt ein Pferd), Chapter Two, Bringing Up Baby (Leoparden küsst man nicht), Life Is Beautiful (Das Leben ist schön), Frankie and Johnny (Frankie & Johnny), When Harry Met Sally (Harry und Sally), A Thousand Clowns (Tausend Clowns)*

- Mit lustigem Spielzeug spielen wie Aufziehmännchen, Miniaturfiguren, Spielkonsolen, Spielzeugsoldaten oder sprechenden, rülpsenden oder furzenden Puppen; schräg aussehende Hüte oder Kleidung anprobieren; mit Essen spielen, wie z. B. Spaghetti aufsaugen oder Erdnüsse hochschmeißen und mit dem Mund auffangen oder ein Puppentheater aus Möhrenstäbchen aufführen; Papier zerknüllen und versuchen, es in einen Behälter zu werfen; sich von der anderen Person Gegenstände schnappen und damit herumspielen, vielleicht sogar intime Dinge; einen Schluck Wein gurgeln; irgendetwas trinken, das sich gut dafür eignet, vor Schreck oder Verblüffung wieder ausgespuckt zu werden; sich Unterwäsche auf den Kopf setzen usw.

Vorgehensweise bei Leuten, die auf ihren Intellekt setzen

Filme und Stücke mit solchen Figuren: *Geniuses, The Real Thing, Speed-the-Plow (Die Gunst der Stunde), Uncommon Women and Others, My Dinner with Andre (Mein Essen mit André), Brideshead Revisited (Wiedersehen mit Brideshead), Reversal of Fortune (Die Affäre der Sunny von B.), Dead Poets Society (Der Club der toten Dichter), True West, Equus (Equus – Blinde Pferde)*

- Einen Computer benutzen; wissenschaftliche Literatur lesen, das Sonntagsrätsel einer renommierten Tageszeitung lösen, schreiben, fotografieren; immer wieder einen Notizblock aus der Tasche ziehen, um Gedanken hinzukritzeln; exotische Speisen essen; Brandy oder guten Wein trinken; etwas technisch Anspruchsvolles reparieren oder installieren; zeichnen oder malen; ein anspruchsvolles Gericht zubereiten; mit einem Füller oder Bleistift spielen usw.

Vorgehensweise bei Leuten, die auf Sex setzen

Filme und Stücke mit solchen Figuren: *The Misfits (Misfits – Nicht gesellschaftsfähig); The Last Seduction (Die letzte Verführung), Sexual Perversity in Chicago, American Gigolo (Ein Mann für gewisse Stunden), Body Heat (Heißblütig – Kaltblütig), Last Tango in Paris (Der letzte Tango in Paris), The Unbearable Lightness of Being (Die unerträgliche Leichtigkeit des Seins), Summer and Smoke (Sommer und Rauch), Sex, Lies, and Videotape (Sex, Lügen und Video), Fool for Love, Desire Under the Elms (Gier unter Ulmen)*

- *Frauen:* Einen saftigen Pfirsich essen; Schlagsahne direkt in den Mund spritzen; trinken und etwas von der Flüssigkeit das Kinn runterlaufen und auf die Brust tropfen lassen; sich tief herunterbeugen, um eine CD in die Anlage zu legen; zu Musik tanzen und sich wiegen, während du mit der CD-Hülle spielst; etwas Phallisches essen; sich Brust und Arme eincremen; sich mit einem Taschentuch den Schweiß vom Dekolleté abwischen; die Nylonstrümpfe gerade ziehen; Alkohol trinken und mit dem Eis im Glas oder dem Stiel des Weinglases spielen usw.
- *Männer:* Bier in einem Zug trinken; Nüsse mit bloßen Händen knacken; etwas mit dem Schraubenzieher verführerisch reparieren; lasziv eine Mango oder Kiwi verspeisen; jeden Vorwand ergreifen, um mit dem Objekt deiner Begierde Körperkontakt herzustellen, z. B. Fusseln von ihrem Pullover zupfen etc.; einen Vorwand finden, um das Hemd auszuziehen und es dann auch machen; Schweiß von der Brust und der Stirn wischen usw.

Vorgehensweise bei Leuten, die auf Macht/Autorität setzen

Filme und Stücke mit solchen Figuren: *Wall Street, Nixon, Angels in America (Engel in Amerika), Working Girl (Die Waffen der Frauen), Hamlet, The Great Santini (Der große Santini), A Few Good Men (Eine Frage der Ehre), Speed-the-Plow (Die Gunst der Stunde), Sweet Bird of Youth (Süßer Vogel Jugend), Hedda Gabler, Mary of Scotland (Maria von Schottland), Faust*-Stoffe

- Mit dem Scheckbuch hantieren oder einen Scheck ausstellen; ein Aufnahmegerät benutzen; Daten in dein Handy oder Smartphone eingeben; dein Besteck vor dem Essen abreiben; auf eine Art Notizen machen, als wolle man sagen: »Ich schreibe etwas ›Vielsagendes‹ oder ›Geheimes‹ über dich ...«; sich auf untadelige Weise an- oder ausziehen; deine Brieftasche durchgehen und eine große Menge Geld zählen; eine Zigarre rauchen; deine Schuhe akribisch auf Hochglanz bringen; feinen Weinbrand trinken; exotisches und teures Essen wie Austern, Wachteln oder Pasteten verzehren usw.

Vorgehensweise bei Leuten, die auf körperliche Tüchtigkeit setzen

Filme und Stücke mit solchen Figuren: *The Wager, Raging Bull (Wie ein wilder Stier), Bull Durham (Annies Männer), The Hustler (Haie der Großstadt), The Color of Money (Die Farbe des Geldes), Rocky, The Great White Hope (Die große weiße Hoffnung)*

- Basketball, Golf, American Football etc. spielen; kleine Fitnessgeräte für Übungen benutzen wie Hanteln, Alu-Roller, einen Stepper, Mini-Trampolin etc.; sich auf eine Art an- oder ausziehen, mit der du deinen Körper in Szene setzen kannst; ständig einen Ball hochwerfen und ihn wieder auffangen; einen Baseballhandschuh einölen; etwas Schweres anheben und es als Hantel benutzen; Gatorade trinken; überhaupt schwere Gegenstände anheben und/oder tragen; einen Sandsack bearbeiten; einen Proteinshake zubereiten und trinken; deine Sportart in irgendeiner Weise trainieren usw.

In HANDLUNGEN zeigt sich, was die Figur beruflich macht.

Hier einige Beispiele für Jobs und Tätigkeiten, die in Film, Fernsehen und Theater immer wieder vorkommen, zusammen mit den HANDLUNGEN, die dabei benutzt werden können. Die Listen enthalten nur einige wenige von Tausenden, die infrage kommen. Um weitere passende HANDLUNGEN für den jeweiligen Beruf zu finden, lass deine Phantasie spielen. Vergiss aber nicht, auch die Neurosen und die Vorgehensweise der Figur zu berücksichtigen, wenn du für deine HANDLUNGEN die Entscheidungen triffst.

- **Polizist(in)**
  Die Waffe reinigen und aus dem Holster ziehen oder hineinstecken; mit Handschellen herumspielen; am Polizeifunkempfänger herumfummeln; ein Aufnahmegerät einsetzen; auf einen Block schreiben; rauchen; Kaffee trinken, kleckern, verschütteten Kaffee wegwischen; sich unterwegs und im Gehen Snacks reinstopfen, z. B. Donuts, Minisalamis oder Powerriegel; Make-up auftragen; Allzweckreinigungstücher benutzen (für zwangsgestörte Ermittler, die bei ihren Untersuchungen mit schmutzigen Dingen in Berührung kommen) usw.
- **Arzt/Ärztin**
  Ein Rezept ausstellen; Medikamente in Verpackungen an- und einordnen, Proben ausgeben; Einmalhandschuhe über- oder ausziehen; medizinische Instrumente sterilisieren; Hände waschen; mit Utensilien herumspielen; den Arztkittel zuknöpfen; Patientenakten durchgehen; ein Röntgenbild in Augenschein nehmen; etwas in einem medizinischen Handbuch nachschlagen oder im Computer nachsehen usw.
- **Psychiater(in)**
  Auf einen Block schreiben; einen Taschentuchspender benutzen; Kaffee/Tee zubereiten oder trinken; mit Betperlen herumspielen; sich mit Patientenakten, Aufnahmen und Notizen aus Therapiesitzungen beschäftigen; stricken; ein Kreuzworträtsel lösen usw.
- **Krankenschwester/Krankenpfleger**
  Patientenakte/-ordner anlegen, einsehen oder etwas hineinschreiben; Utensilien zur Behandlung vorbereiten; die Untersuchungsliege mit

Papiertüchern abdecken; persönliche Sachen des Patienten an irgendeinen passenden Ort befördern/stellen; Fastfood essen; sich vom Essenstablett des Patienten bedienen; medizinische Utensilien sterilisieren; alles für einen neuen Patienten vorbereiten oder aufräumen, nachdem der Patient entlassen ist; Temperatur und Blutdruck messen; einen Tropf einstellen; eine Injektion vorbereiten; Bettpfannen leeren; ein Bett machen usw.

- **Informatiker(in)/Computer-Nerd**
  Am Computer sitzen; Fastfood essen; Zigaretten rauchen; den Computer mit Werkzeug, z. B. einem Schraubenzieher, reparieren; Brille putzen; Kaffee, Tee oder Saft zubereiten und/oder trinken; Musik runterladen und auf ein Gerät übertragen; mit einem Smartphone herumspielen; die Stereoanlage anmachen; Mikrowellen-Popcorn essen usw.
- **Künstler(in)**
  Malen oder zeichnen; Pinsel reinigen; ein Model oder Gegenstände, die gemalt werden sollen, arrangieren; trinken oder Drogen nehmen; Essen anrichten wie ein Kunstwerk: einmalig und farblich umwerfend; das Atelier organisieren; fotografieren; Süßigkeiten futtern usw.
- **Hauswirtschafter(in)**
  Wischen; Tische, Besteck polieren etc.; aufwischen; abstauben; Kissen aufschütteln; mit dem Schwamm schrubben, wo's dreckig ist; Reinigungsmittel einsetzen; Geschirr spülen oder abtrocknen; kochen; essen; Wäsche machen; die persönlichen Sachen der Besitzer durchgehen usw.
- **Barkeeper(in)/Kellner(in)**
  Gläser spülen und polieren; Theke und Tische wischen; die Bar organisieren; das Trinkgeld zählen; die Kasse einstellen; trinken; die Rechnung vorbereiten; Erdnüsse nachfüllen; Senf- und Ketchup-Flaschen nachfüllen; Zutaten für Getränke auffüllen oder Cocktailbeilagen vorbereiten (z. B. Orangen und Limetten schneiden) usw.
- **Prostituierte/Stripper(in)**
  Sexy Klamotten an- oder ausziehen; Make-up auflegen; alkoholische Getränke zubereiten und/oder selbst zu sich nehmen; Marihuana rauchen; Kokain genussfertig machen und konsumieren; Pillen einnehmen; etwas vom Hals, den Armen, der Brust, den Beinen oder sonst

einem Körperteil abwischen; Bodylotion auftragen; mit phallusförmigen Lebensmitteln beim Essen spielen (z. B. Lutscher, Lakritzstange, Baguette etc.); eine Schüssel mit Eiscreme oder Cerealien auslöffeln und den Löffel ablecken; die Nylons an den Beinen zurechtziehen; Nagellack auflegen oder entfernen; die Haare stylen usw.

- **Politiker(in)**
  Den Aktenkoffer durchgehen; Pressestimmen zur eigenen Person studieren; etwas in einer Zeitung oder einem Magazin anstreichen; sich rasieren; Rasierwasser anwenden oder einen Duft auflegen; Notizen machen; im Spiegel das Äußere kontrollieren; ins Diktiergerät sprechen; Minzpastillen lutschen; Handtrainingsgeräte benutzen; Haare mit Haarprodukten in Form bringen usw.
- **Rezeptionist(in)/Sekretär(in)/Assistent(in):**
  Etwas ablegen und einheften; Papiere ordnen; ein mitgebrachtes Mittagessen einnehmen; Kaffee zubereiten oder trinken; den Computer benutzen; sich Notizen machen; sich die Nägel feilen oder Nagellack aufbringen; Make-up auftragen; Handcreme verwenden; Hände oder Füße massieren; Bleistifte anspitzen; Korrekturflüssigkeit benutzen; Papiere zusammenklammern; sich die Haare bürsten; auf/nachfüllen, das Telefon programmieren; einen Taschenrechner oder eine Rechenmaschine benutzen; Akten durchgehen; eine Schere oder ein Papiermesser verwenden; in der Schreibtischschublade nach irgendeinem Utensil kramen usw.
- **Hausfrau/Mutter**
  Gutscheine ausschneiden; Wäsche falten; saubermachen; das verstreute Spielzeug der Kinder aufsammeln; Betten machen; Einkäufe wegpacken; Listen erstellen; sich die Haare machen; verschiedene Anti-Aging-Produkte auftragen; ein Gerät für Oberschenkeltraining einsetzen; kochen; Frauen- und Eltern-Zeitschriften durchblättern; abstauben; Pillen einnehmen; ein Kreuzworträtsel lösen usw.
- **Bauarbeiter(in)**
  Fastfood oder ein Sandwich essen; Bier, Limo oder Wasser trinken; die Werkzeuge durchgehen und organisieren; Kaugummi kauen oder Atem-Pastillen lutschen; eine Sicherheitsbrille einstellen; die Hornhaut an der Hand entfernen; einen Walkman benutzen; Werkzeug reinigen usw.

- **Schauspieler(in)**
  Sich mit Produkten wie Haarspray und Gel stylen; in einen Handspiegel schauen; kalorienarme Snacks essen; mit eindrucksvollen Accessoires auftrumpfen; Make-up auflegen; ein Skript durchgehen; mit Spielzeug, Requisiten oder Trophäen von früheren Auftritten spielen; Markenwasser der Luxusklasse trinken; neue Gesichtsausdrücke oder Bewegungen ausprobieren usw.
- **Labortechniker(in)**
  Die medizinischen Geräte und Instrumente benutzen, reparieren, reinigen oder verstauen; ein Sandwich mit den Arbeitsgeräten zubereiten; mit präzisen Handbewegungen ein Essen einnehmen; Experimente durchführen usw.

Eric Szmanda spielt den Labortechniker Greg Sanders für die populäre Fernsehserie *CSI*. Um die Figur spielen zu können, muss man so viele HANDLUNGEN wie möglich ausführen – denn das macht die Rolle aus. Und es war in der Tat so, dass Eric die Rolle vor allem auch wegen seiner makabren HANDLUNGEN bekam, die er während des Vorsprechens ausführte.

Das Labor eines Mediziners, der an Leichen arbeitet, ist voll von Utensilien und Geräten, die vom Normalen – Wattestäbchen, Fäden oder Skalpelle – bis zum Grausigen reichen – makabre Werkzeuge, die für alle möglichen scheußlichen Arbeiten an den Toten geeignet sind. In Erics Szene fürs Vorsprechen musste seine Figur Greg Sanders dem Gerichtsmediziner darüber Bericht erstatten, welche Maßnahmen er vorgenommen hatte, um die Todesursache festzustellen. Der Dialog enthielt viel Mediziner-Jargon. Ich wies Eric an, alles, was seine Figur in diesem Dialog anspricht, mithilfe seiner Körpersprache anschaulich zu machen. An einer Stelle musste Greg Ergebnisse zur Sprache bringen, die er »einem Anal-Abstrich« verdankte. Beim Vorsprechen ahmte Eric (als Greg) sein Vorgehen mit dem Tupfer pantomimisch nach, führte dann den Tupfer unbewusst an die Nase und roch daran. Mit solchen Aktionen schuf Eric eine Figur, die einzigartig war und mit der er sich von der Masse seiner Mitbewerber abhob. Er sorgte so auch dafür, dass man für die Figur leicht etwas schreiben konnte. Das ist wichtig, weil Leute, die fürs Fernsehen schreiben, zugleich auch oft die Produzenten sind, also diejenigen, die über die Besetzung entscheiden. Eric inspirierte sie derart, dass seine Rolle erweitert wurde. Eigentlich hatte seine Figur nur gelegentlich auftauchen sollen. Wegen seiner HANDLUNGEN, die so fesselnd und skurril waren, machte man Erics Charakter schließlich zu einer festen Größe in der Serie.

HANDLUNGEN für Außenszenen

Genauso wie die Neurosen, die Vorgehensweise und den Beruf deiner Figur solltest du auch die Art der Umgebung berücksichtigen, in der sich deine Figur befindet. Die Möglichkeiten für HANDLUNGEN bei Außenszenen können mager sein, weil dort oft nicht so viele Requisiten vorhanden sind. Das ist aber ganz bestimmt keine Entschuldigung, HANDLUNGEN einfach wegzulassen.

Hier ein paar Vorschläge für HANDLUNGEN, die du draußen machen kannst:

- **Auto**
  In der Handtasche kramen; das Radio einstellen; aufs Steuerrad klopfen; ein Fenster hoch- oder runterkurbeln; Süßigkeiten oder Fastfood essen; Kaffee oder Limo trinken; Kaffee, Limo oder Essen verschütten; das Ganze wieder saubermachen; Make-up auftragen usw.
- **Park oder Bushaltestelle**
  Wasser trinken; Kaffee aus Papp- oder Kunststoffbechern trinken; Süßigkeiten oder Fastfood essen; mit den Blättern am Boden spielen; mit einem Zweig rumspielen; schnitzen; über Kopfhörer Musik hören; im Smartphone Videos gucken; Leute beobachten; mit den Knöpfen oder dem Reißverschluss der Jacke herumspielen; einen Zahnstocher benutzen; den Vögeln Krümel vom eigenen Essen hinwerfen; aus einer Trinkflasche trinken; lesen; schreiben; durch die Handtasche oder die Brieftasche gehen; Fotos machen; Fotos angucken; zeichnen usw.

- **Strand**
  Sonnenschutz auflegen; eine Sandburg bauen; Bier trinken; Essen aus der Kühlbox fischen; essen; zu Musik aus einem Ghettoblaster abrocken; sich mit lustig gefärbter Sonnencreme einreiben; in einer Illustrierten blättern; Leute durchs Fernrohr beobachten; Strandlektüre lesen; Fotos machen; zeichnen; Fastfood essen; den Körper von Sand befreien usw.
- **Spazieren gehen und sich dabei unterhalten**
  Einen Zahnstocher benutzen; mit dem Kleingeld in der Tasche spielen; mit einem Gummiband spielen; einen Schal anlegen; Handschuhe überziehen; Kaffee schlürfen; Markenwasser der Luxusklasse trinken; mit den Knöpfen oder dem Reißverschluss deiner Jacke herumspielen; Süßigkeiten oder Fastfood essen; Lippenpflege auflegen; ein Steinchen nach vorne kicken; ein Steinchen werfen usw.

HANDLUNGEN für Innenszenen

Was man in einem Innenraum an HANDLUNGEN vollzieht, hängt vom Raum selbst und den Requisiten und den Möbeln ab, die man üblicherweise in der jeweiligen Umgebung vorfindet. Alles, was bereits im Raum vorhanden ist, kann benutzt werden.

Vorschläge für HANDLUNGEN, die du in Innenräumen machen kannst:

- **In einem Büro**
  Mach eine Kopie am Kopierer; hol einen Becher Wasser vom Wasserspender; gieß dir einen Kaffee aus der Bürokanne ein; arbeite am Computer; benutze einen Taschenrechner; geh zum Aktenschrank und sortiere die Akten neu usw.
- **In einem Restaurant**
  Beschäftige dich mit den Utensilien, die in so einer Umgebung greifbar sind, wie Servietten, Brot und Butter, Gemüsesticks, Wasser, Wein und Weingläser, Tütenzucker, Saucen und Pasten wie Senf und Ketchup, Salz- und Pfefferstreuer usw.

- **In einem Hotel-/Motel-Zimmer**
  Sieh dir die unvermeidliche Bibel näher an; füll die Schubladen mit dem Inhalt des Koffers oder umgekehrt; studiere einen Reiseführer; plündere die Minibar; klaue Handtücher; spiel mit dem Mini-Shampoo, der Haarspülung, der Creme, dem Nähset und der Duschkappe; spiel mit den Vorhängen usw.
- **In einer Garage**
  Spiel mit den Werkzeugen herum; spiel mit dem geparkten Auto; staub die abgestellten Möbel ab; schau in die dort gelagerten Kisten; benutze die ausrangierten Trainingsgeräte usw.

Manchmal wird ein aufmerksamer Requisiteur den Raum mit den richtigen Requisiten ausstatten, die die Schauspieler bei ihren HANDLUNGEN unterstützen. Verlass dich aber nicht unbedingt darauf. Lass dir selbst was einfallen. Es ist Aufgabe des Schauspielers, dafür zu sorgen, dass er nicht mit leeren Händen und ohne Beschäftigung dasteht oder als langweiliger, uninteressanter Sprecher daherkommt. Du kannst eigene Utensilien mitbringen oder bei der Requisite oder dem Regisseur ansprechen, welche Requisiten du brauchst. Mach dir keine Sorgen, dass der Regisseur oder der Set-Designer/Bühnengestalter sich dann vielleicht auf den Schlips getreten fühlen könnte. Solange jeder sieht, dass deine Vorschläge dazu beitragen, die Geschichte so gut wie möglich zu erzählen, werden die meisten Regisseure und Set-Designer/Bühnengestalter deinen Einsatz begrüßen. Wenn du eine gute Idee beisteuern kannst, lässt das den Regisseur und den Bühnen- oder Set-Designer nämlich nur besser aussehen, weil es die Produktion aufwertet, was für alle nur gut sein kann.

Inzwischen solltest du ziemlich gut einschätzen können, wie du an die Frage nach den richtigen HANDLUNGEN für deine Figur herangehst – indem du nämlich ihr SZENENZIEL, ihre Neurosen, ihren Beruf, ihre Vorgehensweise und ihre Umgebung berücksichtigst. Die richtigen HANDLUNGEN zu finden ist ein Spiel des freien Kombinierens. Es gibt kein richtig oder falsch, wenn man seine HANDLUNGEN auswählt; lass dich von deiner Phantasie und deiner Persönlichkeit leiten.

HANDLUNGEN: Die praktische Anwendung

Die folgende Szene habe ich geschrieben, um zu illustrieren, wie man HANDLUNGEN einsetzt. Meine Vorschläge für HANDLUNGEN schreibe ich mit der Hand auf die linke Seite (damit es kein Durcheinander mit den Angaben zu den BEATS gibt, die grundsätzlich rechts an den Dialog geschrieben werden). Auf diese Weise solltest du deine Entscheidungen für deine HANDLUNGEN ebenfalls festhalten. Schreib sie immer ungefähr dort ins Skript, wo du sie vollziehen willst. Sie müssen aber auf keinen Fall genau an dieser Stelle erfolgen. Deine in Worte gefasste Entscheidung bzw. Beschreibung sollte eine nicht zu eng gehaltene Angabe darüber sein, was du tun wirst und wann das passieren soll. Halte nicht eisern an HANDLUNGEN fest. Lass sie auf natürliche Weise kommen. Die HANDLUNGEN, die du auf deinem Skript festhältst, sind Einfälle, mit denen du flexibel umgehen kannst – du kannst von ihnen abweichen, um dich anderen HANDLUNGEN zuzuwenden, wenn sich am Set oder auf der Bühne interessantere Möglichkeiten ergeben. Es ist auch in Ordnung, wenn viele oder sogar die meisten deiner Einfälle für HANDLUNGEN unausgeführt bleiben. Manchmal stellt man fest, dass man nur wenige verwirklicht hat. Lieber erst mal zu viel haben als mit leeren Händen dastehen. Nicht für jede einzelne Zeile oder jeden einzelnen BEAT wird es eine eigene HANDLUNG geben, denn damit sich eine HANDLUNG auf natürliche Weise zeigen kann, braucht es Zeit.

Schauen wir uns das Ganze in Verbindung mit richtigem Dialog an:

DIE KONFRONTATION

Innen. Einzimmerappartement – Nacht. John sitzt allein auf der Couch und sieht einsam, verzweifelt und angetrunken aus. Wir hören, wie sich ein Schlüssel in der Tür dreht. Tina, seine Frau, öffnet die Tür und tritt ein.

TINA
Sag mal, musst du nicht auf der Arbeit sein?

JOHN
Bin entlassen worden.

TINA
(misstrauisch) Moment mal. Normalerweise benachrichtigen die dich doch, wenn du entlassen wirst.

JOHN
Ich glaub, mein Chef hat den Rausschmeiß-Knigge nicht gelesen. Erinnere mich dran, dass ich ihm ein Exemplar besorge.

TINA
Die haben dich wirklich rausgeschmissen, stimmt's?

JOHN
Wie kommst du denn auf die Idee?

TINA
Oh, Mann. Vielleicht, weil du in drei Monaten sechs Jobs verloren hast.

JOHN
Du solltest mich bewundern – ist gar nicht so einfach, sich in so kurzer Zeit bei so vielen Leuten unbeliebt zu machen.

TINA
(hat die Schnauze voll) Derselbe Grund?

JOHN
Jou.

TINA
Trinken im Dienst. Wann kapierst du endlich, dass du Probleme hast?

JOHN
(triefend vor Sarkasmus) Dass der Scotch alle ist – das ist hier das einzige Problem. Würdest du in den Supermarkt gehen, Schatz, und mir 'ne Flasche holen?

TINA
Klar, mach ich sofort… ach! Ich hätt's fast vergessen – ich hab kein Geld, weil jemand, den ich kenne, einfach keinen Job behalten kann. Und ich hab neulich gehört, den braucht man, um einen Gehaltsscheck zu bekommen.

JOHN
Das ist ein übles Gerücht. Glaub das bloß nicht!

TINA
(schreiend vor Frustration) Ich hab die Schnauze voll. Ich kann das nicht mehr!

JOHN
Eine schlagfertige Antwort reicht nicht?

TINA
Nein!

JOHN
Hab ich auch gar nicht erwartet. Und wenn ich einen Satz Geschirrhandtücher werfe?

(Sie geht ab und knallt die Tür hinter sich zu.)

JOHN
(ihr hinterherschreiend) Und wenn ich dir 'ne Schildkröte kaufe? Sind tolle Haustiere…
(Nichts.)
Ich bring ihr bei, sich auf den Rücken zu drehen…
(Ein letzter Versuch.)
Ich sag dir was, du kannst auch den Namen aussuchen.
(Sie kommt nicht zurück.)

Mögliche HANDLUNGEN für Tina

Gehen wir davon aus, dass Tinas SZENENZIEL lautet: *»dich dazu bringen, dass du dich änderst, damit wir zusammenbleiben können«*. Dann wären folgende HANDLUNGEN möglich:

DIE KONFRONTATION

Innen. Einzimmerappartement – Nacht. John sitzt allein auf der Couch und sieht einsam, verzweifelt und angetrunken aus. Wir hören, wie sich ein Schlüssel in der Tür dreht. Tina, seine Frau, öffnet die Tür und tritt ein.

eine Tüte mit Einkäufen in die Wohnung schleppen

TINA
Sag mal, musst du nicht auf der Arbeit sein?

die »generischen« Einkäufe in die Schränke sortieren

JOHN
Bin entlassen worden.

TINA
(misstrauisch) Moment mal. Normalerweise benachrichtigen die dich doch, wenn du entlassen wirst.

JOHN
Ich glaub, mein Chef hat einfach nicht den Rausschmeiß-Knigge gelesen. Erinnere mich dran, dass ich ihm ein Exemplar besorge.

»aus Versehen« ein Glas, das du aus der Tüte fischst, fallen lassen, einfach um ihm klarzumachen, wie frustriert du bist

TINA
Die haben dich wirklich rausgeschmissen, stimmt's?

JOHN
Wie kommst du denn auf die Idee?

Lappen, Küchentücher und Handfeger holen, um alles aufzuwischen

TINA
Oh, Mann. Vielleicht, weil du in drei Monaten sechs Jobs verloren hast.

JOHN

Du solltest mich bewundern – ist gar nicht so einfach, sich in so kurzer Zeit bei so vielen Leuten unbeliebt zu machen.

die Glassplitter und den Inhalt aufwischen und in den Müll schmeißen (das wird ein bisschen dauern)

TINA

(hat die Schnauze voll) Derselbe Grund?

JOHN

Jou.

TINA

Trinken im Dienst. Wann kapierst du endlich, dass du Probleme hast?

JOHN

(triefend vor Sarkasmus) Dass der Scotch alle ist – das ist hier das einzige Problem. Würdest du in den Supermarkt gehen, Schatz, und mir 'ne Flasche holen?

TINA

Klar, mach ich sofort … ach! Ich hätt's fast vergessen – ich hab kein Geld, weil jemand, den ich kenne, einfach keinen Job behalten kann. Und ich hab neulich gehört, den braucht man, um einen Gehaltsscheck zu bekommen.

JOHN

Das ist ein übles Gerücht. Glaub das bloß nicht!

eine Reisetasche schnappen und mit Anziehsachen und anderen persönlichen Sachen vollstopfen, hastig Schubladen aufreißen, ruppig Klamotten aus dem Kleiderschrank ziehen (Das zeigt ihm, wie ernst es dir ist.)

TINA

(schreiend vor Frustration) Ich hab die Schnauze voll. Ich kann das nicht mehr!

JOHN

Eine schlagfertige Antwort reicht nicht?

TINA
Nein!

JOHN
Hab ich auch gar nicht erwartet. Und wenn ich einen Satz Geschirrhandtücher werfe?

(Sie geht ab und knallt die Tür hinter sich zu.)

JOHN
(ihr hinterherschreiend) Was, wenn ich dir 'ne Schildkröte kaufe? Sind tolle Haustiere ...
(Nichts.)
Ich bring ihr bei, sich auf den Rücken zu drehen ...
(Ein letzter Versuch.)
Ich sag dir was, du kannst auch den Namen aussuchen.
(Sie kommt nicht zurück.)

Mögliche HANDLUNGEN für John

Grundlage für deine Entscheidungen muss das SZENENZIEL sein, das hier lautet: *»dich dazu bringen, mich trotz meines Problems zu lieben«.*

DIE KONFRONTATION

Innen. Einzimmerappartement – Nacht. John sitzt allein auf der Couch und sieht einsam, verzweifelt und angetrunken aus. Wir hören, wie sich ein Schlüssel in der Tür dreht. Tina, seine Frau, öffnet die Tür und tritt ein.

billige Discounter-Spirituosen verstecken, vielleicht schnell eine Pappbox mit Wein entsorgen, bevor sie reinkommt

TINA
Sag mal, musst du nicht auf der Arbeit sein?

schnell eine Banane grabschen, um von deinen eigentlichen Tätigkeiten abzulenken, und die Banane lässig pellen

JOHN
Bin entlassen worden.

TINA
(misstrauisch) Äh? Moment mal. Normalerweise benachrichtigen die dich doch irgendwie, wenn du entlassen wirst.

die Banane essen

JOHN
Ich glaub, mein Chef hat einfach nicht den Rausschmeiß-Knigge gelesen. Erinnere mich dran, dass ich ihm ein Exemplar besorge.

TINA
Die haben dich wirklich rausgeschmissen, stimmt's?

JOHN
Wie kommst du denn auf die Idee?

TINA
Oh, Mann. Vielleicht, weil du in drei Monaten sechs Jobs verloren hast.

JOHN
Du solltest mich bewundern – ist gar nicht so einfach, sich in so kurzer Zeit bei so vielen Leuten unbeliebt zu machen.

die Zeitung greifen und die Seite mit den Stellenangeboten rausreißen

TINA
(hat die Schnauze voll) Derselbe Grund?

JOHN
Jou.

TINA
Trinken im Dienst. Wann kapierst du endlich, dass du Probleme hast?

einen Stift holen, die Jobangebote studieren und welche einkreisen

JOHN
(triefend vor Sarkasmus) Dass der Scotch alle ist – das ist hier das einzige Problem. Würdest du in den Supermarkt gehen, Schatz, und mir 'ne Flasche holen?

TINA
Klar, mach ich sofort ... ach! Ich hätt's fast vergessen – ich hab kein Geld, weil jemand, den ich kenne, einfach keinen Job behalten kann. Und ich hab neulich gehört, den braucht man, um einen Gehaltsscheck zu bekommen.

JOHN
Das ist ein übles Gerücht. Glaub das bloß nicht!

TINA
(schreiend vor Frustration) Ich hab die Schnauze voll. Ich kann das nicht mehr!

JOHN
Eine schlagfertige Antwort reicht nicht?

TINA
Nein!

JOHN
Hab ich auch gar nicht erwartet. Und wenn ich einen Satz Geschirrhandtücher werfe?

(Sie geht ab und knallt die Tür hinter sich zu.)

den Stift heftig gegen die Tür werfen,
die Tür aufmachen und hinter ihr herrufen

JOHN
(ihr hinterherschreiend) Was, wenn ich dir 'ne Schildkröte kaufe? Sind tolle Haustiere ...
(Nichts.)
Ich bring ihr bei, sich auf den Rücken zu drehen ...
(Ein letzter Versuch.)

Ich sag dir was, du kannst auch den Namen aussuchen.
die Tür zuknallen, wie sie es getan hat
(Sie kommt nicht zurück.)

Johns HANDLUNGEN vermitteln:

- den ORT und die ärmlichen finanziellen Verhältnisse: das Einzimmerappartement, die billigen Discounter-Spirituosen und/oder der Wein aus der Box
- seine Alkoholsucht, und dass er das Bedürfnis eines Alkoholikers hat, das Problem zu verbergen, das er mit Humor zu begegnen versucht
- ihre weit zurückreichenden Beziehungsprobleme
- seine weit zurückreichenden Probleme im Arbeitsleben

Tinas HANDLUNGEN vermitteln:

- ärmliche Verhältnisse: ihr Einkauf besteht aus Niedrigpreisprodukten
- ihr Engagement im Haushalt
- dass sie schon seit langem frustriert ist (sieht man daran, dass sie Sachen kaputtmacht und wie ruppig sie ihre Sachen zusammenpackt, um ihn zu verlassen)
- dass sie die Frustration mit Humor behandelt (ein Teil dessen, was sie verbindet, denn sie benutzen dieselbe Vorgehensweise)
- ihren Hang, ein wenig »Drama Queen« zu spielen

Ich möchte vor allem zeigen, wie viel durch HANDLUNGEN erzählt und wie viel durch sie vermittelt werden kann, und zwar innerhalb kurzer Zeit – die Szene dauert höchstens drei Minuten. HANDLUNGEN geben dem Spannungsbogen noch mehr Intensität, und sie lassen die Figur (und den Schauspieler) auf ihrer vom SZENENZIEL geleiteten Reise kraftvoller, klarer und entschiedener vorangehen. Und HANDLUNGEN sind wichtig, weil Dastehen und Worte allein selten zu irgendeinem Verhalten führen.

KAPITEL 10

Schritt 10: INNERER MONOLOG

Der Text in deinem Kopf, den du nicht laut aussprichst.

Während INNERE BILDER Vorstellungen und Gedanken sind, die mit dem Text im Skript verbunden werden, wird der INNERE MONOLOG aus realen Worten und Sätzen gebildet, die in unserem Kopf ablaufen. Obwohl der INNERE MONOLOG und INNERE BILDER jeweils eigenständige Schritte sind, sind sie doch untrennbar miteinander verbunden, weil sie ineinandergreifen müssen, um eine zusammenhängende Geschichte mit einer klaren Richtung zu schaffen. In dem Film *The Wizard of Oz (Der Zauberer von Oz)* zum Beispiel spricht Dorothy oft davon, dass sie nach Hause will. Das INNERE BILD wäre hier eine Vorstellung des Zuhauses, zu dem die Schauspielerin zurückkehren möchte. Der INNERE MONOLOG wäre der Text über diese Rückkehr nach Hause, den sie nicht laut aussprechen kann. Also während die Schauspielerin, die die Dorothy spielt, ein Bild des Zuhauses, das sie benutzt, aufruft, könnte sich ihr INNERER MONOLOG so anhören: »Ich werde nie nach Hause kommen mit Versagern wie euch an meiner Seite. Ich meine, du, Vogelscheuche, du hast nicht mal ein Gehirn, und du, Feiger Löwe, naja, dein Name sagt ja schon alles. Und euer Kumpel, der Zinnmann, ist nur die herzlose Hülle eines Mannes. Ich bin am Arsch.« Das wäre, was sie wirklich denkt, obwohl sie laut Drehbuch zum Ausdruck bringt, dass die drei grotesken Kreaturen ihre Freunde seien. Nur mit INNEREN BILDERN zu arbeiten ist nicht genug. Du brauchst dazu noch einen Text. Die beiden Schritte ergänzen einander. Sie versorgen dein Gehirn mit Vorstellungen (INNEREN BILDERN) und Wörtern (INNEREM MONOLOG), was deiner Figur ein echtes menschliches Innenleben verleiht. Indem man den INNEREN MONOLOG und die INNEREN BILDER gemeinsam anwendet, bildet man präzise nach, wie die gedanklichen Prozesse eines Menschen in der Realität ablaufen.

Die gesprochenen Worte sind für den Schauspieler im Skript verfügbar, aber das Gespräch, das sich im Inneren der Figur abspielt, muss der Schauspieler ergänzen. Man könnte sagen, INNERER MONOLOG ist eine klar umschriebene Angstvorstellung: Er besteht aus all den Dingen, die du nicht zu sagen wagst, weil der andere es falsch, vulgär, fies, unsicher, irre, dumm oder voreingenommen finden könnte.

INNERER MONOLOG umfasst:

- Ideen und Gedanken darüber, was du als Nächstes sagen könntest.
- Es im Nachhinein als Fehler sehen, dass du etwas Bestimmtes gesagt hast, weil es dir jetzt geistlos, unangemessen, zu forsch, nicht forsch genug, dumm, zu bemüht, unheimlich, nicht unheimlich genug etc. vorkommt.
- Interpretation dessen, was der andere eigentlich wirklich sagen will und was er tun will – verstellt die Person sich? Mag sie mich? Lehnt sie mich ab? Versucht sie mich loszuwerden? Hält sie mich für blöd? Findet sie mich hässlich? Alles Fragen also, die darum kreisen, wie dein Gegenüber dich wohl sieht und findet.
- Alles, was sich um die Geschichte dreht, die du mit dem anderen hast, besonders wenn du dich an eine Begegnung unter ähnlichen Umständen erinnerst.
- Deine schiefe und paranoide Interpretation dessen, was dein Gegenüber dir zu sagen versucht (während er es gerade sagt).
- Alles, was du zensieren würdest, wenn du es laut aussprechen solltest. Gedanken, die in deinem Kopf bleiben und die du nicht rauslässt, können anzüglich, nicht politisch korrekt, unangemessen, böse, voreingenommen sein, oder sie würden krankhaftes Misstrauen oder Unwissenheit verraten. Schließlich bist du der Einzige, der weiß, was du *wirklich* denkst.

Das Gegenüber im INNEREN MONOLOG immer mit »du« ansprechen. Nur so wird er wirklich Teil der Kommunikation.

Der INNERE MONOLOG ist immer so formuliert, dass er eine Verbindung zur anderen Person herstellt. Denn der INNERE MONOLOG darf kein Selbstgespräch sein. INNERER MONOLOG ist die unausgesprochene Kommunikation zwischen Menschen. Er erschafft ein unausgesprochenes Miteinander. Formuliere deinen INNEREN MONOLOG so, dass er für Kommunikation zwischen dir und den anderen Figuren sorgt. Um das zu erreichen, benutz das Pronomen »du«, wenn du ihn – im Geist – mit deinen Gedanken konfrontierst. Benutz nicht »er« oder »sie«, denn dann sprichst du nur zu dir selbst.

Es darf zum Beispiel *nicht* heißen:

- »Warum guckt *sie* mich so komisch an? *Sie* muss denken, ich bin verrückt...«

Durch die Benutzung des »sie« bleibt der Schauspieler in diesem Beispiel in einem Vakuum.

Stattdessen muss es heißen:

- »Warum guckst *du* mich so komisch an? *Du* denkst sicher, ich bin verrückt...«

Dieser interaktive INNERE MONOLOG wird auch körperliches Verhalten in dir auslösen. Denk nur an die Körpersprache und die Gesichtsausdrücke, die du instinktiv an den Tag legen würdest, wenn du eigentlich denkst: »Ich bin sowas von ungeeignet für den Job. *Du* wärst wirklich dumm, wenn *du* mich anstellen würdest...« Und wenn du dann trotzdem einfach sagst: »Ich denke wirklich, dass ich der Beste für diesen Job bin, und ich spüre, dass ich ein Gewinn für dieses Unternehmen sein werde.«

Genau wie wir alle gesprochenen Dialog benutzen, um eine Reaktion vom Gegenüber zu bekommen, wird auch INNERER MONOLOG dazu benutzt, deine Mitspieler zu einer Reaktion zu veranlassen.

INNERER MONOLOG hilft dir dabei, auch dann eine Beziehung aufzubauen, wenn du nicht sprichst. Auch wenn wir die Zuschauer sind, werden wir auf den INNEREN MONOLOG eines Schauspielers reagieren. Der Kontrast zwischen dem, was du denkst, und dem, was du sagst, wird dich uns näherbringen und uns zu einer Reaktion bewegen. Wir können uns gut damit identifizieren, weil wir auch nur selten aussprechen, was *wirklich* in uns vorgeht. Auszusprechen, was man wirklich denkt, ist oft keine gute Idee, wenn man etwas erreichen will. Wir verpacken das, was wir eigentlich sagen wollen, um die Reaktion herauszulocken, die wir uns so sehr wünschen. Wenn du Sex mit jemandem willst, dann kannst du natürlich auch sagen: »Hey du, ich will Sex mit dir haben.« Was du aber wahrscheinlich stattdessen machen wirst, ist Folgendes: Du wirst der Person sagen, dass sie attraktiv ist, wirst sie fürstlich bewirten, verständnisvoll und charmant sein, so tun, als ob du aufmerksam zuhörst, wenn diese Person ziellos vor sich hin plappert, und du wirst in der Regel zu viel Zeit damit verbringen, über eine Menge Sachen zu reden, die dich nicht interessieren.

In dem Film *As Good As It Gets (Besser geht's nicht)* gibt es eine Szene, in der Jack Nicholsons Figur Melvin Udall die Kellnerin Carol Connelly (gespielt von Helen Hunt) in dem Bistro besucht, in dem sie arbeitet. Es entwickelt sich ein Gespräch über Carols Sohn, der an Asthma leidet. Was aber wirklich in Melvins Kopf vorgeht, das verrät uns der INNERE MONOLOG, der sich in Jacks Augen und seinem Verhalten abbildet. Denn der hat mit dem, was er laut sagt, nur wenig zu tun. Carols Sohn und dessen Gesundheit sind für Melvin nebensächlich, und es geht auch nicht mehr in erster Linie darum, dass ihm jemand hier sein Mittagessen hinstellt. Woran er tatsächlich denkt, ist etwas pikanter. Natürlich kann Melvin nichts sagen, was auch nur im Entferntesten nach Romantik klingt – es wäre unsensibel und ungeniert –, aber er kann daran denken, und das macht er auch. Dieser INNERE MONOLOG macht nicht nur aus Melvin einen Mensch mit seinen Fehlern, sondern sorgt auch für eine sexuelle Spannung zwischen den beiden Figuren.

Ein weiteres Beispiel für INNEREN MONOLOG, wie wir ihn alle kennen, ist dir vielleicht einmal durch den Kopf gegangen, als du jemand gefragt hast: »Sag mal, sehe ich aus, als hätte ich zugenommen? Ich fühle mich, als hätt ich ein paar Pfund zugenommen.« Abweichend von diesen gesprochenen Worten will dein INNERER MONOLOG aber auf das Gegenteil hinaus: Dein Ziel war, die andere Person dazu zu bringen, dir zu sagen, du sähst aus, als hättest du *abgenommen.* Du hast also gedacht: »Bitte, sag einfach, dass ich schlanker aussehe ... Ich hab so viel Zeit und Geld in tiefgefrorene, winzige, nach Pappe schmeckende Mahlzeiten investiert ...«

Dein INNERER MONOLOG sollte so formuliert sein, wie du wirklich denkst.

Das heißt, selbst wenn du eine Intelligenzbestie bist, sind deine Gedanken einfach, ungeschliffen und unkompliziert. Auch im richtigen Leben ist unser INNERER MONOLOG manchmal so primitiv, dass er dem sprunghaften Gemurmel eines Kleinkindes ähnelt. Wir intellektualisieren und rationalisieren erst, wenn wir sprechen. Was wir sagen, ist nicht dasselbe, was wir denken, und oft ist es sogar das Gegenteil. INNERER MONOLOG ist das Skript zum ständig laufenden Film (INNERE BILDER), der sich hinter unseren Augen ohne Pause abspielt. Ein Schauspieler kann mithilfe des INNEREN MONOLOGS die innere Gefühlswelt und die Wahrheiten seiner Figur wahrnehmen und darstellen. Das bringt Details zum Vorschein, die sonst nicht offenbart werden könnten.

INNERER MONOLOG ist, was du nicht laut aussprechen kannst, weil es deinen Chancen, dein SZENENZIEL durchzusetzen, schaden würde.

Stell dir eine Szene vor, in der deine Figur ein Rendezvous in einem Restaurant hat. Die andere Figur ist äußerst attraktiv, klug und weltgewandt

– ganz im Gegensatz zu deiner. Wenn du sie wissen lässt, wie unsicher und einfach gestrickt du bist, dann hast du wirklich eine gute Chance, dass dieses Rendezvous dein letztes mit ihr sein wird.

Beispiel-Dialog:

DEINE FIGUR
Das ist ein tolles Restaurant. Sogar die Musik ist toll.

DEINE BEGLEITUNG
Ja, das ist Mozart, ich finde sie stimulierend und beruhigend zugleich.
(summt verständnisinnig ein paar Takte mit)
Und wer ist dein Lieblingskomponist?

DEINE FIGUR
Ich bin so hungrig. Ich wünschte, der Kellner würde kommen.

Schauen wir uns jetzt an, wie dieselbe Szene mit INNEREM MONOLOG aussehen würde – mit dem, was du wirklich denkst und fühlst – von Ängsten und deinem Mangel an Grips geplagt. Schreib deinen INNEREN MONOLOG in Anführungszeichen und mit Bleistift unter die Zeilen im Skript, auf die er sich jeweils bezieht.

Zur Erinnerung: SZENENZIEL, HINDERNISSE, SUBSTITUTION, MOMENT DAVOR und ORT/VIERTE WAND werden über der Szene notiert; INNERE BILDER unter den Worten, zu denen sie gehören; BEATS und AKTIONEN rechts neben die Klammern, die einen BEAT zusammenfassen; notiere HANDLUNGEN links auf dem Blatt; und nun als weiteres Element den INNEREN MONOLOG in Anführungszeichen unter und zwischen den Zeilen, je nachdem, wo er deiner Meinung nach hingehört.

Die Rendezvousszene mit Beispielen für INNEREN MONOLOG (I. M.)

I. M.: »Ich muss bald etwas zu dir sagen, ich sitz hier rum wie ein Idiot und ich will das hier nicht verpatzen ... du siehst sooo super aus. Was machst du mit mir? Hör jetzt auf damit, reiß dich zusammen, sag was, am besten was Schlaues ...«

DEINE FIGUR
Das ist ein tolles Restaurant. Sogar die Musik ist toll.
I. M.: »Mann, war das schlau! Ich bin so ein Trottel. Wenn's ein Gefängnis für Doofe gäbe, hätte ich lebenslänglich ...«

DEINE BEGLEITUNG
Ja, das ist Mozart, ich finde sie stimulierend und beruhigend zugleich.
I. M.: »Oh Gott! Alles, was ich über Mozart weiß, ist, dass er Deutscher war ... oder ein Österreicher? Oder ein Schweizer? Warum musst du so sexy sein und ich so 'n Blödmann? Bitte, oh, bitte, lieber Gott, steh mir bei. Frag mich nicht nach klassischer Musik ...«
(summt verständnisinnig ein paar Takte mit)
Und wer ist dein Lieblingskomponist?
I. M.: »Was?! Keine Ahnung! Schnell das Thema wechseln ...«

DEINE FIGUR
Ich bin so hungrig. Ich wünschte, der Kellner würde kommen.
I. M.: »Na, das war ja lässig. Du glaubst wahrscheinlich, dass ich clever und voll auf der Höhe bin ... Ja, richtig, Niete würde besser passen ... Oh Mann, ich werde für immer allein sein.«

... usw.

Wie du siehst, gibt der INNERE MONOLOG deiner Figur eine wichtige menschliche Dimension, sie offenbart ihre Verwundbarkeit. Das macht deine Figur attraktiver fürs Publikum. Denn das Publikum fühlt sich einem Charakter, der unsicher und ängstlich ist, weit mehr verbunden als einem selbstsicheren und furchtlosen.

INNERER MONOLOG wird deine Bemühungen, dein SZENENZIEL zu erreichen, vervielfachen.

Das liegt daran, dass deine Worte sich von dem, was du wirklich denkst, oft derart unterscheiden, dass du gezwungen bist, sie herauspurzeln zu lassen und zu übertreiben, damit dein Gegenüber dir das, was du sagst, so weit wie möglich abkauft. Wer sich auf einer Party am meisten hasst, kannst du immer leicht erkennen. Es sind die, die sich am überschwänglichsten begrüßen, wenn sie sich dort begegnen. Sie sagen Dinge wie: »Es ist viel zu lange her! Freut mich so, dich zu sehen! Toll siehst du aus! Wir müssen uns wirklich mal treffen. Lass uns zusammen zu Mittag essen!« Was sie dabei eigentlich denken, ist Folgendes: »Es war nicht lange genug! Wenn ich dich sehe, denke ich sofort an all den Scheiß, den ich dir zu verdanken habe! Du bist grässlich! Wenn wir wirklich zusammen essen, werde ich dir vermutlich in dein hässliches Gesicht kotzen!« Die Formel lautet ungefähr so: Je größer das Entzücken beim Wiedersehen, desto größer der Hass.

INNERER MONOLOG ist ein Hinweis auf das, was du wirklich denkst, aber nicht sagen kannst, weil es unangenehme Folgen hätte.

Stell dir eine Szene vor, in der deine Figur, ein Journalist, von seinem Boss, dem Redakteur einer Zeitung, abqualifiziert wird.

Der Dialog dazu:

REDAKTEUR
Was Sie da geschrieben haben, ist grauenvoll – jeder Zehnjährige hätte das besser hinbekommen.

DEINE FIGUR
Danke, Sir, ich werde daran arbeiten.

REDAKTEUR
Großartig, wenn Sie Hilfe brauchen, wird meine Assistentin Edna Ihnen helfen.

DEINE FIGUR
Edna ist gut, das ist ein ausgezeichneter Vorschlag.

REDAKTEUR
Na, dann machen Sie mal, dass Sie hier rauskommen und sich dahinterklemmen.

Dein INNERER MONOLOG dazu könnte ungefähr so aussehen:

REDAKTEUR
Was Sie da geschrieben haben, ist grauenvoll – jeder Zehnjährige hätte das besser hinbekommen.
»Du untalentierter Esel, was weißt denn du schon vom Schreiben? Du verbringst mehr Zeit mit der Flasche als mit den Texten ...«

DEINE FIGUR
Danke, Sir, ich werde daran arbeiten.
»Ja, vielen Dank für die schlaflosen Nächte. Danke, dass ich mich deinetwegen hasse. Und danke, dass ich mir am liebsten die Kugel geben würde.«

REDAKTEUR
Großartig, wenn Sie Hilfe brauchen, wird meine Assistentin Edna Ihnen helfen.
»Edna, die Schlampe. Ja, die wird mir eine große Hilfe sein ...«

DEINE FIGUR
Edna ist gut, das ist ein ausgezeichneter Vorschlag.
»Edna ist gut, alles klar – sie hat die aufgeschürften Knie als Beweis.«

REDAKTEUR
Na, dann machen Sie mal, dass Sie hier rauskommen und sich dahinterklemmen.
»Ich wünsch dir einen langsamen und qualvollen Tod ...«

Offensichtlich kann deine Figur nicht sagen, was sie wirklich denkt, weil sie sonst ihren Job verlieren würde.

Unser INNERER MONOLOG kann banalen, langweiligen Gesprächen mehr Würze verleihen.

Es macht solche Unterhaltungen weitaus interessanter, wenn wir dabei unangemessene, vulgäre und verbotene Gedanken produzieren. Wenn du mit einem Vertreter des anderen Geschlechts zusammen bist (oder des Geschlechts, zu dem du dich hingezogen fühlst), gibt es immer die Neigung und die Gelegenheit, in sexueller Weise an sie zu denken. Wir fragen uns zum Beispiel, wie es wohl sein mag, die Person zu küssen, wie sie im Bett ist etc. Solltest du in der Gegenwart deines Spielpartners keine sexuelle Spannung spüren, dann musst du, der Schauspieler, sie herstellen. Sexualität gehört zum Kernbestand unseres Trieblebens, sodass jeder was damit anfangen kann. Wenn du sie also ins Spiel bringst, kannst du aus einem langweiligen Dialog für alle ein heißes Erlebnis machen.

Als ich noch als Schauspielerin arbeitete, hatte ein Freund von mir eine kleine Nebenrolle in der amerikanischen Sitcom *Archie Bunker's Place,* dem Ableger von *All in the Family.* Er sollte in einer Szene bei einer attraktiven Kellnerin etwas bestellen, sein Text lautete: »Ich hätte gern das Steak, bitte ...« Den Spruch »Es gibt keine kleinen Rollen, nur kleine Schauspieler« kannte mein Freund noch nicht. Deshalb waren es für ihn nur sechs Wörter, die kein besonderes Engagement verdienten. Carroll O'Connor, der Star der Serie, ging zu meinem Freund und flüsterte ihm ins Ohr: »Hey, sag mal, sieht das Mädchen, das die Kellnerin spielt, nicht scharf aus?«

»Granatenmäßig!«, antwortete mein Freund.

»Würdest du gern mit ihr schlafen?«, fragte O'Connor.

»Na, klar!!«, sagte mein Freund mit allem Testosteron, das er aufbieten konnte.

»Na dann – wenn du diesen Satz sagst: ›Ich hätte gern das Steak, bitte‹ ...«

»Ja?«

»*... benutze es!*«

INNERER MONOLOG liefert Informationen, die der gesprochene Dialog nicht enthält – so hilft er dir, auf zukünftige Ereignisse im Skript hinzuarbeiten, die oft nicht in Worte gefasst sind, weil dann zu viel zu früh verraten würde.

In einer der ersten Szenen des Neil-LaBute-Films *Your Friends & Neighbors (Männer, Frauen und die Wahrheit über Sex)* geben die Figuren Mary und Barry ein Essen. Sie sind gerade aufs Land gezogen, weil sie vom Stadtleben genug hatten. Mary lobt in der Szene das Landleben in höchsten Tönen und erklärt, wie glücklich sie über die Entscheidung ist, weggezogen zu sein und wie das ihre Beziehung zu Barry bereichert und verbessert habe. Sie sagt das alles, obwohl es ihr in Wahrheit absolut erbärmlich geht. Sie fühlt sich von ihren Freunden und ihrem früheren Arbeitsleben abgeschnitten. Die große Ironie aber ist, dass der Umzug sich deshalb als Reinfall erweist, weil er seinen Hauptzweck erfüllt – mehr Zeit mit Barry zu verbringen ist, wie Mary feststellt, nicht erstrebenswert.

Marys Unruhe treibt sie schließlich in die Arme des gutaussehenden und aalglatten Jerry (Ben Stiller). Als wir nach Anregungen suchten, wie wir für diese Szene den INNEREN MONOLOG von Mary gestalten könnten, erklärte ich Amy Brenneman, die die Mary spielte, dass die Affäre nicht unvermittelt kommen dürfe, damit das Ganze für das Publikum nachvollziehbar bliebe. Deshalb beschlossen wir, Marys Lobrede auf das Landleben mit einem INNEREN MONOLOG zu unterlegen, der etwa so lauten sollte: »Ich hasse es, hier zu sein. Nein, *hassen* trifft es nicht. Ich verabscheue das hier alles, es widert mich an. Barry ist ein furchtbarer Langweiler geworden.« Dann würde Marys (Amys) Blick auf Jerry (Ben) fallen, und ihre Gedanken würden folgende Richtung nehmen: »Du bist so geil. Ich würde gern mit dir (und von hier an sollte Amy mit ihren sexuellen Lieblingsphantasien weitermachen) … Obwohl Marys Text aus dem Skript nichts mit ihrer Beziehung zu Jerry zu tun hatte, konnte sie mithilfe ihres gleichzeitig ablaufenden INNEREN MONOLOGS ihre eigentlichen Ziele klipp und klar vermitteln, dem Publikum – und natürlich auch Jerry.

Dank der Verwendung von INNEREM MONOLOG konnten für diese Szene zwei Dinge erreicht werden. Zum einen teilt Mary (Amy)

Jerry (Ben) über den INNEREN MONOLOG unbewusst und unterschwellig mit, dass sie ihn haben will. Sein Unbewusstes erhält dadurch die Erlaubnis, ihr nachzustellen, was er sonst nicht gemacht hätte, weil sie verheiratet ist und damit eigentlich nicht verfügbar. Es ist eher die Ausnahme, dass Leute wirklich hinter jemandem her sind, ohne das Gefühl zu haben, dass die Chancen ganz gut sind. Aber der INNERE MONOLOG erreichte noch ein Zweites: Indem er dafür sorgt, dass die sexuelle Spannung zwischen den beiden steigt, brachte der INNERE MONOLOG zukünftige Ereignisse ins Spiel. Der Effekt ist erfahrungsgemäß knisternde Vorerwartung beim Publikum. An diesem Beispiel siehst du:

Der INNERE MONOLOG gibt dir etwas zu sagen, wenn es keinen Text gibt.

In Bühnenstücken und besonders in Filmen gibt es Szenen, wo es entweder keinen Text gibt oder du bist nur Zuhörer, während ein anderer einen Monolog spricht. Anstatt einfach rumzustehen, irgendwas zu fühlen und wie ein Resonanzboden zu wirken, ermöglicht der INNERE MONOLOG eine Art des Zuhörens, die wie Aktivität anmutet. Nehmen wir zum Beispiel diese Szene aus dem Film *Unfaithful (Untreu),* in der Diane Lane allein im Zug nach Hause sitzt. Als Schauspielerin steht sie hier vor der Herausforderung, das ganze Farbgewitter der Emotion nach einem soeben begangenen Ehebruch auszudrücken, ohne auch nur ein Wort zu sagen. Ihre Figur Connie Sumner kommt gerade von ihrem ersten Schäferstündchen mit ihrem jüngeren Liebhaber Paul zurück. Sie muss zum Ausdruck bringen, dass sie sich beschwingt und schuldig fühlt, wütend und traurig, dass sie mehr will und einsam ist. Wie vermittelte sie all das ohne Text? Mit der Hilfe INNERER BILDER und INNEREN MONOLOGS spielten sich diese widersprüchlichen Gefühle auf ihrem Gesicht und ihrem Körper ab. Diane gibt uns das Gefühl, dass wir in ihrer Haut stecken und den Vorfall und die sich daraus ergebenden Gefühle und Gedanken selbst erleben.

Der INNERE MONOLOG kann banalen und unbedeutenden Stellen im Skript einen Sinn und Größe geben.

Wenn du dein Skript analysierst, solltest du nie irgendwelche Momente oder Textpartien unwichtig finden. Wenn viel auf dem Spiel steht, hat sogar ein Seufzer eine Bedeutung und in jedem kleinen Schritt schwingt emotionale Dringlichkeit mit. Über nichts sollte jemals einfach hinweggegangen werden, denn wenn du darüber hinweggehst, dann geht auch das Publikum darüber hinweg – und über dich gleich mit.

In einigen Textbüchern wird es zum Beispiel heißen, dass eine Figur zusammen mit einer Gruppe singen soll. Da singen ein paar Leute, sagen wir »Happy Birthday«, oder sie haben sich in einer Partyszene um ein Klavier versammelt. Klingt harmlos und nebensächlich. Es liegt an dir, dieser Situation und dem Song einen persönlichen und beachtenswerten Sinn zu geben. Es gibt eine Gruppengesangsszene in dem Film *Their Eyes Were Watching God (Und ihre Augen schauten Gott)*, den Oprah Winfrey und Quincy Jones in Kooperation mit dem Sender ABC produzierten. Der Film erzählt die Geschichte von Janie (gespielt von Halle Barry), einer jungen Frau, die im frühen 20. Jahrhundert lebt und die meiste Zeit ihres Lebens unterjocht, kontrolliert und kritisiert wurde. Sie lernt Joe Starks kennen, der ihr ein neues Leben bietet, ein großartiges Leben, erfüllt von der Freiheit, die Welt zu entdecken und zu erforschen. Joe nimmt sie mit nach Eatonville, der ersten Stadt in den Vereinigten Staaten, die, wie Joe sich ausdrückt, »von farbigen Leuten, die zusammengefunden haben«, verwaltet wird. »Sie haben sich ihre eigene Stadt gemacht.« Als sie in Eatonville eintreffen, stellt sich heraus, wie sehr der Ort Joes Mut und Wissen braucht, um eine richtige Stadt zu werden. Joe wird der offizielle Bürgermeister und Janie die »First Lady«. Eines Tages wird mit einem Lastwagen von Sears and Roebuck die erste Straßenlaterne nach Eatonville geliefert. Der Tag, an dem sie die Stadt zum ersten Mal erleuchten soll, wird zum Anlass für eine Zeremonie genommen, die symbolisch dem verheißungsvollen Umstand gewidmet ist, dass Eatonville »nun der erste ganz von Farbigen getragene Ort ist, der in den USA offiziell den Status einer selbstverwalteten Stadt erhält«, wie es Joe in seiner Rede an die Bürger der Siedlung ausdrückt. Als aber eine Figur namens Amos um ein paar Worte auch von Mrs. Mayor Starks bittet, also von Janie, bringt Joe ihn schnell zum Schweigen. »Mrs. Mayor Starks weiß nicht, wie man Reden hält. Das ist nicht der Grund, warum ich sie geheiratet habe.« Janie ist am Boden zerstört. Joe hatte ihr das Blaue vom Himmel versprochen, tut aber dasselbe wie alle anderen: Er unterdrückt ihren Geist und gibt ihr das Gefühl, dumm, ohnmächtig und unbedeutend zu sein. Er verbietet ihr den Mund. Joe beendet die Rede an seine Wählerschaft und bringt sie dazu, ein Lied anzustimmen. Auf den Gesichtern der Bewohner leuchtet Hoffnung ganz im Gegensatz zu Janies Gesichtsausdruck. Joe war ihre einzige Hoffnung auf ein anderes, besseres Leben, und diese Hoffnung wurde enttäuscht.

Als Halle und ich die Szene analysierten, hätten wir die Figur leicht mit einem Innenleben ausstatten können, in dem Schmerz und Enttäuschung über ein Leben zum Ausdruck kommen, das furchtbar schiefgelaufen ist. Aber ihr einfach die innere Realität einer Verletzten und Betrogenen zu verleihen hätte vermittelt, dass sie aufgegeben hatte und geschlagen und gescheitert war. Es ist aber nichts damit gewonnen, wenn man sich für geschlagen erklärt. Denn es hinterlässt nichts als Hoffnungslosigkeit, nicht nur bei der Figur, sondern auch beim Schauspieler und beim Zuschauer. Als Schauspieler solltest du dich nie dafür entscheiden, dich vom Leben unterkriegen zu lassen. Wenn du deine Versuche einstellst, eine Situation zu ändern, obwohl sie völlig unerträglich ist, hat deine Reise ihr Ende gefunden. Deshalb wollten wir aus dieser Szene etwas machen, in dem Halle als Siegerin erscheint und nicht als Opfer. Dazu ließen wir sie an persönliche Sorgen denken, die sich ohne Hoffnung und Veränderung nicht meistern ließen. Zur Zeit der Dreharbeiten betrafen sie Probleme, die zum Scheitern verurteilt schienen. Den INNEREN MONOLOG dazu gestalteten wir aber so, dass ihre Hoffnung durchschimmerte. Und als sie die Augen schloss, sang sie den Text des Liedes *This little light of mine* mit …

»Das kleine Licht in mir, ich lass es strahlen. Das kleine Licht in mir, ich lass es strahlen. Das kleine Licht in mir, ich lass es strahlen. Das kleine Licht in mir, ich lass es strahlen. Lass es strahlen, lass es strahlen, lass es strahlen ...«[6]

Und dazu ließ sie den INNEREN MONOLOG mitlaufen, der von der Hoffnung auf neue Chancen bestimmt war, und der lautete ungefähr so:

I. M.: »Ich hasse ihn, und er hat mich angelogen, so wie alle anderen in meinem Leben. Aber ich werde mich keinem Selbsthass hingeben. Ich werde kein Opfer sein! Nicht mehr. Ich werde einen Weg finden, es muss einen Weg geben, es gibt Hoffnung für mich, da ist Licht für mich, ich gebe nicht auf. Das kann ich gar nicht – denn wenn ich's tue, werde ich sterben. Dieses Licht leuchtet für mich, ich werde niemandem erlauben, es mir noch einmal wegzunehmen, ich werde meine Hoffnungen und Träume strahlen lassen. Ich werde nicht aufgeben, ich weiß nicht, wie und wann sich alles ändern wird, aber ich werde all das Licht, das ich verkörpere, hier strahlen lassen, ich lass es strahlen, lass es strahlen, lass es strahlen!«

Dieser INNERE MONOLOG versetzte Halle und ihre Figur in die Lage, Kraft zu schöpfen, um weiterzumachen und die unvermeidlichen Schlachten zu schlagen, in die sie noch würde ziehen müssen – als Frau und als Frau von dunkler Hautfarbe. Eine Szene, die geschrieben worden war, um dem Publikum Janies Untergang zu zeigen, bekam hier durch den INNEREN MONOLOG eine ganz andere Richtung – das Publikum sah jetzt Sinn, Hoffnung und neue Möglichkeiten.

INNERER MONOLOG kann die Übersetzung des geschriebenen Dialogs in eine anstößige, schamlose Sprache sein.

Das trifft besonders dann zu, wenn für Seifenopern Zickenkämpfe inszeniert werden, in denen die Realität überzeichnet werden soll. Diese

6 Im Original: This little light of mine, I'm gonna let it shine/This little light of mine, I'm gonna let it shine./This little light of mine, I'm gonna let it shine/Let it shine, let it shine, let it shine ...

Kämpfe sind schwer realistisch darzustellen, weil das Leben erfreulicherweise Frauen selten einen Vorwand dafür liefert, sich gegenseitig die Haare auszureißen und die Augen aus dem Kopf zu kratzen – es sei denn, sie finden sich auf mysteriöse Weise in der *Jerry Springer Show* wieder. Doch in den Serien (vor allem in den Vorabendserien) kommt es immer wieder dazu. Die Emmy-Gewinnerin Sharon Case musste mit ihrer Figur Sharon Newman in *The Young and the Restless* die Laufbahn der professionellen Zickenkämpferin einschlagen. Sie führt ihre Zickenkriege mit ihrer Schwiegermutter, ihrer Schwägerin und ihrer ehemaligen besten Freundin (ehemalig, weil sie eine Affäre mit Sharons Fernsehmann hat). Der Dialog in diesen Szenen ist gepfeffert und immer so skandalös, wie es die Tageszeit, zu der das Ganze ausgestrahlt wird, gerade noch so erlaubt. Als Sharon zu mir kam, um sich bei diesen Szenen von mir helfen zu lassen, schlug ich ihr vor, INNEREN MONOLOG einzusetzen, um auf diese Weise ein Bedürfnis (SZENENZIEL) in sich zu finden, das sie zu ihren Kämpfen trieb. Und das lief darauf hinaus, dass Sharon und ich uns einen besonders deftigen, schamlosen, rüden und gewagten INNEREN MONOLOG einfallen ließen. Wir benutzten heftige Kraftausdrücke und sehr persönliche Dinge, die die SUBSTITUTION betrafen, die sie in ihrer Figur sah – die Art verbaler Attacke, bei der selbst der stärkste Gegner weiche Knie bekommt, weil sie so vulgär und voller Unterstellungen und Enthüllungen ist. Dieser INNERE MONOLOG erlaubte es Sharon, sich wirklich einen Zickenkampf zu wünschen, der sonst theatralisch und gestellt gewirkt hätte.

Du fragst dich vielleicht: »Was hat Sharon in ihrem INNEREN MONOLOG gesagt?« Das muss ich leider für mich behalten. Aber das ist der springende Punkt beim INNEREN MONOLOG: Er sollte so privat, so persönlich und demütigend sein, dass ihn der Reiz des Geheimen umgibt. Das macht die Erfahrung für den Zuschauer spannender, weil er das Gefühl hat, in Emotionen und Gedanken eingeweiht zu sein, die über den bloßen Text hinausgehen.

Wenn du deinen INNEREN MONOLOG personalisierst, sorg dafür, dass er auf dein SZENENZIEL, deine SUBSTITUTION, deine personalisierten HINDERNISSE und INNEREN BILDER abgestimmt ist.

Ich kann hier leider nicht von meiner Arbeit an INNEREN MONOLOGEN mit Schülern und Klienten berichten. Die Diskretion eines Schauspiellehrers entspricht ungefähr der Schweigepflicht eines Psychiaters. Ein Schauspieler muss darauf vertrauen können, dass ich seine Geheimnisse nie offenbare, damit er sich keine Sorgen macht, wenn er mir etwas Intimes über sich enthüllt, was nicht einmal seine Familie oder sein Therapeut weiß. Ich nutze diese Geheimnisse, um der Arbeit eines Schauspielers alle Dimensionen, Farben und Schattierungen zu verleihen, die eine lebensechte Darbietung erfordert, sie dienen der künstlerischen Inspiration. Weil ich die Geheimnisse anderer nicht offenbaren kann, werde ich hier einen Fall aus meinem eigenen Leben benutzen, um dir zu zeigen, wie du deinen INNEREN MONOLOG personalisieren kannst. Es geht da um einen hinterhältigen Schuft von einem Expartner (und wenn er sich fragst, ob *er* damit gemeint bist, ist er es vermutlich auch).

In dem Stück *Boy's Life (Junge Junge Junge)* von Howard Korder gibt es eine Szene, wo die Figur Lisa den Slip einer anderen Frau in ihrem Bett findet, als sie gerade mit ihrem Freund Don schlafen will. Don hat wirklich herumgevögelt und meint, seine Missetat verschleiern zu müssen, um Lisa zu halten, denn trotz seines Fehltritts liebt er sie. Lisa liebt ihn auch, aber sie kann ihn nicht so leicht davonkommen lassen, weil Don sonst denken würde, dass er sowas nochmal machen kann – also muss sie ihn in die Mangel nehmen, bevor sie ihn zurücknimmt.

- **GESAMTZIEL:** *»geliebt werden«*
- **SZENENZIEL:** *»dich dazu bringen, etwas zu tun oder zu sagen, das die Sache in Ordnung bringt«* (damit wir zusammenbleiben können)
- **Die HINDERNISSE im Skript:**
  1. Don wird es wahrscheinlich wieder tun.
  2. Don verspürt wenig Reue.

3. Dons Charme und Humor bedeuten, dass er daran gewöhnt ist, mit seinem Fehlverhalten durchzukommen.
4. Die vielen »bösen Jungs« in Lisas Vorgeschichte.
5. Wenn Lisa die Sache zu aggressiv angeht, könnte sie Don verlieren.

- **SUBSTITUTION:** Mein Ex. Ein Mann, der mich nicht nur mit mehr als einer umwerfenden Schönheit betrog, sondern auch mit einem Homosexuellen namens Alan.
- **Personalisierte HINDERNISSE:**
  1. Mein Ex schien einer krankhaften Sexsucht zum Opfer gefallen zu sein.
  2. Mein Ex empfand wenig Reue, wenn er erwischt wurde, es sei denn, ich drohte damit, ihn zu verlassen.
  3. Mein Ex heuchelte stets Bedauern, ging aber unbeirrt weiter fremd.
  4. Das Ausmaß meines Misstrauens, weil ich in der Vergangenheit so häufig belogen wurde.
  5. Die unaufrichtigen Männer in meiner Vorgeschichte.
  6. Sein Sündenregister in Sachen Untreue, auch was seine Verflossenen betrifft.
  7. Und was war überhaupt seine sexuelle Orientierung?
- Der **MOMENT DAVOR:** Dieser Vorfall, als wir bei uns eine Party gaben und ich ihn in unserem Schlafzimmer mit Connie vorfand, während er ein Gebot Gottes brach. Und als ich fassungslos in der Tür stand und mich fragte, ob meine Anwesenheit (oder kaltes Wasser) dem Spuk ein Ende setzen würde, sagte er: »Geh, kannst du nicht sehen, dass ich beschäftigt bin?!« (Ich denke mir das nicht aus, er sagte das wirklich – eine lebhafte Erinnerung, die ich zweifellos nicht vergessen werde.)
- **ORT/VIERTE WAND:** Das gemeinsame Schlafzimmer, der Tatort des oben genannten »Verbrechens«.

Was jetzt folgt, ist ein Auszug aus *Boy's Life*, für den ich alles berücksichtigt habe: Was meine Figur als GESAMTZIEL und SZENENZIEL hat, meine SUBSTITUTION für Don, meine persönlichen HINDERNISSE, mein MOMENT DAVOR, meine VIERTE WAND und meine INNEREN BILDER – die aus dem folgenden INNEREN MONOLOG offensichtlich hervorgehen werden.

In der Szene hebt Lisa den Slip in die Höhe, um Don damit zu konfrontieren. Der starrt das verräterische Unterhöschen wortlos an.

BOY'S LIFE
(8. Szene, Auszug)

»Na, wem gehören diese stinkenden Billighöschen? Jillianne, der Schlampe? Der schmuddligen Connie? Oder etwa Alan, der seltsamen Nummer? Na? Na?!«

LISA
Ist das alles, was du dazu zu sagen hast?
»Du machst mich andauernd runter, nennst mich ständig blöde Kuh. Na, wer von uns beiden ist jetzt der Idiot, du Wichser!«

DON
Was soll ich denn noch sagen?
»Du hältst dich für den großen Schriftsteller und jetzt hast du nichts zu sagen … All die großen Worte, die du sonst ausspuckst – falsch ausgesprochen, das nur so am Rande –, die können dich jetzt nicht rausreißen!«

LISA
Zum Beispiel »Es tut mir leid«.[7]
»Hey, Spatzenhirn, hast du überhaupt mal daran gedacht, ›Es tut mir leid‹ zu sagen, und es auch so zu meinen?! Vielleicht sind dir ja Bedeutung und Herkunft der Worte gar nicht bekannt, Herr Dichter und Denker. Gott, ich bin so blöd, dass ich dich immer wieder zurücknehme … «

Jetzt such dir eine Perspektive aus, Dons oder Lisas, geh die Szene durch und versuch deinen eigenen INNEREN MONOLOG für die Szene zu kreieren (auf der Grundlage der bereits eingeführten Schritte. Schau, was für ein Verhalten dabei herauskommt. Du wirst sehen, wie jeder INNERE MONOLOG eine andere Dimension des Verhaltens ins Spiel bringt

7 Die deutsche Übersetzung von Inge Greiffenhagen und Daniel Karasek ist im Verlag Jussenhoven & Fischer, Theater & Medien erschienen. (Anm. d. Red.)

und es dir erlaubt, zur gleichen Zeit zu denken und zu reden – ganz wie echte Menschen es tun.

Du musst dir den INNEREN MONOLOG nicht einprägen, die Gedanken und Ideen, die hinter ihm stehen, allerdings schon.

Der INNERE MONOLOG wird mit jedem Mal, das du die Szene spielst, variieren, aber das, was du geschrieben hast, wird im Großen und Ganzen beibehalten. Sieh den INNEREN MONOLOG, den du niedergeschrieben hast, als einen umfangreichen Entwurf und lass dich dann von deiner Phantasie tragen.

INNERER MONOLOG: Die praktische Anwendung

Um zu zeigen, wie man INNEREN MONOLOG im Einzelnen anwendet, werden wir hier mit einer Szene aus Shakespeares *Macbeth* (Szene 2 aus Akt II) arbeiten. Dieser Szene geht Folgendes voraus: Von ihrem rasenden Ehrgeiz getrieben, manipuliert Lady Macbeth ihren Mann, der charakterlich ein Schwächling ist, und stachelt ihn an, den König zu ermorden, damit er selbst König werden kann, und was noch wichtiger ist, damit sie Königin wird.

Im Kern ist diese Szene ein Streit unter Ehepartnern. Hier der Stücktext, wie Shakespeare ihn vorgibt.

MACBETH
(II. Akt, 2. Szene, Auszug)

MACBETH
(Horch! wer schläft im zweiten Zimmer? [...]) Dort sieht's erbärmlich aus –

LADY MACBETH
Wie wunderlich,
Erbärmlich das zu nennen! –

MACBETH
Der eine lacht' im Schlaf – und ›Mord!‹ schrie einer,
Daß sie einander weckten; ich stand und hört' es:
Sie aber sprachen ihr Gebet und legten
Zum Schlaf sich wieder.

LADY MACBETH
Dort wohnen zwei beisammen.

MACBETH
Der schrie: ›Gott sei uns gnädig!‹, jener: ›Amen!‹,
Als sähn sie mich mit diesen Henkershänden.
Behorchend ihre Angst konnt' ich nicht sagen
›Amen‹, als jener sprach: ›Gott sei uns gnädig!‹

LADY MACBETH
Denk nicht so tief darüber.

MACBETH
Doch warum
Konnt' ich nicht ›Amen‹ sprechen? War mir doch
Die Gnad' am meisten not, und ›Amen‹ stockte
Mir in der Kehle.

LADY MACBETH
Dieser Taten muß
Man so nicht denken; so macht es uns toll.

MACBETH
Mir war, als rief' es: ›Schlaft nicht mehr, Macbeth
Mordet den Schlaf!‹ – Ihn, den unschuld'gen Schlaf;
Schlaf, der des Grams verworrn Gespinnst entwirrt,
Den Tod von jedem Lebenstag, das Bad
Der wunden Müh', den Balsam kranker Seelen,
Den zweiten Gang im Gastmahl der Natur,
Das nährendste Gericht beim Fest des Lebens.

LADY MACBETH
Was meinst du?

MACBETH
Stets rief es: ›Schlaft nicht mehr!‹ durchs ganze Haus;
›Glamis erschlug den Schlaf‹, und drum wird Cawdor
Nicht schlafen mehr, Macbeth nicht schlafen mehr!

LADY MACBETH
Wer war es, der so rief? Mein würd'ger Than,
Du läßt den edeln Mut erschlaffen, denkst du
So hirnkrank drüber nach. Nimm etwas Wasser
Und wasch von deiner Hand das garst'ge Zeugnis. –
Was brachtest du die Dolche mit herunter?
Dort liegen müssen sie; geh, bring sie hin
Und färb mit Blut die Kämmrer, wie sie schlafen.

MACBETH
Ich gehe nicht mehr hin, ich bin entsetzt,
Denk ich, was ich getan: es wieder schaun –
Ich wag es nicht!

LADY MACBETH
O schwache Willenskraft!
Gib mir die Dolche. Schlafende und Tote
Sind Bilder nur; der Kindheit Aug' allein
Scheut den gemalten Teufel. Wenn er blutet,
Färb ich damit der Diener Kleider rot;
So tragen sie des Mords Livrei.
(Sie geht ab. Man hört es klopfen.)[8]

Die Entscheidungen für den folgenden INNEREN MONOLOG sind nur Vorschläge, die sich auf den Stücktext beziehen. Wenn du tatsächlich selbst einen INNEREN MONOLOG schreibst, musst du es persönlich machen und Entscheidungen miteinbeziehen, die du im Zusammenhang mit den anderen Schritten getroffen hast. Wenn du meine Vorschläge für den INNEREN MONOLOG für diesen Auszug aus *Macbeth* liest, dann versuch dir vorzustellen, wie dein persönlicher INNERER MONOLOG aussehen würde.

---

8 William Shakespeare, *Macbeth*. Übersetzt von Dorothea Tieck, Stuttgart (Reclam) 1993, S. 22–24.

Noch mal zur Erinnerung: Der INNERE MONOLOG sollte von Hand und zwischen die Zeilen geschrieben sein sowie in Anführungszeichen stehen. Die Gedanken sollten genau da stehen, wo du den INNEREN MONOLOG auch denken würdest, wenn du deinen Text sprichst oder zuhörst. Und INNERER MONOLOG beginnt immer vor dem eigentlichen Dialog.

INNERER MONOLOG aus Macbeths Perspektive:

- Macbeths SZENENZIEL: *»dich dazu bringen, mich von meinen Schuldgefühlen zu befreien«.*

MACBETH
(II. Akt, 2. Szene, Auszug)

»... War's das wert? Überall Blut an meinen Händen. Ich habe einen Menschen ermordet und ich werde nie mehr derselbe sein. Ich bin ein böser, schrecklicher Mann und ich werde zur Hölle fahren.«

MACBETH
(Horch! wer schläft im zweiten Zimmer? [...]) Dort sieht's erbärmlich aus –
»... Da war überall Blut, überall. Ich wollte das nicht machen, aber du hast mich dazu überredet... Warum hab ich bloß wieder auf dich gehört?«

LADY MACBETH
Wie wunderlich,
Erbärmlich das zu nennen! –
»Wie kannst du das sagen?! Es war schrecklich! Aber du kannst ja alles Mögliche erzählen, weil du gar nicht dabei warst. Was soll ich jetzt machen? Mir kommt es so vor, als ob mich jemand gesehen haben könnte. Ich glaube, ich habe Stimmen gehört, oder verlier' ich gerade völlig den Verstand?«

MACBETH
Der eine lacht' im Schlaf – und ›Mord!‹ schrie einer,
Daß sie einander weckten; ich stand und hört' es:
Sie aber sprachen ihr Gebet und legten
Zum Schlaf sich wieder.
»… Siehst du, wie übel es aussieht?! Du glaubst, du hast immer recht. Vielleicht liegst du diesmal falsch …«

LADY MACBETH
Dort wohnen zwei beisammen.
»… Sag mal, Lady, kannst du nicht zuhören? Ich sagte, dass ich glaube, dass es Zeugen geben könnte! Aber nein, du hörst wie immer gar nicht zu. Dir ist es egal. Du liebst mich nicht. Du glaubst, ich bin so schwach und dumm, aber ich sag dir, es könnte einen Zeugen geben. Moment, vielleicht wolltest du ja, dass ich erwischt werde, du hinterhältige …«

MACBETH
Der schrie: ›Gott sei uns gnädig!‹, jener: ›Amen!‹,
Als sähn sie mich mit diesen Henkershänden.
Behorchend ihre Angst konnt' ich nicht sagen
›Amen‹, als jener sprach: ›Gott sei uns gnädig!‹
»… Ich fühle mich schuldig und gotterbärmlich und du stehst da einfach nur, herablassend und als ob du über den Dingen stehst. Da stimmt doch was nicht, was ist mit dir los, Weib? Wer bist du? Warum hab ich dich geheiratet? …«

LADY MACBETH
Denk nicht so tief darüber.
»Ach ja, wenn du so ungemein schlau bist, sag mir doch mal bitte …«

MACBETH
Doch warum
Konnt' ich nicht ›Amen‹ sprechen? War mir doch
Die Gnad' am meisten not, und ›Amen‹ stockte
Mir in der Kehle.
»… Warum das passiert ist, hm?! Hast du da wieder eine von deinen herzlosen Antworten parat? Was hat dich so kalt gemacht? Na?! …«

LADY MACBETH
Dieser Taten muß
Man so nicht denken; so macht es uns toll.
»... Da haben wir's wieder. Du nimmst mich nicht ernst. Ich verliere vielleicht den Verstand, aber, ohhhhhh, dir ist das egal. Hör zu, du Hausdrachen, ICH HABE WIRKLICH DAS GEFÜHL, ICH WERDE VERRÜCKT!«

MACBETH
Mir war, als rief' es: ›Schlaft nicht mehr, Macbeth
Mordet den Schlaf!‹ – Ihn, den unschuld'gen Schlaf;
Schlaf, der des Grams verworrn Gespinnst entwirrt,
Den Tod von jedem Lebenstag, das Bad
Der wunden Müh', den Balsam kranker Seelen,
Den zweiten Gang im Gastmahl der Natur,
Das nährendste Gericht beim Fest des Lebens.
»... Tja, eine Menge irres Gerede von einem irren Mann wie mir. Brauchst du wirklich noch mehr Beweise, dass ich wirklich gerade durchdrehe ... Herrgott noch mal! ...«

LADY MACBETH
Was meinst du?
»... ›Was meinst du?‹ ... Was ich meine?! Ich hab es doch wirklich leicht verständlich erklärt. Ich VERLIERE DEN VERSTAND!!! Du hörst wohl nie zu, was? Kannst dir einfach nicht vorstellen, dass ich mal irgendwas Wichtiges zu sagen habe. Gut. Lass es uns noch mal versuchen. Aber diesmal hör wirklich zu. Ich werde es so sagen, dass du es wirklich echt kapierst!!! ...«

MACBETH
Stets rief es: ›Schlaft nicht mehr!‹ durchs ganze Haus;
›Glamis erschlug den Schlaf‹, und drum wird Cawdor
Nicht schlafen mehr, Macbeth nicht schlafen mehr!
»... Kapierst du jetzt?! Ich meine, jedem Idioten wär jetzt klar, was los ist, aber du willst es nicht verstehen. Denn es geht immer nur um dich ... dich, dich, dich, dich. Du bist ein egozentrisches Monstrum ...«

LADY MACBETH
Wer war es, der so rief? Mein würd'ger Than,

Du läßt den edeln Mut erschlaffen, denkst du
So hirnkrank drüber nach.
»Und schon wieder. Du nimmst mich nicht ernst. Kannst du überhaupt einmal atmen, ohne mir das Gefühl zu geben, dass ich blöd bin?«
Nimm etwas Wasser
Und wasch von deiner Hand das garst'ge Zeugnis. –
Was brachtest du die Dolche mit herunter?
Dort liegen müssen sie; geh, bring sie hin
Und färb mit Blut die Kämmrer, wie sie schlafen.
»Auf keinen Fall werde ich weiter auch nur einen Finger bei dieser Sache rühren. Ich habe mein Leben für dich riskiert, und das ist der Dank? Ich dachte, den König zu töten sei irre, aber wenn du wirklich denkst, ich treibe die Sache noch weiter, dann bist du noch irrer als ich!... Oh Gott, wenn ich an all dieses Blut denke, muss ich spucken...«

MACBETH
Ich gehe nicht mehr hin, ich bin entsetzt,
Denk ich, was ich getan: es wieder schaun –
Ich wag es nicht!
»Du glaubst, du kannst mich kontrollieren, aber ich werde es nicht machen. Auf keinen Fall, niemals!!!«

LADY MACBETH
O schwache Willenskraft!
»Da, bitte schön, du nennst mich schon wieder einen Blödmann!«
Gib mir die Dolche. Schlafende und Tote
Sind Bilder nur; der Kindheit Aug' allein
Scheut den gemalten Teufel. Wenn er blutet,
Färb ich damit der Diener Kleider rot;
So tragen sie des Mords Livrei.
»Ja, mach <u>du</u> das mal. Du glaubst ja sowieso, dass du alles besser weißt und besser bist. Also, wollen wir doch mal sehen, wie gut DU klarkommst mit all dem BLUT!...«
(Sie geht ab. Man hört es klopfen.)

INNERER MONOLOG aus Lady Macbeths Perspektive:

- Lady Macbeths SZENENZIEL: *»dich dazu bringen, mir die Macht zu geben«.*

MACBETH

(II. Akt, 2. Szene, Auszug)

»... Endlich hast du ihn getötet. Letztes Mal hast du ja gekniffen. Warum? Weil du sooo ein Schlappschwanz bist! Ich kann nicht glauben, dass ich dich geheiratet habe ...«

MACBETH
(Horch! wer schläft im zweiten Zimmer? [...]) Dort sieht's
erbärmlich aus –
»Nein, sieht es nicht. Kapierst du es nicht?! Jetzt wirst du der König sein. Und was noch viel wichtiger ist, ich werde Königin sein ...«

LADY MACBETH
Wie wunderlich,
Erbärmlich das zu nennen! –
»Jetzt lass uns deinen lächerlichen Verfolgungswahn vergessen und Pläne machen, wie wir unsere neu gewonnene Macht missbrauchen können ...«

MACBETH
Der eine lacht' im Schlaf – und ›Mord!‹ schrie einer,
Daß sie einander weckten; ich stand und hört' es:
Sie aber sprachen ihr Gebet und legten
Zum Schlaf sich wieder.
»... Na und?! Was macht das für einen Unterschied? Du bist jetzt der König. Du kannst jetzt tun, was du willst ...«

LADY MACBETH
Dort wohnen zwei beisammen.
»Da hast du's. Einfache Antwort, aber du bist einfach zu blöd, es zu kapieren ... Junge, Königin sein, das wird ein Spaß ...«

MACBETH
Der schrie: ›Gott sei uns gnädig!‹, jener: ›Amen!‹,
Als sähn sie mich mit diesen Henkershänden.
Behorchend ihre Angst konnt' ich nicht sagen
›Amen‹, als jener sprach: ›Gott sei uns gnädig!‹
»... Denk nicht drüber nach ... Denken war noch nie deine Stärke ...«

LADY MACBETH
Denk nicht so tief darüber.
»... Mach es doch einfach so wie ich: Denk an den Reichtum, die Macht... Kapierst du nicht, wie großartig es sein wird, ein ganzes Land zu regieren?! Du bist so ein Schwächling. Was hab ich nur je in dir gesehen!?«

MACBETH
Doch warum
Konnt' ich nicht ›Amen‹ sprechen? War mir doch
Die Gnad' am meisten not, und ›Amen‹ stockte
Mir in der Kehle.
»... Schuldgefühle nerven doch nur... Gott, du bist genau wie deine erbärmliche Mutter...«

LADY MACBETH
Dieser Taten muß
Man so nicht denken; so macht es uns toll.
»... Siehst du, wie einfach es ist? Hör einfach auf <u>mich</u> und es wird dir gut gehen...«

MACBETH
Mir war, als rief' es: ›Schlaft nicht mehr, Macbeth
Mordet den Schlaf!‹ – Ihn, den unschuld'gen Schlaf;
»So ein erbärmliches Gejammer! Gott, du bist so ein Weichei. Kein Wunder, dass im Bett schon so lange nichts mehr läuft, dass ich lieber gar nicht dran denken will...«
Schlaf, der des Grams verworrn Gespinnst entwirrt,
Den Tod von jedem Lebenstag, das Bad
Der wunden Müh', den Balsam kranker Seelen,
Den zweiten Gang im Gastmahl der Natur,
Das nährendste Gericht beim Fest des Lebens.
»Ja, ja... finde dich damit ab...«

LADY MACBETH
Was meinst du?
»Du hast es ganz einfach getan. Du hast den Mann getötet und daran kannst du nichts mehr ändern. Also kannst du jetzt auch Nutznießer der Sache sein... Aber du siehst immer nur das Schlechte in allem, du bist so ein Pessimist...«

MACBETH
Stets rief es: ›Schlaft nicht mehr!‹ durchs ganze Haus;
»Und wieder dieselbe Leier ... lass dir mal was Neues einfallen ...«
›Glamis erschlug den Schlaf‹, und drum wird Cawdor
Nicht schlafen mehr, Macbeth nicht schlafen mehr!
»... All dieses Gejammer jagt mir eine Heidenangst ein. Du wirst nicht verrückt. Alles wird gut werden. Beruhig' dich, wenn du nicht schlafen kannst, du kannst ein paar Schlaftabletten von mir haben ...«

LADY MACBETH
Wer war es, der so rief? Mein würd'ger Than,
Du läßt den edeln Mut erschlaffen, denkst du
So hirnkrank drüber nach.
»Muss ich denn an alles denken?!«
Nimm etwas Wasser
Und wasch von deiner Hand das garst'ge Zeugnis. –
Was brachtest du die Dolche mit herunter?
»... Warum um Himmels willen hast du die Mordwaffe mit runtergebracht?! Wie kannst du nur so bescheuert sein!!?«
Dort liegen müssen sie; geh, bring sie hin
Und färb mit Blut die Kämmrer, wie sie schlafen.
»... Warum muss ich in dieser Ehe immer an alles denken? Ich dachte, der Mann muss sich um die Frau kümmern ... Als ich dich zum ersten Mal getroffen habe, warst du stark und gutaussehend und tapfer. Was ist passiert? Jetzt bist du ein hirnloser Schlappschwanz ... Sei froh, dass du jetzt König bist, sonst wär' ich schon längst über alle Berge ...«

MACBETH
Ich gehe nicht mehr hin, ich bin entsetzt,
Denk ich, was ich getan: es wieder schaun –
Ich wag es nicht!
»... Ohhh, jetzt willst du mir die Stirn bieten. Ich bin total eingeschüchtert ...«

LADY MACBETH
O schwache Willenskraft!
»... Okay, das hat nicht funktioniert ... Also gut, wie üblich muss ich, wenn hier etwas klappen soll, alles selbst machen ... Gott, du bist zu nichts zu gebrauchen ...«
Gib mir die Dolche. Schlafende und Tote

Sind Bilder nur; der Kindheit Aug' allein
Scheut den gemalten Teufel. Wenn er blutet,
Färb ich damit der Diener Kleider rot;
So tragen sie des Mords Livrei.
»Du bist so eine Heulsuse. Bespritz die Typen einfach mit ein wenig Blut vom König und fertig. Sie werden für schuldig befunden und wir sind raus aus der Sache. Oh Mann, das könntest du mit links machen, aber du bist eben ein rückgratloser Volltrottel…«
(Sie geht ab. Man hört es klopfen.)

Wie ich oben mit dem INNEREN MONOLOG gezeigt habe, ist das, was wir in dieser Szene sehen, im Kern ein klassischer Machtkampf eines lang verheirateten Paares. Sogar wenn wir es mit der Poesie und der Sprache Shakespeares zu tun haben, handelt der INNERE MONOLOG von ganz grundlegenden menschlichen Realitäten. Egal in welchem Zeitalter oder in welcher kulturellen, sozialen und beruflichen Arena sich die Handlung im Skript zuträgt, worauf es hinausläuft, ist, dass Menschen nun mal Menschen sind und dass unsere grundlegendsten Gedanken und Gefühle immer die gleichen sein werden und den Wandel der Zeiten überdauern – zum Beispiel auch die Gedanken und Gefühle, die zwischen einem verheirateten Paar auftreten. INNERER MONOLOG vermag es, aus jeden Dialog aus jeder Ära etwas zu machen, das dem Schauspieler und den Zuschauern zugänglich ist und das sie als wichtig empfinden.

Setz deinen INNEREN MONOLOG fort, bis du die Bühne verlassen hast oder der Regisseur die Szene beendet.

Nur weil du dich von der Bühne zurückziehst oder aus der Tür gehst oder weil der gesprochene Text vorbei ist, heißt das nicht, dass die Szene vorbei ist. Der INNERE MONOLOG ist ein unverzichtbarer Schritt.

Sogar wenn du nicht sprichst, fährt dein Geist mit seinen Gedanken und Vorstellungen fort.

Große Schauspieler haben immer einen starken INNEREN MONOLOG, der die ganze Zeit hinter ihren Augen abläuft. Schau dir eine Szene mit einem legendären Schauspieler und achte darauf, wie lange die Kamera auf ihm verharrt. Warum sehen wir plötzlich eine Einstellung von seinem Gesicht, obwohl er gar nicht spricht, sondern eine ganz andere Figur gerade eine flammende Rede hält? In den meisten Fällen liegt das daran, dass der wortlose Schauspieler INNEREN MONOLOG benutzt. Der INNERE MONOLOG drückt sich dann in seinem Gesicht, in seinen Augen, in seiner Positur, in seinen Händen aus. Es ist oft so, dass der Schauspieler, der einen INNEREN MONOLOG benutzt, mehr Verlangen und Leidenschaft ausstrahlt als der, der gerade spricht. INNERER MONOLOG ist eines der mächtigsten und stärksten Werkzeuge, die man als Schauspieler benutzen kann.

KAPITEL 11

Schritt 11: VORGESCHICHTE

Die Geschichte der Figur, die sie zu dem macht, was sie heute ist.

Was wir heute sind, ist eine Ansammlung vergangener Ereignisse, unserer Reaktionen auf diese Ereignisse und der Reaktionen anderer Leute auf uns. Dasselbe gilt für jede Figur, die du spielst. Wenn du einen Dreißigjährigen spielst, dann musst du deiner Figur dreißig Jahre an Erfahrungen mitgeben, mit allen Einzelheiten. Figuren in Drehbüchern und Bühnentexten haben eine VORGESCHICHTE hinter sich, die definiert, *wer* sie sind, *wie* sie sich in der Welt bewegen, und *was* sie glauben tun zu müssen, um zu überleben, sowohl physisch als auch emotional. Du musst deine Figur im Hier und Jetzt erfassen, indem du zuerst die Informationen untersuchst, die im Skript direkt über sie ausgesprochen werden. Du musst diese Informationen dann durch begründete Vermutungen ergänzen, die du indirekt ableitest, und zwar vom Dialog und den Aktivitäten deiner Figur. Das wird dir dann Erklärungen dafür liefern, *warum* deine Figur dieser ganz bestimmte Mensch geworden ist. Der nächste Schritt ist, ein möglichst umfassendes Bild von der Geschichte deiner Figur zusammenzusetzen und dir zu überlegen, wie diese Geschichte die Seele und das Verhalten dieser Figur geformt hat. Mit anderen Worten, *wie* sich ihre VORGESCHICHTE in ihren aktuellen Worten und Taten zeigt und bemerkbar macht. Schließlich musst du diese VORGESCHICHTE personalisieren, indem du klärst, wo du ähnliche Erfahrungen gemacht hast wie deine Figur. Und hier das ganze noch mal in eine Formel gefasst:

DIE VORGESCHICHTE ANWENDEN

1. Du nimmst die VORGESCHICHTE deiner Figur unter die Lupe, indem du erstens ihre eigenen Äußerungen studierst und zweitens das, was andere über sie sagen.
2. Du untersuchst, wie deine Figur mit ihrem Leben umgeht, indem du deine Aufmerksamkeit auf ihre Aktivitäten richtest: Was tut sie und hat sie bisher getan, um in ihrer Welt zu bestehen und zu überleben? Auf welche Aktivitäten setzt sie und hat sie gesetzt?
3. Du schaust, warum sich die Figur ausgerechnet so entscheidet – sowohl im Privat- als auch im Berufsleben. Die Informationen hierzu beziehst du aus der Untersuchung der VORGESCHICHTE der Figur, wobei du zweierlei berücksichtigst: Erstens, was im Skript direkt dazu gesagt wird, und zweitens, was du darüber indirekt aus dem Skript in Form von Vermutungen ableiten kannst.
4. Personalisierung: Was sind die Parallelen zu deiner eigenen VORGESCHICHTE und wo unterscheidet ihr euch?

Schauen wir uns mal an, wie das funktioniert, wenn man einen Mörder spielen muss. Um dahinterzukommen, warum deine Figur mordet, würdest du dir zunächst anschauen, welchen Text sie hat und was andere Figuren über sie sagen. Du würdest darauf achten, wie sie sprechen, was für eine Sprache sie benutzen, wie sie auf andere zugehen und wie andere sie sehen. Als Nächstes würdest du nachsehen, warum, wie und wen deine Figur tötet. Dann würdest du untersuchen, was das Skript über die VORGESCHICHTE des Mörders aussagt und dabei überlegen, was für eine Mentalität ein solches Leben hervorbringen müsste. Allgemein kann man sagen, dass ein Mörder tötet, weil er den Drang verspürt, unumschränkte Macht auszuüben. Denn nichts verleiht ein größeres Machtgefühl, als jemandem das Leben zu nehmen. Wenn jemand diese Grenze tatsächlich überschreitet, dann ist es meistens so, dass man ihn einst auf grausame Art in eine Position völliger Machtlosigkeit gedrängt hat. Üblicherweise waren das primäre Bezugspersonen: Mutter, Vater etc. Es kann sich dabei um körperlichen und seelischen Missbrauch gehandelt haben. Und der Akt der Tötung gibt dem Täter das Gefühl, dass er seine Macht zurückbekommt. Normalerweise sieht der Mörder sein Opfer also unbewusst als den, der ihn früher missbraucht hat. Wenn er tötet, erlebt er das Gefühl, dass sich die Machtverhältnisse umkehren und er nun über seinen Peiniger dominiert.

Wenn du einen Mörder spielst, musst du diesen Drang, die absolute Macht über jemanden zu erlangen, auf jemanden aus deinem eigenen Leben übertragen. Du wirst dich vielleicht fragen, was das alles mit dir zu tun haben soll. »Ich laufe doch gar nicht mit so einem Mega-Trauma aus der Vergangenheit herum, und ich habe nicht das Verlangen nach dieser Macht.« Aber am Ende ist es so, dass jeder schon mal irgendwann daran gedacht hat, jemanden umzubringen. Für die meisten von uns ist es nur eine ganz kurze Phantasie, jemanden umzubringen, um einen Konflikt zu lösen, der für uns unerträglich ist. Der Moment ist schnell wieder vorbei, aber trotz allem: Der Mordinstinkt ist da. Du musst herausfinden, wann und wodurch diese Mordgelüste ausgelöst wurden, damit du die Worte, Gefühle und Taten deiner Figur mit diesen Erfahrungen anfachen und mit Leben erfüllen kannst. Das ist eine Möglichkeit, die VORGESCHICHTE deiner Figur anzuschauen und herauszufinden, wo sie sich in deiner eigenen wiederfinden.

Ich hatte es mal mit einer Figur zu tun, die aufs Böswilligste und ohne Reue einen Mann totfährt. Es war eine Übungsszene, an der ich mit Tatum O'Neal arbeitete. Der Text, aus dem sie stammte, war ziemlich obskur. Die Figur fühlt sich im Recht, weil der Mann, den sie ermordet, sie eiskalt verlassen hat. Tatum bestand darauf, dass sie nie dazu in der Lage wäre, sowas zu tun – selbst in ihren dunkelsten Phantasien nicht. Dass sie ein so bewegtes öffentliches Leben geführt hatte und in recht chaotischen Verhältnissen aufgewachsen war, ändere daran überhaupt nichts, versicherte sie. Sie habe alles aus dieser Zeit restlos vergeben und vergessen, behauptete sie steif und fest, selbst wenn man ihr nicht selten übel mitgespielt hatte. Ich hielt dagegen und sorgte dafür, dass sie einsah, noch einiges an Gefühlen mit sich herumzutragen, vor allem Wut auf verschiedene Figuren aus ihrer Vergangenheit. Ich half ihr, die Erfahrungen in ihr Gedächtnis zurückzurufen, sodass die Gefühle, tief verletzt worden zu sein, wieder in ihr aufstiegen. Als sie ihre VORGESCHICHTE durchging, kam ihr ein bestimmter Kotzbrocken in Erinnerung. Ihre Stimme und ihr Verhalten verrieten deutlich, dass die Erfahrungen, die sie mit ihm hatte machen müssen, Tatums Killerinstinkt weckten. Als sie die schrecklichen Details ihrer Erfahrung beschrieb, verstand sie nun zum ersten Mal, warum es für ihre Figur, eine Mörderin, tatsächlich eine Lust sein konnte, jemanden zu überfahren. Ihre Wut und ihr instinktiver Drang zurückzuschlagen, ließen in ihr das Gefühl aufsteigen, dass die Tat, diesen Typen zu töten, ihr die Kontrolle wiedergeben und ein reinigender Akt sein könnte. Das verwandelte ihr ursprüngliches Gefühl von Liebe und Vergebung in einen Drang, brutal und entschlossen Rache zu üben, um die Sache endlich hinter sich lassen zu können. Indem sie in ihrer VORGESCHICHTE die passende Ähnlichkeit zu ihrer Figur fand, konnte sie deren reale Mordgelüste nachempfinden.

Kommen wir noch mal auf *Das Schweigen der Lämmer* zurück. Es lohnt sich nämlich auch, sich zu fragen, wie man die VORGESCHICHTE der Figur der Clarice Starling (Jodie Foster) personalisieren könnte, wenn man sie spielen müsste. Dem Skript kann man entnehmen, dass Clarice eine FBI-Agentin ist, die auf einer »rückständigen« Schaffarm aufgewachsen ist. Einer ihrer Dialoge mit der Figur des Hannibal Lecter macht dann deutlich, dass Clarice in ihrer Familie nie sonderlich beachtet und emotional missbraucht wurde. Aus ihren Gesprächen und ihrem Verhalten geht auch hervor, dass sie FBI-Agentin geworden ist, um einen Weg zu finden, »die schreienden Lämmer« in ihrem Kopf »zum Schweigen zu bringen«. Wir können auch voraussetzen, dass Sterlings Anstrengungen, das Leben der entführten Senatoren-Tochter zu retten, ein Mittel für sie sind, ihre emotionale Unruhe und ihren seelischen Schmerz zu lindern. Wenn du diese Figur spielen willst, musst du in deiner Biographie (VORGESCHICHTE) nach ähnlichen Erfahrungen suchen, damit du die Bedürfnisse von Clarice so erleben kannst, als wären es deine eigenen. Natürlich ist es nicht sehr wahrscheinlich, dass du mal FBI-Agentin oder Tochter eines Schafzüchters gewesen bist, oder dass du als Kind mit einem blökenden Lamm an der Brust von zu Hause weggerannt bist. Du wirst aber sehr genau wissen, was es bedeutet, von »emotionaler Unruhe und seelischem Schmerz« heimgesucht zu werden, nur aus anderen Erfahrungen heraus. Zum Beispiel:

- Du könntest Schauspieler geworden sein (so wie sie FBI-Agent), um mit einer übergriffigen Stiefmutter fertigzuwerden (»die schreienden Lämmer in deinem Kopf«), und wolltest vielleicht schon immer weglaufen (nur vielleicht nicht mit einem Lämmchen in den Armen). Oder …
- Du suchst den ganz großen Erfolg, um endlich ein für alle Mal diesen Tyrannen zum Schweigen zu bringen, mit dem du aufgewachsen bist, der dich kleinmachen, degradieren, zu einem Nichts machen wollte. Du willst ihn auf seinen Platz verweisen und für immer vergessen können, indem du jetzt ähnliche Typen fertigmachst. Oder …
- Du hast (hattest) einen ausfallenden Partner, der dich mit seinen Sprüchen und seiner ganzen Art terrorisiert(e), dir den Mut nimmt (nahm), sodass du dich ständig von Selbst-Hass geplagt fühlst. Jetzt willst du diese Person loswerden, hast aber nicht den Mut dazu.

Auf diese Weise Parallelen zu ziehen und Ähnlichkeiten zwischen der VORGESCHICHTE deiner Figur und deiner eigenen zu finden, wird dir helfen, auf der Bühne als genau das aufzutreten, was deine Figur sein soll.

Oder stell dir vor, im Leben einer Figur, die du spielen sollst, ist die VORGESCHICHTE geprägt von der Tatsache, dass sie ein Waisenkind ist, und du bist keins? Dann würdest du etwas in deiner VORGESCHICHTE suchen, dass das Gefühl reproduziert, als Waisenkind aufzuwachsen. Zum Beispiel ein kritischer Moment in deinem Leben, in dem deine Eltern beide nicht zugänglich waren. Und du dich verloren und allein gefühlt hast – wie eine Waise.

Ich will dir mit all diesen Beispielen klarmachen, dass du eine Figur auch dann glaubwürdig spielen kannst, wenn es in deinem Leben nicht haargenau dieselben harten Realitäten gibt. Die meisten von uns werden nie erfahren, was es bedeutet, wirklich ein Mörder oder eine Waise zu sein. Wir wissen aber alle, was es bedeutet, uns ohnmächtig und verlassen zu fühlen; an irgendeinem Punkt wird das jeder mal erlebt haben. Du blickst auf ein Leben voller Erfahrungen zurück, an die sich unzählige Gefühle und emotionale Zustände knüpfen. Aus diesem riesigen Fundus kannst du dir immer das heraussuchen, was mit deiner Figur korrespondiert, und das wird dir helfen, Herz und Seele deiner Figur zu erfassen.

Michael T. Weiss, den man aus der Fernsehserie *The Pretender (Pretender)* kennt, spielt die Figur Larry in dem Film *Iowa*, einen Bewährungshelfer und Vergewaltiger in einer Kleinstadt. Er schlägt Frauen zusammen, bevor er sie vergewaltigt, und sagt ihnen dann, es hätte ihnen gefallen und sie sollten ihn nicht um mehr bitten: »Ich bin zu beschäftigt.« Noch grotesker wird es, als das auf eine der Frauen tatsächlich zutrifft. Sie fleht ihn an, bei ihr zu bleiben – und das, nachdem er ihr die Nase gebrochen und die Zähne eingeschlagen hat. Um seine Liebe zu gewinnen, geht sie sogar so weit, die Ermordung ihres eigenen Sohnes zu planen, damit Larry die Versicherungssumme bekommen kann. Wir können annehmen, dass Larry sich gar nicht als zerstörerische Kraft fühlt, sondern als harter Romeo. Sonst müsste er sich eingestehen, dass sein Verhalten falsch ist, und niemand will glauben, dass sein Kern und sein grundsätzliches Verhalten falsch sind, egal, wie abscheulich er sich benimmt. Michael und ich kamen zu dem Schluss, dass Larry einen gewalttätigen Vater hatte, der seine Mutter schlug, und dass dieser Vater als Vorbild sein Verhalten Frauen gegenüber für Larry zu einer Art Erbe gemacht hat. So war es für ihn zu rechtfertigen. Oder vielleicht hatte körperliche Misshandlung in seiner Mutterbeziehung im Mittelpunkt gestanden (und der Vater versagte als Beschützer). Auch damit war psychologisch zu erklären, warum er Frauen überfallen musste, um sexuell aktiv werden zu können.

Ich widmete mich mit Michael der Frage, was in seiner VORGESCHICHTE für seine Figur Larry relevant sein könne. Wir fanden dort die Beziehung zu einer Frau, die in sadistischer Weise gemein zu ihm gewesen war, eine Frau, die nach Michaels Meinung ein wenig von ihrer eigenen Medizin vertragen konnte. Und für den MOMENT DAVOR erinnerte er sich dann an Ereignisse, bei denen sie besonders bösartig gewesen war. Michael war eigentlich davon ausgegangen, dass Larry eine überaus undankbare und unangenehme Rolle sein müsse. Aber indem er sich Larry als Mann vorstellte, der glaubt, er hätte den Frauen wirklich tollen Macho Sex zu bieten, (und nicht als schlechten Menschen, der Schmerzen verursacht), erlebte er seine Rolle in seinen eigenen Worten als »großen Spaß«.

Die VORGESCHICHTE gibt dir gewichtige Gründe aus vergangenen Ereignissen, um dein GESAMTZIEL zu erreichen.

Es wird ein Werkzeug, die Vergangenheit zu heilen, und bietet Gelegenheit zu einer Katharsis. Jeder hat in seiner Vergangenheit (VORGESCHICHTE) schmerzvolle Erfahrungen erlitten. Aber wie man mit diesen Erfahrungen umgeht, darin liegt der Unterschied zwischen allen anderen und einem Künstler. Kurz gesagt, es gibt eine Gabelung im Leben. Links gehen die, die ihre Traumata mitnehmen und durch sie *zerstört* werden. Das ist eine sehr vielbefahrene Route, denn es ist der Weg des geringsten Widerstands. Aber dann sind da noch die wenigen, die mit diesen seelischen Verletzungen so umgehen, dass sie mit den Informationen, die sie daraus ziehen können, etwas *gestalten*. Eine weniger befahrene Route ähnelt oft mehr einem unbefestigten, auch schmutzigen Pfad mit allen möglichen gefährlichen Hindernissen und furchterregenden Kreaturen – das macht die Reise schwierig, aber am Ende ist sie weitaus befriedigender. »Erbauer«, um es anders zu sagen, stellen sich widrigen Situationen, anstatt den sicheren Weg zu gehen und die Schrecken des Daseins hinzunehmen und in Selbstmitleid zu versinken. Sie benutzen die Hindernisse, auf die sie treffen, dazu, ihre Ziele noch hartnäckiger zu verfolgen und erst recht zu gewinnen. Das sind die wirklichen Gewinner und die wirklichen Künstler.

Verwende die schmerzlichen Aspekte deiner VORGESCHICHTE, um deinen Drang zu deinem GESAMTZIEL aus dem Skript noch stärker zu machen. So machst du dich auf eine dynamische Reise, die ein kathartisches Erlebnis ist und die zu erleben das Publikum mit Hoffnung erfüllen wird. Denn wenn du nach allem, was du durchgemacht hast, trotzdem ein Sieger sein kannst, werden sie denken, dass sie das vielleicht auch schaffen können.

Das Problem ist nur, dass viele von uns diese schmerzvollen Ereignisse tief vergraben, weil es zu weh tut, sich an sie zu erinnern. Das ist Teil unseres menschlichen Selbsterhaltungstriebs. Der Mensch will sich nicht schlecht fühlen. Er will sich gut fühlen. Verleugnung ist eine großartige und machtvolle Arznei. Viele unserer schrecklichsten Erinnerungen sind irgendwo in unserem Unbewussten vergraben. Diese schrecklichen

Erinnerungen aber, die wir vor uns selbst verstecken, sind es, die unseren Siegeswillen am meisten stärken. Aber wie soll man an diese Erinnerungen herankommen, wenn sie vergraben sind? Ich habe hierzu ein Werkzeug geschaffen, das ich »Emotionales Tagebuch« nenne. Dieses Werkzeug ist sehr nützlich, wenn es darum geht, traumatische Erlebnisse an die Oberfläche zu bringen.

Im Studio gab ich mal einem Schüler seine Rückmeldung für eine Szene aus dem Film *The Banger Sisters (Groupies Forever)*. Mein Student Ben spielte den Part des Harry Plummer (im Film dargestellt von Geoffrey Rush), ein selbstmordgefährdeter, verängstigter, analfixierter, seit zehn Jahren in sexueller Abstinenz lebender Sonderling. Während des ersten Durchgangs der Szene wurde klar, dass Ben nicht an seiner VORGESCHICHTE gearbeitet hatte. Er hatte keinen Bezug zu den Selbstmord-Gedanken hergestellt, die seine Figur hegte, und Harrys Vater-Problematik nicht berücksichtigt. Und warum er solche Angst vor Frauen hatte, damit hatte er sich auch nicht beschäftigt. Ich fragte Ben, ob es irgendein Trauma in seinem Leben gab, in dem er das Verhalten seiner Figur verankern konnte. Er sagte, das gäbe es nicht. Ich schickte ihn in einen Nebenraum, damit er dort ein Emotionales Tagebuch schreiben konnte.

Wie man ein Emotionales Tagebuch schreibt

1. Ermittle dein SZENENZIEL.
2. Bestimme deine SUBSTITUTION.
3. Benutz einen Füller, weil der möglichst leicht übers Blatt gleitet, und schreib auf liniertem Papier. Beginne das Tagebuch mit deinem SZENENZIEL. Sprich direkt deine SUBSTITUTION in Verbindung mit deinem SZENENZIEL an, und mach weiter mit dem Wort »weil«. Beispiel:
   - SZENENZIEL: *»dich dazu bringen, dass du mich liebst.«*
   - SUBSTITUTION: Dein Vater

   Beginne dein Emotionales Tagebuch mit: »Ich will, dass du mich liebst, Daddy, weil ...«

4. Wenn du einmal angefangen hast zu schreiben, mach keine Denkpause. Lass es frei fließen. Schreib völlig ungehemmt. Wenn du absetzt und anfängst zu denken, wirst du nur wieder in deinem Bewusstsein landen. Einfach weiterschreiben, ohne an Rechtschreibung und Grammatik oder gute Formulierungen zu denken, gibt dir Zugang zu deinem Unbewussten – und da liegen all deine wirklich traumatischen Gefühle. Schreib ohne Unterbrechungen immer weiter, ohne Überlegung. (Das Emotionale Tagebuch ist keine Liste – es ist tagebuchartiges Geschwafel.)
5. Schreib mindestens zwei bis drei Seiten. Die aufschlussreichsten Enthüllungen kommen oft später, wenn du dich warmgeschrieben hast und tiefer in dein Unbewusstes vordringen kannst. Während du schreibst, wirst du feststellen, dass da Sachen hochkommen, die du vergessen hattest, Gefühle und verbotene Gedanken, von denen du gar nicht wusstest, dass du sie hast.
6. Dein Tagebuch sollte mit der Erkenntnis enden, dass dein Ziel lebenswichtig ist. »Wenn ich mein (SZENENZIEL) nicht erreiche, bring ich mich um« oder »... dann werde ich meine (SUBSTITUTION) töten« oder »... dann werde ich für immer allein sein« oder »... dann habe ich meine Familie für immer verloren« oder »... dann wird aus meinen Träumen nie was werden« etc. – alles, was du mit dem Gefühl endgültiger Vernichtung verbindest. Mit einem solchen Ende wirst du dein SZENENZIEL noch leidenschaftlicher durchsetzen wollen, weil ein Leben davon abhängt (dein eigenes oder das eines geliebten Menschen).

Was du schreibst, sollte so privat und so intim und so verräterisch sein, dass du vor Scham im Erdboden versinken würdest, wenn es irgendjemand zu sehen bekäme. Was du da niederschreibst, sollte Tränen in dir aufsteigen lassen. Du solltest hinterher das Bedürfnis haben, die Blätter, die du da mit lauter verfänglichen Offenbarungen vollgeschrieben hast, zu vernichten. Wenn diese Wirkungen nicht eintreten, fang noch mal von vorne an. Es wird passieren.

Es kommt ganz entscheidend darauf an, dass du es »frei fließen lässt«, während du schreibst. Es geht darum, zu schreiben, ohne zu denken. Das Emotionale Tagebuch ist eine Form des automatischen Schreibens, die dir hilft, dich dein SZENENZIEL mit gesteigerter Leidenschaft und Zielstrebigkeit verfolgen zu lassen. Jedes Mal, wenn du ein Emotionales Tagebuch schreibst, wird etwas anderes hochkommen – keins ist wie das andere.

Bens Emotionales Tagebuch für Harry Plummer aus *The Banger Sisters* begann mit: »*Ich muss dich* (Bens SUBSTITUTION) *dazu bringen, mir einen Grund zu geben, am Leben zu bleiben, weil…*« Da es beim SZENENZIEL darum ging, weiterleben zu wollen, bedeutete das, dass er eigentlich sterben wollte. Bens Emotionales Tagebuch brachte Ereignisse zur Sprache, bei denen er sich verzweifelt und unbedeutend vorkam. Das wiederum führte zu dem Gefühl, dass der Tod für ihn womöglich die einzige Lösung war, um mit seiner grenzenlosen Verzweiflung fertigzuwerden. Und das wiederum löste den Wunsch aus, dass ein wichtiger Jemand (Bens SUBSTITUTION) ihm Hoffnung geben und Lebensmut einflößen möge. Als Ben sein Emotionales Tagebuch geschrieben hatte (es dauert meist nur fünf bis zehn Minuten, sehr praktisch am Film-Set), wiederholte er die Szene, aber diesmal waren Harrys Verzweiflung und seine Geschichte greifbar.

Versuch, ein Emotionales Tagebuch zu schreiben, indem du mit dem SZENENZIEL »*dich* (setz hier eine wichtige SUBSTITUTION aus deinem richtigen Leben ein – Mutter, Vater, Partner, Geschwister, eigenes Kind – die Menschen, deren Liebe du brauchst) *dazu bringen, mich zu lieben, weil…*« beginnst. Auf dieses »weil« sollen zwei bis drei Seiten folgen, bis du zu irgendeinem Punkt kommst, der lebenswichtig für dich ist.

Worauf wartest du noch? Mach es jetzt!

Du hättest nicht gedacht, dass du diese Gefühle hast, stimmt's? Meine Erfahrung ist, dass Emotionale Tagebücher wirklich funktionieren. Dieses Werkzeug hat meinen Studenten in ihrer Karriere zu eindrucksvollen schauspielerischen Momenten verholfen – auf der Bühne und im Film. Ob Komödie oder Drama, ein Emotionales Tagebuch lässt sich in allen Bereichen einsetzen. Man kann es direkt vor dem Auftritt schreiben, um sich rasch in die richtige Stimmung zu bringen. Und es liefert auch die detaillierten persönlichen Informationen, die man benötigt, um die

Möglichkeit, mit der eigenen VORGESCHICHTE zu arbeiten, effektiv auszuschöpfen.

Gehe nie darüber hinweg, wer *du* selbst bist, wenn du dich in deine Figur versetzt

Die Schauspieler, die für ihre Talente am meisten gefeiert werden, verlieren nie aus den Augen, wer sie selbst als Menschen sind, wenn sie spielen. Robert DeNiro, Jack Nicholson, Meryl Streep, Cate Blanchett und Al Pacino, sie haben alle eine Vielzahl von verschiedenen Figuren gespielt. Dennoch findet man in ihrer Arbeit immer wieder Spuren der Menschen, die sie selbst sind. Das liegt daran, dass sie ihre eigene VORGESCHICHTE in ihr Spiel einbringen. Sie wissen, dass das, was wir heute sind, von unserer Lebensgeschichte bestimmt ist. Außerdem, alles an dir macht *dich* einzigartig. Du bist nicht DeNiro, Nicholson, Streep, Blanchett oder Pacino, und das ist auch gut so, denn es macht dich einmalig und unterscheidbar und somit speziell.

Als Jim Carrey das erste Mal zu mir kam, war seine Karriere an einem wirklich schwierigen Punkt angelangt. Er konnte einfach nirgends landen. Er spielte in drei Filmen, die alle kläglich gefloppt waren, und dann gab es noch die Fernsehserie *The Duck Factory*, die auch als kolossaler Reinfall galt. Man gab ihm die Schuld daran. Und jetzt wollte man ihn oft nicht mal mehr zum Vorsprechen einladen. Wenn etwas kaputt ist, dann muss man wenigstens den Versuch machen, es zu reparieren, erkannte er schließlich, besonders wenn der eigene Lebensunterhalt auf dem Spiel steht. Also kam er zu mir, um herauszufinden, ob er etwas ändern könnte, was zu diesem Zeitpunkt wie eine trostlose Zukunft aussah.

Als er bei mir zur Tür hereinkam, war er ganz so, wie die Welt ihn kennt und liebt: Er sprudelte über vor Lebendigkeit, und alles, was er sagte und tat, löste Gelächter aus. Aber sobald wir anfingen, mit einem Text zu arbeiten, wurde er plötzlich ein Mann der leisen Töne, zeigte sich arm an körperlichen Regungen und, tja, war leider langweilig. Ich fragte ihn, warum er sich selbst nicht in seine Arbeit einbrachte. Er sagte, er habe Angst, man würde ihm vorwerfen, dass er chargieren würde. Im

Lauf der Jahre habe ich festgestellt, dass das tatsächlich die größte Angst der meisten Schauspieler ist: Sie befürchten, man könnte ihnen sagen, dass sie zu dick auftragen und chargieren. Das verleitet sie dazu, ihre natürlichen Impulse zu zensieren und keine Risiken mehr einzugehen – und wie du ja inzwischen wissen müsstest, halte ich die Bereitschaft, Risiken einzugehen, für eine unverzichtbare Eigenschaft eines großen Schauspielers. Ich sagte Jim, was ich allen meinen Studenten sage: »Was ist das Schlimmste, was passieren kann, wenn du chargierst? Kommt dann die Chargier-Polizei und steckt dich ins Chargier-Gefängnis? Die Chargier-Polizei gibt es nicht, deswegen kannst du volle Kanne aufdrehen, nichts wird dir passieren.« Solange seine Arbeit ehrlich sei, er ZIELE wähle, die ihn stark anzögen und die er unbedingt durchsetzen wolle, könne er nie zu weit gehen, versicherte ich ihm. Dass er sogar riskieren solle, zu weit zu gehen. Wenn sich in uns Menschen dringende Bedürfnisse regen und wenn es dabei gar ums Überleben geht, neigen wir zu Handlungen, die sonderbar und haarsträubend sind. Denk an das Rendezvous mit dieser für dich besonderen Person, wo dir vor lauter Aufregung aller möglicher Stuss rausgerutscht ist, von anderen Peinlichkeiten ganz zu schweigen. Oder dieses superwichtige Vorstellungsgespräch, wo du den Mund viel zu voll genommen und vielleicht sogar das Blaue vom Himmel heruntergelogen hast. Für Jim war es wichtig, dass sich die Art, wie er im richtigen Leben kommunizierte, in seinem Spiel wiederfand. Ich sagte ihm, er solle sich nicht zurückhalten. Ich erklärte ihm, dass wir immer eine Art Hyper-Version unserer selbst seien, wenn viel auf dem Spiel steht, und dass er, wenn er vor der Kamera echt wirken wolle, er selbst sein müsse.

Wir fanden heraus, dass er besonders motiviert war zu gewinnen, wenn er seine Tochter Jane als SUBSTITUTION für seine SZENENZIELE einsetzte. Seine Liebe zu ihr verband ihn mit der Arbeit und inspirierte ihn dazu, hart zu arbeiten, um die Konflikte aus dem Skript zu überwinden, denn er tat es für sie. Indem er eine Beziehung zwischen sich und seinem Spiel herstellte, bekam all das verrückte Jim-Carrey-Verhalten einen Kontext. Und es gab seinem Spiel einen Sinn, denn was er tat, tat er für seine Tochter. Nachdem wir das rausgefunden hatten, sagte ich jedes Mal, wenn Jim eine Szene spielte: »Du kannst noch mehr tun!« Und er sagte: »Echt?« Und ich erwiderte: »Ja, *du* kannst mehr tun, weil der, der du wirklich als Mensch bist, *auch mehr ist.*« Und, naja, wir wissen alle, wie diese Geschichte endet.

Deine Vergangenheit prägt deine Gegenwart und deine Zukunft, sie macht dich erst zu einem dreidimensionalen menschlichen Wesen.

VORGESCHICHTEN werden dich vor theatralischem Getue bewahren und dir helfen, deine Figuren von innen heraus zu verkörpern. Mit diesem Werkzeug kommst du dahinter, *warum* deine Figur so ist, wie sie ist, und *warum* sie tut, was sie tut.

KAPITEL 12

Schritt 12: LOSLASSEN

Vertraue deinen Vorbereitungen mit den anderen elf Schritten und LASS LOS.

Wenn du das Skript mit diesen elf Schritten untersucht und analysiert hast, schaffst du dir ein starkes und gründliches Fundament, um die Rolle zu leben. Du musst nun darauf vertrauen, dass all die Arbeit, die du gemacht hast, im richtigen Moment da sein wird, und musst LOSLASSEN. Wenn du LOSLÄSST, solltest du dich auf dein SZENENZIEL konzentrieren. Es wird dich und die Handlung vorantreiben. Den Vorbereitungen vertrauen, loslassen und sich nur darauf konzentrieren, sein Ziel (SZENENZIEL) zu erreichen – so kann man es schaffen, auf einer Bühne so zu sein, wie man es auch im richtigen Leben ist.

Du musst dich frei fühlen, wenn du dich spontan und originell verhalten willst. Darum musst du LOSLASSEN und nicht versuchen, all die Details, die deine Skriptanalyse hervorgebracht hat, mit einzubeziehen. Du willst nicht in deinem Kopf feststecken. Du kannst darauf vertrauen, dass die Vorbereitungen ihre Wirkung entfalten, ohne dass du sie in dein Bewusstsein rufen musst. Das wird passieren, weil du über die Anwendung der anderen elf Schritte etwas wie eine kraftvolle Muskulatur aufgebaut hast, die sich in Gang setzen und auf echte menschliche Impulse ansprechen wird. Indem du LOSLÄSST, betätigst du den Auslöser, der diese Ausstattung aktiviert. Damit steht und fällt alles, denn ohne loszulassen kannst du nur starr und gesteuert ein Programm durchziehen und etwas abspulen, was du während der Proben einstudiert hast.

Wenn wir das richtige Leben nachbilden wollen, muss es sich so anfühlen, als ob jederzeit alles passieren könnte und alles möglich ist.

Du kannst nur dann LOSLASSEN, wenn du darauf vertraust, dass deine Arbeit nicht verschwinden wird, *wenn* du LOSLÄSST. Ja, ich weiß schon – du meinst, es sei schwierig zu vertrauen, und du hast irgendwie das Gefühl, dass dir das alles davonschwimmt, wenn du dich nicht ständig darauf konzentrierst. Aber wenn du dich für etwas wirklich Gewichtiges entschieden hast und wirklich viel auf dem Spiel steht, wird nicht nur alles da sein. Das LOSLASSEN wird deine Gefühle und Bedürfnisse sogar *intensivieren*. Das liegt daran, dass dein rationaler, denkender Kopf nicht beteiligt ist und deshalb den natürlichen Gang der Dinge nicht mit intellektuellen Einwänden zum Erliegen bringen kann. Wenn das, wofür du dich bei deinen Vorbereitungen jeweils entschieden hast, zu schwach ist, wirst du das schnell merken, weil das die Entscheidungen sind, die nichts zum Vorschein bringen, wenn du LOSLÄSST. Das ist aber gut, und nicht schlecht, weil es dir sagt, wo du noch einmal neu ansetzen und woran du noch arbeiten musst. So hast du die Chance, noch mal eine bessere, effektivere Lösung zu finden. Sogar wenn du schließlich am Set oder auf der Bühne bist, kannst du noch zurückgehen und eine effektivere Lösung finden, die du beim nächsten Take oder bei der nächsten Vorstellung auf der Bühne anwenden kannst.

Wie geht das – LOSLASSEN?

Denk nicht an deine Arbeit aus der Vorbereitung (außer an dein SZENENZIEL). Versuch nicht, dich an die Entscheidungen, die du getroffen hast, zu erinnern. Hab Vertrauen und lass dich von dem, was du durch die Skriptanalyse und die Proben gefunden hast, durchdringen; erlaube diesen Inhalten, deine Gefühle und Bedürfnisse auf ganz natürliche Weise zu inspirieren. Das wird dir auch Raum geben, deinen Spielpartnern in der Szene wirklich zuzuhören. Du wirst dann nämlich nicht völlig abwesend sein, weil deine ganze Aufmerksamkeit dann nicht von den Gedanken an all deine Vorbereitungen gebunden ist. Einen Schauspieler denken zu sehen, macht seine Arbeit sichtbar und weniger fesselnd für die Zuschauer. Im Leben wirken wir – wie wir reden und uns verhalten – wie aus einem Guss. LOSLASSEN erlaubt dem Schauspieler, seine Aktionen und Reaktionen organisch zu durchleben, ganz wie im natürlichen Fluss des Lebens. Weil du durch deine Vorbereitungen aus einem so detailreichen, vielschichtigen Raum heraus spielst, wirst du spontan reagieren können. Das bedeutet aber auch, wenn du nicht all deine Vorbereitungen erledigt hast, wird auf der Bühne nicht viel passieren, wenn du LOSLÄSST. Also ...

Sei nicht faul!

Du kannst nicht LOSLASSEN, wenn du dir nicht über die anderen elf Schritte eine ausreichend tragfähige Basis geschaffen hast. Du musst deine Vorbereitung machen. Die Formel lautet so:

Wenn es nichts gibt, wovon du LOSLASSEN könntest, bekommst du auch nichts.

Wenn du LOSLÄSST, wirst du immer genau so viel Arbeit herausholen, wie du an Arbeit hineingesteckt hast. Und das heißt: Wenn du nur wenig Arbeit investierst, holst du auch nur wenig heraus. Arbeitest du dagegen intensiv, dann wird das Ergebnis die entsprechende Tiefe haben. Je mehr Arbeit du hineinsteckst, desto mehr Substanz wird dein Ergebnis haben, wenn du dann LOSLÄSST. Das führt uns zu:

Arbeitsethik und Zeitaufwand beim Proben

Jede Probe wird dir neue Einzelheiten und Nuancen offenbaren über diesen Menschen, der du zu werden versuchst. Jedes Mal bekommst du mehr Informationen über die Entscheidungen, die du getroffen hast, und wie effektiv sie sind – oder eben nicht. Nicht vergessen: Es gibt keine richtigen oder falschen Entscheidungen – nur effektivere und weniger effektive. Jede Entscheidung ist eine gute Entscheidung, denn, wie sie auch immer aussieht, jede Entscheidung bringt dir ein Mehr an Information über deine Figur. Keine Entscheidung zu treffen macht den Moment unbedeutend. Versuch also, dir was einfallen zu lassen. Es könnte nämlich klappen! Und wenn du eine Möglichkeit ausprobierst, mit der du nicht weiterkommst, dann wird dich das zu einer anderen Entscheidung bringen, die dich dann am Ende zu der besten führt. Ausgiebige Zeit zum Proben führt dich zu den Entscheidungen, den Lösungen, die am kraftvollsten sind. Denn wenn du viel Zeit hast, kannst du die Beschaffenheit, die Feinheiten, die Vielschichtigkeit einer Szene erfassen. Und du kannst mit Blick auf jeden einzelnen Schritt neue Ideen und Möglichkeiten ausprobieren. Je mehr du trainierst, desto mehr werden deine Fähigkeiten als Schauspieler wachsen.

Je mehr Zeit du investierst, desto besser wirst du sein.

Der Probenprozess:

1. Lies das Skript mindestens einmal durch.
2. Triff dich erst mit deinem Spielpartner, wenn du vorher schon etwas von der ersten grundlegenden, groben Skriptanalyse erledigt hast. (Schreib mit einem Bleistift, damit du ausradieren kannst, weil du ständig mit Alternativen experimentieren wirst.)
3. Triff dich nun mit deinem Spielpartner und spiel die Szene mehrere Male mit ihm durch, um rauszufinden, mit welchen Entscheidungen du weiterkommst und welche du ändern musst.
4. Nach diesem ersten Treffen musst du die Entscheidungen überdenken, denen du bei dieser ersten Probe gefolgt bist. Bestimme weitere Möglichkeiten für die nächste Probe.
5. Triff dich mit deinem Partner zu einer zweiten Probe. Unterbrich dein Spiel, wenn eine Entscheidung sich als nicht effektiv herausstellt, und probe den jeweiligen Abschnitt des Stücks mit immer neuen Entscheidungen durch, bis du eine effektive Lösung gefunden hast.
6. Lass dir auch nach dieser Probe Alternativen einfallen, und zwar zu allen Entscheidungen, die sich dort nicht so gut bewährt haben ... und diese Alternativen probierst du dann bei der nächsten Probe aus.

7. Wiederhole dieses Muster, bist du so viel erreicht hast, wie du konntest, oder bis du zu deiner Darbietung antreten musst.

Und um eine Frage, die meine Schüler mir die ganze Zeit stellen, zu beantworten:

Nein, man kann nicht zu viel proben!

Alle großen Schauspieler wissen das. Als ich mit Charlize Theron an dem Film *The Devil's Advocate (Im Auftrag des Teufels)* arbeitete, stellte sich heraus, mit welcher enormen Hingabe Al Pacino bei seinen Proben vorgeht. Als er eine Szene probte, die nur drei Seiten lang war, unterbrach er sein Spiel für jeden einzelnen BEAT. So konnte er Entscheidungen, die sich nicht bewährten, verwerfen oder einen Ansatz, der funktionierte, noch verfeinern. Er machte erst mit dem nächsten BEAT weiter, wenn es sich richtig anfühlte. Dieser Probenprozess – für eine kleine Drei-Seiten-Szene – dauerte mehrere Tage!

Deine Proben sollten viele Anläufe und Unterbrechungen enthalten, damit du darauf achten kannst:

- dass du deinem GESAMTZIEL treu bleibst.
- dass du versuchst, dein SZENENZIEL durchzusetzen.
- dass du HINDERNISSE überwinden musst.
- dass die SUBSTITUTION die überzeugendste Wahl ist.
- dass die INNEREN BILDER emotional aufgeladen sind.
- dass die BEATS und AKTIONEN so effektiv wie möglich sind.
- dass du dir einen MOMENT DAVOR aussuchst, der besonders eindringlich ist.
- dass du ORT und VIERTE WAND wählst, die gut ausgestattet sind.
- dass du HANDLUNGEN in dein Spiel einbaust, die dich deinem SZENENZIEL näherbringen.
- dass du einen INNEREN MONOLOG führst, der frei fließt.
- dass du auf eine umfangreiche VORGESCHICHTE zurückgreifen kannst.

- und dass dir die Probe ein Umfeld bietet, in dem du LOSLASSEN kannst.

Je mehr du analysierst, studierst und übst, desto wahrscheinlicher ist dein Erfolg. In den vielen Jahren, die ich nun schon lehre, habe ich festgestellt, dass es bei den vielen berühmten und erfolgreichen Schauspielern, denen ich helfen konnte, sich zu etablieren, einen gemeinsamer Nenner gibt, der für ihren Erfolg ursächlich ist. Nein, es ist nicht die Schönheit, und es ist nicht einmal Talent. Denn ganz besonders in Hollywood gibt es hübsche und schöne Schauspieler im Dutzend billiger. Und brachliegendes Talent gibt es dort an jeder Ecke. Was also ist das Geheimnis?

Sei offen dafür, etwas zu lernen!

Lebe mit dem Wissen, dass da immer noch mehr ist. Jon Voight sagte mal zu mir, dass ein großer Schauspieler nie aufhört zu trainieren und zu lernen.

Geh Risiken ein!

Angst bringt den kreativen Prozess zum Erliegen. Sei nie zufrieden; verlass dich nicht auf gefahrlose Entscheidungen. Wenn du dein Skript analysierst, triff immer die tiefste, dunkelste, gewagteste Entscheidung, ohne Rücksicht darauf, ob du vielleicht lächerlich aussehen könntest. Und vor allen Dingen …

Arbeite hart!

Je leidenschaftlicher der Schauspieler (Autor, Regisseur etc.) arbeitet, desto höher die Erfolgsquote. Charlize Theron war lernbegierig, sie ging Risiken ein, und sie gehörte zu denen in meinem Bekanntenkreis, die am härtesten arbeiteten. In den Jahren, in denen sie in mein Studio zum Unterricht kam, probte sie andauernd. Oft bat sie darum, dass ich ihr Arbeitspensum verdoppele, sodass sie zwei Szenen gleichzeitig einstudierte. Sie wollte auch immer die Szenen spielen, in denen die größten

Herausforderungen steckten. Und wenn sie ihre Szene vor der Klasse auf die Bühne brachte, arbeitete sie mit den kühnsten und gewagtesten Entscheidungen, die man sich denken kann. Ihre Schauspielklasse war voller Vorfreude, wenn sie auftrat, gespannt darauf, was sie als Nächstes machen würde. Als sie einmal an einem ihrer Filme arbeitete, der zufällig in einem Studio ein paar Straßen weiter weg gedreht wurde, kam sie in ihrer Mittagspause zu meinem Unterricht. Und wenn für ihre Filme die letzten Drehtage anstanden, rief sie mich immer an, damit ich rechtzeitig einen Spielpartner für sie suchen konnte, denn sie wollte direkt im Anschluss an ihrer nächsten Szene arbeiten. Und um sich dann auch noch abzusichern, rief sie dazu auch immer einen ihrer Freunde aus ihrer Klasse an und fragte, ob er nicht in den zwei, drei Wochen zwischen zwei Projekten eine Szene mit ihr einstudieren wollte – nur für den Fall, dass ich womöglich keinen Spielpartner für sie besorgen könnte. So engagiert war Charlize, wenn es darum ging, für ihr Handwerk zu lernen. Es war keine Überraschung für mich oder ihre Schauspielklasse, dass ihre Karriere einen so spektakulären Verlauf nahm und sie preisverdächtige Darstellungen bot. Sie arbeitete hart und stieg auf. Klar, sie sieht toll aus. Aber dass ihre Rolle als die ungehörige und sehr unattraktive Aileen Wuornos in *Monster* ihr den Oscar eintrug, ist ein Beweis für ihre Hingabe an ihr Handwerk und an ihre Arbeit, nicht für ihre Schönheit. Und das kannst du auch, also lass dich inspirieren von dieser Geschichte. Charlize ist nur eine von vielen Erfolgsstorys. Ich könnte immer weiter erzählen von Schauspielern, die durch meine Tür kamen und noch nie in ihrem Leben auch nur einen Tag gespielt hatten – die dann aber angesehene und preisgekrönte Mitglieder ihrer Zunft wurden, weil sie offen und lernfähig waren, furchtlos gewagte Entscheidungen trafen und hingebungsvoll und hart an ihren Fähigkeiten arbeiteten.

Jetzt kennst du die einzelnen Schritte. Es liegt an dir. Je mehr Zeit und Aufwand du in die Anwendung der Schritte investierst, desto besser wirst du werden. Du kannst nicht erwarten, olympisches Gold zu gewinnen, wenn du nicht übst, übst und nochmals übst. Der Lohn wird nicht ausbleiben, wenn du drei Dinge einhältst:

Bleib offen, geh Risiken ein und arbeite hart!

TEIL II

Weitere Werkzeuge und Übungen

Die folgenden Werkzeuge dürfen nicht mit dem 12-Schritte-System durcheinandergebracht werden. Es ist ganz entscheidend, dass man zuerst die Arbeit mit den zwölf Schritten aus Teil I abschleßt und die anderen Werkzeuge, die ich dir jetzt in Teil II vorstelle, als i-Tüpfelchen auffasst und auch so verwendet.

Bestimmte Szenen erfordern ganz spezielle Befindlichkeiten, zum Beispiel Rauschzustände (durch Alkohol oder Drogen), Angst haben, sterben, eine geliebte Person verlieren, schwanger sein, Eltern sein, Verletzungen und Krankheiten, sexuelle Spannung und Erregung oder der psychische Zustand eines Serienmörders.

Diese speziellen Befindlichkeiten und Zustände äußern sich sowohl körperlich als auch emotional.

Diese Befindlichkeiten beeinflussen unsere Körperchemie. Wenn wir zum Beispiel Angst haben, regt sich der ursprüngliche Impuls, entweder zu flüchten oder anzugreifen, und unser Körper zeigt die entsprechenden

Reaktionen. Unsere Pupillen verengen sich, unser Herz schlägt schneller, und Adrenalin strömt durch unseren Körper. Das sind unwillkürliche Muskelreaktionen, die wir nicht steuern können. Aber obwohl du deine Pupillen nicht so steuern kannst, dass sie sich auf deinen Wunsch hin verengen, hast du die Möglichkeit, solche Zustände zu provozieren, und wenn sie eintreten, wird deine unwillkürliche Augenmuskulatur auch entsprechend reagieren.

Damit die Schauspieler, die ich trainiere und mit denen ich arbeite, auf solche instinktiven Äußerungen unseres Organismus zugreifen und sie authentisch in Gang setzen können – sogar wenn sie sie noch nie zuvor erlebt haben –, habe ich ein entsprechendes System von Formeln entwickelt. Weil sich diese Äußerungen wissenschaftlich so gut beschreiben und voraussagen lassen, können sie ausgewertet, berechnet und auf mathematische Art und Weise in Formeln aufgeschlüsselt werden.

Ich habe festgestellt, dass man diese Zustände und Befindlichkeiten am besten nachempfinden kann, wenn man versteht, welchen Sinn sie für uns Menschen erfüllen. Deshalb wird im Folgenden immer zuerst erklärt werden, *warum* unser Körper so reagiert, wie er reagiert, und diese Erklärungen erfolgen auf psychologischer Basis. Und als Zweites werde ich dann immer erklären, wie man die jeweilige biologische und körperliche Reaktion hervorrufen kann. Kurz gesagt: Ich werde dir aufzeigen, warum die Formel funktioniert, und dann erst, wie man sie anwendet, sodass du wirklich fühlen kannst, was du für deine Rolle fühlen willst.

KAPITEL 13

Drogenmissbrauch

Wege, einen Alkohol- oder Drogenrausch nachzuempfinden.

Wenn du einen Drogenabhängigen spielen willst, dann musst du von der Frage ausgehen, wovon die Figur abhängig ist und warum sie zu der jeweiligen Substanz greift. Das wird dir helfen zu verstehen, welche Gefühle sie empfindet, wenn sie unter dem Einfluss der Droge steht. Auch erkennst du dann die psychologischen Gründe, warum sie gerade diese Droge für ihr emotionales Überleben so nötig hat. Welche Droge sie auch immer bevorzugt, sie sucht in ihr ein Heilmittel für eine bestimmte Art von seelischem Schmerz. Hier eine Auflistung:

- **Alkohol** ertränkt buchstäblich Elend, Sorgen, Leiden, Bedauern und Schuldgefühle und versorgt Alkoholiker mit etwas, das sie als Kraft in trinkbarer Form auffassen. Mit dem Alkohol nehmen sich Alkoholiker die Freiheit und die Macht zu tun und zu sagen, was ihnen durch den Kopf geht und was sie fühlen, ohne die Angst vor den Konsequenzen zu spüren. Für die, die man in ihrem Leben unterdrückt, mit Gewalt gefügig gemacht und gebrochen hat, ist Alkohol ein Mittel, um sich stark, mächtig und im Recht zu fühlen und sich jedem Angreifer zu stellen, der ihnen über den Weg läuft. Und Alkoholiker fühlen sich oft angegriffen.
- **Opiate** (Heroin, Opium, Morphium, Codein, Hydrocodon, Oxycodon) dämpfen Schmerz und geben dem Konsumenten das Gefühl, dass mit der Welt alles in Ordnung ist. Dabei sorgen sie auch für eine gewisse Euphorie, ein überschwängliches Hochgefühl. So verschaffen sie bei seelischen Traumata, älteren und neueren, erst mal Erleichterung. Der Konsum von Opiaten betäubt auch sehr tiefsitzende

emotionale und physische Schmerzen und setzt etwas wie Ausgelassenheit an ihre Stelle.

- **Kokain und Chrystal Meth** geben dir ein Gefühl von Macht und Stärke. Sie werden oft von denen konsumiert, die in ihrem Leben in eine Position der Machtlosigkeit gedrängt wurden. Wer nach diesen Drogen greift, kommt oft aus einer mächtigen Familie oder hat ein mächtiges Elternteil und lebt mit dem quälenden Gefühl, mit ihm oder ihr nicht mithalten zu können. Unter den Konsumenten findet man auch viele, die sich in einem Berufsfeld behaupten müssen, in dem es auf Macht ankommt (Unterhaltungsindustrie, Recht, Medizin, Politik etc.) und wo Macht nicht leicht zu erringen ist. Kokain und Chrystal Meth liefern diese Machtgefühle ohne solche Anstrengungen. Die Konsumenten sehen diese Drogen als Macht in Pulverform.
- **Kokain und Heroin in Kombination** (»Speedball«) geben dem Konsumenten beides: ein Machtgefühl und eine Erlösung von Schmerz. Diese Kombination zieht Menschen an, die sich in ihrem Leben ohnmächtig fühlen und zugleich von seelischem Schmerz überwältigt sind.
- **Marihuana** gibt dir ein Gefühl von Freiheit und Leichtigkeit. Es wird von Menschen konsumiert, die sich nicht frei fühlen, auch mal loszulassen, albern zu sein und Spaß zu haben. Sie sind oft gehemmt, wenn sie nicht unter dem Einfluss dieser Droge stehen. Die Gründe für den Konsum von Marihuana können militante oder übermäßig kritische Eltern sein, es kann aber auch um Erniedrigung durch Gleichaltrige gehen oder um die Einengung durch religiöse Strenge. Wer zu Marihuana greift, sucht Erlösung von tiefsitzenden Hemmungen und will sich über das Gefühl hinwegsetzen, ständig kontrolliert und eingeschränkt zu werden – durch andere Leute, aber auch durch eigene Einstellungen.
- **LSD, Peyote, Meskalin und andere psychedelische Drogen** geben dem Konsumenten das Gefühl, intellektuell aktiv zu sein (jede Menge Offenbarungen). Zugleich fühlt man sich ungemein kreativ. Wer oft zu psychedelischen Drogen greift, fühlt sich in irgendeiner Weise in seinen intellektuellen und kreativen Möglichkeiten eingeschränkt. Die Ursache kann sein, dass jemand von seinen Eltern übermäßig kontrolliert oder kritisiert wurde. Oder die Eltern haben für ihr eigenes Leben

Entscheidungen getroffen, die einer intellektuellen und/oder kreativen Entfaltung im Weg stehen.

Jetzt, wo du das weißt und dir erklären kannst, warum deine Figur eine bestimmte Droge bevorzugt, finde ähnliche Umstände in deiner VORGESCHICHTE, die dich dazu verführen könnten, diese Droge zu konsumieren. Finde heraus, was dich dazu treiben könnte, zu dieser Droge zu greifen. Mit anderen Worten, finde deinen Auslöser. Ein paar Beispiele:

- Stell dir zum Beispiel vor, du spielst eine Koksnase und in der Szene bricht irgendein Tumult aus oder jemand sagt irgendwas zu dir, womit er dich in deiner Männlichkeit verunsichert. Du würdest zum Kokain greifen und dir was davon reinziehen, um damit fertigzuwerden und dich wieder als Herr der Lage zu fühlen.
- Oder die andere Figur erinnert dich an eine Zeit, als jemand, der dir lieb war, gestorben ist, oder an ein Unglück in deiner Familie, an dem du die Schuld getragen haben könntest. Dann würde sich deine Figur einen Schuss setzen oder ein paar Opium-Pillen schlucken, um den Ansturm von Gefühlen auszulöschen, der dich zu überwältigen droht.

Süchtige trinken oder rauchen oder ziehen sich immer dann was durch die Nase, wenn sie es gerade aus irgendeinem Grund *brauchen.* Das heißt, sie konsumieren die Droge, wenn sie etwas ganz Bestimmtes fühlen – oder eben nicht fühlen wollen.

Sogar wenn du jemanden spielst, der seine Sucht überwunden hat, musst du ihn so spielen, als ob die Droge noch eine Anziehungskraft auf dich ausübt, wenn sie dir präsentiert wird. Denn jeder Abhängige, der sich gerade von der Droge löst oder gelöst hat, weiß es: Du magst momentan trocken sein, aber die enorme Anziehungskraft der Droge bleibt dir erhalten – ein Leben lang. Wenn du also eine Szene spielst, wo die Droge verfügbar ist, dann lass diese Anziehungskraft für das Publikum sichtbar werden, egal, ob die Figur ihre Sucht überwunden hat oder nicht. Sprich sie in deinem INNEREN MONOLOG an.

Verhaltensformel

Sobald du zu einem tieferen Verständnis darüber gelangt bist, *welche* Droge und *warum* deine Figur diese Droge nimmt (neben deinen persönlichen Gründen), kannst du dich mithilfe der folgenden Verhaltensformeln in einen Zustand versetzen, der der Wirkung der Droge entspricht.

- **Anmerkung 1:** Du brauchst keinerlei Erfahrungen mit Drogen zu haben, damit diese Formeln wirken. Und was noch wichtiger ist, du musst NIE Drogen nehmen, um deinen gespielten Rausch realistisch zu machen. Es genügt völlig, sich an die Anleitungen aus den Formeln zu halten. Es ist billiger, und es gibt keinen Kater und keine Gesundheitsrisiken.
- **Anmerkung 2:** Du musst unbedingt deine Skriptanalyse machen, bevor du irgendeine Anleitung zur Herstellung eines Rauschgefühls anwendest. Sonst wird sich die Szene nur um deinen Rausch drehen, und man wird nicht den Eindruck haben, dass deine Figur irgendwelche ZIELE hat. Es werden auch die Feinheiten fehlen, die sich ergeben, wenn du dich gründlich in deine Rolle eingearbeitet hast. Und noch einmal: Analysiere erst vollständig das Skript und stell dich emotional auf deine Rolle ein. Wende die Formeln nicht vorher an.
- **Anmerkung 3:** NACH ANWENDUNG DER FOLGENDEN ANLEITUNGEN NICHT AUTO FAHREN UND KEINE TECHNISCHEN GERÄTE VERWENDEN UND BEDIENEN. Das ist kein Witz. Die Anleitungen in diesen Formeln führen tatsächlich zu Änderungen im Denken und Verhalten, und sie können die Reaktionsfähigkeit und überhaupt die Handlungsfähigkeit ernsthaft beeinträchtigen. Die Effekte halten ungefähr 15 Minuten an.

Sich betrunken fühlen

Als Betrunkener verliert man die Kontrolle über seine Fähigkeiten, was unseren Selbsterhaltungstrieb alarmiert, und der will, dass wir anderen und uns selbst nüchtern vorkommen. Unser Verstand versucht die Sehstörungen, die schleppende Sprache, den Verlust der Körperbeherrschung auszugleichen und reagiert zu stark, damit er das Gefühl haben kann, als wäre er nüchtern und hätte alles unter Kontrolle. Im Wesentlichen *ist es unser Bedürfnis, den Verlust unserer Fähigkeiten zu überwinden, um nüchtern zu erscheinen, der für betrunkenes Verhalten verantwortlich ist.*

Welcher Teil des Körpers vom Alkohol besonders beeinträchtigt wird – Augen, Zunge oder Beine –, hängt vom jeweiligen Individuum ab. Wenn du visuell veranlagt bist und deine Augen nicht mehr richtig funktionieren, würdest du dich instinktiv darauf konzentrieren, deine Sehstörungen auszugleichen. Wenn du verbal veranlagt bist und anfängst zu lallen, wirst du versuchen, gerade deshalb ganz besonders ordentlich und flüssig zu sprechen. Wenn du sportlich veranlagt bist und deine Beine wollen nicht mehr wie du, wirst du das in übertriebener Weise auszugleichen versuchen.

Meine Studenten wissen oft nicht, zu welchem Typ sie gehören, und deshalb lasse ich sie alle drei der folgenden Übungen durchgehen. Du konzentrierst dich dabei jeweils nur auf einen Teil deines Körpers – und doch wirst du dich durch und durch betrunken fühlen, wenn die richtige für dich dabei ist. Du wirst wissen, was bei dir funktioniert, wenn du alle drei Übungen durchprobiert hast. Eine wird dir das Gefühl geben, betrunken zu sein, die anderen beiden nicht. Ich habe festgestellt, dass die meisten visuell veranlagt sind. Deshalb sage ich meinen Schülern immer, sie sollen zuerst die *Augen*-Übung machen. Die zweitgrößte Gruppe ist die, bei der die *Zungen*-Übung funktioniert. Die wenigsten sind sportlich veranlagt. Deshalb wird die *Bein*-Übung zuletzt gemacht.

Sich betrunken fühlen – die Formel

Augen

1. Bring dich dazu, alles verschwommen zu sehen, ohne dich auf etwas Bestimmtes zu konzentrieren. Nicht schielen. Bring dich einfach dazu, wie durch einen Schleier zu schauen.

2. Denk an das Verb »fokussieren«, konzentrier dich auf das Nomen und leg »den Fokus« hinten auf die Augäpfel. Dann bewege ihn um die eigentlichen Augäpfel herum (nicht durch den Augapfel hindurch, denn dann wirst du wieder ganz normal fokussieren). Denk: »Den Fokus« außen um den Augapfel *herum*, bis er vorn ankommt. Um den Nebel *herum*, um den Augapfel *herum*, bis »der Fokus« auf der Pupille landet. Führe »den Fokus« mindestens drei Mal um den Augapfel *herum*.
3. Jetzt geh ein bisschen herum und lass los. Wenn du der Augen-Typ bist, sollte die Wirkung einsetzen und anhalten, und du wirst dich betrunken fühlen, ohne darüber nachzudenken.

Zunge

1. Lass die Zunge in deinem Mund ruhen und gib dich dem Gefühl hin, dass sämtliche Muskelfasern deiner Zunge nutzlos und gallertartig sind. Streck die Zunge nicht raus, lass sie nur untätig in deinem Mund ruhen, als ob du nicht in der Lage wärst, sie zu benutzen. Sie soll nur eine Gewebemasse in deinem Mund sein.
2. Wenn du jetzt sprichst, bring deine Lippen zum Einsatz und sprich alles überdeutlich um deine nutzlose, matschige Zunge herum. Mit anderen Worten, erlebe die Muskulatur deiner Lippen als von deiner nutzlos gewordenen Zunge isoliert und versuch zu sprechen.
3. Mach das eine Weile und dann lass los.

Beine

1. Stell dich hin und bring dich dazu, dass sich alle Muskeln in einem deiner Knie völlig nutzlos, formlos und wabbelig anfühlen. Du kannst kaum stehen, weil die Muskeln in einem Knie weggeschmolzen sind.
2. Als Nächstes musst du nun die Muskeln um das Knie herum so benutzen, dass die für den Pudding in deinen Knien einspringen, als ein übertriebener Ausgleich. Mit diesem Gefühl, dass in den Knien nur zäher Brei ist und die Muskeln drum herum zum Ausgleich über ihre Verhältnisse arbeiten müssen, läufst du jetzt weiter.
3. Lauf ein bisschen so herum und dann lass los.

Egal, welche dieser Übungen bei dir klappt, sie haben alle gemeinsam, dass sie auf einen bestimmten Teil deines Körpers so einwirken, dass er nicht mehr richtig funktioniert und dass du das dann übermäßig ausgleichen musst. Wenn du bestimmt hast, wo sich die stärkste Wirkung zeigt, wenn du einen bestimmten Körperteil ausschaltest, hast du auch etwas wie den Schalter, über den du für den Rest des Körpers das Gefühl der Trunkenheit herstellen kannst. Du solltest dich dann richtig betrunken fühlen und betrunken verhalten, denn eigentlich: *bist* du betrunken. Du gleichst eine Körperfunktion, die du nicht mehr richtig steuern kannst, mit übertriebenem Bemühen aus; du hast dich in die Psychologie der Trunkenheit eingearbeitet.

Wenn du das Gefühl, betrunken zu sein, in Gang gesetzt hast – es sollte nicht lange dauern –, lass immer los. Das wird dich in die Lage versetzen, der Szene mit dem betrunkenen Verhalten Farbe zu geben, anstatt die Trunkenheit in den *Mittelpunkt* der Szene zu stellen.

- **Anmerkung 4:** Wende nicht alle drei Übungen zugleich an. Du bekommst viel eindrucksvollere Ergebnisse, wenn du dich auf einen Körperteil konzentrierst.
- **Anmerkung 5:** Eine reine Wiederholung, aber noch mal, weil es so wichtig ist: Mach zuerst deine Skriptanalyse, danach bring die Übungen ins Spiel. Die Trunkenheit sollte ein zusätzliches Element sein, auf keinen Fall das Thema der Szene.

Marihuana-Rausch – die Formel

1. Um einen Marihuana-Rausch zu fühlen, fang an, indem du dir vorstellst, dass dein Gehirn durch einen großen Bausch von rosafarbener Zuckerwatte ersetzt wurde. Stell dir die weiche Watte dieses Bauschs vor und wie rosa er ist und seine Süße, und sieh nur, wie er dort, wo die Luft ihn anweht, zu kleinen Eiszapfen aus Zucker wird.
2. Versuch jetzt, durch den Bausch *hindurchzudenken* und -zusehen, durch den tropfenden, erwärmten rosafarbenen Zucker

hindurch... dein Gehirn gibt es nicht mehr – *denk* und sieh *durch* diese quietschrosa, weichen, zuckrigen, haarigen Fasern, diese aufgeschlagene, zuckerige, watteartige Masse *hindurch*... dein Gehirn existiert nicht mehr, es ist jetzt ein großer Bausch von rosa Zuckerwatte. *Denk* und sieh *durch* die Watte, den erwärmten, tropfenden rosafarbenen Zucker *hindurch*... dein Gehirn ist einfach weg, und das fühlt sich so gut an... *denk* weiter und finde einen Weg, *durch* all die quietschrosa, flauschige, lockergeschlagene, zuckersüße weiche Masse *hindurchzusehen*.

3. Jetzt lass los und beginn die Szene.

Heroin-Rausch

Unter dem Einfluss von Heroin erlebst du Euphorie, ein Hochgefühl, das so überschwänglich ist, dass Probleme und Hindernisse, egal, wie groß und akut, ganz einfach aufhören zu existieren – der Heroin-Rausch scheint die Schwierigkeiten und Lasten des Lebens ganz einfach verschwinden zu lassen. Auf dem Höhepunkt des Rausches fühlt sich das Leben gut an und du fühlst dich, als könntest du mit allem fertigwerden. Das ist wahrscheinlich einer der Gründe, warum keine Sucht so schwer zu überwinden ist wie diese.

Sich wie im Heroin-Rausch fühlen – die Formel

1. Fang an, indem du dir vorstellst, dass dein Gehirn durch einen großen Bausch von rosafarbener Zuckerwatte ersetzt wurde. Stell dir die weiche Watte dieses Bauschs vor und wie rosa er ist und wie süß, und sieh nur, wie er dort, wo die Luft ihn anweht, zu kleinen Eiszapfen aus Zucker wird.

   Versuch jetzt durch den Bausch *hindurchzudenken* und -zusehen, durch den tropfenden, erwärmten rosafarbenen Zucker *hindurch*... dein Gehirn gibt es nicht mehr – *denk* und sieh *durch* diese quietschrosa, weichen, zuckrigen, haarigen Fasern, diese aufgeschlagene, zuckerige, watteartige Masse *hindurch* ... dein Gehirn existiert nicht mehr, es ist jetzt ein großer Bausch von rosa Zuckerwatte. *Denk* und sieh *durch* die Watte, den erwärmten, tropfenden rosafarbenen Zucker *hindurch* ... dein Gehirn ist einfach weg, und das fühlt sich so gut an ... *denk* weiter und finde einen Weg, *durch* all die quietschrosa, flauschige, lockergeschlagene, zuckersüße weiche Masse *hindurchzusehen.*

2. Dann bring dich dazu, dass dir übel im Magen wird – denk daran, was du zuletzt gegessen hast und lass es sich anfühlen, als ob es im Magen aufgewühlt wird.

3. Such dir dann eine Einstichstelle aus (wo du die Spritze setzen würdest, um dir das Heroin zu injizieren) – eine gute Wahl ist die Armbeuge, das kennst du vom Blutabnehmen.

4. Dann denk: *»Wärme, Frieden, Liebe, Macht«* und stell dir vor, wie sich all diese Herrlichkeit in flüssiger Form in deine Venen ergießt, mit der Einstichstelle als Ausgangspunkt. Fühle, wie *Wärme, Frieden, Liebe, Macht* langsam in deine Adern strömen ... deine Schultern erfassen ... Fühle wie *Wärme, Frieden, Liebe, Macht* tröstlich und köstlich durch deine Adern zu deinem Hals emporsteigen ... dein Kinn erreichen ... deine Lippen – und jetzt lass *Wärme, Frieden, Liebe, Macht* in deinen Lippen zur Ruhe kommen und sie voll davon werden, spüre, wie sie langsam anschwellen – koste das einen Moment aus ... fühle die Sinnlichkeit, den Kitzel, wenn sich deine Lippen immer weiter füllen mit *Wärme, Frieden, Liebe, Macht.* Fühle jetzt, wie sich *Wärme, Frieden, Liebe, Macht* auf dein Gesicht legen, die Nase, deine Augen, fühle, wie von dieser *Wärme, Frieden, Liebe, Macht* deine Augen und Lider langsam anschwellen – koste auch das einen Moment aus, nein, lass ihn anhalten, diesen warmen Genuss, wie er deine Augäpfel und Lider erfüllt. Dann lenke *Wärme, Frieden, Liebe, Macht* vom Gesicht herab zu deinem Hals, deiner Brust, bis du bei deinen Brustwarzen anlangst und lass durch *Wärme, Frieden, Liebe, Macht* auch deine Brustwarzen anschwellen, fühle, wie sie sich heben, sich füllen mit dieser sinnlichen Hitze, die dir *Wärme, Frieden, Liebe, Macht* schenken. Koste das einen Moment aus, und dann lenke *Wärme, Frieden, Liebe, Macht* deinen Rumpf hinab und hinein in deinen Magen, bis deine sexuelle Zone erfasst wird, und dann lass *Wärme, Frieden, Liebe, Macht* sich in jeden Winkel dieses Bereichs ergießen, ihn damit anschwellen ... fühl, wie die kribbelige Wärme diese Areale mit Sinnlichkeit erfüllt. Koste das einen Moment aus – und dann lass *Wärme, Frieden, Liebe, Macht* durch deine Venen hinab in deine Beine wandern, lass alles in deine Knie, deine Füße und deine Zehen fließen.

5. Jetzt versuch, die Augen zu öffnen, indem du langsam die Lider hebst (das ergibt auf natürliche Weise den typischen Junkie-Nod).
6. Lass los.

Heroin-Entzug

Bevor du Entzugserscheinungen haben kannst, musst du den Rausch des Heroins erleben. Das muss deshalb sein, damit du wirklich den Drang verspürst, dir gleich den nächsten Schuss zu setzen, wenn der Rausch verfliegt und die Übelkeit von deinem Organismus Besitz ergreift. Fang mit der Heroin-Übung an und mach von da aus weiter.

Entzugserscheinungen bei Heroin-Entzug – die Formel

1. Folge der Anleitung der Formel für den Heroin-Rausch.
2. Jetzt stell dir lauter winzige, eiskalte Kakerlaken vor ... Schwärme von winzigen, eisigen Kakerlaken, die auf deinem Nacken und deinen Handrücken herumspringen und die Außenseite deiner Arme hochkrabbeln. Tausende scharfer, eisiger, wie kriechend umhertastender Fühler und Insektenbeine, die überall auf deinem Hals und auf deinen Handrücken und der Außenseite deiner Arme herumstampfen.

3. Verstärke die Übelkeit, zu der du dich schon gebracht hast, und überlass dich wirklich dem Gefühl, dass du kotzen musst. Fühl die halbverdauten Brocken deiner letzten Mahlzeit sich in dir wälzen und brodeln und deine Magenschleimhaut angreifen. Fühl, wie dir ein säuerlicher Geschmack zur Kehle steigt und sich eklig auf deine Zunge legt.
4. Lass los.

Der Rausch bei Kokain und Crystal Meth

Kokain gibt dem Konsumenten das Gefühl, dass jeder Gedanke eine Offenbarung sei, eine überschwängliche, schrankenlose und unerschütterliche. Ein Gedanke, der außerdem laut ausgesprochen werden muss. Die Offenbarungen können außerordentlich positiv sein und von äußerst intensiver Negativität, die eine umfassende Paranoia auslöst. Es gibt keine Feinheiten bei einem Kokainabhängigen – die Erkenntnis ist monumental, die Wut wie ein Vulkan, der Selbsthass enorm und das Gefühl der Macht herkulisch. Wenn du auf Kokain bist, gibt es eine Menge an INNEREM MONOLOG. Jede Bewegung, jede Äußerung, die ein anderer macht, könnte alles Mögliche und vor allem nichts Gutes bedeuten – das ist schließlich die Grundlage von Paranoia, und Paranoia gehört zum Kern der Kokain/Crystal Meth-Erfahrung.

Sich wie im Kokain- oder Crystal Meth-Rausch fühlen – die Formel

1. Fang an, indem du dir vorstellst, dass dein Gehirn durch einen großen Bausch von rosafarbener Zuckerwatte ersetzt wurde. Stell dir die weiche Watte dieses Bauschs vor und wie rosa er ist und wie süß, und sieh nur, wie er dort, wo die Luft ihn anweht, zu kleinen Eiszapfen aus Zucker wird.

Versuch jetzt, durch den Bausch *hindurchzudenken* und -zusehen, *durch* den tropfenden, erwärmten rosafarbenen Zucker *hindurch* … dein Gehirn gibt es nicht mehr – *denk* und sieh *durch* diese quietschrosa, weichen, zuckrigen, haarigen Fasern, diese aufgeschlagene, zuckerige, watteartige Masse *hindurch* … dein Gehirn existiert nicht mehr, es ist jetzt ein großer Bausch von rosa Zuckerwatte. *Denk* und sieh *durch* die Watte, den erwärmten, tropfenden rosafarbenen Zucker *hindurch* … dein Gehirn ist einfach weg, und das fühlt sich so gut an … *denk* weiter und finde einen Weg, *durch* all die quietschrosa, flauschige, lockergeschlagene, zuckersüße weiche Masse *hindurchzusehen*.

2. Setz dann Tausende von winzigen Spinnen bei dir auf Nacken und Handrücken und fühl die kleinen Spinnenbeine wie kleine Nadeln, die dich stechen und auf Nacken und Handrücken herumtanzen und ihre Streiche treiben.

3. Würdige alles, was du sagst, laut als Offenbarung.

4. Lass los.

Heroin und Kokain in Kombination (auch »Speedball« genannt)

Jemand, der Heroin und Kokain zusammen konsumiert, will einen großen seelischen Schmerz bekämpfen, aber zusätzlich auch ein besonderes Machtgefühl erleben. Um so ein Erlebnis nachzuempfinden, musst du erst der Anleitung aus der Formel für den Heroin-Rausch folgen und im Anschluss daran der Formel für den Kokain-Buzz. Auf diese Weise lässt sich gut widerspiegeln, was der Einfluss beider Drogen in Kombination auf deinen Körper bewirkt.

Der »Speedball«-Rausch – die Formel

1. Fang an, indem du dir vorstellst, dass dein Gehirn durch einen großen Bausch von rosafarbener Zuckerwatte ersetzt wurde. Stell dir die weiche Watte dieses Bauschs vor und wie rosa er ist und wie süß, und sieh nur, wie er dort, wo die Luft ihn anweht, zu kleinen Eiszapfen aus Zucker wird.

Versuch jetzt, durch den Bausch *hindurch*zudenken und -zusehen, durch den tropfenden, erwärmten rosafarbenen Zucker *hindurch*... dein Gehirn gibt es nicht mehr – *denk* und sieh *durch* diese quietschrosa, weichen, zuckrigen, haarigen Fasern, diese aufgeschlagene, zuckerige, watteartige Masse *hindurch*... dein Gehirn existiert nicht mehr, es ist jetzt ein großer Bausch von rosa Zuckerwatte. *Denk* und sieh *durch* die Watte, den erwärmten, tropfenden rosafarbenen Zucker *hindurch*... dein Gehirn ist einfach weg, und das fühlt sich so gut an... denk weiter und finde einen Weg, *durch* all die quietschrosa, flauschige, lockergeschlagene, zuckersüße weiche Masse *hindurch*zusehen.

Dann bring dich dazu, dass dir übel im Magen wird – denk daran, was du zuletzt gegessen hast, und lass es sich anfühlen, als ob es im Magen aufgewühlt wird.

Such dir dann eine Einstichstelle aus (wo du die Spritze setzen würdest, um dir das Heroin zu injizieren) – eine gute Wahl ist die Armbeuge, das kennst du vom Blutabnehmen.

Dann denk: *»Wärme, Frieden, Liebe, Macht«*, und stell dir vor, wie sich all diese Herrlichkeit in flüssiger Form in deine Venen ergießt, mit der Einstichstelle als Ausgangspunkt. Fühle, wie *Wärme, Frieden, Liebe, Macht* langsam in deine Adern strömen... deine Schultern erfassen... Fühle wie *Wärme, Frieden, Liebe, Macht* tröstlich und köstlich durch deine Adern zu deinem Hals emporsteigen... dein Kinn erreichen... deine Lippen – und jetzt lass *Wärme, Frieden, Liebe, Macht* in deinen Lippen zur Ruhe kommen und sie voll davon werden, spüre wie sie langsam anschwellen – koste das einen Moment aus... fühle die Sinnlichkeit, den Kitzel, wenn sich deine Lippen immer weiter füllen mit *Wärme, Frieden, Liebe,*

Macht. Fühle jetzt, wie sich *Wärme, Frieden, Liebe, Macht* auf dein Gesicht legen, die Nase, deine Augen, fühle, wie von dieser *Wärme, Frieden, Liebe, Macht* deine Augen und Lider langsam anschwellen – koste auch das einen Moment aus, nein, lass ihn anhalten, diesen warmen Genuss, wie er deine Augäpfel und Lider erfüllt. Dann lenke die *Wärme, Frieden, Liebe, Macht* vom Gesicht herab zu deinem Hals, deiner Brust, bis du bei deinen Brustwarzen anlangst und lass durch *Wärme, Frieden, Liebe, Macht* auch deine Brustwarzen anschwellen, fühle, wie sie sich heben, sich füllen mit dieser sinnlichen Hitze, die dir *Wärme, Frieden, Liebe, Macht* schenken. Koste das einen Moment aus, und dann lenke *Wärme, Frieden, Liebe, Macht* deinen Rumpf hinab und hinein in deinen Magen, bis deine sexuelle Zone erfasst wird, und dann lass *Wärme, Frieden, Liebe, Macht* sich in jeden Winkel dieses Bereichs ergießen, ihn damit anschwellen … fühl, wie die kribbelige Wärme diese Areale mit Sinnlichkeit erfüllt. Koste das einen Moment aus – und dann lass die *Wärme, Frieden, Liebe, Macht* durch deine Venen hinab in deine Beine wandern, lass alles in deine Knie, deine Füße und deine Zehen fließen.

Dann versuch die Augen zu öffnen, indem du langsam die Lider anhebst.

2. Dann nimm das Kokain hinzu: Setz also Tausende von winzig kleinen Spinnen auf deinen Nacken und deine Hände und lass sich die kleinen Spinnenbeine anfühlen wie kleine Nadeln, die dich unablässig stechen und auf dem Nacken und dem Handrücken herumtanzen und ihre Possen treiben.
3. Lass los.

Psychedelische Drogen – der Rausch bei LSD, Meskalin u. Ä.

Weil Menschen, die auf psychedelische Drogen abfahren, sich in ihrer kreativen und intellektuellen Entfaltung unterdrückt fühlen, musst du ein persönliches, aktuelles Bedürfnis nach Kreativität in dir wecken. Richte deine Aufmerksamkeit auf Bereiche in deinem Leben, die ereignislos und wenig inspirierend sind. Ein Trip ist das richtige Rezept, um dem Gefühl zu entkommen, in Normalität und Stumpfsinn gefangen zu sein. Er bringt dir Farbe, Licht und inspirierende Erkenntnisse.

Sich wie unter dem Einfluss psychedelischer Drogen fühlen – die Formel

1. Fang an, indem du dir vorstellst, dass dein Gehirn durch einen großen Bausch von rosafarbener Zuckerwatte ersetzt wurde. Stell dir die weiche Watte dieses Bauschs vor und wie rosa er ist und wie süß, und sieh nur, wie er dort, wo die Luft ihn anweht, zu kleinen Eiszapfen aus Zucker wird.

   Versuch jetzt, durch den Bausch *hindurchzudenken* und -zusehen, durch den tropfenden, erwärmten rosafarbenen Zucker *hindurch* ... dein Gehirn gibt es nicht mehr – *denk* und sieh durch diese quietschrosa, weichen, zuckrigen, haarigen Fasern, diese aufgeschlagene, zuckerige, watteartige Masse *hindurch* ... dein Gehirn existiert nicht mehr, es ist jetzt ein großer Bausch von rosa Zuckerwatte. *Denk* und sieh *durch* die Watte, den erwärmten, tropfenden rosafarbenen Zucker *hindurch* ... dein Gehirn ist einfach weg, und das fühlt sich so gut an ... *denk* weiter und finde einen Weg, *durch* all die quietschrosa, flauschige, lockergeschlagene, zuckersüße weiche Masse *hindurchzusehen*.
2. Jetzt nimm deine Handfläche in Augenschein. Lass dich von all den Furchen und Falten und den verschiedenen Farben, auf die du nun aufmerksam wirst, in einen regelrechten Bann ziehen, beobachte sie eingehend und aus nächster Nähe. Erforsche das Rosa und das Blau und das Grün deiner Adern, die gelben und braunen und roten Pigmentflecken deiner Haut und das Violett, dort, wo die stärkeren Vertiefungen sind. Bestaune die Feinheiten und Einzelheiten einer so alltäglichen Sache, wie deine Hand es zu sein scheint.

3. Nimm jetzt den Blick von deiner Hand und lass ihn bei irgendeinem Objekt im Raum zum Stillstand kommen und dort verharren. Vertiefe dich dann ganz in die Detailfülle, die dieses Objekt bietet. Erfasse die Beschaffenheit der Oberfläche und die Vielfalt der Farben und bewundere seinen faszinierenden Inhalt, seine unglaubliche Leistungsfähigkeit und seinen weltbewegenden, bahnbrechenden Nutzen. Zum Beispiel: einen Toaster. Sieh nur, die silberne und schwarze Politur des Toasters, die Beschläge. Sieh, wie er an manchen Stellen glänzt und an anderen stumpf ist. Schau in sein Inneres und entdecke die Schlitze und die ausgeklügelten Verdrahtungen. Weide dich an der Tatsache, dass diese kalten Drähte in nur ein paar Sekunden heiß werden können, aus grauen zu roten. Und wie du den Toaster anstarrst, staune nicht schlecht, dass dieses verrückte Ding tatsächlich etwas Weißes in etwas Braunes verwandeln kann, und manchmal sogar in etwas Schwarzes, innerhalb von Momenten. »Woher weiß es nur, wie man das macht?!«
4. Lass los. Lass die Szene beginnen und setze derlei Beobachtungen fort, während sie voranschreitet: Lokalisiere weitere Dinge in deinem Umfeld. Untersuche und erforsche auch sie mit außerordentlicher Hingabe an ihre Details und voller Faszination. Erforsche dabei auch das Gesicht deines Gegenübers, während du mit ihm sprichst.

Rituale in der Abhängigkeit

Wovon Süchtige ihren Kick bekommen, das ist nicht nur der Rausch an sich, sondern es sind auch die Rituale um die Einverleibung der Droge. Es ist das Vorspiel zum Orgasmus. Und genau wie zum Sex ein Vorspiel gehört, gehört zur Sucht das Ritual. Sehen wir uns gleich mal ein paar Muster-Rituale an:

- **Kokain**: Den Dealer anrufen. Es auf eine glänzende Oberfläche schütten. Es probieren. Es mit einer Kreditkarte oder eine Rasierklinge zu feinen Linien ziehen. Es sich mit einem bestimmten Hilfsmittel in die Nase ziehen – einem Geldschein, dem rechten Knöchel, einem Messer.

- **Heroin:** Das Heroin abmessen. Den Löffel füllen. Die exakte Menge Wasser in den Löffel gießen. Das Heroin mit deinem Lieblings-Feuerzeug zum Kochen bringen. Ein Stück Baumwolle in das Heroin tauchen. Die Spritze füllen. Mit einem Gürtel abbinden. Eine gute Ader finden. Die Vene durch Klopfen und Pumpen bereitmachen. Injizieren.
- **Alkohol:** Mach dir erst klar, welches hier das Getränk der Wahl ist: Bier, Wein, Wodka, Gin, Whiskey. Die meisten Alkoholiker bleiben bei einer bestimmten Sorte Alkohol. Diese ganz bestimmte Lokalität aufsuchen – eine Kneipe, deine Bude, den Schrank im Flur oder sonst ein Versteck für den Alkohol deiner Wahl. Auf eine ganz bestimmte Art ein Getränk bestellen oder nachsehen, wie viel noch übrig ist. Schätzen oder ausrechnen, wie viele Drinks bei dieser Menge noch drin sind. Den Drink machen oder sagen, wie du den Drink möchtest. Die Accessoires zum Drink sollten genau stimmen. Du findest zum Beispiel, dass dein Drink mit exakt drei Eiswürfeln, zwei Oliven, einem Schuss Wasser, einer großen Cocktailzwiebel, einem Limettenviertel, zuckerfreiem Orangensaft oder einem rosaroten Schirmchen serviert werden muss. Und das Glas sollte bis zu einer ganz bestimmten Marke gefüllt sein. Trinken.
- **Marihuana:** Den kleinen Plastikbeutel aufmachen. Die Nase in dem Beutel vergraben und den holzigen, scharfen Geruch voll Vorfreude einatmen. Es aus dem Beutel herausfummeln. Es zwischen den Fingern bewegen und formen. Eine Pfeife, einen Bong oder Blättchen zum Drehen aussuchen. Die Tüte bauen oder die Bong befüllen. Den Stummel zum Mund führen. Die Tüte mit dem Lieblingsfeuerzeug anzünden. Inhalieren.
- **Pillen:** Einen bevorzugten, sicheren Rückzugsort aufsuchen. Den Verschluss von dem Pillenbehältnis abnehmen und zählen, wie viele noch übrig sind. Ausrechnen, wie viele Kicks die verbleibenden Pillen noch hergeben werden. Eine Pille in den Mund stecken und schlucken.

Drogen und Alkohol erlauben es ihren Konsumenten, sich frei von Schmerz und voller Macht zu fühlen, zumindest, solange die Droge auf dem Höhepunkt ihrer Wirkung ist. Wenn die guten Gefühle sich zu verflüchtigen beginnen, giert der Süchtige nach dem nächsten Kick, um sich wieder gut zu fühlen. Ein Schauspieler, dessen Figur drogensüchtig ist, sollte sich darüber im Klaren sein – wenn das emotionale Tief heraufzieht, versuchst du so schnell wie möglich die nächste Linie, die nächste Injektion, den nächsten Drink, die nächste Pille, die nächste Tüte zu besorgen. Dieser Drang, zusammen mit den dazugehörigen Ritualen, sollte die ganze Szene und die ganze Geschichte hindurch die Art deiner HANDLUNGEN mitbestimmen.

Die Persönlichkeit eines Süchtigen erschaffen

Zum einen ist da das emotionale Bedürfnis, das Ritual zu vollziehen, und die Liebe zu ihm. Abhängige finden aber auch ein tiefes Gefühl der Sicherheit und Geborgenheit im bloßen Hantieren mit ihrer Droge. Der Grund dafür ist, dass ihnen tief drinnen absolut klar ist, dass das, was sie da in der Hand halten, sie zuverlässig genau dann mit dem Gefühl von Macht und Stärke versorgt, wenn sie es am dringendsten brauchen. Menschen sind unzuverlässig, der Lauf der Ereignisse unvorhersehbar. Das Einzige, worauf Süchtige wirklich bauen können, immer und immer wieder, ist die Droge ihrer Wahl.

Die Persönlichkeit eines Süchtigen erschaffen – die Formel

1. Nimm die Flasche mit dem Alkohol (die Pillendose, das Briefchen mit dem Pulver, Lebensmittel für das Fressgelage, je nach Sucht) und drück sie gegen dein Gesicht. Schließ die Augen.
2. Lass dann dem Behältnis (Gefäß etc.) ein Gefühl von *Frieden, Macht, Wärme, Wohlbehagen und Liebe* entströmen und sich von dort in dein Herz und deine Seele ergießen.

3. Stell dir einen Ersatz für das jeweilige Suchtmittel (zum Beispiel Tee oder Wasser als Ersatz für den Alkohol) in einem Gefäß bereit. Führ es an die Lippen. Lass die Flüssigkeit eine Weile auf deiner Zunge ruhen. Fühle *Frieden, Macht, Wärme, Wohlbehagen und Liebe*. Dann schlucken.
   - Wenn es etwas Essbares ist, kau ganz langsam und koste das Gefühl von *Frieden, Macht, Wärme, Wohlbehagen und Liebe* aus, während du es dir mit seinem köstlichen Geschmack im Munde zergehen lässt. Dann schlucken.
   - Wenn es Pillen sind (als Ersatz dienen Bonbons, Vitamine, Minztabletten etc.), nimm die Pille in den Mund und lass sie dort liegen. Fühle *Frieden, Macht, Wärme, Wohlbehagen und Liebe*. Dann schlucken.
   - Wenn es Kokain ist (nimm als Ersatz sowas wie Milchpulver etc.), zieh es durch die Nase ein und fühle *Frieden, Macht, Wärme, Wohlbehagen und Liebe*, während die Substanz deine Kehle hinabfließt.
   - Wenn es Marihuana ist (nimm Tabak oder die Füllung einer Kräuterzigarette), inhaliere. Fühle nun *Frieden, Macht, Wärme, Wohlbehagen und Liebe*, die der Rauch, der dir jetzt Mund und Lungen füllt, in sich trägt.

Ganz wie ein Süchtiger wirst du nach der Anwendung dieser Formel feststellen, dass du dir die Substanz zuführen willst, wann immer du dich in unangenehmen Situationen befindest, seien sie von Angst, innerem Aufruhr, Streit oder Konfrontation erfüllt. Der Drang, nach deiner Droge zu greifen, wird sich automatisch einstellen, sobald sich im Skript bestimmte Auslöser finden. So ist es im richtigen Leben bei Süchtigen – deshalb darf man auch nicht mal so eben zu einer Droge greifen, wenn man einen Abhängigen spielt. Die Droge wird nicht unmotiviert und zufällig eingenommen, es gibt konkrete Auslöser.

Unter Einfluss von Anästhetika

In eine Narkose fallen oder aus einer Narkose aufwachen gibt einem das Gefühl, ohne Orientierung zu sein – du siehst alles verzerrt und verschwommen, der Geist ist verhangen und getrübt, du bist unkoordiniert und fühlst dich aus dem Gleichgewicht gebracht. In vieler Hinsicht ist es nicht anders als im Drogen-Nebel – es ist nur eine andere Art von Drogen-Nebel. Um ihn mit allen Sinnen nachzuempfinden, wende folgende Anleitung an:

Unter Einfluss von Anästhetika – die Formel

1. Ersetz dein Gehirn durch einen großen grauen Baumwolllappen.
2. Stell dir die Baumwolle vor. Sie ist dicht und bleigrau.
3. Versuch durch die schweren, rauen, knotigen Fäden und Fasern hindurchzuschauen und *hindurchzudenken*. Du hast kein Gehirn mehr, nur ein großes Stück dichte, dunkelgraue, grobe Baumwolle, die restlos jeden Winkel deines Schädels ausfüllt. Es tritt nur sehr wenig Licht durch diese bleigrauen, haarigen Fasern. Versuch dennoch weiterhin, durch die graue, weiche, faserige Masse hindurchzuschauen und -zudenken.
4. Erzeuge ein Gefühl von Übelkeit, indem du dir vorstellst, dass das, was du zuletzt gegessen hast, halb verdaut und aufgewühlt in dicken Brocken im Bauch herumschwappt. Lass die Übelkeit in deinem Magen aufsteigen, hoch zu deiner Gurgel. Schmeck den säuerlichen, stinkenden Geschmack dieser sich zersetzenden Masse halbverflüssigter Nahrung. Lass diesen Geschmack deine Übelkeit noch verstärken.
5. Lass los.

KAPITEL 14

Sexuelle Chemie erzeugen

Ein wesentlicher Teil der Darbietung.

Zwei Schauspielern zuschauen, die sich lieben sollen, zwischen denen aber keine natürliche Anziehungskraft herrscht, kann eine langweilige und unbefriedigende Erfahrung sein. Dein Publikum bekommt, was du ihm vorsetzt. Wenn zwischen dir und deinem Spielpartner keine sexuelle Spannung bzw. Chemie herrscht, werden die Zuschauer ebenso wenig Lust auf deine Geschichte haben wie du auf deinen Spielpartner. Wenn dagegen eine spürbare Verbindung zwischen dir und deinem Partner besteht, dann wird dein Publikum um diese Beziehung bangen. Plötzlich wird sie den Leuten zu einer Herzenssache, und sie wollen, dass sie wächst und gedeiht. Der Faktor »sexuelle Chemie« bestimmt deshalb auch oft, ob ein Film, ein Stück oder eine Fernsehproduktion ein Erfolg wird oder nicht.

Ob sexuelle Chemie entsteht oder nicht, sollte nie dem Zufall überlassen bleiben. Es gibt Wege, sie herzustellen. Und die findet man, indem man sich klarmacht, wie sich sexuelle Chemie im richtigen Leben aufbaut, und indem man diese Abläufe nachahmt.

Sexuelle Chemie kommt durch eine tiefere Verbindung zwischen zwei Menschen zustande. Die meisten Menschen nehmen an, zu einer sexuellen Spannung käme es durch simplen Sexualkontakt. Aber Sex ohne emotionale Verbindung ist keine sehr befriedigende Erfahrung, und es bietet auch keine große Erfüllung, sich das anzuschauen. Tatsächlich musst du sowohl einen emotionalen als auch einen sexuellen Draht zu jemandem haben, um sexuelle Chemie zu erzeugen. Es ist wichtig, sich folgendes klarzumachen: Die Chemie zwischen zwei Menschen muss weitaus tiefer gehen als reine sexuelle Anziehungskraft, damit sie uns fesselt.

Die emotionale Verbindung, das, wodurch Menschen sich verlieben oder zu Freunden werden, entsteht aber nicht, weil beide dieselbe Lieblingsfarbe haben oder beide gern Ski fahren. Sie erreicht den Höhepunkt ihrer Intensität, wenn es eine *Gemeinsamkeit des Leids* gibt. Das heißt, dass beide ähnliche emotional schmerzhafte Erfahrungen durchgemacht haben, die sie berührt und auf die sie in ähnlicher tiefgreifender Weise reagiert haben. Wenn du dir deine Lebensgeschichte mit Blick auf deine Intimpartner und Freunde näher anschaust, wirst du feststellen: Eure Traumata und Krisen sind vergleichbar. Zum Beispiel:

- Ihr habt beide in einem frühen Alter den Tod eines geliebten Menschen erlebt.
- Ihr habt beide körperlichen oder seelischen Missbrauch von Eltern oder älteren Geschwistern erlebt.
- Ihr seid beide von einem Mitglied eurer Familien verlassen worden.
- Durch eure traumatische Vergangenheit seid ihr beide suchtkrank geworden.
- Ihr habt beide untreue Partner ertragen müssen.
- Ihr musstet beide unter einer schmerzlichen Scheidung eurer Eltern leiden.
- Ihr seid beide mit lebensbedrohlichen Krankheiten konfrontiert worden, entweder als Betroffene oder als den Betroffenen Verbundene.
- Euer beider Kindheits- und Jugenderfahrungen waren von einem Minderwertigkeitsgefühl beeinträchtigt und haben entsprechende Unsicherheiten hinterlassen: das Gefühl, nicht gut genug auszusehen, nicht intelligent oder kräftig genug zu sein etc.
- Ihr habt beide eine körperliche Behinderung.
- Bei euch beiden sind Vater oder Mutter Alkoholiker (oder sonst wie suchtkrank).
- Ihr leidet beide unter überfürsorglichen Eltern.
- Ihr habt beide dieselbe Methode, um die Widrigkeiten des Lebens zu meistern.

Sobald du einen gemeinsamen emotionalen Schmerz gefunden hast, hast du ein Band, einen Prüfstein zum verwundbaren, zerbrechlichen Teil der

Seele des anderen Schauspielers. Du bist nun in diesen Teil seiner Seele eingeweiht, den er zu verbergen und zu schützen versucht. Diese Verbindung – deine Fähigkeit, deinen Spielpartner auf der Grundlage ähnlicher leidvoller Erfahrungen zu verstehen und ihm beizustehen – wird euch beide weit über deine Erwartungen hinaus einander näherbringen. Tatsächlich sind dies die Grundsätze der Liebe. Sexuelle Chemie erreichst du durch Authentizität, weil du dich mit dem anderen identifizierst und tiefe Empathie für ihn empfindest. Ihr versteht einander nun wirklich, und das ist extrem selten.

Eine emotionale Verbindung herstellen – die Formel:

Denk einfach an das Trauma oder die Unsicherheit, die dich am stärksten beherrscht, und sieh den Schmerz, die Traurigkeit und Wut in den Augen deines Mitspielers, weil er dasselbe erlebt hat. Das kannst du überall dort machen, wo du den anderen Schauspieler siehst – in der Maske, bei Leseproben, beim Warten auf die Kamera –, weil du ihn ja auch heimlich anschauen kannst.

Eine emotionale Verbindung wird gesteigert und gewinnt an faszinierender Komplexität, wenn sie mit sexueller Chemie gefüllt wird. Sexuelle Chemie muss in die Gleichung mit hinein, wenn eine intensive Verbindung zwischen zwei Menschen herauskommen soll. Normalerweise ist in allen Beziehungen, in denen Liebe mitschwingt, eine sexuelle Komponente vorhanden. Das trifft offensichtlich in Liebesbeziehungen zu, aber es gilt genauso für Freundschaften und Familienbeziehungen. Sigmund Freud, der Vater der Psychoanalyse, behauptet, dass es eine angeborene Sexualität in Mutter-Sohn-, Vater-Tochter- und Geschwisterbeziehungen gibt. Sexuelle Regungen werden unterdrückt und bleiben normalerweise unbewusst, aber trotzdem existieren sie. Als Schauspieler musst du diese verdrängten Inhalte aus dem Unbewussten in dein Bewusstsein holen und alles benutzen, was möglich ist, um eine lebendige, atmende

Figur aus Fleisch und Blut zu erschaffen. Ohne die grundlegende Verbindung, die durch Sexualität geschaffen wird, übersiehst du ein ganz ursprüngliches menschliches Bedürfnis. Und zwar eines, das nicht verurteilt werden darf, sondern benutzt werden muss, um die wichtigen Beziehungen deiner Figur zu komplettieren.

Beim Erzeugen von sexueller Spannung musst du den anderen Schauspieler benutzen, keine SUBSTITUTION.

Sexualität erfordert körperliche Intimität. Eine SUBSTITUTION aus deinem eigenen Leben benutzt du, um eine emotionale Geschichte aufzubauen.

Eine sexuelle Verbindung herstellen – die Formel

Beginne mit sexuellen Phantasien über den anderen Schauspieler. Stell dir deine gefährlichsten und faszinierendsten Phantasien vor und binde den anderen Schauspieler mit ein. Du nimmst deshalb keinen normalen Sex, weil Sexualität, die gefährlich und verboten ist, grundsätzlich erotischer ist. Das kann auch die Grenzen deiner Hetero- oder Homosexualität überschreiten, denn das wird dann auch Teil des »Verbotenen« und gewinnt eine größere Sinnlichkeit.

Du kannst dies allein tun oder (insgeheim) in Gegenwart deines Mitspielers. Es kann nicht schaden, mehr als einmal zu phantasieren, also mach am besten *beides*. Wenn du das gemacht hast, wird dein Spielpartner reagieren, auch wenn er nicht weiß, warum er auf einmal diese neue Verbindung spürt. Deine Spielpartner werden nicht wissen, dass du sexuelle Phantasien mit ihnen hattest, sie werden nur dieses unerklärliche Gefühl der Nähe haben – die sich auch als »Chemie« beschreiben lässt.

Ich habe eine mit einem Oscar prämierte Schauspielerin für einen Film gecoacht, in dem sie ihren Co-Star auf Anhieb nicht mochte (und umgekehrt). Die nächste Formel »emotionale und sexuelle Chemie erzeugen« ist so effektiv, dass die beiden sich nicht nur ineinander verknallten, sondern dass die Boulevardpresse von einer heißen Affäre zwischen ihnen sprach – was übrigens nicht der Fall war.

Emotionale und sexuelle Chemie erzeugen – die Formel

1. Finde das Trauma oder die Unsicherheit, die dich am meisten beherrscht.
2. Dann schau deinem Mitspieler in die Augen und sieh darin denselben Schmerz, dieselbe Traurigkeit und dieselbe Wut. Verstehe das so, dass er dasselbe Trauma erlitten hat und mit denselben Unsicherheiten lebt wie du. Sag zu ihm (leise, nur in Gedanken): »Du kannst mich wirklich verstehen. Denn du weißt auch, wie es ist, wenn man ... (setz hier dein eigenes Trauma und deine Unsicherheit ein).« Wähle etwas Bestimmtes, das dir das Gefühl gibt, der andere Schauspieler versteht dich wirklich und grundlegend wie sonst niemand.
3. Dann lass deinen Mitspieler in deinen geheimsten sexuellen Phantasien auftreten.
4. Lass los.

Du kannst diese Übung benutzen, um in all deinen Schauspiel-Beziehungen die richtige Chemie zu erschaffen. Die Beziehungen, um die es dabei geht, sind beispielsweise:

- Freundschaften
- Beziehungen zu Mitgliedern des eigenen erweiterten Familienkreises (Cousins und Cousinen, Angeheiratete, Tanten, Onkel etc.)
- kollegiale Beziehungen am Arbeitsplatz
- Liebesbeziehungen
- Ehepartnerschaften

Diese Formel funktioniert übrigens nicht nur im Schauspiel. Du kannst sie bei jedem ausprobieren, der dir über den Weg läuft: bei der Kassiererin im Supermarkt um die Ecke, bei dem heißen Typen oder der heißen Braut auf einer Party, bei einem potentiellen Arbeitgeber im Vorstellungsgespräch – egal, wer es ist, immer wird es eine gemeinsame Wellenlänge geben, eine Chemie. Auf beiden Seiten. Das Ganze dauert nur ein paar Sekunden, und du wirst sehen, wie dein Gegenüber von einer sofortigen Veränderung erfasst sein wird. Das Witzige dabei ist, dass es so unterschwellig vor sich geht, dass die Leute eine Verbindung zu dir spüren, aber einfach nicht wissen, woher das nun eigentlich kommt.

Die richtige Chemie in Vorsprechen und Castings herstellen

Du kannst diese Formel auch beim Vorsprechen verwenden. Obwohl viele Schauspieler anderer Ansicht sind, aber Besetzungschefs, Produzenten und Regisseure sind menschliche Wesen, und so reagieren sie auch. Wenn sie dich mögen und eine gemeinsame Wellenlänge mit dir spüren, wollen sie dich um sich haben. Und das heißt im Grunde nichts anderes, als dass man eine Rolle bekommt (natürlich gehört in diese Gleichung mit hinein, dass du beim Vorsprechen auch gut bist).

Chemie in Vorsprechen und Castings herstellen – die Formel

1. Sieh in den Augen des Besetzungschefs (Produzenten, Regisseurs etc.) denselben Schmerz, dieselbe Traurigkeit und Wut von einem Trauma, das deinem ähnlich ist. Empfinde Verständnis und Mitgefühl.
2. Dann lass dein Gegenüber in deinen sexuellen Phantasien auftreten (die verrücktesten und verlockendsten).
3. Lass los.

Das alles sollte nicht länger als dreißig Sekunden dauern. Wende die Übung bei der Person an, mit der du deinen Part liest. Tu das, bevor sie mit dir liest. Diese Übung sorgt für das Notwendige an gemeinsamer Chemie und an Intimität. Beides brauchst du unbedingt, wenn du die Rolle aufbauen willst. (Das kann nicht die Arbeit ersetzen, die du in die Skriptanalyse investierst – diese Übung ist etwas, was du zusätzlich tust.)

KAPITEL 15

Einen Serienmörder spielen

Egal, wie grausam jemand ist, es gibt immer einen Grund.

Wenn jemand zum Serienmörder wird, ist das normalerweise eine Reaktion auf abscheulichen körperlichen, emotionalen und/oder sexuellen Missbrauch, den er als Kind erlitten hat. Ein Kind ist dem Missbrauch ohnmächtig ausgeliefert, weil es dem Missbrauchstäter physisch unterlegen und von ihm in Sachen Geld, Wohnung, Versorgung abhängig ist. Wenn das Kind allerdings ins Erwachsenenalter kommt, hat es die Macht, sich an dem Missbrauchstäter zu rächen. Die größte Macht, die sich ein Mensch verschaffen kann, ist die Macht über Leben und Tod. Die Opfer eines Serienmörders stehen fast immer für die Person, die den Serienmörder einst missbraucht hat.

Wenn ein Mörder sein Opfer umbringt, dann fühlt sich das für ihn an, als ob er dieser Person, die ihm seinerzeit alle Macht genommen hat, diese Macht wieder entreißen und sie zurückgewinnen würde. Weil die Person, die er tötet, nicht der tatsächliche Peiniger ist, ist das Machtgefühl nur vorübergehend. Und weil er seine Erleichterung nur für kurze Zeit verspürt, wird er wie ein Drogensüchtiger bald seinem nächsten Kick nachjagen. Sein (oder ihr) Morden wird für ihn (oder sie) schon bald unverzichtbar, um dieses Gefühl von Kontrolle und Macht aufrechtzuerhalten. So wird ein weiterer Mord begangen, und noch einer, und ein Serienmörder steht vor uns.

Ein klassisches Beispiel ist der berüchtigte Serienmörder Ed Kemper. Hier war es die eigene Mutter, die den späteren Täter peinigte und quälte, seine ganze Kindheit und Jugend hindurch. Sie beschuldigte ihn, seine Schwestern sexuell zu belästigen und Studentinnen seiner Hochschule vergewaltigen zu wollen. Sie missbrauchte ihn verbal und sperrte ihn in einen stickigen, fensterlosen, dunklen, feuchten Kellerraum, der von Ungeziefer befallen war, damit er niemandem Schaden zufügen könne. All das für Verbrechen, die er gar nicht begangen hatte.

Rate mal, was er machte, als er alt genug war, für sich selbst zu sorgen? Er mordete und vergewaltigte. Wen? Tja, genau die Studentinnen, die seiner Mutter zufolge vor ihm beschützt werden mussten, indem sie ihn einsperrte und beschimpfte. Eines seiner Opfer? Seine Mutter. Ed schlug sie mit einem Hammer tot, schnitt ihr den Kopf ab und entfernte sorgfältig ihren Kehlkopf – den Teil ihres Körpers, der es seiner Mutter ermöglicht hatte, Ed mit ihren hasserfüllten Anschuldigungen und brutalen Vorwürfen zu überschütten. Und mit dem Kopf, den er ihr abgeschnitten hatte, befriedigte Ed sich dann. Dies war eine sexuelle Form der Bestrafung, seine Erwiderung darauf, für sexuelle Verbrechen bestraft worden zu sein, die er in seiner Kindheit und Jugend nicht begangen hatte.

Mach dir immer klar, auf welche Weise deine Figur tötet – denn die ist immer mit einer übertragenen Bedeutung behaftet, die nachvollziehbar ist und dem Missbrauch, den der Mörder in Kindheit und Jugend erlitten hat, in irgendeiner Weise entspricht.

Was die Vorgehensweise von Massenmördern betrifft, spielt in der Mehrheit der Fälle Sexualität eine Schlüsselrolle. Warum? Weil sowohl das Töten als auch Sexualität mit Macht verbunden sind. Für einen Mörder ist der Mord ein Aphrodisiakum. Für die meisten Mörder ist der Akt des Tötens selbst dann sexuell erregend, wenn die Tat selbst gar keine sexuellen Handlungen enthält. So erregend, dass der Täter dabei tatsächlich oft einen Orgasmus erlebt.

Das Töten ist für den Serienmörder wie ein Akt der Verführung, und so sollte man es auch spielen.

Was man auch wissen muss: Serienmörder töten nicht sofort, wenn sie ihrem Opfer begegnen. Ein Katz-und-Maus-Spiel beginnt. So wie die Katze mit ihrer Nahrung, also der Maus, erst spielt, bevor sie sie zerfleischt, spielt der Mörder mit dem Opfer, das er sich ausgeguckt hat, bevor er ihm das Leben nimmt. Es verschafft dem Mörder ein zusätzliches Machterlebnis, wenn er das Opfer sich winden und betteln sieht.

Ein Serienkiller wird Dinge sagen und tun, die das Opfer in Rage bringen, bis es auf eine Weise zurückschlägt, die dem Verhalten dessen ähnelt, der den Mörder einst missbraucht hat. Das versetzt den Mörder in die Lage, seinen Mord zu rechtfertigen. In seinen Augen verdient es das Opfer nun zu sterben.

Serienmörder sind in ihrer emotionalen Entwicklung stehengeblieben, und das verleiht ihrer Ausstrahlung etwas Kindliches.

Ihre Traumata sind oft so schwerwiegend, dass ihre Entwicklung zum Stillstand gekommen ist und sie emotional unreif bleiben. Reife Erwachsene setzen ihren Verstand ein, um die Zwangslagen des Lebens emotional zu überstehen. Einem Serienmörder fehlt dieses Verständnis. Wie ein Kind lebt er seine Gefühle ungefiltert aus. Für seine Rachegelüste ist ihm jedes Ventil recht, ohne sich klarzumachen, was er tut und ohne die Folgen zu bedenken.

Aber wie kannst du das als reifer Erwachsener nachempfinden?

Für jede Rolle, die du spielst, musst du ein Stückchen in dir finden und daraus etwas Ganzes machen, sodass du die Figur aus dem Buch wirst und sie authentisch erleben kannst.

Jeder Mensch kennt diese Momente in seinem Leben, in denen man am liebsten jemanden umbringen möchte. Man tut es nur nicht. Und genau diese Momente musst du in deiner Lebensgeschichte finden: Bei welcher Gelegenheit hast du eine solche Mordlust verspürt? Wer hat sie ausgelöst? Wenn du glaubst, dass es jemanden in deinem Leben gibt oder gab, der dich in schrecklicher Weise erniedrigt oder missbraucht hat, hast du nun zur Abwechslung mal die Oberhand, indem du dieser Person in deiner Darbietung das Leben nimmst. Die SUBSTITUTION, die du in deiner Vorstellung an die Stelle deiner Opfer im Skript setzt, könnte etwas mit problematischen Episoden deiner Kindheit zu tun haben, es könnte zum Beispiel jemand sein, der:

- dich verlassen hat, als du ein Kind warst.
- dich sexuell belästigt oder vergewaltigt hat.
- dich emotional oder körperlich attackiert hat.
- dir angemessenen Schutz verweigert hat, obwohl er wusste, dass du missbraucht wurdest – emotional, sexuell oder körperlich.
- dich massiv und anhaltend gedemütigt hat.

Oder jemand, der dir als Erwachsener Probleme macht, also jemand, der:

- dir einen Partner ausgespannt hat.
- dich böswillig verklagt hat.
- jemanden, den du liebst, auf erschütternde Weise verletzt hat.
- dich in bösartiger Weise ausgenutzt hat.
- dein Partner war, aber Sex mit jemandem hatte, der dir sehr nahestand.
- dich gefeuert hat, feuern ließ oder den Verlust deines Arbeitsplatzes herbeigeführt hat.
- dich verleumdet hat, sodass es katastrophale Folgen für dich hatte.

Für all diese Taten hat der Verantwortliche eine Strafe verdient. Und wenn man als Schauspieler einen Mörder spielt, dann ist das die Stunde der Rache!

Formel zur Herstellung der Geisteshaltung eines Serienmörders

1. Kläre für dich, wer dich in deinem Leben am übelsten erniedrigt oder missbraucht hat. Nimm diesen Menschen als SUBSTITUTION für deine Opfer aus dem Skript.

2. Dann überleg dir, welche Art von Rache dir, was diese SUBSTITUTION betrifft, die süßeste Genugtuung verschaffen würde. Mit anderen Worten, welche Art zu sterben würde das, was er dir angetan hat, aufwiegen.
3. Gib dich dann der Phantasie hin, deine SUBSTITUTION genau auf diese Weise umzubringen.
4. Gib dich der Freude hin, die es bedeutet, deine Macht wiederzuerlangen, emotional und sexuell. Lass dich davon leiten. Gib dich dem Gefühl ungeahnter Macht hin.
5. Schau den Mitspieler an, der das Opfer darstellt, mit dem Wissen, dass alles, was du gerade in deiner Phantasie erlebt hast, bald in die Tat umgesetzt wird.
6. Lass los.

Diese Person symbolisch zu töten, sollte dir große Freude machen, weil du deine Macht über jemanden entdeckst, der sie in der Vergangenheit über dich hatte – und sie grausam missbrauchte.

Zur Erinnerung: Du darfst deine Figuren nie moralisch verurteilen. Sogar Serienmörder sind sich sicher, dass ihre Handlungen gerechtfertigt sind. Indem du dein Opfer aus dem Skript als die SUBSTITUTION siehst, die dir in deinem Leben durch ihre Taten geschadet hat wie niemand sonst, berechtigt dies deinen Tötungsakt. Was dem gesunden Erwachsenen krank, böse und unmoralisch vorkommen würde, ergibt für dich plötzlich einen vertretbaren Sinn.

KAPITEL 16

Echte Angst empfinden

Von allen Gefühlen ist Angst für den Schauspieler am schwersten zu erzeugen

Das liegt daran, dass die meisten körperlichen Reaktionen, die Angst verraten, unwillkürlich, also mit dem Willen nicht zu steuern sind. Diese Zeichen sind zum Beispiel:

- Verengung der Pupillen
- beschleunigter Herzschlag
- Ausschüttung des Hormons Adrenalin in den Organismus
- Erbleichen der Haut
- ein außergewöhnlicher Schub an Kraft und Mut

Um diese körperlichen Reaktionen wirklich herbeiführen zu können, musst du dir darüber klar werden, woher Angst eigentlich kommt. Angst ist für unseren Körper das Mittel, uns zu beschützen, wenn wir in Gefahr sind oder in Gefahr sein könnten. Angst ist also ein Ausdruck unseres Selbsterhaltungstriebs. Weil Angst all das im Körper auf Trab bringt, was die Aktivität steuert – sodass Blut und Adrenalin schneller und in größeren Mengen durch deinen Kreislauf rauschen –, lässt sie deine Bewegungen schneller ablaufen, beschleunigt deine Denkprozesse, und sie verleiht dir auch eine ungewöhnlich hohe körperliche Leistungsfähigkeit.

Es ist ein Missverständnis, dass Angst mit einem Zuviel an Informationen einhergeht. In Wahrheit ist es *ein* ganz bestimmter Aspekt unseres Lebens, der uns beschäftigt, wenn wir Angst haben, und unseren unbedingten Überlebenswillen aktiviert. Wenn dir zum Beispiel jemand eine Pistole an den Kopf hält, könntest du darüber nachdenken, dass du der einzige Mensch bist, der sich um deinen kranken Vater oder deine kranke Mutter kümmern kann. Du musst am Leben bleiben, damit dein Vater oder deine Mutter nicht allein zurückbleiben und auf sich selbst gestellt sind.

Wenn du dich in echte Angst versetzen willst, musst du dich fragen: Was ist diese persönliche Sache, die ich angesichts einer lebensbedrohlichen Situation bedauern würde, nicht* erleben, machen *oder* klären *zu können?

Um diese ganz bestimmte persönliche Sache herauszufinden, musst du eine Liste von allem machen, was infrage kommt. Die Liste sollte alles enthalten, was du, wenn du heute sterben würdest, nicht mehr erreichen, worum du dich nicht mehr kümmern könntest.

Führe mindestens zehn bis fünfzehn Punkte auf. Hör nicht bei fünf auf. Denn das, was dir nach der fünften Sache einfällt, ist oft besonders interessant, weil es deinem Unbewussten entstammt – das tiefste und dunkelste Material, das du dir unter normalen Umständen nicht so leicht eingestehen magst. Es liegt in der Natur der Sache, dass die Dinge, die wir vor uns selbst verheimlichen, mit besonders tiefen Gefühlen verbunden sind.

Die folgende Aufzählung ist ein Beispiel einer solchen »Angst-Liste« (die mit der Hand auf liniertes Papier geschrieben wird):

Angst-Liste

(Sag dir: »Wenn ich heute sterbe …«)

1. Werde ich nie ein Kind haben.
2. (Oder wenn du schon ein Kind hast) Werde ich mein Kind nicht aufwachsen sehen und es wird mich nicht oder nicht mehr als seine Mutter (oder seinen Vater) erleben.
3. Werde ich nie wahre Liebe finden.
4. Werde ich nie wissen, wie es sich anfühlt, wahrhaft geliebt zu werden.

5. Werde ich niemals heiraten.
6. Werde ich nie Gewissheit bekommen, ob meine Mutter (mein Vater) mich wirklich geliebt hat.
7. Werde ich meinen Vater (meine Mutter, mein Kind, meine Geschwister, mein Partner) nie stolz machen.
8. Wird es für meinen Partner (Vater, Bruder, Freund, meine Mutter, Schwester) so sein, dass ich als Verlierer gestorben bin.
9. Werde ich nicht für meine verarmte (oder kranke) Mutter (Schwester, Vater, Partner, Kind) sorgen können.
10. Werde ich nie die Beziehung zu meinem Vater (Partner, Expartner, besten Freund, Kind, Bruder, meiner Mutter, Schwester etc.) ins Reine bringen oder mit ihr abschließen können.
11. Werde ich die Worte »Ich liebe dich« nie von meinem Vater (Kind, Partner, Bruder, meiner Mutter, Schwester etc.) zu hören bekommen.
12. Werde ich nie die Gelegenheit haben, meiner Mutter (Schwester, Vater, Bruder, Partner, Freund) sagen zu können: »Ich liebe dich« und »Ich vermisse dich«.
13. Werde ich nie die Worte »Es tut mir leid« von meinem Vater (Partner, Expartner, Bruder, Mutter, Schwester etc.) zu hören bekommen, für das, was sie/er mir angetan hat (dafür, dass er/sie mich belästigt, verlassen, betrogen hat).
14. Werde ich meinem Kind (Vater, Partner, Mutter etc.) nie beweisen können, dass ich sehr wohl erfolgreich sein kann.
15. Werde ich nie meine richtige Mutter (richtigen Vater – wenn ich adoptiert oder verlassen wurde) kennenlernen können.

Bevor du die Angst-Formel für eine Darbietung einsetzen kannst, musst du erst feststellen, welcher Punkt dich am meisten berührt und bewegt. Du musst den richtigen Punkt ganz präzise aus deiner Angst-Liste auswählen, bevor du deinen Auftritt hast. Das wird dich in die Lage versetzen, bei Anwendung der Angst-Formel innerhalb einer Minute echte Angst in dir hochkommen zu lassen.

Herausfinden, welcher Punkt in deiner Angst-Liste die durchschlagendste Wirkung hat

Sobald du mit deiner Liste fertig bist, lies jeden Punkt laut vor (mach es allein, dein Innenleben wird dir dann zugänglicher sein, und du wirst nicht so sehr das Gefühl haben, dass man dich kritisch beobachtet). Es wird einen Punkt in deiner Liste geben, den du besonders heftig bereuen würdest. Wenn zwei oder drei gleich stark zu wirken scheinen, dann kannst du die endgültige Entscheidung mithilfe der folgenden Anleitung treffen:

Sobald du den einen (oder die zwei oder drei) Punkt(e) gefunden hast, die die stärkste emotionale Reaktion bei dir hervorrufen, schließ die Augen und stell dir vor, wie es sich anfühlen würde, wenn du das Lebensziel, um das es geht, auf bestmögliche Weise verwirklichen würdest. Genieß die Vorstellung von deinem Erfolg in vollen Zügen. Dann öffne die Augen wieder und stell dir vor, dass der Erfolg, den du gefunden hast, dir abrupt und auf tragische Weise wieder entrissen wird. Und dann sag dir immer und immer wieder: »Ich muss überleben, damit das nicht passiert«, »Ich muss überleben, damit das nicht passiert…«

Dieses Überlebens-Mantra wiederholst du deshalb, weil es das Bedürfnis ist, am Leben zu bleiben, das die Angst in uns weckt, nicht die gefährliche Situation selbst.

Die Angst-Liste anwenden

Punkt 1: *Wenn ich heute sterbe…* »werde ich nie ein Kind haben« (was übrigens oft ein sehr effektiver Punkt ist, weil Fortpflanzung bei den Ur-Trieben des Menschen weit oben steht):

1. *Wenn du eine Frau bist*: Stell dir ein Baby vor, dass aussieht wie du, als du ein Säugling warst, und stell dir vor, dass du dieses »Baby-du« im Bauch hast.

Wenn du ein Mann bist: Stell dir vor, dass du ein Baby im Arm hältst, das genauso aussieht wie du, als du ein Säugling warst; man hat es dir gerade sanft in den Arm gelegt. (Der Grund, warum du das Baby als dich selbst siehst, ist der, dass Mutter und Vater ihren Nachwuchs als eine Miniatur-Version ihrer selbst erleben, als eine zweite Chance, wenn du so willst, die Schäden und die leidvollen Erfahrungen wiedergutzumachen, die ihnen in ihrer eigenen Kindheit zugefügt wurden. Wenn du in deinem Stolz auf dein Kind verletzt wirst oder es eine Niederlage erlebt, bist du deshalb auch um ein Vielfaches empfindlicher als sonst. Denn im Grunde bist es nur wieder »du in klein«, der sich, schon wieder, mit denselben Prüfungen rumschlagen muss und in dieselbe Art von Bedrängnis gerät wie damals.)

2. Schau deinem Baby in die Augen und sieh seine bedingungslose Liebe, die Art von Liebe, die du niemals zuvor bekommen hast, lass dich von ihr ganz überwältigen. Während du es weiter anschaust, sprich nun in Gedanken zu dem Baby und versprich ihm, es zu beschützen und zu lieben und all die üblen Dinge, die dir in deinem eigenen Leben passiert sind, von ihm fernzuhalten. Sei ganz konkret, wenn du dich an deine persönlichen traumatischen Momente und deine persönlichen Unsicherheiten erinnerst, vor denen du dein Baby beschützen willst. Das sollte nur einige Momente dauern. Jetzt sieh, wie das Baby dich anschaut und dabei bedingungslose Liebe aus seinen Augen spricht und sich dafür bedankt, dass du es vor all diesen schrecklichen Dingen, die dir selbst widerfahren sind, beschützen willst; damit es in Sicherheit, hoffnungsvoll und unschuldig aufwachsen kann. Lass dich von dieser Liebe erneut überwältigen.
3. Und jetzt stell dir vor, dass das Baby deinem Bauch (oder deinen Armen) entrissen wird. Für immer. Fühl die tiefe Leere – eine Leere, die du niemals wieder loswirst, wenn du stirbst. Dann öffne rasch deine Augen und mach dir schonungslos klar, dass dieser Albtraum Wirklichkeit wird, wenn du heute stirbst. Dann wiederhole für dich selbst wie ein Mantra folgenden Satz: »Ich muss überleben, damit das nicht passiert«, »Ich muss überleben, damit das nicht passiert«, »Ich muss überleben, damit das nicht passiert …«

4. Lass los, und steig in die Szene ein. Die *Angst* sollte dir im Nacken sitzen, sodass du um dein Überleben kämpfst.

Schauen wir uns ein weiteres Beispiel an, damit dir wirklich klar ist, wie du vorgehen musst. Benutzen wir Punkt 7 aus unserer Musterliste: *Wenn ich heute sterbe …* »werde ich meinen Vater nie stolz machen«.

1. Mach's dir bequem. Entspann dich. Schließ die Augen und stell dir das Gesicht deines Vaters in Großaufnahme vor, strahlend vor Stolz über deine Erfolge in der Zukunft – ein Blick, den du bei ihm noch nie gesehen hast, aber immer schon sehen wolltest. Nimm dir zwei Sekunden, um das Gefühl, dass dein Vater stolz auf dich ist, auszukosten, das Gefühl, dass »ich endlich bekommen habe, was ich immer von ihm wollte«.
2. Jetzt schalt in deiner Phantasie schlagartig auf ein ganz anderes Bild mit deinem Vater um: die Vorstellung, dass dein Vater deinen Grabstein anschaut – und enttäuscht den Kopf schüttelt, weil er denkt, was für eine Niete und ein Versager du warst und wie sehr du ihn enttäuscht hast. Sieh, wie er weint, weil du so ein Versager warst. Lass zu, dass dieses Gefühl dich fertigmacht.
3. Jetzt öffne schnell die Augen und mach dir klar, dass das letzte Bild Wirklichkeit wird, wenn du heute stirbst, und wiederhole für dich wie ein Mantra folgenden Satz: »Ich muss überleben, damit das nicht passiert«, »Ich muss überleben, damit das nicht passiert …«
4. Lass los und steig in die Szene ein. Die *Angst* sollte bleiben, sodass du um dein Überleben kämpfst.

Sobald du herausgefunden hast, welcher Punkt für dich der effektivste ist, kannst du dazu übergehen, die Angst-Formel einzusetzen.

Echte Angst empfinden – die Formel

1. Nimm den Punkt, den du aus deiner Angst-Liste gewählt hast, und stell dir lebhaft und in den wundervollsten Farben vor, wie das Lebensziel, um das es geht, Wirklichkeit wird; dass sich die Sache, die du erreichen, lösen oder erledigen willst, ganz genau so entwickelt, wie du dir das wünschst. Koste diese Vorstellung in vollen Zügen aus.
2. Dann stell dir das Gegenteil vor: du stirbst, hast keine Chance mehr, das betreffende Ziel zu erreichen. Mal dir dieses Horror-Szenario in allen Details aus. Und öffne der Angst, die diese Vision auslöst, alle Schleusen.
3. Dann mach dir klar, dass es mit Sicherheit zu diesem Albtraum kommen wird, wenn du heute stirbst, und tu das mit all der Angst, die diese Erkenntnis begleitet. Und dann wende für dich das Überlebens-Mantra an: »Ich muss überleben, damit das nicht passiert«, »Ich muss überleben, damit das nicht passiert…«
4. Lass los und lass die *Angst* von dir Besitz ergreifen.

Dieser ganze Prozess sollte nur eine Minute dauern, was dir erlaubt, schnell im Angst-Modus zu sein, wenn der Regisseur »Und bitte!« sagt oder wenn der Vorhang aufgeht.

Zur Erinnerung: Die Angst-Liste gehört zu den Vorbereitungen, die gelaufen sein müssen, *bevor* du das Set oder die Bühne betrittst; dann weißt du genau, welche bedauernswerte Sache die stärkste Wirkung auf dich hat – es dauert ein bisschen, die Liste zu machen und rauszubekommen, welcher Punkt dich am meisten ergreift. Wenn es Zeit ist, die Szene zu drehen oder auf die Bühne zu treten, wird es auf diese Weise weniger als eine Minute dauern, die Angst-Formel mit dem bereits ausgewählten Punkt anzuwenden.

Du musst auch wissen, dass ein Punkt, der einmal funktioniert, nicht immer funktionieren muss. Du könntest beim nächsten Mal einen neuen wählen müssen, um Angst in dir zu erzeugen.

Denn während dein Leben fortschreitet, können sich deine Bedürfnisse, deine Prioritäten und deine Lebensumstände verändern. Bei der Analyse jedes neuen Skripts, in dem du Angst verkörpern musst, setz eine völlig neue Angst-Liste auf und arbeite sie durch, als würdest du alles zum ersten Mal machen.

Angst vor einem bestimmten Ort

Wenn die Angst vor allem von einem Ort ausgelöst wird – einem Spukhaus etwa, oder wenn es eine Szene ist, wo du von einem undefinierbaren Wesen gejagt wirst –, gibt es noch eine andere Methode für dich:

Formel für die Angst vor einem Ort

1. Finde heraus, welche Art Ungeziefer oder Tier dir ein Graus ist: Maden, Spinnen, Kakerlaken, Ratten, Schlangen, Pitbulls etc.
2. Stell dir jetzt vor, dass der Ort, wo du deine Rolle spielen sollst, von diesen Viechern, vor denen dir so sehr graust, nur so wimmelt, in jeder Ecke, jeder Glühbirnenfassung, jeder Schublade, überall, in völlig groteskem Ausmaß. Denk dir dann: »Wenn ich nicht fliehen kann, werden sie überall an mir hochkriechen, mich unter sich begraben, ich werde sie überall in den Haaren haben, sie werden in meinen Mund kriechen, hinauf in meine Nase, meine Ärmel, meine Hosenbeine …«
3. Lass dir das durch- und durchgehen, indem du dir dieses Getier vorstellst, in Massen – dich beißend und schleimig auf dir herumwimmelnd.
4. Lass los.

KAPITEL 17

Die Gefühlswelt von Tod und Sterben nachempfinden

Den Tod aus der Perspektive des Sterbenden erfahren.

Viele Schauspieler sehen den Tod und das Sterben als ein endgültiges Loslassen des Lebens. Tatsächlich klammert sich ein Sterbender ans Leben wie niemals zuvor. Selbst die Art, wie ein Sterbender Atem holt, ist nichts als ein verzweifelter Versuch, doch noch mehr Luft zu bekommen. Für unseren Körper bedeutet sterben, dass unsere Organe aufhören zu arbeiten, sodass wir um Luft ringen müssen, ohne dass uns das aber viel bringt. Und ohne Luft kein Sauerstoff, der für die Organe aber lebensnotwendig ist. Es ist so ähnlich wie Sprit in ein kaputtes Auto füllen – egal, wie viel du reinschüttest, der Motor wird nicht mehr anspringen, und der Wagen ist so gut wie tot.

Die Atmung ist so entscheidend für die Aufrechterhaltung der Lebensfunktionen, dass man hier ansetzen muss, wenn man einen Sterbenden spielt: Man empfindet die körperlichen Aspekte einer erschwerten Atmung nach und wie sie immer mühsamer wird. Und sobald du wirklich das Gefühl hast, an einem quälenden Mangel lebenspendenden Sauerstoffs zu leiden, würdest du die Angst-Formel anwenden.

Der Grund, warum diese Formel an diesem Punkt zum Einsatz kommen muss, ist der, dass das Sterben und die Angst untrennbar miteinander verbunden sind. Denn während wir um unser körperliches Überleben ringen (mit unserem Bedürfnis, Luft zu bekommen), ringen wir auch um unser seelisches Überleben. Mit anderen Worten, wenn wir sterben, wollen wir uns dem Tod deshalb nicht ergeben, weil wir unsere emotionalen Bindungen nicht verlieren wollen. Also kämpfen wir verzweifelt darum, am Leben zu bleiben. Es gibt meistens einen alles überragenden emotionalen Grund, warum du unbedingt weiterleben willst. Wie schon bei der Angst-Liste stellst du deshalb auch hier eine Liste zusammen, in der du aufführst, welche Dinge dir so wichtig sind, dass du auf keinen Fall sterben möchtest, bevor du sie erreicht oder erledigt hast. Genauso wie du es mit der Angst-Liste gemacht hast, würdest du auch hier den wichtigsten Punkt deiner Liste *vor* deiner Darbietung finden müssen.

Nachdem du in deiner Angst-Liste den effektivsten Punkt gefunden hast, kannst du dich dem entsetzlichen Gefühl eines im Sterben Begriffenen annähern, indem du dieser Anleitung folgst:

Sterbe-Formel, aus der Sicht des Sterbenden

1. Stell dir vor, es liegt ein riesiger Stein auf deiner Brust und deiner Gurgel, sodass es sich anfühlt, als hättest du eine stark erschwerte Atmung. Versuch, um den Druck dieses übermäßigen Gewichts herum zu atmen. Ringe nach aller Luft, die du um dieses Gewicht herum in Brust, Kehle und Luftröhre hineinbekommen kannst. Deine Atmung wird rasselnd klingen und du musst husten. Dann ringe zusätzlich nach der Luft, die dir durch das Husten verlorengeht.
2. Ringe um die Luft, als ob du um dein Leben ringen würdest.
3. Sobald du wirklich das Gefühl hast, dass du qualvoll und verzweifelt versuchst, zum Überleben Luft in deine Lungen zu kriegen, wende die Angst-Formel aus Kapitel 16 an. (Nimm den Punkt, den du aus deiner Angst-Liste gewählt hast, und stell dir lebhaft vor, wie das Lebens-Ziel, um das es da geht, Wirklichkeit wird und die Sache, die du erreichen, lösen oder erledigen willst, sich genauso entwickelt, wie du dir das wünschst. Genieße das in vollen Zügen.

   Dann aber stell dir das Gegenteil vor: Du stirbst, hast keinerlei Chance mehr, das betreffende Ziel zu erreichen, und mit der Sache, die dir so am Herzen liegt, geht es so übel aus, wie es nur kann. Mal dir dieses Szenario in allen furchtbaren Details aus. Lass dich von dem Bild mit Angst erfüllen.

Dann mach dir voller Angst klar, dass dieser Albtraum Wirklichkeit wird, wenn du heute stirbst. Und dann stimme für dich das Überlebens-Mantra an: »Ich muss überleben, damit das nicht passiert«, »Ich muss überleben, damit das nicht passiert ...«)

4. Setz deinen Todeskampf fort, weil so viel davon abhängt.

5. Lass los.

Warum funktioniert das? Da du um dein Leben kämpfst, anstatt dich dem Tod zu ergeben, wird dein Spiel aktiv, ereignisreich und am Ende auch kathartisch. Wenn man ums Überleben kämpft, fühlt sich das Sterben echt an, denn genau das ist es, was man beim Sterben tut – der Selbsterhaltungstrieb, der jede Faser in uns erfüllt, erlaubt es uns nicht, zu kapitulieren und aufzugeben. Diese Formel erfüllt den Prozess des Sterbens mit Leidenschaft und dem menschlichen Überlebenswillen. Wenn du aufgibst und dich dem Tod überlässt, wird das Publikum auch aufgeben. Was du bei deinem Überlebenskampf an besonderen Bedürfnissen offenbarst, wird dein Publikum fesseln. Es wird sich mit dir identifizieren und bei deinem Überlebenskampf mitfiebern. Und wenn du doch stirbst, wird das Publikum bewegt sein.

Den Tod erfahren – Wenn ein geliebter Mensch stirbt

Wann immer jemand, den wir lieben, im Sterben liegt, leugnen wir, dass sein Tod bevorsteht, und versuchen, ihn am Leben zu erhalten. Das ist ein natürlicher Instinkt. Normalerweise gibt es in der Beziehung zu dieser Person Fragen und Probleme, die noch ungelöst sind, Dinge, mit denen wir noch nicht abgeschlossen haben. Deshalb haben wir das Gefühl, dass wir mehr Zeit mit dieser Person brauchen. Deshalb benutzt man folgendes SZENENZIEL, wenn man eine Figur spielt, die gerade dabei ist, einen geliebten Menschen zu verlieren: *»dich am Leben halten«*. Das treibt dich dazu an, um sein Leben zu kämpfen, und entspricht diesem Drang (SZENENZIEL). Wenn du den Tod des geliebten Menschen einfach akzeptieren würdest, gäbe es nichts zu tun und keinen Anlass, sich in Bewegung zu setzen.

Als Nächstes musst du deine SUBSTITUTION bestimmen. Frag dich: »Wen will ich am Leben halten?« Wenn gerade jemand, dem du nahestehst, sehr krank ist oder im Sterben liegt oder gerade gestorben ist, dann ist diese Frage leicht zu beantworten. Benutz diese Person. Wenn du aber zu den Glücklichen gehörst, die sich im Moment nicht mit Krankheit, Sterben oder Tod auseinandersetzen müssen, dann frag dich Folgendes: »Der plötzliche Tod welches Menschen würde mich umhauen, weil wichtige Dinge auf schmerzliche Weise ungeklärt blieben.«

Suchst du dir jemanden als SUBSTITUTION aus, zu dem die Beziehung belastet ist, steht in deiner hypothetischen Situation mehr auf dem Spiel. Wenn jemand, der dich liebt und den du für sicher hältst, stirbt, wirst du traurig sein, aber nicht die Zerrissenheit spüren, die aus ungelösten Problemen resultiert. Wenn so jemand stirbt, wird es für immer ungelöst bleiben. Du wirst dein SZENENZIEL, *»dich am Leben zu halten«*, mit mehr Leidenschaft verfolgen, denn, wenn du dabei versagst, wirst du auf Dauer mit emotionalen Narben zurückbleiben.

Sobald du deine SUBSTITUTION ausgewählt hast, musst du dir genau darüber klar werden, was du verlieren wirst, wenn dieser geliebte Mensch stirbt. Wie bei der Angst-Liste muss das, was du verlierst, bereust und nicht lösen kannst, etwas ganz Bestimmtes sein, was sowohl für dich ganz persönlich bedeutungsvoll ist als auch für dich in der Beziehung zu deiner SUBSTITUTION. Das gibt dir einen sehr persönlichen und emotionalen Grund für deinen Kampf um das Überleben dieser Person. Allgemein Formuliertes gibt unseren Herzen und Hirnen wenig, woran sie sich festhalten können. Es sind immer die spezifischen intimen Aussagen, die uns zu denken geben und Gefühle in uns wecken. Wenn ein geliebter Mensch stirbt, gibt es normalerweise einen wichtigen Grund, warum wir glauben, dass er am Leben bleiben muss.

Bestimme wie bei der Angst-Liste, welche Sache erreicht, gelöst oder erledigt werden muss, bevor deine SUBSTITUTION stirbt. Mach eine Liste. Stell dort handschriftlich mindestens zehn Dinge zusammen, die du bedauern würdest, falls deine SUBSTITUTION stirbt.

Beispiel-Liste »Ein geliebter Mensch stirbt«

(Beginne den Gedanken mit »Wenn *du* heute stirbst …«)

1. Werde ich nie wissen, was aus dir hätte werden oder was du hättest erreichen können.
2. Wirst du nie erfahren, was aus mir noch werden und was ich noch erreichen könnte.
3. Werde ich nie erfahren, ob du stolz auf mich warst.
4. Werde ich nie erfahren, ob du mich geliebt hast.
5. Werde ich nie verstehen, warum du mich zurückgelassen hast.
6. Werde ich nie verstehen, warum du mich missbraucht hast.
7. Werde ich nie erfahren, ob du mir vergeben hast für das, was ich getan habe.
8. Wirst du mich nie sehen, wenn ich glücklich und verliebt bin.
9. Wirst du nie dein Enkelkind kennenlernen (wenn du ein Elternteil als SUBSTITUTION benutzt).
10. Wirst du denken, dass ich ein Verlierer bin, wenn du stirbst.
11. Wirst du nicht da sein, um mich zu lieben und für mich zu sorgen.
12. Werde ich ganz alleine sein.
13. Werde ich dich niemals die Worte »Ich liebe dich« sagen hören.
14. Wirst du niemals erfahren, wie sehr ich dich liebe.
15. Werde ich niemals erfahren, ob es dir leidtut, was du mir angetan hast.
16. Werde ich nie erfahren, ob du mir verzeihst, dass ich dich nicht beschützen und retten konnte (wenn du dein Kind als deine SUBSTITUTION nimmst).

Finde wie bei den Listen der vorhergehenden Anleitungen heraus, welcher Punkt die stärkste Wirkung auf dich hat, indem du jeden von ihnen laut vorliest und schaust, welcher dich emotional am meisten berührt. Wenn sich mehrere brauchbar anfühlen, probiere die wirkungsvollsten aus und wäge ab, welcher die stärkste Wirkung in dir auslöst.

Kläre immer beides schon im Voraus: welche SUBSTITUTION du benutzen willst und wegen welchen Punkts auf deiner Liste du diese Person am Leben erhalten willst.

Sich wie bei einem bevorstehenden Tod eines geliebten Menschen fühlen – die Formel

1. Stell dir vor, dass deine SUBSTITUTION im Sterben liegt. Nimm den Punkt aus deiner Liste, der niemals erledigt oder erreicht werden wird, falls dieser Mensch jetzt sterben würde. Schließ deine Augen, und stell dir vor, wie das Ziel, um das es dir geht, so erreicht wird, wie du es dir wünschst, wenn die Person am Leben bliebe. (Wenn dein Punkt zum Beispiel lautet: »Ich muss von dir hören, dass du mich liebst, bevor du stirbst«, dann höre und sieh den Sterbenden in deiner Vorstellung mit viel Gefühl »Ich liebe dich« sagen, genauso, wie du es dir immer gewünscht hast.)
2. Öffne die Augen und sieh deine SUBSTITUTION sterben, bevor du bekommst, was du wolltest (etwa bevor die geliebte Person »Ich liebe dich« sagen kann). Fühle die Verzweiflung und die Enttäuschung darüber, dass du diese Worte nie hören wirst.
3. Versuch mit Geräuschen und Verhalten zu erreichen, dass deine SUBSTITUTION am Leben bleibt, während du dir vorstellst, dass sonst alles so schlimm ausgeht, wie es nur kann, und wiederhole immer wieder folgendes Mantra: »Ich muss dich am Leben halten, damit das nicht passiert, Ich muss dich am Leben halten, damit das nicht passiert ...«
4. Lass los.

Du wirst überrascht sein, was für Emotionen in dir hochkommen. Es wird nicht unbedingt das sein, was du erwartest. Unsere Reaktionen auf Tod und Sterben eines geliebten Menschen sind immer anders, als wir vorher angenommen hatten. Und dich in eine ähnliche Lage zu versetzen ist die einzige Methode, entsprechend echte und spontane Gefühle zu erleben.

Erleben, wie ein geliebter Mensch höchst unerwartet und plötzlich stirbt

Du sitzt am Steuer, verlierst auf Glatteis die Kontrolle über dein Fahrzeug, knallst gegen einen Telefonmast, deine beste Freundin fliegt vom Beifahrersitz durch die Windschutzscheibe, und du wirst vor dem Steuer eingequetscht und musst mit ansehen, wie sie stirbt. Du wirst Zeuge, wie dein Kind bei einer Schießerei im Vorbeifahren ums Leben kommt. Während du im Laden um die Ecke arbeitest, wird dein Freund und Kollege bei einem Überfall erstochen. Du wirst in deinem Haus überfallen und musst zusehen, wie deine Frau vergewaltigt und erstochen wird. Dies sind Beispiele für unerwartete Todesfälle. Weil dein Gehirn keine Zeit hat, zu reagieren und sich Emotionen so schnell nicht verarbeiten lassen, wenn der Tod auf eine so spezielle Weise zuschlägt, zeigen sich in solchen Fällen andere instinktive innere Reaktionen als sonst. Hier ist eine Formel, die Gefühle auszulösen vermag, die durch unerwartete, traumatische Todesfälle verursacht werden.

Sich wie bei einem unerwarteten, plötzlichen Tod eines geliebten Menschen fühlen – die Formel

1. Stell dir deine SUBSTITUTION in einem offenen Sarg vor.
2. Schau ein letztes Mal in das leblose Gesicht.
3. Präg dir das Gesicht ein, denn es ist das letzte Mal, dass du deine SUBSTITUTION sehen wirst. Sag im Stillen: »Mach's gut. Ich liebe dich und ich werde dich vermissen.«
4. Nimm den Punkt, den du aus deiner Liste »Ein geliebter Mensch stirbt« ausgesucht hast. Mach dir klar, dass er nie erreicht, gelöst oder erledigt werden kann ... und empfinde die Endgültigkeit des Verlusts.
5. Sieh zu, wie der Deckel des Sargs sich langsam über dem Gesicht des von dir geliebten Menschen schließt und deine SUBSTITUTION von Dunkelheit eingehüllt wird. Für immer.

6. Sieh, wie sich der Sarg langsam in das zwei Meter tiefe Erdloch senkt.
7. Schau, wie sich das Loch mit Erde füllt und den Sarg in kalter, dunkler, erstickender, schwerer, hoffnungsloser Endgültigkeit einschließt.
8. Dann empfinde das Bedürfnis, dieses Beisetzungs-Szenario nicht eintreten zu lassen, indem du deine SUBSTITUTION am Leben hältst. Sag im Stillen immer wieder zu ihr: »Du musst am Leben bleiben, damit das nicht passiert, du musst am Leben bleiben, damit das nicht passiert ...«
9. Lass los.
10. Dann steig in die Szene ein.

Die Erfahrung, dass der Tod der geliebten Person tatsächlich eingetreten ist

Wenn du auf einem Begräbnis bist, musst du trotzdem weiter aktiv Ziele verfolgen, die die Geschichte voranbringen. Der Tod mag die von deiner Figur geliebte Person aufgehalten haben, deine Figur aber sollte sich nicht von ihm stoppen lassen. Aus jedem Verlust kann auch etwas gelernt werden, und durch den Schmerz, den du durchmachst, kann dir etwas offenbar werden. Mit diesem Wissen gehen wir über zu ...

Sich fühlen, als wäre der Tod eines geliebten Menschen tatsächlich eingetreten – die Formel

1. Schließ die Augen und stell dir deine SUBSTITUTION in einem offenen Sarg vor.
2. Schau dir das leblose Gesicht an.
3. Präg dir das Gesicht ein, denn es ist das letzte Mal, dass du diesen Menschen sehen wirst. Sag im Stillen: »Mach's gut. Ich werde

dich vermissen. Ich liebe dich.« Und mach dir klar, dass es das war, für immer.

4. Schau, wie der Deckel des Sarges sich langsam über dem Gesicht schließt. Stell dir vor, wie sich der Sarg mit Dunkelheit füllt.
5. Schau, wie sich der Sarg langsam in das zwei Meter tiefe Erdloch senkt.
6. Schau, wie sich das Loch mit Erde füllt und den Sarg in kalter, dunkler, erstickender, schwerer, hoffnungsloser Endgültigkeit einschließt.
7. Nimm den Punkt, den du aus deiner Liste »Ein geliebter Mensch stirbt« ausgesucht hast. Mach dir noch mal klar, dass er nie erreicht, gelöst oder erledigt werden kann, weil deine SUBSTITUTION nun tot ist, und grüble darüber nach, was du in deinem Leben anders hättest machen können oder sollen, um das zu verhindern.
8. Nimm dir fest vor, die Sache, um die es da ging, in der Beziehung mit einer geeigneten anderen Person, die du kennst und die noch am Leben ist, in Ordnung zu bringen.
9. Lass los.

Diese Art, den Tod zu sehen, bietet die Chance, die Tragödie des Todes für dich und dein Publikum zu etwas zu machen, das für deine Figur ein Wachsen und Reifen und Wandel und Hoffnung bedeutet. Und wenn du den Tod – eine der unausweichlichen Tatsachen des Lebens – und den ungeheuren Schmerz, mit dem er einhergeht, als etwas siehst, das Wachstum und Veränderung befördert, eröffnest du auch deinem Publikum die Chance, etwas daraus zu lernen und zu wachsen.

KAPITEL 18

Sich schwanger fühlen (aus der männlichen und der weiblichen Perspektive)

Schwangerschaft – hier arbeitet man ohne SUBSTITUTION

Wenn du schwanger bist oder jemand dein Kind in sich trägt, gibt es keine SUBSTITUTION in deinem Leben, der gegenüber du ähnlich empfinden würdest. Manche Schauspieler glauben, dass es hilft, an ein Haustier, eine Nichte oder einen Neffen zu denken, um ein ähnliches Gefühl, eine ähnliche Liebe zu wecken. Aber leider, sosehr du deinen Hund Fluffy auch lieben magst oder dein Patenkind Amy oder sogar Adam, den Sohn deiner geliebten Schwester – die Gefühle, die du für dein leibliches Kind empfindest, sind völlig anderer Natur.

Unsere Kinder erleben wir als kleine Ausgaben unserer selbst. Das ist auch der Grund, warum du dich bedankst, wenn jemand dein Kind lobt, indem er etwa sagt: »Dein Kind sieht toll aus!«; »Dein Kind ist so klug«, ganz als wärst du gemeint. Das liegt daran, dass dein Kind »du in klein« ist, was dir die Chance gibt, all die Unsicherheiten, die deinen unangenehmen Erfahrungen entstammen, stellvertretend an ihm zu heilen. Und deshalb sehen Eltern rot, wenn sie mitbekommen, dass irgendjemand ihre Kinder auf eine Art und Weise behandelt, die sie an einen Missbrauch erinnert, den sie in ihrer eigenen Kindheit erlebt haben. Die Person, die sie wirklich vor sich haben, sehen sie dann gar nicht mehr, sondern eine symbolische Version jenes Peinigers aus ihrer Kindheit, und *diesmal* wollen sie die Geschichte ändern, denn beim *ersten Mal* konnten sie es nicht. Das starke Bedürfnis, unser Kind zu schützen und zu versorgen, hat hier seinen Ursprung – es ist derselbe Drang, der uns um unser eigenes Überleben kämpfen lässt. Und aus dieser Erkenntnis heraus wurde diese Formel, nun ja: »geboren«.

Sich fühlen, als wäre man schwanger – die Formel

1. Setz dich hin. Mach es dir bequem. Schließ die Augen.
2. Wenn du eine Frau bist, nimm deine Hand und lass sie auf deinem Bauch ruhen, dort, wo das Kind in dir gedeihen würde. Und wenn du ein Mann bist, leg deine Hand auf den Bauch der Frau, die die schwangere Mutter spielt.
3. Denk an ein Foto, das von dir als Baby gemacht wurde, und stell dir vor, wie du als dieses Baby im deinem (ihrem) Schoß schwebst.
4. Konzentrier dich auf die Augen dieses Baby-Du und sieh die Unschuld, Reinheit und Hoffnung in ihnen (die Hoffnung, dass alles möglich ist). Die Unschuld, Reinheit und Hoffnung, die nur möglich sind, bevor eine deiner schmerzlichen Erfahrungen stattgefunden hat.
5. Dann sprich im Geiste zu dem Baby-Du und schwöre ihm, dass du all die schmerzlichen Erlebnisse und negativen Selbstbilder, mit denen du es in deinem Leben zu tun bekommen hast, von ihm fernhalten wirst. Und schwöre dem Baby-Du, dass du ihm all die furchtbaren Momente ersparst, die du ertragen musstest, weil du weißt, wie schlimm es sich anfühlte und die Nachwirkungen dieser schrecklichen Erlebnisse nur zu gut kennst. Wie unsicher du wurdest und wie sehr du anfingst, dich selbst abzulehnen und zu sabotieren. Was für idiotische Entscheidungen du bei der Wahl deiner Partner getroffen hast, wie du Leuten erlaubt hast, dich auszunutzen und zu misshandeln, wie du Lebensentscheidungen getroffen hast, die dir geschadet haben, alles wegen dieser schrecklichen Erlebnisse. Und du sprichst immer noch mit deinem Baby-Du, versicherst ihm, dass du entschlossen bist, deinem Baby, deinem Kind, all dies Leid zu ersparen. Denk an ganz bestimmte Erlebnisse und Gefühle, die dein Baby-Du nicht durchmachen soll. (Beispiele: »Ich werde dich niemals verlassen, so wie mein Vater das tat, als ich sieben

war, und der dann nur mal kam, wenn's ihm in den Kram passte. Ich werde immer für dich da sein.« Oder: »Ich werde niemandem erlauben, dir das Gefühl zu geben, hässlich, dumm und wertlos zu sein, wie meine Mutter es mit mir gemacht hat.« Oder: »Ich werde dich nie schlagen oder missbrauchen, wie mein Bruder das mit mir gemacht hat. Ich werde sicherstellen, dass niemand dich auf die Weise verletzt, wie ich verletzt wurde.«) Sprich so etwa eine Minute zu deinem Baby-Du.

6. Jetzt sieh, wie das Baby-Du sein unschuldiges, zahnloses Lächeln lächelt, wie es deinen Blick mit reiner, bedingungsloser Liebe erwidert und dir für deine Liebe und deinen Schutz dankt. Lass dich von dieser bedingungslosen Liebe überfluten, einer Art von Liebe, die du nie zuvor erfahren hast ... eine Liebe ohne Bedingungen.
7. Dann streichle liebevoll und schützend den Bauch und sag im Geiste: »Ich werde dich niemals den Schmerz durchmachen lassen, den ich durchmachen musste, als ich aufwuchs, du wirst dich immer geschätzt und geliebt fühlen, versorgt, und ich werde immer für dich da sein, weil ich deine Mama bin (oder dein Papa), und ich liebe dich.«
8. Fühle, wie das Baby-Du deinen Blick mit bedingungsloser Liebe in den Augen erwidert, voll Dank, dass es sich sicher aufgehoben fühlen darf bei all der Liebe, dem Schutz, den du gewährst. Gefühle, die dir nicht gegeben wurden, nicht so rein und vollkommen, die aber du nun deinem Kind gibst. Fühl, wie dich die Liebe deines Kindes warm überschwemmt, sodass du dich besonders und gewürdigt fühlst. Es soll sich wirklich gut anfühlen.
9. Lass los.

Der Fortpflanzungstrieb ist dem Menschen in einem Maße in jede einzelne Zelle einprogrammiert, dass diese Anleitung auch ohne greifbaren Kinderwunsch Gefühle auslöst, von denen du noch gar nichts wusstest.

KAPITEL 19

Sich wie ein Vater oder eine Mutter fühlen

Eine Eltern-Kind-Beziehung nachempfinden

Wenn dein Spielpartner ein Kinderdarsteller ist und dein Part ist der des Vaters oder der Mutter, musst du eine entsprechende Beziehung aufbauen. Egal, wie gut du als Schauspieler bist, wenn du die Vater- oder Mutterrolle nur spielst, kann man das leicht erkennen.

Als ich mit Anna Friel an dem Film *The War Bride* arbeitete (bei dem ein brillanter Regisseur Regie führte, der bei mir zufällig auch noch den Titel Ehemann trägt), musste sie die Mutter eines Babys spielen. Mit 23 war Anna weder Mutter, noch hatte sie irgendwelche Pläne, eine zu werden. Trotzdem musste sie mit einem schreienden, drei Monate alten Baby zurechtkommen. Die Baby-Szene sollte gedreht werden, und als sie mit dem zappeligen Säugling im Arm vor mir stand, gab ich ihr die gleich folgende Übung auf. Das Baby brüllte und schrie (in Phonzahlen, die nur ein Baby erreichen kann) und versuchte verzweifelt, sich von Anna wegzustrampeln, weil es so schnell wie möglich wieder zu seiner richtigen Mutter wollte. Doch als Anna mit der Übung begann, beruhigte sich das Baby innerhalb von Sekunden, mehr noch, es kuschelte sich liebevoll in Annas Arme und sein kleines Patschhändchen griff nach Annas kleinem Finger und umklammerte ihn. Das war das Verhalten eines Babys, das sich wie von einem Vater oder einer Mutter geliebt fühlt. Ein Baby ist für die Anweisungen eines Regisseurs nicht empfänglich, und es kann auch keinen Schauspielunterricht nehmen (na ja, kann es vielleicht schon, aber ich weiß nicht, ob das helfen würde). Aber über jene Übung ließ sich eine natürliche Verbindung herstellen, die sich für beide, die Schauspielerin und den Säugling, wie eine echte Mutter-Kind-Beziehung anfühlte.

Formel für die Herstellung natürlicher Vater- oder Muttergefühle

1. Schau dem Säugling, dem Kind oder dem Teenager, der dein Kind spielt, direkt in die Augen, und sieh darin genau dasselbe an Schmerz, Wut, Unsicherheit, überspannten Ängsten, seelischen Verletzungen und emotionalen Problemen, die dir selbst im Nacken sitzen. Das könnte zum Beispiel Folgendes sein:
   - Angst, verlassen zu werden
   - Selbsthass
   - Befangenheit und/oder Hass auf eine bestimmte Besonderheit des eigenen Körpers
   - Angst vor Zurückweisung
   - Vertrauensprobleme
   - Erfahrungen von Missbrauch oder als Opfer von Gewalt
   - übermäßige Unsicherheit und Ängstlichkeit
   - es allen immer recht machen wollen
   - Selbstmordneigungen
2. Während du dem Kind in die Augen schaust, denk an die genauen Ereignisse, die diese Probleme verursacht haben, und stell dir vor, dass das Kind vor deinen Augen in genau derselben Weise verletzt wird. Indem du das tust, erschaffst du dir in dem Kind eine verwandte Seele – jemanden, den du glaubst beschützen und aufziehen zu müssen, weil es im Grunde niemand anders ist als du in jungen Jahren.
3. Lass los.

Was du mit dieser Formel im Prinzip tust: Du verwandelst jemanden, der praktisch ein Fremder für dich ist, in eine Kind-Version von dir. Diese Vorgehensweise funktioniert, weil wir auch unsere eigenen Kinder so sehen.

KAPITEL 20

Einen Querschnittgelähmten darstellen

Wie man schwerste körperliche Behinderungen nachempfinden kann

Eine Querschnittlähmung hat immer ein traumatisches Ereignis als Ursache. Die möglichst reale Darstellung der körperlichen Beeinträchtigungen ist ein wichtiger Teil der Arbeit, aber es ist mindestens genauso wichtig, auch das emotionale Trauma, das mit der Behinderung einhergeht, mit einzubeziehen. Die folgende Übung wird es dir ermöglichen, beidem gleichzeitig Rechnung zu tragen, wenn du eine Figur mit Lähmungen spielst.

Eine Querschnittlähmung nachempfinden – die Formel

1. Setz dich hin. Konzentriere dich auf die Bereiche des Körpers, die laut Skript von der Lähmung betroffen sind (z. B. bei einer Paraplegie der untere Bereich des Körpers), und entspann alle Muskeln – bis sie sich gar nicht mehr wie Muskeln anfühlen, sondern wie warme Gelatine, die langsam schmilzt und sich mit dem Boden verbindet. Die betroffenen Bereiche sind nur noch eine diffuse, formlose Masse aus warmem Gelee, das mit dem Boden verschmilzt. Bleib ganz still sitzen und gib dich völlig diesen Empfindungen hin – so lange, bis du das Gefühl hast, dich tatsächlich nicht mehr bewegen zu können.
2. Leg dann die Hände oben auf die Beine und gib dich dem Gefühl der Hoffnungslosigkeit hin, sodass du dich wie ein Versager

fühlst, wie ein totaler Verlierer. Du arbeitest mit *echten Ereignissen, Ängsten und Gefühlen* aus deinem Leben, die dich deprimiert und verzweifelt machen, und »presst« diese Gefühle und Bilder in deine Beine hinein. Wenn du eine Figur spielst, die vom Hals abwärts gelähmt ist, »presse« sie zuerst in deinen Oberkörper und dann in deine Beine hinein.

3. Lass los.

Dein GESAMTZIEL im Skript wird dich Wege finden lassen, trotz der Behinderung deiner Figur körperlich und emotional zu überleben. Die Behinderung in der Skriptanalyse als emotionales und körperliches HINDERNIS zu sehen ist wichtig. Eine Querschnittlähmung ist ein gewaltiges HINDERNIS, das es zum Erreichen eines ZIELS zu überwinden gilt. Diese enorme Anstrengung führt auch meist zu einer enorm dynamischen Darstellung.

KAPITEL 21

Eine emotionale Wirklichkeit für Narben und Verletzungen erzeugen

Körperliche Traumata nachempfinden

Im Drehbuch sind Blutergüsse oder Narben einer Figur normalerweise Ergebnisse eines Missbrauchs – selbst beigebracht oder nicht – und mit einer Art traumatischem Ereignis verbunden. Damit sich die Narben und Verletzungen deiner Figur für dich echt anfühlen …

Die Narben und Verletzungen deiner Figur nachempfinden – die Formel

1. Finde ein dem Vorfall ähnliches Erlebnis aus deinem Leben, das im Drehbuch zu der Verletzung führt, zum Beispiel:
   - Wenn die Narbe deiner Figur von den Schlägen eines Elternteils herrührt, erinnere dich an die Zeit in deinem Leben, in der du am stärksten psychisch oder physisch (von einer Autoritätsperson: Eltern, Geschwister, Lehrer, Arbeitgeber usw.) verletzt wurdest.
   - Wenn die Verletzung deiner Figur ihr von einem Partner (Ehemann) per Faustschlag ins Gesicht zugefügt wurde, erinnere dich an ein Ereignis, wo du jemanden sehr geliebt hast und mit ungerechten Schuldzuweisungen belohnt und mit Worten erniedrigt wurdest. Wenn du tatsächlich Erfahrung mit Gewalt durch Menschen hast, die dir nahestanden, verwende diese Erlebnisse.
   - Wenn die Verletzungen Folge eines Autounfalls oder eines Gewaltverbrechens sind, dann ruf die Erinnerung an eine Situation

wach, in der du dich völlig allein und emotional hilflos gefühlt hast, falls du selbst keine Erfahrungen mit Gewalt gemacht hast.

2. Drück mit zwei Fingern auf die Stelle, wo die Verletzung oder Narbe laut Drehbuch sein soll.
3. Während du drückst, ruf dir das Erlebnis, das du dir in Schritt 1 ausgesucht hast, in allen Details in Erinnerung: den Ort, Gerüche, der emotionale Schmerz usw., bis es sich so anfühlt, als würde es jetzt gerade passieren. Sei dabei möglichst klar, deutlich und detailliert, sodass du den schrecklichen Vorfall tatsächlich ein zweites Mal durchlebst. Stell über den Druck deiner zwei Finger symbolisch eine intensive Verbindung zwischen den Bildern und Gefühlen des Vorfalls und der jeweiligen Körperstelle her.
4. Hör auf zu drücken und lass los.

Wenn jetzt über die Verletzung oder Narbe gesprochen wird oder du sie berührst, wird sich die Wunde real anfühlen.

KAPITEL 22

Sich den Beruf, die Beschäftigung oder Karriere der Figur zu eigen machen

Dein Beruf definiert dich

Wenn Schauspieler den Beruf ihrer Figur darstellen, beschränken sie sich oft auf offensichtliche Dinge, ohne darauf zu achten, *wie* und *warum* die Figur einen bestimmten Beruf gewählt hat. Wir verbringen den Großteil unserer Zeit mit unserer Arbeit. Wie und warum wir einen Beruf wählen, definiert uns. Egal, ob unsere Figur erst von diesem Job träumt oder bereits sehr erfolgreich darin ist – es gibt immer einen Grund, warum sie diesen bestimmten Beruf wählt. Meist geht es darum, etwas zu erreichen oder eine Lösung für etwas zu finden, das für das emotionale Überleben unbedingt notwendig ist.

Bei der Figurenanalyse reicht es nicht, zu verstehen, was deine Figur beruflich macht, sondern auch, *warum*. Hier ein paar praktische Beispiele von typischen Berufen, um dir meine Art der Analyse zu erklären, warum jemand einen bestimmten Berufsweg eingeschlagen hat. Wenn du auch so vorgehst, wirst du deine Figur besser verstehen und damit auch vielschichtiger spielen können.

- **Polizist(in)**
  Wer sich für eine Karriere bei der Polizei entscheidet, ist oft mit Kriminalität in Berührung gekommen. Er stammt selbst aus einer Polizistenfamilie oder ist Zeuge bzw. Opfer einer Straftat (Mord, Missbrauch, Betrug, Brandstiftung, Vergewaltigung usw.) geworden. Wenn ein Kind Opfer oder Zeuge eines Verbrechens wird, fühlt es sich hilflos und das nicht ohne Grund, denn es gibt nicht viel, was ein Kind gegen so etwas ausrichten kann. Als Erwachsene können sie einen Beruf

wählen, der ihnen eine gewisse Macht verleiht. Polizist zu werden, ermöglicht es dem jungen Opfer/Zeugen an einem Punkt, an dem das Leben durch ein Verbrechen gestört wurde, nachträglich für Ordnung zu sorgen.

Man kann also sagen: Wenn du einen Polizisten spielst, kannst du einen Vorfall aus deiner Kindheit korrigieren. Die Fälle, mit denen es deine Figur zu tun bekommt, stehen für die Verbrechen, die du als Kind erlebt hast. Als Cop bist du endlich in der Lage, zugunsten eines Opfers einzugreifen. Der Schmerz aus deiner Vergangenheit wird dich im Verhör und bei den Ermittlungen antreiben, weil die Aufklärung des Verbrechens im Drehbuch für dich und deine Figur Teil des Heilungsprozesses ist. Der Bösewicht aus dem Drehbuch wird der symbolische Täter des ursprünglich erlebten Verbrechens aus deiner Kindheit und eine effektive SUBSTITUTION. So schaffst du dir die Möglichkeit, mit einem Kindheitstrauma abzuschließen und es hinter dir zu lassen. Mit jedem Verbrecher, den du vor der Kamera oder auf der Bühne zur Strecke bringst, machst du also weit mehr als einen Job – du heilst Wunden deiner Vergangenheit.

- **Kriminelle(r)**

Viele Menschen, die sich für die schiefe Bahn entschieden haben, sind in finanzieller Armut aufgewachsen. In ihrer Kindheit stellten sie fest, dass die wenigen, die es schaffen, ihren ärmlichen Umständen mühelos und mit Vehemenz zu entkommen, sich der Unterwelt angeschlossen haben. In Ghettos sind es die Verbrecher, die auf großem Fuß leben, Designerklamotten tragen und die Taschen immer voller Bargeld haben. Beneidenswert sicher, aber noch wichtiger: Dieses Geld erkauft auch Status und Macht.

In der Vorgeschichte solcher Figuren findet man oft einen Vater, der als Versorger für die Familie schuftet, unter seinem ausbeuterischen Chef leidet und von der Hand in den Mund lebt, um dafür zu sorgen, dass Essen auf den Tisch kommt und die Familie ein Dach über dem Kopf hat. Als Kind lernt diese zukünftige Unterwelt-Figur es hassen, dass die Menschen mit Geld auch die Macht haben, während die, die er liebt und die Besseres verdient haben, zum Katzbuckeln gezwungen sind. Als Krimineller würde er nicht nur mehr Geld verdienen, als seine Familie gewohnt ist, sondern auch ein Gefühl von Macht und Überlegenheit gegenüber dem Gesetz gewinnen.

Wenn du einen Kriminellen spielst, geht es darum, demjenigen, der dich bzw. deine Familie herabgesetzt und kleingemacht hat, seine Macht wieder zu entreißen. Finde einen solchen Menschen und verwende ihn als SUBSTITUTION. Du hast im Leben nicht die besten Startvoraussetzungen (Hautfarbe, Geld, Geschlecht, Abstammung usw.) gehabt und empfindest das als absolut ungerecht. Deswegen siehst du kriminellen Aktivitäten deiner Figur gar nicht als Fehlverhalten, sondern würdest eher sagen, dass du, was dein persönliches Schicksal angeht, für Gerechtigkeit sorgst, was jede illegale Aktivität rechtfertigt.

- **Psychiater(in)/Psychologe/Psychologin**
Normalerweise entscheiden sich Menschen für das Berufsfeld Psychiatrie oder Psychologie, weil es in ihrer Kindheit ein ungelöstes emotionales Trauma gibt. Als Erwachsene haben sie die Chance, das Problem stellvertretend zu lösen. Es gibt viele verschiedene Bereiche, auf die sich ein Therapeut spezialisieren kann. Ein Spezialist für Sexualverbrechen kann als Kind Opfer von sexuellem Missbrauch geworden sein, oder er könnte aus einer Familie kommen, in der es solche Probleme gab. Ein Paartherapeut könnte aus einer zerrütteten Familie kommen oder könnte Eltern haben, die aus einer solchen Familie kommen. Ein Kinderpsychiater könnte Schwierigkeiten haben, sich auf die Verantwortung des Erwachsenwerdens einzulassen, oder zu Erwachsenen Beziehungen aufzubauen.

Wenn du eine Therapeutin bzw. einen Therapeuten spielst, mach dir klar, dass der Patient der Teil der Figur ist, der Heilung meist im jeweiligen Spezialgebiet braucht. Im Grunde steht der Patient für dich selbst. (Aus diesem Grund kann es sehr effektiv sein, wenn du dich selbst als SUBSTITUTION für den Patienten nimmst.) Den Therapeuten mit diesem Ansatz zu spielen, macht die Heilung des Patienten für dich persönlich notwendig, denn du tust es, um dich selbst zu heilen. Das bringt den menschlichen Faktor in die Rolle des Therapeuten, was wichtig ist, weil Schauspieler allzu oft Ärzte, Anwälte, Lehrer oder andere Autoritätspersonen eindimensional anlegen – ohne sich damit auseinanderzusetzen, dass hinter der professionellen Oberfläche ein Individuum mit eigenen Bedürfnissen steckt.

Sobald du den Schwerpunkt der Figur in ihrer Praxis bestimmt hast, musst du das auf ein spezifisches emotionales Problem beziehen, das du selbst hast. Sieh in dem Patienten, der vor dir sitzt, deine Chance, das emotionale Problem, unter dem du leidest, endlich zu lösen.

- **Arzt/Ärztin**
  Für eine Karriere als Mediziner braucht man ein jahrelanges Studium und dann noch ein paar Jahre Praktikum und zwei als Assistenzarzt. Das ist nicht die Art von Beruf, die man aus einer Laune heraus wählt. Wer Arzt wird, hat ein Lebensziel, und dieses Lebensziel heißt Heilen.

  Denk an Ereignisse aus deiner Kindheit, wo du zusehen musstest, wie ein geliebter Mensch an einer Krankheit starb oder eine dramatische Minderung seiner Lebensqualität erlitt, ohne dass du irgendwas dagegen tun konntest. Arzt zu werden gibt dir eine zweite Chance, diesem Menschen doch noch zu helfen.
- **Prostituierte(r)/Stripper(in)**
  Nur auf den ersten Blick hat die Tätigkeit als Prostituierte(r)/Stripper(in) vor allem mit Sex zu tun. Tatsächlich geht es oft um Rache und Macht, ausgeübt von Menschen, die in ihrer Kindheit vergewaltigt oder missbraucht wurden. Die Freier oder die Zuschauer stehen symbolisch für den Täter, der sie vergewaltigt oder missbraucht hat. Die sexuelle Macht, die Prostituierte über ihre Freier oder Stripper über ihr Publikum haben, ist der Versuch, sich die Macht, die ihnen als Kind genommen wurde, zurückholen. Sie benutzen dasselbe Mittel, mit dessen Hilfe ihnen ihre Macht genommen wurde – Sex –, um die Hilflosigkeit von damals wieder in Macht zu verwandeln.

  Falls du selbst ein Missbrauchsopfer bist, kannst du die Kunden deiner Figur mit dem Täter von damals SUBSTITUIEREN. Erfreulicherweise ist nicht jeder Opfer eines Sexualverbrechens. Missbrauch kann aber viele Formen annehmen. Wenn du das Gefühl hast, in emotionaler Hinsicht missbraucht worden zu sein, kannst du die dafür verantwortliche Person als SUBSTITITION für deinen Freier oder Schoßtanz-Partner nehmen.

- **Anwalt/Anwältin**
Gute Anwälte machen ihre Fälle zu ihrem persönlichen Anliegen. Ja, es gibt auch langweilige Fälle, die nur juristische Routine erfordern. Aber diese Fälle landen höchst selten in einem Drehbuch oder Stück. Wenn für den Anwalt nichts auf dem Spiel steht, wird auch die Verhandlung leidenschaftslos für den Schauspieler und für das Publikum. Große Anwälte behandeln ihre Fälle so, als wären sie selbst (oder jemand, der ihnen nahesteht) das Opfer. Denn wenn es persönlich wird, kämpfen wir immer härter und mit mehr Leidenschaft, um einen Fall zu gewinnen. Ein Stück des Alltags nachzuspielen ist kein Drama – Drama ist dramatisiertes Leben, Leben in Extremsituationen. Das, was im Drehbuch verhandelt wird, zu einem persönlichen Anliegen zu machen ist unbedingt notwendig.

  Dazu musst du einen aktuellen Streit, ein Verbrechen oder ein Geheimnis nehmen, womit du oder jemand, der dir nahesteht, es derzeit (oder in der Vergangenheit) zu tun hat. In deiner Rolle als Anwalt musst du jetzt versuchen, für Aufklärung, Schuldzuweisung oder Rache zu sorgen, je nachdem, was die beste Lösung für deinen persönlichen Fall ist. Vielleicht auch alle drei. Als SUBSTITUTION für die Bösewichte (damit sind deine Gegner gemeint – sie müssen keine schlechten Menschen sein) kannst du diejenigen benutzen, die in dein juristisches Szenario aus deinem persönlichen Leben am besten hineinpassen. Für die Guten (damit sind die gemeint, die für dich wichtig sind – sie müssen keine guten Menschen sein), die du beschützen willst oder die im Drehbuch die Opfer sind, kannst du die entsprechenden Leute aus deinem privaten juristischen Szenario nehmen. Bei gerichtlichen Auseinandersetzungen gibt es oft viele Beteiligte. Indem du alle, die für den Rechtsstreit wichtig sind, personalisierst, erzeugst du viele realistische Details und einen leidenschaftlichen Drang, den Fall zu gewinnen.
- **Militär**
Wer zum Militär gehen will, sucht meist Ordnung, Struktur, klare Regeln und Autorität. Vielleicht weil es in der Kindheit chaotisch zuging und eine Respektsperson schlichtweg nicht da war. Kinder brauchen Regeln und Grenzen. Sie helfen dabei zu begreifen, wie man sich später in der Welt der Erwachsenen zurechtfindet. Wenn es in der Kindheit

daran mangelt, wird später um so mehr danach gesucht. Es gibt wohl keinen besseren Ort, um ein strukturiertes Leben mit strikten Regeln und Befehlen zu finden, als beim Militär.

- **Aus der Perspektive des einfachen Soldaten:**
  Wenn du einen einfachen Soldaten spielst, musst du dich mit deinen Gefühlen zu einer bestimmten Autoritätsperson (Vater, Mutter, Lehrer, Tante usw.) befassen, die in deiner Kindheit nicht für dich da war. Jemand, der dir das Gefühl gab, dass du einfach die Mühe nicht wert warst. So funktioniert der Mensch, der in deiner Kindheit nicht für dich da war, als SUBSTITUTION für den Vorgesetzten deiner Figur. Die Beziehung zu deinem vorgesetzten Offizier ist also eher die zu einem Elternteil, den du deiner Ansicht nach nie hattest, aber brauchtest. Das gibt der Beziehung zu deinem Vorgesetzten eine viel größere emotionale Tiefe und Dringlichkeit als ein bloßes Wechselspiel zwischen einem Soldaten und einem Offizier.
- **Aus der Perspektive eines Offiziers:**
  Ein Offizier beim Militär ist Herr über Leben und Tod. Die Befehle eines Offiziers können darüber entscheiden, ob jemand am Leben bleibt oder stirbt. Wenn man Offizier ist, hat man einen der wenigen Berufe, bei denen man legal solche Macht ausüben kann. Wer sich so einen Beruf sucht, hat sich oft in seiner Kindheit ohnmächtig gefühlt. Das kann daran liegen, dass das Kind von einem Elternteil, von Nachbarskindern oder einem Babysitter usw. seelisch oder körperlich missbraucht oder auch nur von einem von ihnen furchtbar lächerlich gemacht wurde. Als Kind ist man da machtlos, aber als Erwachsener hat man die Möglichkeit, Machtverhältnisse umzukehren.

  Wenn du einen Offizier spielst, finde eine Person oder eine Gruppe von Leuten (eine Gruppe, die sinnvoll zusammengehört: deine Geschwister, Klassenkameraden, Kollegen), die dir irgendwie übel mitgespielt und die eine Art von Vergeltung verdient haben. Benutz diese Person oder Gruppe als SUBSTITUTION für diejenigen, die deine Untergebenen spielen. Dadurch wird es gerecht und befriedigend, deine(n) Untergebenen anzubrüllen und zu erniedrigen. So wirkst du nicht grundlos grausam, und wir als Publikum werden dich unterstützen, weil wir spüren, dass du nicht bösartig bist, sondern dir die Macht von denen zurückholst, die sie dir symbolisch weggenommen haben.

- **Schauspieler(in)**
  Im Wesentlichen wird ein Mensch, der Schauspieler werden will, von dem Wunsch nach Aufmerksamkeit getrieben, und außerdem möchte er von vielen Menschen bedingungslos geliebt werden. Dieses Bedürfnis führt dazu, dass viele Schauspieler dazu neigen, Ereignisse in ihrem Leben überzudramatisieren. Schauspieler müssen ihre Gefühle an der Oberfläche haben, weil sie die bei ihrer Arbeit brauchen. Zurückhaltung oder Selbstbeobachtung tragen nicht zu einer großen Darstellung bei – ein Schauspieler muss bereit sein, jedes aufgeladene Gefühl aufzubieten, das verlangt wird. Deshalb genießen Schauspieler ihre Emotionen – je schmerzhafter, desto besser. Alles ist Futter für ihre Darstellung, ob auf der Bühne oder nicht. Und ob es uns gefällt oder nicht, Schauspieler benehmen sich auf der Bühne nicht viel anders als privat.

  Wenn du einen Schauspieler spielst, kannst du gar nicht zu melodramatisch sein. Das ist ja gerade der Spaß. Um Aufmerksamkeit und Liebe zu bekommen, darfst du alles machen, weil jeder in deiner Umgebung als Publikum für deine Oscar-reife Performance herhalten muss. Aber pass auf, dass du keine Karikatur eines Schauspielers spielst. Vergiss nicht, dass das GESAMTZIEL und die Leidenschaft, die dich zum Erreichen deines SZENENZIELS treibt, real sein müssen – ultradramatisch real. Schauspieler, egal, ob privat oder auf der Leinwand, wissen immer, wie sie sich ins Rampenlicht stellen, beschwindeln ihr Publikum (real oder eingebildet) und versuchen immer, den Oscar zu gewinnen.

  Was deine innere Haltung betrifft: Na ja, du *bist* Schauspieler. Finde heraus, was dich persönlich dazu gebracht hat, Schauspieler werden zu wollen, und nutze das als Antrieb, dein GESAMTZIEL und dein SZENENZIEL unbedingt zu erreichen.
- **Börsenhändler(in)/Finanzexperte/-expertin/Spitzenmanager(in) usw.**
  Menschen, die sich von solchen Jobs angezogen fühlen, sind bereit, alles zu tun, um zu gewinnen. Allein schon, um solche Machtpositionen zu erreichen, musst du kompromisslos sein. Und eine leidenschaftliche

Liebe zum Geld und ein wirklich tiefes Verständnis für die Macht haben, die in der Kaufkraft des Geldes steckt.

Um so jemanden zu spielen, musst du herausfinden, was *dich* dazu bringen könnte, aggressiv und rücksichtslos zu werden und dich dabei gleichzeitig völlig im Recht zu fühlen. Finde einen Menschen oder eine Gruppe, die in irgendeiner Weise dein Leben oder das eines dir nahestehenden Menschen zerstört hat. Mach diesen Menschen oder diese Gruppe aus deinem Leben zur SUBSTITUTION für die Menschen, in deren Leben du laut Skript Chaos und Verwüstung anrichtest. Dann wird dieser Mensch oder diese Gruppe von Menschen deine gnadenlosen Machtspiele und Racheakte *verdient* haben.

Aber unabhängig davon, wie deine Figur ihren Lebensunterhalt verdient:

Schauspielen gibt dir die Chance, Phantasien auszuleben,
Dinge zu tun, die du im richtigen Leben niemals tun könntest.
Schauspielen ist eine Gelegenheit, Ereignisse zu beeinflussen und
zu ändern, die du im richtigen Leben nicht ändern kannst.

EPILOG

Ein Wort über Castings

Der Casting-Prozess ist voller Mythen. Schauspieler denken oft, so viele Tricks wie möglich zeigen und Regeln einhalten zu müssen, die es gar nicht gibt. Der Schlüssel zum Erfolg, zu einem erfolgreichen Casting, ist: gutes Schauspiel – Punkt. So einfach ist es. Das ist es, was Caster, Produzenten und Regisseure suchen.

Mach deine Skriptanalyse so detailliert wie in Teil I. Lege im Castingstudio alle bisher erarbeiteten Schritte mental beiseite, vertraue darauf, dass alles in dir und »da« ist und lenke deine ganze Aufmerksamkeit jetzt nur auf dein SZENENZIEL. So wird deine Szene dynamisch und folgt einem roten Faden. Lass den Text und das Verhalten ganz natürlich laufen und vertraue auf deine Spontanität.

Warte nicht nur auf die Stichwörter. Verhalten ist wichtiger als Worte, denn es führt dich erst zum Text. Wenn du zu schnell auf Stichwörter reagierst, unterbrichst du den natürlichen Nachdenkprozess, den es braucht, um das gerade Gehörte zu verdauen. Dialog funktioniert folgendermaßen: Zuhören, aufnehmen und im Inneren darauf reagieren. Finde zuerst heraus, wie du auf die Worte (oder Taten) deines Spielpartners antworten willst. Erst dann sprichst du deinen Text. Wenn du zu schnell nach dem Text suchst, kommt keine wahrhaftige Reaktion und auch kein Verhalten zustande.

Nimm dir Zeit und nutze sie.

Ich kann dir gar nicht sagen, in wie vielen Fällen ein Schauspieler eine Rolle nur aufgrund seines physischen Engagements bei einem Vorsprechen bekommen hat. Wenn du nicht gerade eine Rolle spielen sollst, die sich wegen einer Behinderung oder Krankheit nicht bewegen kann, dann sitz nicht einfach nur auf dem bereitgestelltem Stuhl herum. Nutze und bespiele den Raum, der dir zur Verfügung steht. Das bedeutet nicht, dass du Möbel oder Requisiten umherräumen oder gar zerstören sollst, aber mach dir den Raum zu eigen, fühl dich wohl darin.

Beweise nicht auf Teufel komm raus, dass du ein guter Schauspieler bist.

Mach deine Arbeit – konzentrier dich auf deinen Anspielpartner (oder denjenigen, der einliest), benutze deine SUBSTITUTION und verfolge dein SZENENZIEL. Die vorhergehende Arbeit der Skriptanalyse wird automatisch und mühelos miteinfließen. Das alles wird dir helfen, in die Rolle und ihren Charakter einzutauchen und ihr Ziel zu verfolgen – und genau das ist es, was sie sehen wollen.

Strebe nicht nach Perfektion.

Menschen haben Fehler, und manchmal scheitern sie an ihnen, aber ähnlich ergeht es deiner Rolle. Wenn du ihren Text perfekt vorträgst, nimmst du ihr jegliche Menschlichkeit und wirst sie mit großer Wahrscheinlichkeit nicht bekommen. Was die Caster tatsächlich finden wollen, ist ein ungeschliffener Rohdiamant, dessen Ecken und Kanten die Rolle ausmachen. Sie wollen sehen, wie die Figur zum Leben erweckt und nicht nur, dass sie gut gespielt wird. Das bedeutet, du musst die Figur *sein* und sie nicht einfach nur spielen. Die Anwendung meiner Technik ermöglicht dir, zu zeigen, wie viel Leben in der Figur steckt, dass du die Figur wirklich *lebst*, und nicht nur, dass du viel und hart gearbeitet hast.

Zeig deine Persönlichkeit beim Casting, was macht dich besonders? Die Chancen, dass sich die Caster an dich erinnern, steigen dann ungemein. Glaub mir, es mag sich nach einem einfachem Konzept anhören, doch aus jahrelanger Erfahrung als Produzentin von vier Filmen und als Castingasisstentin weiß ich, dass nur wenige Schauspieler und Schauspielerinnen ihre eigene, individuelle Persönlichkeit durchscheinen lassen.

Es ist okay, nervös zu sein.

Jeder rechnet damit. Und wenn du versuchst, deine Nervosität zu unterdrücken, gerätst du nur noch mehr in Panik. Ein guter Trick ist, sich in die Nervosität hineinzusteigern. So, als wenn man unbedingt versucht, *nicht* zu weinen (dann aber erst recht weint) oder versucht, sich das Lachen zu *verkneifen* (aber erst recht lachen muss). Andererseits, wenn du weinen oder lachen *willst*, kannst du es nicht. Gib dir die Erlaubnis, nervös zu sein. Du hast auch guten Grund dazu, ein Casting kann nervenaufreibend sein. Deine Vorbereitung ist dein Anker. Akzeptier die Nervosität und nutze sie zu deinem Vorteil.

Lass dich nicht von Nettigkeiten täuschen.

Wenn du immer wieder auf dem zweiten Platz landest oder nie zum Recall eingeladen wirst, lass dich nicht von den Nettigkeiten der Caster täuschen. Es ist nicht deren Aufgabe, dir die Wahrheit zu sagen. Sie werden versuchen, dich mit Worten wie »das war gut«, »interessante Wahl« und »gute Arbeit« aus ihrem Castingstudio zu verabschieden. Oft heißt das in Wahrheit: »Verschwinde und komm bitte auch nicht so schnell wieder.« Wenn man bei Castings immer wieder zu hören bekommt: »Du warst nicht die/der Richtige für die Rolle«, heißt das schlicht und ergreifend, dass du einfach nicht gut genug warst. Das bedeutet für dich, zurück zum Anfang zu gehen und noch härter zu arbeiten.

Arbeite hart!

Es gibt keine Zauberformel, um ein erfolgreicher und vielgebuchter Schauspieler zu werden. Darum gibt es so viele unterschiedliche berühmte Schauspieler. Du musst nicht der Schönste, der Schlauste, nicht einmal der talentierteste sein. Die Grundlagen für eine erfolgreiche Karriere sind:

- Fokus
- Hartnäckigkeit
- Tatendrang
- Die Liebe zum Beruf
- Der Freiraum, um forschen und entdecken zu können
- Die Bereitschaft, Risiken einzugehen
- Offenheit für einen niemals endenden Lernprozess (man lernt nie aus – also denke nie, dass du schon alles weißt)
- Der Glaube an sich selbst
- Volle Konzentration bei der Arbeit
- Harte Arbeit

Schauspiel ist eine Kunst und Kunst ist unendlich – man kann immer noch etwas dazulernen, ein neues Risiko eingehen, eine neue Facette entdecken. Edison sagte einmal, die Formel für Erfolg sei 99 Prozent Schweiß und ein Prozent Inspiration, also ein Prozent Talent und 99 Prozent harte Arbeit. Nimm an, was du gelernt hast, folge den Schritten, lass keinen aus und werd nicht träge. Je mehr du arbeitest, desto überzeugender wird das Endresultat sein.

DANK

Allen voran danke ich dem Verleger Alexander Wewerka für seinen Glauben an mich und meine Technik. Besonderer Dank gilt Sebastian Gerold, ohne ihn wäre die deutsche Übersetzung nicht zustande gekommen. Birte Hanusrichter danke ich für ihre stetige Unterstützung. Dank an Christin Heinrichs-Lauer und Antje Wewerka für das genaue Auge für die Details, die das Buch so viel effektiver machen. Frank Betzelt ist seit meinem ersten Deutschlandbesuch an meiner Seite – ich danke dir, dass du immer für mich da bist! Dank an Olga Ogurtsova und Yan Fischer – eure Liebe und Unterstützung wurden mir über die Jahre immer wichtiger – sowie an Timur Bartels – wir sind einfach zusammengewachsen! Halle Berry – danke, dass du meine Freundin, eine Verbündete, Seelenverwandte und eine eiserne Unterstützerin bist. Viele meiner Offenbarungen entstanden aus ihrem Fingerspitzengefühl, unserer Freundschaft und der gemeinsamen Arbeit. Ich danke der Familie Gottfried und meiner Familie – Nan, Linda, Heidi, Hagen, Joe, Erika, Helene und Bernard – für die so wichtige Unterstützung und die neurotische Basis, die jeder Schauspieler braucht. Dank an meine Chubbuck-Schwager-und-Schwägerinnen John, Syble, Gary, June, John Robert und Travis – ihr seid eine zweite Familie für mich! Ein Dankeschön gilt auch den Tausenden Schülern, die ich über die Jahre unterrichten durfte – danke für euer Engagement. Ihr habt mich bei der Entstehung und Entwicklung dieses Buches inspiriert. Ich danke meiner Tochter Claire, die mir ermöglicht hat, die Machenschaften und Intrigen der Menschen zu verstehen (und sie als Schauspieler zu nutzen) sowie meinem Mann Lyndon – dein standhafter Glaube an mich und meine Fähigkeiten haben es mir ermöglicht, an mich selbst zu glauben. Dieses Buch wäre ohne seine Inspiration, sein Wissen und seine Einblicke nie entstanden – und es war am Ende seine Idee, dieses Buch zu schreiben.

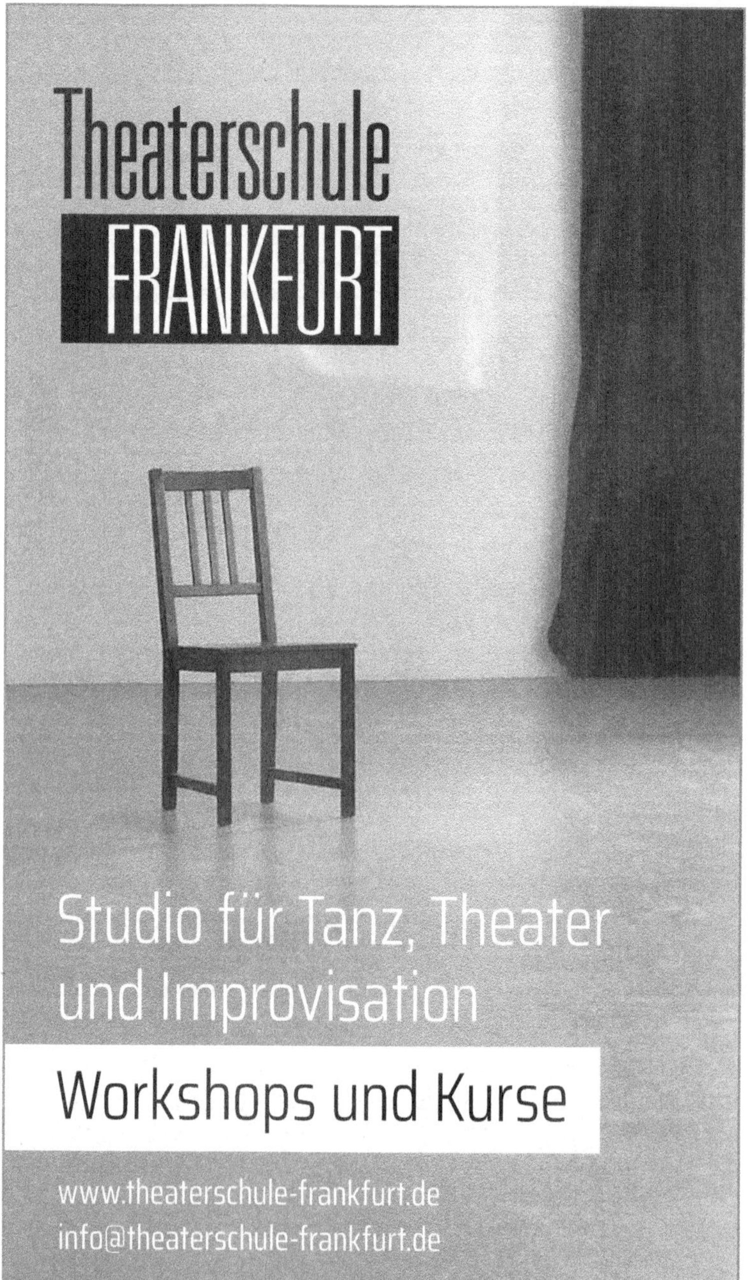
Theaterschule
FRANKFURT
Studio für Tanz, Theater
und Improvisation
Workshops und Kurse
www.theaterschule-frankfurt.de
info@theaterschule-frankfurt.de

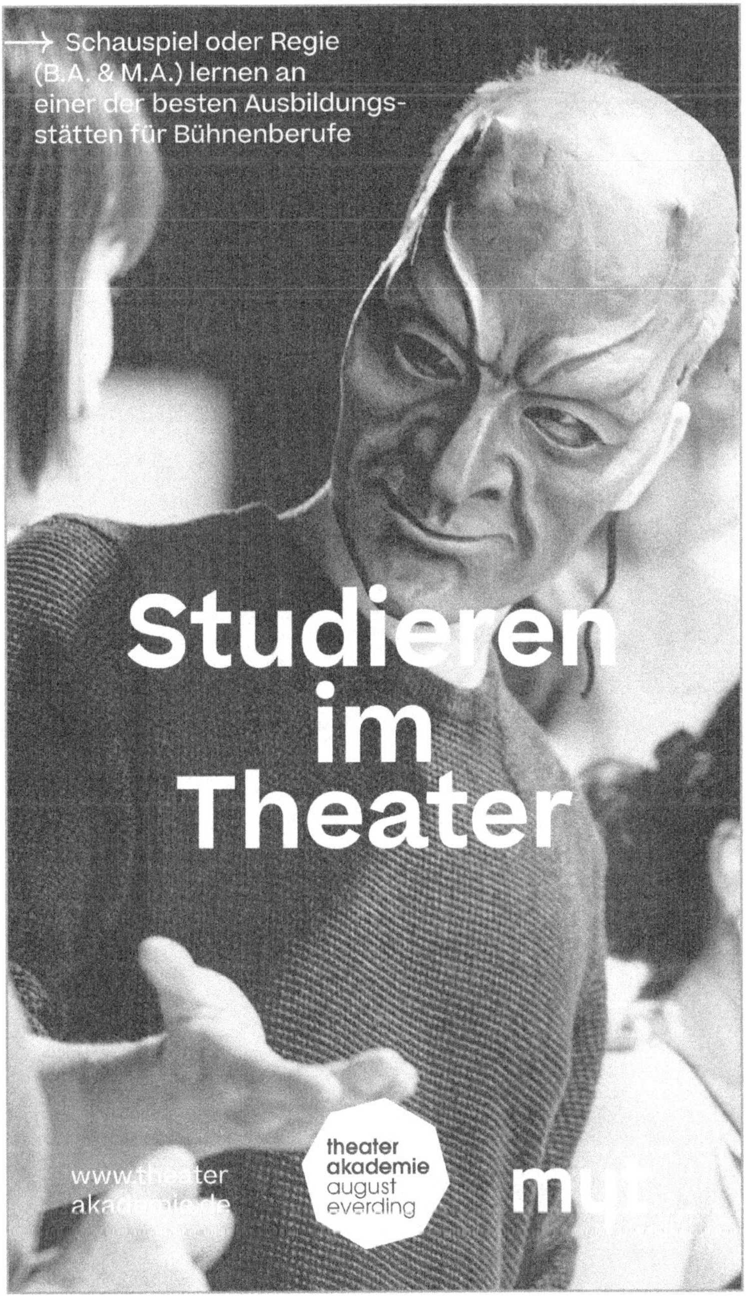
Schauspiel oder Regie (B.A. & M.A.) lernen an einer der besten Ausbildungsstätten für Bühnenberufe
Studieren im Theater
www.theater akademie.de
theater akademie august everding

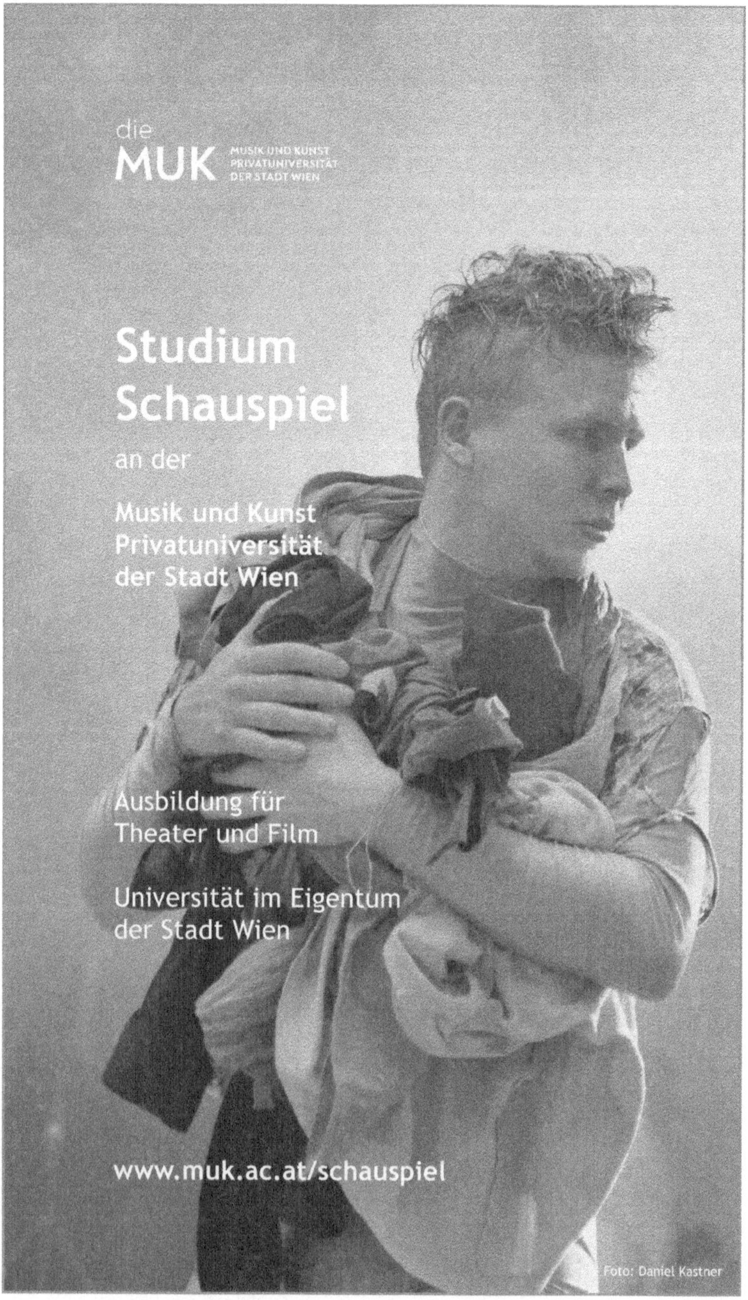
die
MUK
MUSIK UND KUNST
PRIVATUNIVERSITÄT
DER STADT WIEN
Studium
Schauspiel
an der
Musik und Kunst
Privatuniversität
der Stadt Wien
Ausbildung für
Theater und Film
Universität im Eigentum
der Stadt Wien
www.muk.ac.at/schauspiel
Foto: Daniel Kastner